Wirtschaftskunde

von
Helmut Nuding
Josef Haller

Ernst Klett Verlag
Stuttgart · Leipzig

Vorwort

Unsere Absicht war es, ein Buch zu gestalten, das Lernen – besonders selbstständiges Lernen – erleichtert. Schülerinnen und Schüler sollen mit diesem Buch gern arbeiten. Deshalb wurde besonderer Wert auf eine einfache und leicht verständliche Sprache gelegt. Die regelmäßige Erläuterung wichtiger Fachbegriffe soll den Umgang mit der Wirtschaftskunde erleichtern.

Der Arbeitsteil am Ende eines jeden Teilgebietes enthält Wiederholungsfragen zur Lernkontrolle sowie zur Vorbereitung auf Klassenarbeiten und Prüfungen. Etliche Aufgaben des Arbeitsteils haben weiterführenden Charakter; ihre Bearbeitung erfordert handlungsorientiertes Vorgehen. Diese Konzeption soll ein möglichst vielseitiges Lernen mit dem Buch ermöglichen: sowohl herkömmliches Arbeiten mit dem Buchtext als auch selbstständiges und handlungsorientiertes Vorgehen für Schüler, die es vorziehen, sich direkt mit den Problemstellungen und Materialien des Arbeitsteiles zu befassen.

Die meisten Menschen haben ein visuelles Gedächtnis, d. h. sie können sich Abbildungen wesentlich besser merken als Texte. Deshalb sind alle wesentlichen Sachzusammenhänge als Schaubilder zusammengefasst.

Am Ende jedes Kapitels befinden sich typische fallorientierte Prüfungsaufgaben, die mit dem Wissen des entsprechenden Kapitels gelöst werden können. Ergänzend können auch die zusätzlichen Prüfungsaufgaben nach dem letzten Kapitel des Werkes für eine gezielte Prüfungsvorbereitung verwendet werden.

Ein ausführliches Stichwortverzeichnis ermöglicht schnelles Auffinden aller Themen. Damit auf die einzelnen Elemente des Buches schnell zugegriffen werden kann, sind sie durch besondere Farbunterlegungen hervorgehoben.

Wir sind für Anregungen dankbar und wünschen viel Erfolg und Spaß mit diesem Buch.

Verfasser und Verlag

Die Einstiege
sind farblich so unterlegt.

Arbeitsteil
Hiermit ist der **Arbeitsteil** gekennzeichnet.

Zusammenfassung
Die **Zusammenfassungen** sind wie dieses Feld aufgebaut.

Auf diesem Hintergrund stehen die **Prüfungsaufgaben**.

Das Werk wurde grundlegend aktualisiert unter Berücksichtigung der Reform in den Bereichen des Steuer-, Arbeits- und Sozialrechts. Zu einigen Teilen ergaben sich Änderungen aufgrund der neuen **KMK-Richtlinien** aus dem Jahre 2007. Diese Inhalte wurden – soweit sie die Wirtschaftskunde betreffen – eingearbeitet.

Ergänzend zu diesem Buch bieten wir ein Arbeitsheft (ISBN 3-12-882791-5) für die gesamte Ausbildungszeit an. Es dient der Verfestigung und Vertiefung des Wissens. Weiterhin ist eine separate Prüfungs-CD-ROM (3-12-882711-7) erhältlich, um die Prüfungsvorbereitung für die Schülerinnen und Schüler zu erleichtern.

Inhaltsverzeichnis

Berufsbildung und Arbeitswelt
1	**Formen der Berufsbildung**	**8**
1.1	Die Berufsausbildung im dualen System	9
1.2	Die Berufsausbildung im schulischen System	11
1.3	Formen der Berufsausbildung in anderen europäischen Ländern	13
2	**Berufsausbildungsvertrag**	**15**
2.1	Der Inhalt des Berufsausbildungsvertrags	15
2.2	Die Beendigung des Berufsausbildungsvertrags	17
2.3	Die Überwachung des Berufsausbildungsvertrags	18
3	**Lebenslanges Lernen**	**20**
3.1	Förderung der Mobilität	20
3.2	Potentialanalyse	21
3.3	Berufliche Fortbildung	21
3.4	Berufliche Umschulung	22
3.5	Fördermaßnahmen	22
4	**Einflüsse auf die menschliche Arbeitsleistung**	**25**
5	**Schutzvorschriften in der Arbeitswelt**	**31**
5.1	Notwendigkeit des Arbeitsschutzes	31
5.2	Der technische Arbeitsschutz	32
5.3	Der soziale Arbeitsschutz	33
5.4	Die Überwachung der Schutzvorschriften	36
6	**Sozialversicherungen**	**38**
7	**Private Zusatzversicherungen (Individualversicherungen)**	**48**

Grundlagen des Vertragsrechts
1	**Rechts- und Geschäftsfähigkeit**	**56**
1.1	Die Rechtsfähigkeit	56
1.2	Die Geschäftsfähigkeit	57
2	**Rechtsgeschäfte**	**61**
2.1	Willenserklärung	61
2.2	Einseitige und zweiseitige Rechtsgeschäfte	62
2.3	Besondere Formvorschriften	62
2.4	Anfechtbarkeit und Nichtigkeit von Rechtsgeschäften	63
3	**Der Kaufvertrag**	**66**
3.1	Abschluss und Erfüllung des Kaufvertrags	66
3.2	Inhalt des Kaufvertrags	68
3.3	Besitz und Eigentum	69
4	**Pflichtverletzungen bei der Erfüllung von Kaufverträgen**	**72**
5	**Weitere wichtige Verträge**	**78**
6	**Die Verjährung von Forderungen**	**83**
6.1	Die Fristen der Verjährung	83
6.2	Die Hemmung der Verjährung	84
6.3	Der Neubeginn der Verjährung	85
7	**Haftung und Schadenersatz**	**86**
7.1	Haftung aus Verträgen	86
7.2	Produkthaftung	87
7.3	Unerlaubte Handlung	88
7.4	Schadenersatz	88

Verbraucherbewusstes Verhalten

1	**Die Warenkennzeichnung**	**92**
1.1	Die gesetzliche Warenkennzeichnung	92
1.2	Die freiwillige Warenkennzeichnung	95
2	**Die Verbraucherberatung**	**98**
2.1	Organisationen der Verbraucherberatung	98
2.2	Verbraucherberatung in den Medien	101
3	**Verbraucherschutzgesetze**	**104**
3.1	Wettbewerbsrechtliche Regelungen	104
3.2	Fernabsatzverträge und E-Commerce	105
3.3	Allgemeine Geschäftsbedingungen	106
3.4	Produkthaftung	107
3.5	Haustürgeschäfte	107
3.6	Teilzahlungsgeschäfte	107
3.7	Verbraucherinformationsgesetz	108
4	**Folgen von Zahlungsverzug**	**110**
4.1	Außergerichtliches Mahnverfahren	110
4.2	Gerichtliches Mahn- und Klageverfahren	111

Umgang mit Geld

1	**Zahlungsmöglichkeiten**	**118**
1.1	Die Barzahlung	118
1.2	Girokonto	119
1.3	Die halbbare Zahlung durch Zahlschein und Nachnahme	121
1.4	Halbbare und unbare (bargeldlose) Zahlung durch Scheck	122
1.5	Die unbare (bargeldlose) Zahlung	123
1.6	Zahlungen mit Karten	125
1.7	Moderne Bankdienste	127
2	**Der Binnenwert des Geldes**	**131**
2.1	Die Kaufkraft	131
2.2	Der Preisindex für die Lebenshaltung	132
2.3	Inflation und Deflation	133
3	**Der Außenwert des Geldes**	**137**
4	**Der Euro – das neue europäische Währungssystem**	**140**
5	**Sparformen**	**143**
5.1	Entscheidungsmerkmale für die Wahl der Sparform	143
5.2	Sparformen	144
5.3	Zinsabschlagsteuer	146
5.4	Die Sparförderung	147
5.5	Individuelle Vermögensbildung	148
6	**Kredite**	**150**
6.1	Kreditarten	150
6.2	Beispiel Ratenkredit (Anschaffungsdarlehen)	151

Grundlagen des Arbeitsrechts

1	**Einzelarbeitsvertrag**	**158**
1.1	Anbahnung und Abschluss	158
1.2	Form und Inhalt	160
1.3	Befristete Arbeitsverträge und Teilzeitverträge	161
1.4	Arbeitszeugnis	162

1.5	Beendigung von Arbeitsverhältnissen	163
2	**Tarifverträge**	**171**
2.1	Tarifvertragsparteien	171
2.2	Grundsätze und Tarifvertragsarten	172
2.3	Bedeutung von Tarifverträgen	174
2.4	Tarifverhandlungen und Schlichtung	174
2.5	Der Arbeitskampf	175
3	**Betriebsvereinbarungen**	**179**
4	**Interessenvertretung der Arbeitnehmer**	**181**
4.1	Möglichkeiten der betrieblichen Mitbestimmung durch Auszubildende und Arbeitnehmer	182
4.2	Interessenvertretung im Betrieb	182
5	**Arbeitsgericht**	**188**

Entlohnung der Arbeit

1	**Lohnformen**	**192**
1.1	Der Zeitlohn	192
1.2	Der Leistungslohn	193
1.3	Der Beteiligungslohn	196
2	**Die gerechte Entlohnung**	**198**
2.1	Arbeitsbewertungsverfahren	198
2.2	Soziale Aspekte der Entlohnung	200
3	**Grundsätze der Lohnabrechnung**	**202**
3.1	Lohnabzüge	203
3.2	Erstellung der Lohnabrechnung	204
4	**Wirtschaftliche Aspekte der Entlohnung**	**206**
4.1	Lohnzusatzkosten	206
4.2	Veränderung der Produktivität	208
4.3	Nominal- und Reallohnentwicklung	209

Soziale Marktwirtschaft

1	**Markt als Koordinator von Angebot und Nachfrage**	**214**
1.1	Marktarten	215
1.2	Marktformen – Verhalten der Marktteilnehmer	216
1.3	Preisbildung unter Wettbewerb	218
1.4	Betriebliche und gesamtwirtschaftliche Arbeitsteilung	220
2	**Wettbewerbsstörungen**	**223**
2.1	Kartelle	223
2.2	Unternehmenskonzentration	225
2.3	Betriebliche und gesamtwirtschaftliche Arbeitsteilung	227
2.4	Staatliche Eingriffe	229
3	**Bedeutung des Staates in der sozialen Marktwirtschaft**	**233**
4	**Sozialprodukt als gesamtwirtschaftliche Messgröße**	**239**
4.1	Das Sozialprodukt	239
4.2	Entstehung, Verwendung und Verteilung des Bruttoinlandsproduktes	241
5	**Probleme der sozialen Marktwirtschaft**	**244**
5.1	Soziale Sicherungssysteme	244
5.2	Subventionen – Staatsquote – Privatisierung	245
5.3	Harmonisierung in der EU	247
5.4	Ziele der Wirtschaftspolitik und Zielkonflikte	248

5.5	Instrumente zur Beeinflussung der Wirtschaft	252
6	**Finanzierung der staatlichen Aufgaben**	**257**
6.1	Notwendigkeit und Verwendung der Staatseinnahmen	257
6.2	Arten der Staatseinnahmen	258
6.3	Besteuerung des Einkommens	261
6.4	Grundzüge der Einkommensteuererklärung	263

Simulation einer Unternehmensgründung

1	**Unternehmensziele**	**272**
1.1	Ziele erwerbswirtschaftlicher Unternehmen	272
1.2	Ziele öffentlicher Unternehmen	273
1.3	Ziele von Genossenschaften	273
2	**Standort und Gründung**	**275**
2.1	Wahl des Standorts	276
2.2	Berufsbezogene Voraussetzungen	276
2.3	Gründungshilfen	277
2.4	Finanzielle Förderung und Wirtschaftsförderung	277
2.5	Franchising	278
2.6	Anmeldung der Unternehmensgründung	279
3	**Wahl der Rechtsform eines Unternehmens**	**281**
3.1	Die Einzelunternehmung	282
3.2	Personengesellschaften	283
3.3	Kapitalgesellschaften	285
4	**Finanzierung**	**289**
4.1	Kapitalbedarf	289
4.2	Finanzierungsgrundsätze	290
4.3	Finanzierung durch Eigenkapital	290
4.4	Finanzierung durch Fremdkapital	291
4.5	Kreditsicherung	291
4.6	Leasing	292
5	**Betriebliche Kosten**	**294**
5.1	Fixe und variable Kosten	295
5.2	Einzel- und Gemeinkosten	296
5.3	Kostenarten-, Kostenstellen- und Kostenträgerrechnung	296
5.4	Kalkulation der Selbstkosten	297
5.5	Kalkulation des Verkaufspreises	298
6	**Marketing**	**300**
6.1	Produktpolitik und Sortimentspolitik	301
6.2	Preisgestaltung	301
6.3	Werbung	302
6.4	Kundenbetreuung	303
6.5	Ökomarketing	304
6.6	Qualitätssicherung	304
	Weitere Prüfungsaufgaben	307
	Stichwortverzeichnis	312
	Bildquellenverzeichnis	316

Berufsbildung und Arbeitswelt

Berufsbildung und Arbeitswelt

1 Formen der Berufsbildung

Frank und Petra, beide Auszubildende im ersten Ausbildungsjahr, fahren gerade von der Berufsschule nach Hause:

Frank: Ganz schön stressig, so ein Berufsschultag!
Petra: Finde ich auch! Ich musste heute Morgen eine Stunde früher aufstehen als sonst, wenn ich zur Arbeit gehe. Meine Chefin meint, die Berufsschule sei sowieso überflüssig. Ich könnte alles, was ich für meinen Beruf brauche, in ihrem Betrieb lernen.
Frank: Ich weiß nicht. Und wenn du später mal den Betrieb wechseln möchtest?
Petra: Ist doch überall gleich, außerdem habe ich keine Lust auf Deutsch und Wirtschaftskunde. Was soll ich damit? Ich dachte, ich wäre den Schulstress endlich los.
Frank: Stell dir vor, mein Kumpel Emil macht seine Berufsausbildung ganz an der Schule.
Petra: Kann ich mir nicht vorstellen. Geht das denn?

Wie beurteilen Sie die in diesem Gespräch gemachten Aussagen?
Warum wird in den beruflichen Schulen auch Allgemeinbildung vermittelt?

Heutzutage wollen nur wenige Schulabgänger eine Tätigkeit als Ungelernte ausüben. Denn eine Berufsausbildung zahlt sich in jedem Falle aus. Sie erleichtert es, einen Arbeitsplatz zu finden, und gilt somit als bester Schutz vor Arbeitslosigkeit. Des Weiteren ermöglicht sie ein höheres Einkommen und somit einen höheren Lebensstandard.

Das Berufsausbildungssystem der Bundesrepublik Deutschland gilt im Ausland als vorbildlich. Es sieht zwei Ausbildungsformen vor:
– die Berufsausbildung im dualen System
– die Berufsausbildung im schulischen System

Berufsbildung und Arbeitswelt

Berufsschule

Ausbildungsbetrieb

1.1 Die Berufsausbildung im dualen System

In der Bundesrepublik Deutschland sind an der beruflichen Ausbildung zwei Partner beteiligt, nämlich **Berufsschule** und **Ausbildungsbetrieb.**

Diese Art der Berufsausbildung wird als **duales System** bezeichnet, weil sich zwei Partner die Ausbildungsaufgabe teilen.

Die Hauptaufgabe der Betriebe besteht in der Vermittlung fachtheoretischer und fachpraktischer Kenntnisse. Die Schule hingegen vermittelt vowiegend Allgemeinbildung und Fachtheorie. Im Ausbildungsbetrieb erworbene fachpraktische Fertigkeiten werden in der Schule im praktischen Unterricht sinnvoll ergänzt, entsprechend den berufsbezogen gestalteten Lehrplänen.

Eine erfolgreiche Ausbildung wird nachgewiesen durch eine bestandene Schulabschlussprüfung und durch das Bestehen der entsprechenden Kammerprüfung. Die erfolgreiche Teilnahme an diesen Prüfungen wird durch das **Schulabschlusszeugnis** und von Seiten der Kammern durch den **Gesellen- oder Gehilfenbrief** bescheinigt.

Vorteile des dualen Systems	Nachteile des dualen Systems
• Die Ausbildung erfolgt praxisbezogen, da sie vorwiegend im Betrieb stattfindet. • Die Steuerzahler sparen Geld, da eine rein schulische Ausbildung wesentlich teurer wäre. • Die Ausbildung wird abwechslungsreicher.	• Die von den Betrieben angebotenen Ausbildungsplätze reichen häufig nicht aus. • Die Qualität der Ausbildungsplätze ist unterschiedlich. • Die Abstimmung der Ausbildungsinhalte zwischen Betrieb und Schule ist schwer zu organisieren.

Gesetzliche Grundlagen

Die duale Berufsausbildung ist für das Handwerk in der **Handwerksordnung (HwO)** und im **Berufsbildungsgesetz (BBiG)** geregelt, für alle übrigen Wirtschaftszweige im Berufsbildungsgesetz. In der Handwerksordnung wird auch geregelt, wer ein Handwerk ausüben darf und für welchen Beruf ein Meisterzwang besteht.

Grundlage für eine geordnete und bundeseinheitliche Berufsausbildung sind die staatlich anerkannten Ausbildungsberufe. Maßgebend für die einzelnen Ausbildungsberufe sind die **Ausbildungsordnungen.** Sie werden vom zuständigen Bundesministerium erlassen und sollen eine einheitliche Ausbildung in dem entsprechenden Ausbildungsberuf ermöglichen.

Gesetzestexte sind im Internet zu finden: http://bundesrecht.juris.de

Berufsbildung und Arbeitswelt

BBIG § 25, Abs. 1

Ausbildungsordnung

Nach dem Berufsbildungsgesetz hat eine **Ausbildungsordnung** folgende **Mindestinhalte**:

- die genaue **Bezeichnung des Ausbildungsberufs**
- **die Ausbildungsdauer**
- **das Ausbildungsberufsbild** Es enthält Kenntnisse und Fertigkeiten, die zu vermitteln sind.
- **den Ausbildungsrahmenplan** Er gliedert sachlich und zeitlich, wie die Kenntnisse vermittelt werden sollen.
- **die Prüfungsanforderungen**

Um eine korrekte Berufsausbildung sicherzustellen, überwachen die zuständigen Kammern die Einhaltung dieser Vorschriften.

Ausbildungsberufe, Berufsfelder

Insgesamt können sich Berufsanfänger derzeit zwischen 342 staatlich anerkannten Ausbildungsberufen entscheiden (Stand: Dezember 2007). Das Bundesinstitut für Berufsbildung (BIBB) in Berlin veröffentlicht jedes Jahr ein **Verzeichnis der anerkannten Ausbildungsberufe.** Die nicht in diesem Verzeichnis genannten Ausbildungsberufe gelten als nicht anerkannte Ausbildungsberufe. Neben den nicht anerkannten Ausbildungsberufen kennt man in der Bundesrepublik Deutschland mehr als 20 000 verschiedene Berufstätigkeiten. Jugendliche unter 18 Jahren dürfen in diesen Berufen nicht ausgebildet werden, sondern nur in den staatlich anerkannten.

Die anerkannten Ausbildungsberufe sind **14 Berufsfeldern** zugeordnet. Damit soll erreicht werden, dass einander verwandte Berufe zumindest im ersten Berufsjahr (Grund-

http://www.bibb.de

Die 14 Berufsfelder	Ausbildungsberufe im Berufsfeld Metalltechnik (Auszug)	
1. Wirtschaft und Verwaltung	**Beruf**	**Einsatzgebiete in Ausbildungsbetrieben**
2. Metalltechnik		
3. Fahrzeugtechnik	Anlagenmechaniker/-in für Sanitär-, Heizungs- und Klimatechnik	
4. Elektrotechnik		
5. Bautechnik		
6. Holztechnik	Anlagenmechaniker/-in	Anlagenbau, Apparate- und Behälterbau, Instandhaltung, Rohrsysteme, Schweißtechnik
7. Textiltechnik und Bekleidung		
8. Physik, Chemie, Biologie	Industriemechaniker/-in	Maschinen- und Anlagenbau, Produktionstechnik, Feingerätebau, Instandhaltung
9. Drucktechnik		
10. Farbtechnik und Gestaltung	Konstruktionsmechaniker/-in	Stahl- und Metallbau, Schiffbau, Feinblechbau, Schweißbau, Ausrüstungstechnik
11. Gesundheit und Körperpflege		
12. Sozial- und Gesundheitswesen	Werkzeugmacher/-in	Formentechnik, Vorrichtungstechnik, Instrumententechnik, Stanztechnik
13. Ernährung und Hauswirtschaft	Zerspanungsmechaniker/-in	Drehautomatensysteme, Drehmaschinensysteme, Fräsmaschinensysteme, Schleifmaschinensysteme
14. Agrarwirtschaft		

Berufsbildung und Arbeitswelt

stufe) nach gleichen Bildungsplänen unterrichtet werden können. Als Folge der technischen und gesellschaftlichen Entwicklung unterliegt die Arbeits- und Berufswelt ständigen Veränderungen. Neue Berufe entstehen, alte fallen weg. So wurden unter anderem die industriellen Metallberufe neu geordnet.

Auch in anderen Bereichen werden Ausbildungsordnungen der heutigen Arbeitswelt angepasst. Bei einem großen Teil der Neuordnungen handelt es sich wie bei den Bauberufen um eine **Stufenausbildung.** Nach jeder Stufe erreicht man einen **Abschluss.** Des Weiteren werden bei der Stufenausbildung zunächst gemeinsame Kenntnisse und Fertigkeiten für eng verwandte Berufsgruppen vermittelt. Auf dieser breiten **Grundstufe** bauen dann die **Fachstufe I** und **Fachstufe II** auf, in denen im zweiten und dritten Ausbildungsjahr eine Spezialisierung nach Schwerpunkten und nach Einzelberufen erfolgt. Diese Regelung soll die Berufswahl erleichtern. Gleichzeitig wird eine umfassende Grundbildung vermittelt, die größere Wahlmöglichkeiten im Berufsleben gestattet. Außerdem kann aufgrund der unterschiedlichen Fachrichtungen besser nach betrieblichen Gegebenheiten ausgebildet werden.

1.2 Die Berufsausbildung im schulischen System

Berufliche Qualifikationen können auch durch den Besuch einer **beruflichen Vollzeitschule** erworben werden. Man unterscheidet die ein- und mehrjährige Form. Berufliche Vollzeitschulen können im gewerblichen, kaufmännischen, hauswirtschaftlichen und landwirtschaftlichen Bereich besucht werden. Die beruflichen Vollzeitschulen vermitteln eine berufliche Vorbereitung, eine berufliche Grundbildung und unter Umständen eine volle Berufsausbildung.

Grafik unten: Bedingt durch die Kulturhoheit der Bundesländer gibt es innerhalb Deutschlands Abweichungen von diesem System.

Quelle: Ministerium für Kultus, Jugend und Sport, Stuttgart

Berufsbildung und Arbeitswelt

Berufliche Vorbereitung

Berufsvorbereitungsjahr (BVJ). Das BVJ ist ein Bildungsangebot an alle Jugendlichen, die ihre neunjährige Pflicht zum Besuch einer allgemein bildenden Schule erfüllt haben und noch kein Ausbildungsverhältnis beginnen konnten oder wollten. Das Berufsvorbereitungsjahr soll die Allgemeinbildung vertiefen, in berufliche Fächer einführen und die handwerkliche Geschicklichkeit fördern. Des Weiteren soll es die Vermittlungsfähigkeit für ein späteres Ausbildungsverhältnis erhöhen. Außerdem können die Jugendlichen am Ende des Berufsvorbereitungsjahres an einer Abschlussprüfung teilnehmen. Das Zeugnis dieser Prüfung ist dem Hauptschulabschluss gleichgesetzt. Durch Zusatzprüfung kann auch der Hauptschulabschluss erworben werden.

Berufseinstiegsjahr (BEJ). Dieser neue Bildungsgang wird seit 2006 in Baden-Württemberg angeboten. Er richtet sich an berufsschulpflichtige Jugendliche mit Hauptschulabschluss, die keinen Ausbildungsplatz gefunden haben und keine weiterführende Schule besuchen können. Das BEJ baut auf dem bereits erworbenen Hauptschulabschluss auf mit dem Ziel, die Ausbildungsreife der Schülerinnen und Schüler zu verbessern und so ihre Chancen auf einen Ausbildungsplatz zu erhöhen. Unter anderem soll dies erreicht werden durch eine Vorqualifikation in einem Berufsfeld sowie eine verstärkte Förderung in Deutsch, Mathematik, Projekt- und Sozialkompetenz.

Berufliche Grundbildung

Die immer größer werdende Spezialisierung vieler Ausbildungsbetriebe bewirkt häufig, dass sie ihren Auszubildenden keine umfassende und systematische berufliche Grundbildung ermöglichen können. Vielfach wird durch überbetriebliche Einrichtungen von Kammern oder anderen Organisationen versucht, diesem Problem gerecht zu werden. In letzter Zeit jedoch wird diese Aufgabe verstärkt von schulischen Einrichtungen übernommen.

Berufsgrundbildungsjahr (BGJ) Das BGJ ist eine Vollzeitpflichtschule für alle berufsschulpflichtigen Jugendlichen ohne Ausbildungsverhältnis. Es vermittelt eine Vertiefung der Allgemeinbildung sowie eine berufliche Grundbildung in einem Berufsfeld (z. B. Gesundheit, Körperpflege, Ernährung, Metalltechnik). Erfolgreichen Absolventen des BGJ wird auch ein eventuell fehlender Hauptschulabschluss zuerkannt. Im Berufsgrundbildungsjahr erwerben die Jugendlichen entsprechende Grundkenntnisse und Grundfertigkeiten des 1. Ausbildungsjahres. Dies soll es ihnen erleichtern, sich für einen Einzelberuf aus dem betreffenden Feld zu entscheiden. Der Besuch des Berufsgrundbildungsjahres wird bei einer großen Zahl von Ausbildungsberufen auf die Ausbildungszeit angerechnet.

Das Berufsgrundbildungsjahr kann vollschulisch oder in Verbindung mit Ausbildungsbetrieben erfolgen. Bei der letzteren Form erfolgt die praktische Ausbildung im Betrieb. Hier bestehen auch Ausbildungsverträge mit dem Ausbildungsbetrieb.

Einjährige Berufsfachschule (Einjährige BFS) Diese ergänzt das duale System. Sie entspricht dem ersten Jahr der Berufsausbildung (so genannte Grundstufe) in dem gewählten Beruf. Der Unterschied zur normalen Ausbildung im dualen System besteht darin, dass auch die praktische Ausbildung an der Schule erfolgt.

Die Einjährige BFS vermittelt also die Kenntnisse und Fertigkeiten des 1. Ausbildungsjahres. Dieses Jahr wird auf die Gesamtdauer einer Berufsausbildung angerechnet. Außerdem sollen „kleine" Ausbildungsbetriebe durch die Einjährige Berufsfachschule entlastet werden. Ein weiteres wichtiges Ziel dieser BFS liegt darin, dass ihr Besuch die Chance erhöht, einen Ausbildungsplatz zu finden.

Zweijährige Berufsfachschule (Zweijährige BFS) Durch ihren Besuch erhalten Hauptschüler eine berufliche Grundbildung und die Fachschulreife. Bei einer anschließenden Berufsausbildung kann der Ausbildungsbetrieb die Ausbildungsdauer um ein Jahr ver-

Berufsbildung und Arbeitswelt

kürzen. Der Erwerb der Fachschulreife ermöglicht es, weiterführende Schulen – wie z. B. ein Technisches Gymnasium – zu besuchen.

Berufliche Vollausbildung
Dreijährige Berufsfachschule (Dreijährige BFS) Sie ermöglicht eine berufliche Vollausbildung, also einen vollwertigen Berufsabschluss.
Beispiel: Berufsfachschule für Kinderpflege.
Berufskolleg (BK) Es baut auf einem mittleren Bildungsabschluss (z. B. Realschulabschluss/ Mittlere Reife) auf. Einjährige Berufskollegs vermitteln eine berufliche Grundbildung.
Beispiel: Berufskolleg für Ernährung und Hauswirtschaft I.
Zwei- und dreijährige Berufskollegs vermitteln einen qualifizierten Berufsabschluss.
Beispiele: Chemisch-technischer Assistent, Wirtschaftsassistent.
Durch Zusatzunterricht und Zusatzprüfung kann die **Fachhochschulreife** erworben werden, die ein Studium an der Fachhochschule ermöglicht.

1.3 Formen der Berufsausbildung in anderen europäischen Ländern

Unterschiedliche wirtschaftliche, gesellschaftliche und staatliche Entwicklungen haben in den einzelnen Mitgliedsländern der EU auch zu unterschiedlichen Ausbildungsformen geführt. In zahlreichen Ländern spielen private Ausbildungsstätten eine größere Rolle als bei uns.
Eine Ausbildung im dualen System wird außer in Deutschland z. B. in Dänemark, Österreich und Portugal durchgeführt.
Eine Vollzeitschulausbildung im Rahmen des jeweils bestehenden Bildungssystems findet man z. B. in Belgien, Frankreich und Italien.
Daneben gibt es z. B. in Großbritannien, Griechenland, Irland sowie den Niederlanden eine Ausbildung im Betrieb und in der Berufsschule bzw. in der entsprechenden Schule des bestehenden Bildungssystems, allerdings nicht als duales System.

Berufsbildung und Arbeitswelt

Arbeitsteil

1. Erläutern Sie, was man unter Ausbildung im dualen System versteht.

2. Welche Aufgaben haben im dualen Berufsausbildungssystem
   a) die Betriebe?
   b) die Schulen?

3. Welche Vorteile und welche Nachteile hat das duale System?

4. Welchen Hauptvorteil sehen Sie in einer beruflichen Grundbildung durch schulische Einrichtungen?

5. Nennen Sie schulische Ausbildungsgänge, die eine duale Ausbildung
   a) ergänzen können,
   b) ersetzen können.

6. Petra hat nach Abschluss der Hauptschule keinen Ausbildungsplatz gefunden. Sie hofft, nach dem Besuch des Berufseinstiegsjahrs (BEJ) einen Ausbildungsplatz zu erhalten.
   a) Wozu dient das BEJ?
   b) Welche Hilfen bietet das BEJ für Petra?

7. Der sehnlichste Wunsch von Paul ist es, Ingenieur zu werden, obwohl er die Hauptschule ohne Abschluss verlassen hat. Ist dies trotzdem noch möglich? Wenn ja, zeigen Sie mögliche Wege auf.

8. Welche Möglichkeiten bietet das berufliche Schulwesen, um die gesteckten Ziele in den beiden nachfolgenden Fällen zu erreichen?
   a) Carsten möchte nach erfolgreichem Besuch der Hauptschule die Fachschulreife erwerben.
   b) Thorsten hat die Realschule besucht und möchte parallel zu seiner Berufsausbildung die Fachhochschulreife erwerben.

9. In Abschnitt 1.2 wurden die Bildungswege Baden-Württembergs dargestellt. Beschaffen Sie sich (z. B. aus dem Internet) eine entsprechende Darstellung für Ihr Bundesland. Vergleichen Sie, ob Unterschiede bestehen.

2 Berufsausbildungsvertrag

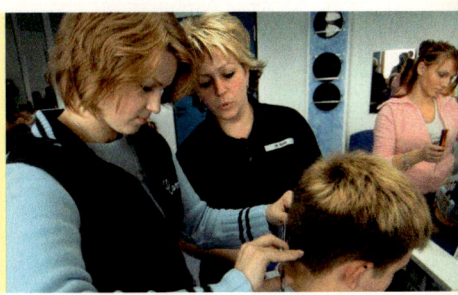

Die 16-jährige Ariane hat am 1. September eine Ausbildung als Friseurin begonnen. Ihre Chefin vereinbart mit ihr mündlich eine Probezeit bis zum 1. Februar. Nach Ablauf der Probezeit soll dann ein schriftlicher Ausbildungsvertrag erstellt werden.

Beurteilen Sie die Rechtslage. War hier alles rechtens?

2.1 Der Inhalt des Berufsausbildungsvertrags

Um eine qualifizierte und einheitliche Berufsausbildung zu ermöglichen, wurde die Vertragsfreiheit beim Abschluss des Berufsausbildungsvertrages stark eingeschränkt. Die Vertragspartner müssen eine große Anzahl gesetzlicher Bestimmungen beachten. Die wichtigsten Grundlagen sind das **Berufsbildungsgesetz (BBiG)** und die **Handwerksordnung (HwO)** für Handwerksberufe. Zusätzlich müssen weitere Gesetze, Verordnungen und Vorschriften eingehalten werden wie das Jugendarbeitsschutzgesetz (JArbSchG). Entsprechend den gesetzlichen Grundlagen muss der **Berufsausbildungsvertrag** von den Beteiligten, dem **Ausbildenden** und dem **Auszubildenden** unverzüglich nach Abschluss, spätestens jedoch vor Beginn der Berufsausbildung schriftlich abgeschlossen werden. Bei Minderjährigen ist zusätzlich die Unterschrift des gesetzlichen Vertreters notwendig. Der von allen Beteiligten unterschriebene Vertrag muss anschließend bei der zuständigen **Kammer** eingereicht werden. Die Kammer überprüft, ob folgende Voraussetzungen erfüllt werden:

http://bundesrecht.juris.de

BBiG § 11

- die **persönliche Eignung des Ausbildenden**
  Personen ohne bürgerliche Ehrenrechte oder Personen, die gegen Ausbildungsvorschriften verstoßen haben, sind z. B. ungeeignet.
- die **fachliche Eignung des Ausbildenden**
  Der Ausbildende muss die erforderlichen beruflichen Qualifikationen und die Ausbildungsbefähigung besitzen (z. B. Meisterprüfung).
- die **Eignung der Ausbildungsstätte.**

Diese Mindestangaben muss der Berufsausbildungsvertrag enthalten:

1. Art, sachliche und zeitliche Gliederung sowie Ziel der Berufsausbildung
2. Beginn und Dauer der Berufsausbildung – mindestens 2, in der Regel 3 Jahre
3. Ausbildungsmaßnahmen außerhalb der Ausbildungsstätte
4. Dauer der regelmäßigen täglichen Ausbildungszeit
5. Dauer der Probezeit – mindestens 1 Monat, höchstens 4 Monate
6. Zahlungstermine und Höhe der Ausbildungsvergütung
7. Dauer des Urlaubs
8. Kündigungsvoraussetzungen

BBiG § 11

Wurden sämtliche Voraussetzungen erfüllt, trägt die Kammer den vorliegenden Vertrag in das Verzeichnis der Berufsausbildungsverhältnisse („Lehrlingsrolle") ein. Hiermit ist ein anerkanntes **Berufsausbildungsverhältnis** begründet.

Berufsbildung und Arbeitswelt

Handwerkskammer Region Stuttgart · Postfach 10 21 55
70017 Stuttgart

Antrag auf Eintragung
in das Verzeichnis der Berufsausbildungsverhältnisse zum nachfolgenden
Berufsausbildungsvertrag
(Bitte alle gelben Felder ausfüllen)

Dieser Vertrag ist anerkannt und in das Verzeichnis der Berufsausbildungsverhältnisse eingetragen unter der
Nr.:
am:
Vorgesehener Prüfungstermin: Sommer / Winter / Jahr
Siegel
Handzeichen

Zwischen dem Ausbildenden (Ausbildungsbetrieb) und **dem Lehrling (Auszubildenden)**

Telefon-Nr.: 0-71-42/56-20
Telefax-Nr.:

Anschrift:
Bäckerei Jung
Wettgasse 5
74321 Bietigheim-Bissingen
Landkreis: Ludwigsburg

Name, Vorname: Hofbauer, Martin — männlich [X] 1, weiblich [ ] 2
Straße, Hausnummer: Neckarstraße 20
PLZ / Ort: 74379 Ingersheim
Geburtsdatum: 28.05.1991
Geburtsort: Bietigheim-Bissingen
Staatsangehörigkeit: deutsch
[X] 1 Ausbildungsvertrag | [ ] 2 Umschulungsvertrag | [ ] 5 Anschlußvertrag

Allgemeinbildender Schulabschluß:
[ ] 00 kein Abschluß | [ ] 01 Hauptschule | [X] 02 Mittlere Reife | [ ] 03 Abitur

Ausbilder (Betriebsinhaber) [X] 1 bzw. verantwortl. Ausbilder [ ] 0
Name: Jung
Vorname: Manfred
geb. am: 25.02.60

Ärztl. Bescheinigung beilegen [X] ja 1 (bis zum 18. Lebensjahr)
ja 1 Behindert 3) [X] nein 0

Gesetzlicher Vertreter: [X] 1 Eltern | [ ] 2 Vater | [ ] 3 Mutter | [ ] 4 Vormund | [ ] 5 volljährig

[X] 01 Meisterprüfung | [ ] 02 Ingenieurprüfung | [ ] 06 Sonstige Prüfung
Erstausbildung des Betriebes: Ja [X] Nein [ ]
Gesamtzahl der Fachkräfte im Ausbildungsberuf: 8
Zahl der bereits bestehenden Ausbildungsverhältnisse: 1

wird nachstehender Vertrag zur Ausbildung im Ausbildungsberuf: **Bäcker**
mit der Fachrichtung/dem Schwerpunkt, nach Maßgabe der Ausbildungsordnung, geschlossen.

A Die reguläre Ausbildungszeit beträgt nach der Ausbildungsordnung
[ ] 24 Monate (= 2 Jahre) | [ ] 30 Monate (= 2½ Jahre) | [X] 36 Monate (= 3 Jahre) | [ ] 42 Monate (= 3½ Jahre)

Hierauf wird die / das
Berufsfachschule (bitte Abschlußzeugnis beilegen)
[ ] 18 = 1-jährig
[ ] 28 = 2-jährig
[ ] Mittlere Reife [ ] Abitur /and. Schulabschluß (bitte Abschlußzeugnis beilegen)
sonstige Vor- bzw. Ausbildung als
im Betrieb
mit _____ Monaten angerechnet, bzw. es wird eine entsprechende Verkürzung beantragt.

Das Berufsausbildungsverhältnis
beginnt am: 01.09.2008
endet am: 31.08.2011
Probezeit Monat(e): 4

B Die Ausbildung findet in **Bietigheim-Bissingen** und den mit dem Betriebssitz für die Ausbildung üblicherweise zusammenhängenden Bau-, Montage- und sonstigen Arbeitsstellen statt.

C Berufsschule (Name und Ort) [1] [2]
im 1. Ausbildungsjahr
[1] GS Im Hoppenau, Stuttgart
im 2., 3. und 4. Ausbildungsjahr
[2] Rosenbergstraße-11, 70176 Stgt.

D Ausbildungsmaßnahmen außerhalb der Ausbildungsstätte
überbetrieblicher Lehrgang (Ort), wenn Pflichtbesuch durch die Vollversammlung der HK beschlossen ist.
im 1. Ausbildungsjahr: Bäckerfachschule Stuttgart
im 2., 3. und 4. Ausbildungsjahr: Bäckerfachschule Stuttgart

E Die regelmäßige wöchentl. Arbeitszeit beträgt **40** Stunden.

F Der Ausbildende zahlt dem Lehrling eine angemessene Vergütung (§ 4 Nr. 1 der umseitigen Vertragsbedingungen); Soweit Vergütungen tariflich geregelt bzw. empfohlen sind, gelten mindestens diese. Sie beträgt zur Zeit monatlich brutto:

im	1. Ausbildungsjahr	2. Ausbildungsjahr	3. Ausbildungsjahr	4. Ausbildungsjahr
DM				
Euro	385,-	470,-	580,-	

G Der Ausbildende gewährt dem Lehrling Urlaub nach den geltenden Bestimmungen. (§ 5 Nr. 2 der umseitigen Vertragsbedingungen). Es besteht ein Urlaubsanspruch von:

Im Jahre	20 2008	20 2009	20 2010	20 2011	20
Werktage	9	25	24	16	
Arbeitstage					

H Auf anzuwendende Tarifverträge und Betriebsvereinbarungen wurde hingewiesen.

I Sonstige Vereinbarungen

J Ort: Bietigheim — Datum: 12.06.2008

Der Ausbildende *(Unterschrift: M. Jung)* — Stempel und Unterschrift
Der Lehrling *(Unterschrift: Martin Hofbauer)* — Vor- und Familienname
Die gesetzlichen Vertreter des Lehrlings
Mutter *(Elke Hofbauer)* — Vater *(C. Hofbauer)* — Vormund

1) Die Probezeit muß mindestens einen Monat und darf höchstens vier Monate betragen.
2) Bei Jugendlichen unter 18 Jahren sind die Bestimmungen des Jugendarbeitsschutzgesetzes über die höchstzulässige tägliche und wöchentliche Arbeitszeit (Ausbildungszeit) zu beachten. Soweit tarifliche Regelungen bestehen, gelten diese.
3) Die Erhebung ist freiwillig und erfolgt im Rahmen des § 42 b HwO und des SchwBG.

Hinweis: Zur Angabe der übrigen Daten besteht eine Verpflichtung; sie werden aufgrund der §§ 28, 29, 30 HwO i.V. mit Anlage D zur HwO sowie der §§ 31-33 BBiG erhoben und verarbeitet (vgl. § 3 Abs. 2 LDSG).

Berufsbildung und Arbeitswelt

Rechte und Pflichten der Vertragspartner

Durch den Berufsausbildungsvertrag entstehen den Vertragspartnern, dem Ausbildenden und dem Auszubildenden Rechte und Pflichten.

Pflichten des Ausbildenden	Pflichten des Auszubildenden
• **Ausbildungspflicht** – d.h. Vermittlung von Kenntnissen, Fertigkeiten und beruflicher Handlungsfähigkeit • Kostenlose **Bereitstellung der Ausbildungsmittel** • Freistellung zum **Berufsschulbesuch** • Zahlung der **Ausbildungsvergütung** • **Fürsorgepflicht** – d.h. Zahlung der Beiträge zur gesetzlichen Sozialversicherung, Einhaltung des Jugendarbeitsschutzgesetzes, Beachtung der Unfallschutzbestimmungen • Der Ausbilder darf nur **Arbeiten anordnen,** die zum Ausbildungsberuf gehören • Pflicht zur Ausstellung eines **Zeugnisses** ↓ = **Rechte des Auszubildenden**	• **Lernpflicht** – d.h. der Auszubildende soll bemüht sein, sich die nötigen Kenntnisse und Fähigkeiten anzueignen • **Sorgfaltspflicht** – d.h. ihm übertragene Arbeiten muss der Auszubildende sorgfältig ausführen • **Gehorsamspflicht** – d.h. Weisungen des Ausbilders sind zu befolgen • Pflicht zum **Berufsschulbesuch** • Pflicht, **schriftlichen Ausbildungsnachweis** zu führen • **Schweigepflicht** • Pflicht zur Einhaltung des **Wettbewerbverbots,** d.h. dem Ausbildenden darf keine Konkurrenz gemacht werden ↓ = **Rechte des Ausbildenden**

BBiG §§ 13, 14

↓

Die Nichteinhaltung kann zur außerordentlichen Kündigung (= fristlos) berechtigen und zur Schadensersatzpflicht führen.

2.2 Die Beendigung des Berufsausbildungsvertrags

Am Anfang der Berufsausbildung steht eine **Probezeit,** die mindestens einen und höchstens vier Monate beträgt. Während der Probezeit sollen der Ausbildende und der Auszubildende feststellen können, ob der Auszubildende für diese Tätigkeit geeignet ist und ob sie ihm gefällt. Daher können beide Vertragspartner während der Probezeit ohne Einhaltung einer Frist (also jederzeit) und ohne Angabe von Gründen kündigen.

BBiG § 20

Ist die Probezeit abgelaufen, kann der Ausbildende nur aus wichtigem Grund kündigen, zum Beispiel bei Diebstahl oder Beleidigung. Eine solche Kündigung erfolgt fristlos. Der Auszubildende kann bei Berufsaufgabe und bei Berufswechsel mit einer Frist von vier Wochen kündigen. Außerdem kann der Auszubildende aus wichtigen Gründen fristlos kündigen – zum Beispiel wegen Tätlichkeiten oder Beleidigungen.

Unabhängig vom Kündigungsgrund schreibt das Berufsbildungsgesetz vor, dass ein Berufsausbildungsvertrag immer schriftlich gekündigt werden muss. Wird der Berufsaus-

BBiG §22, Abs.3

Berufsbildung und Arbeitswelt

BBiG § 21

bildungsvertrag nicht gekündigt, so endet er automatisch mit dem Ablauf der vereinbarten Ausbildungszeit.

2.3 Die Überwachung des Berufsausbildungsvertrags

Die Überwachung einer korrekten Berufsausbildung obliegt den dafür zuständigen Stellen. Das sind: die Handwerkskammern für die Handwerksbetriebe, die Industrie- und Handelskammern für Industrie-, Dienstleistungs- und Handelsbetriebe, die Landwirtschaftskammern für die landwirtschaftlichen Betriebe, die Ärztekammern, die Apothekerkammern und die Rechtsanwaltskammern für die Auszubildenden, die in diesen Berufen tätig sind.

Nach dem Berufsbildungsgesetz werden den zuständigen Stellen (Kammern) folgende Aufgaben zugewiesen:
- Führung des Verzeichnisses der Berufsausbildungsverhältnisse („Lehrlingsrolle")
- Kürzung bzw. Verlängerung der Ausbildungsdauer auf Antrag des Auszubildenden
- Überwachung der Eignung der Ausbildungsstätten
- Überwachung der Berufsausbildung
- Bildung von Prüfungsausschüssen und Durchführung der Prüfung
- berufliche Fortbildung

Zusammenfassung

Kammern
- Genehmigung der Berufsausbildungsverhältnisse
- Eintragung in die Lehrlingsrolle
- Überwachung der Berufsausbildung

Auszubildender → **Berufsausbildungsvertrag** ← **Ausbildender**

Auszubildender

Pflichten
- Lernpflicht
- Gehorsamspflicht
- Berufsschulpflicht
- Sorgfaltspflicht
- Schweigepflicht
- Wettbewerbsverbot

Berufsausbildungsvertrag

Schriftform vorgeschriebene Inhalte (§ 4 BBiG)
- Art der Ausbildung
- Gliederung der Ausbildung
- Dauer der Probezeit
- Vergütung (Höhe, Termin)
- Anzahl der Urlaubstage
- Kündigungsvoraussetzungen

Ausbildender

Pflichten
- Vergütungspflicht
- Ausbildungspflicht
- Fürsorgepflicht
- Zeugnisausstellung
- Freistellungspflicht

Kündigung des Berufsausbildungsvertrages

Während der Probezeit (1 bis 4 Monate): fristlos, ohne Angabe von Gründen

Aus wichtigem Grund, z. B. Diebstahl, Beleidigung: fristlos

Bei Berufsaufgabe oder Berufswechsel: 4-Wochen-Frist

immer schriftlich

Berufsbildung und Arbeitswelt

Arbeitsteil

1. Welche Gesetze regeln die Berufsausbildung?

2. Zählen Sie mithilfe des Formulars auf Seite 16 drei Mindestangaben auf, die ein Berufsausbildungsvertrag enthalten muss.

3. Wie werden die Vertragspartner beim Berufsausbildungsvertrag genannt?

4. Nennen Sie drei Pflichten, die durch den Abschluss eines Ausbildungsvertrags entstehen
   a) für den Auszubildenden,
   b) für den Ausbildenden.

5. Die 16-jährige Yasmin erhält einen Ausbildungsvertrag als Kraftfahrzeugmechanikerin.
   a) Wer muss den Ausbildungsvertrag unterschreiben? Begründen Sie.
   b) Welche Voraussetzungen sind bezogen auf den Ausbildungsbetrieb von der zuständigen Handwerkskammer zu prüfen?
   c) Wodurch wird das Ausbildungsverhältnis letztendlich rechtswirksam begründet?

6. a) Wie lange dauert die Probezeit?
   b) Weshalb wird in Berufsausbildungsverträgen eine Probezeit vereinbart?

7. Unter welchen Voraussetzungen kann nach der Probezeit
   a) vom Auszubildenden,
   b) vom Ausbildenden gekündigt werden?

8. Untersuchen Sie die Wirksamkeit der nachfolgenden Kündigungen. Begründen Sie Ihre Entscheidung.
   a) Simone wird innerhalb der vereinbarten Probezeit fristlos von ihrem Chef mündlich gekündigt.
   b) Paul möchte nach 6 Monaten eine neue Lehre in einem anderen Beruf beginnen und kündigt fristlos. Die Kündigung erfolgt schriftlich.
   c) Ines wird nach einem heftigen Streit mit ihrem Chef von diesem geohrfeigt. Obwohl sie schon 12 Monate Ausbildung hinter sich hat, kündigt sie fristlos.
   d) Hans kommt zum zweiten Mal innerhalb eines Jahres 15 Minuten zu spät an seinen Ausbildungsplatz. Sein Chef kündigt ihm daraufhin fristlos mit den Worten: „Für notorische Zuspätkommer ist kein Platz in meinem Betrieb. Du bist ab sofort gekündigt!"

9. Ein Friseur lässt seine Auszubildende im ersten Ausbildungsjahr nur die Haare der Kunden waschen. Gegen welche Pflicht des Ausbildungsvertrags verstößt er damit?

10. Warum gibt es Ihrer Meinung nach strenge Mindestanforderungen an Inhalt und Form des Berufsausbildungsvertrags?

11. a) Welche Stellen überwachen die Berufsausbildung?
    b) Nennen Sie die für Ihren Ausbildungsberuf zuständige Stelle.
    c) Welche Aufgaben haben diese Stellen im Bereich der Berufsbildung?

12. Informieren Sie sich über Ihren Ausbildungsbetrieb. Fragen Sie nach, welche Stellung Ihr Ausbildungsbetrieb in der Branche und in der Gesamtwirtschaft einnimmt. Präsentieren Sie Ihren Ausbildungsbetrieb der Klasse. Nutzen Sie dazu Powerpoint, Flipchart oder ein Plakat.

Berufsbildung und Arbeitswelt

3 Lebenslanges Lernen

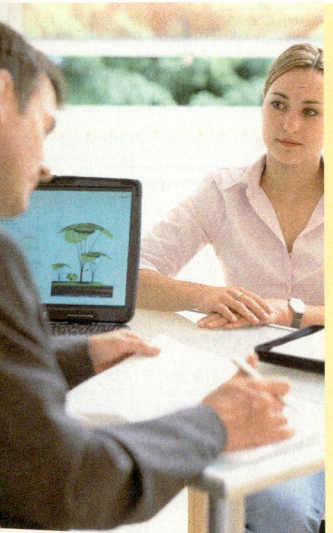

Simone, 22 Jahre alt und seit vier Jahren Bäckereifachverkäuferin, bewirbt sich um eine Stelle als Filialleiterin bei einer Großbäckerei. Ausschnitt aus dem Vorstellungsgespräch mit dem Chef der Großbäckerei, Herrn Frisch:

Herr Frisch: Wie ich Ihren Bewerbungsunterlagen entnehmen kann, haben Sie ein sehr gutes Arbeitszeugnis.
Simone: Ich habe mir stets Mühe gegeben, meine Arbeit zur Zufriedenheit meines Chefs zu erledigen.
Herr Frisch: Schön. Haben Sie außerhalb Ihrer Ausbildung zur Bäckereifachverkäuferin an irgendwelchen Fortbildungsmaßnahmen teilgenommen?
Simone: Welche Fortbildungsmaßnahmen?

Welche Fortbildungsmaßnahmen hätte Simone besuchen können?
Welche Vorteile könnten diese Fortbildungsmaßnahmen für
Simone haben?

3.1 Förderung der Mobilität

Internationale Kompetenzen und Auslandserfahrung sind heute sowohl für die Wirtschaft als auch für den Einzelnen von zunehmend großer Bedeutung. Die Wirtschaft benötigt qualifizierte Fachkräfte, die über internationale Erfahrung, Fremdsprachenkenntnisse und Schlüsselqualifikationen wie z.B. Teamfähigkeit, interkulturelles Verständnis und Belastbarkeit verfügt. Der Einzelne verbessert dadurch seine Chancen auf dem Arbeitsmarkt – national wie international.

Fast sieben Milliarden Euro investiert die Europäische Union (EU) von 2007 bis 2013 in das neue **Europäische Bildungsprogramm für lebenslanges Lernen**, das alle bisherigen Programme unter einem Dach zusammenfasst. Ziel ist ein Europäischer Bildungsraum, in dem die Europäerinnen und Europäer miteinander und voneinander lernen.

Weitere Informationen erteilt die Nationale Agentur Bildung für Europa beim Bundesinstitut für Berufsbildung (NA beim BIBB) unter www.na-bibb.de

Leonardo da Vinci ist das Einzelprogramm für die Zusammenarbeit in der beruflichen Aus- und Weiterbildung und fördert u.a. berufliches Lernen im Ausland. Eine Zielgruppe sind Lernende, die eine Ausbildung abgeschlossen haben oder über vergleichbare Berufserfahrung verfügen. In der Regel werden die Teilnehmenden von den Projektorganisatoren, also den Antragstellern (Betriebe etc.), benannt. Es wird ein finanzieller Zuschuss zu den Kosten für den Aufenthalt, die Fahrt, die sprachliche Vorbereitung der Teilnehmer sowie die Vorbereitung des Projektes gewährt.

www.europass-info.de

Auf der Seite www.europass-info.de werden die Formulare für einen europaweit einheitlichen **EUROPASS** zur Verfügung gestellt. Der Europass bietet eine neue Möglichkeit, berufliche Qualifikationen und Kompetenzen in den EU-Mitgliedstaaten klar und leicht verständlich zu präsentieren.
Er kann bei der Arbeitssuche oder bei der Teilnahme an Bildungs- und Berufsbildungsprogrammen eingesetzt werden. Besonders eignet er sich für diejenigen, die in einem anderen Land lernen oder arbeiten wollen. Da er Arbeitgebern hilft, die Qualifikati-

onen und Kompetenzen von Arbeitssuchenden aus anderen EU-Mitgliedstaaten besser zu verstehen, ist es wesentlich leichter sich damit im Ausland zu bewerben und Auslandserfahrung während oder nach der Ausbildung zu sammeln. Der Europass umfasst
- den Europass-Lebenslauf
- den Europass-Sprachenpass
- den Europass-Mobilitätsnachweis
- den Europass-Diplomzusatz (für Hochschulen)
- die Europass-Zeugniserläuterung (für die Berufsbildung)

3.2 Potentialanalyse

Die Potentialanalyse ist ein Verfahren zur Ermittlung der persönlichen Stärken und Schwächen, um von diesen Ergebnissen ausgehend eine berufliche Neuorientierung vorzunehmen. Dieses Verfahren wird auch genutzt, um in Unternehmen eine große Bewerberzahl zu reduzieren. Im Mittelpunkt steht die Frage: Was kann ich?
Die Testverfahren sind sehr unterschiedlich. Dazu gehören Interviewtechniken, PC-unterstützte Testverfahren, psychologische Testverfahren, Systeme zur Leistungsbeurteilung und Assessment-Center.
Assessment kommt aus dem Englischen und bedeutet so viel wie „Abschätzung", „Bewertung". Das Assessment-Center ist eine Kombination aus verschiedenen Tests, Planspielen und Gesprächen. Vertreter des Unternehmens prüfen und begutachten die Bewerber ein bis drei Tage lang – in Gruppen und Einzelübungen. Immer mehr Unternehmen organisieren Potential-Assessments für ihre Mitarbeiter, um hausintern die Kompetenzen der Angestellten zu überprüfen und richtig einzusetzen. Alle Formen basieren aber auf dem gleichen Schema: Die Teilnehmer werden mittels verschiedener Aufgabentypen getestet.

3.3 Berufliche Fortbildung

Der Abschluss des Berufsausbildungsvertrages stellt für viele junge Arbeitnehmer nur den ersten Schritt in ihrem Berufsleben dar.
Da die moderne Arbeitswelt laufend durch technische Neuerungen weiterentwickelt wird, müssen sich alle daran Beteiligten ständig informieren, d. h. sie müssen ihre Kenntnisse und Fertigkeiten dem neuesten Stand der Technik anpassen. Schätzungen gehen davon aus, dass sich das verfügbare Wissen der Menschheit alle fünf bis zehn Jahre verdoppelt.

Die berufliche Fortbildung, die auf einer abgeschlossenen Berufsausbildung aufbaut, ist für den heutigen Arbeitnehmer eine wichtige Voraussetzung, um den steigenden Anforderungen am Arbeitsplatz gerecht zu werden (z. B. Einsatz von EDV oder CNC-Maschinen).
Wer beruflich aufsteigen will, muss meistens zusätzliche Qualifikationen vorweisen können – z. B. den **Meisterbrief.** Die Meisterprüfung kann nach dem Besuch einer Meisterschule abgelegt werden. Je nach Fachrichtung nimmt dies $1/2$ bis $1 1/2$ Jahre in Anspruch. Voraussetzung ist eine bestandene Gesellenprüfung.
Ohne Meisterprüfung kann man sich in 41 handwerklichen Berufen nicht selbstständig machen. 2007 wurde der deutsche Meisterbrief durch die EU aufgewertet. Alle deutschen Handwerksmeister werden seitdem mit den Absolventen von Fachhochschulen und Bachelor-Studiengängen gleichgestellt.

Berufsbildung und Arbeitswelt

Eine immer bedeutendere Rolle spielen die Technikerschulen. In der Vollzeitform dauern sie zwei Jahre. An der Technikerschule erhält der Fachschüler eine Weiterbildung in einer bestimmten Fachrichtung wie etwa Maschinenbau, Elektrotechnik, Bautechnik, Sanitärtechnik u. a. Einzelne Fachrichtungen sind noch weiter unterteilt, so z. B. Elektrotechnik in Nachrichtentechnik, Energietechnik und Elektronik. Am Ende der Schulzeit wird nach bestandener Prüfung folgender Titel verliehen: „Staatlich geprüfter Techniker, Fachrichtung ...". Für den hauswirtschaftlichen, landwirtschaftlichen und kaufmännischen Bereich gibt es ebenfalls entsprechende Fachschulen.
Beispiele: Fachschule für Wirtschafterinnen, Fachschule für Datenverarbeitung und Organisation usw. Die Akademie des Handwerks ist ein Zusatzangebot für fähige Gesellen oder Meister mit mehrjähriger Berufspraxis. Sie dauert in Vollzeitform zwei Jahre und schließt ab mit der Bezeichnung „Betriebswirt des Handwerks (Gewerbeakademie)".

3.4 Berufliche Umschulung

Das Schaubild links zeigt, dass das Erlernen nur eines Berufes häufig nicht für ein ganzes Arbeitsleben ausreicht. Diese Tatsache beruht auf folgenden Ursachen:

- Aussterben des erlernten Berufes (z. B. Korbmacher, Wagenbauer)
- erworbene Kenntnisse sind überholt oder werden durch die Veränderung der Arbeitswelt nicht mehr benötigt
- längere Arbeitslosigkeit
- Berufsunfähigkeit (hervorgerufen durch Berufskrankheit oder Arbeitsunfall)
- Unzufriedenheit mit dem früher erlernten Beruf.

3.5 Fördermaßnahmen

Arbeitsförderung nach dem Sozialgesetzbuch III (SGB III)

www.arbeitsagentur.de

Die **Bundesagentur für Arbeit** fördert nach dem Sozialgesetzbuch (SGB), Drittes Buch (III) – Arbeitsförderung – die **Berufsausbildung** sowie notwendige **Fortbildungs- oder Umschulungsmaßnahmen,** wenn der Antragsteller dazu selbst finanziell nicht in der Lage ist. Der Interessent muss bei der örtlichen Agentur für Arbeit einen Antrag stellen. Gefördert werden Bildungsmaßnahmen, die berufliche Kenntnisse erweitern, erhalten oder dem technischen Fortschritt anpassen. Auch Bildungsmaßnahmen, die einen beruflichen Aufstieg ermöglichen, können unterstützt werden. Für die Ausbildung in einem anerkannten Ausbildungsberuf können **Berufsausbildungsbeihilfen** gewährt werden. Allerdings müssen im Einzelfall für die Gewährung von Fördermaßnahmen eine Reihe von Voraussetzungen erfüllt sein.

Liegen diese vor, erhalten die Antragsteller einen monatlichen Unterhaltsbetrag. Daneben werden Ausgaben für Lehrgangsgebühren, Fahrtkosten, Arbeitskleidung, Lernmittel usw. unterstützt. Die Förderungsmaßnahmen werden voll, teilweise oder auch als Darlehen gewährt.

Berufsbildung und Arbeitswelt

Aufstiegsfortbildungsförderungsgesetz (AFBG)

Durch das Aufstiegsfortbildungsförderungsgesetz, das so genannte Meister-BaföG, sollen alle unterstützt werden, die sich nach ihrer Lehre weiterbilden wollen, z. B. zum Meister, Techniker, Fachwirt, Fachkaufmann, Betriebswirt usw. Mit Darlehen und Zuschüssen werden Lehrgangskosten gefördert. Bei Vollzeitlehrgängen werden auch Beiträge zum Lebensunterhalt gezahlt. Zuständig für den Antrag auf Meister-BaföG ist in der Regel das kommunale Amt für Ausbildungsförderung, in dessen Bezirk der Auszubildende wohnt.

Bundesausbildungsförderungsgesetz (BAföG)

Ziel des Ausbildungsförderungsgesetzes (BAföG) ist es, jedem jungen Menschen die Möglichkeit zu geben, unabhängig von seiner sozialen und wirtschaftlichen Situation eine Ausbildung zu absolvieren, die seinen Fähigkeiten und Interessen entspricht. Die Förderung erstreckt sich auf allgemein bildende und berufliche Schulen ab Klasse 10.

Berufliche Schulen sind beispielsweise berufliche Gymnasien, Berufskollegs, Berufsfachschulen und das Berufsvorbereitungsjahr. **Allgemein bildende Schulen** sind z. B. allgemein bildende Gymnasien, Fachhochschulen, wissenschaftliche Hochschulen.

Allerdings wird BAföG nur bei Bedürftigkeit des Antragstellers gewährt. Das Amt für Ausbildungsförderung hat in allen Stadt- und Landkreisen öffentliche Beratungsstellen eingerichtet. Hier werden Beratungen durchgeführt, Antragsformulare ausgegeben und Anträge entgegengenommen. Für Studierende werden BAföG-Mittel derzeit zu 50 % auf Darlehensbasis vergeben, d. h. nach Abschluss der geförderten Ausbildung muss der Antragsteller die Hälfte der gewährten Förderungsmittel zurückzahlen.

BAföG-Anträge von Auszubildenden und Schülern werden von den kommunalen Ämtern für Ausbildungsförderung bearbeitet. Für Anträge von Studenten sind die Studentenwerke der Hochschulen zuständig.

www.das-neue-bafoeg.de

Zusammenfassung

Berufsausbildung
Der einmal erlernte Beruf reicht oft nicht für das ganze Arbeitsleben

das führt zu

Beruflicher Fortbildung
- Meisterkurse
- Fachkurse

Beruflicher Umschulung
= Ausbildung in einem weiteren Beruf

gefördert durch
- Sozialgesetzbuch (SBG III) – Arbeitsförderung –
- Aufstiegsfortbildungsförderungsgesetz

- Mittel nach dem **Bundesausbildungsförderungsgesetz** werden Bedürftigen gewährt für die Ausbildung an beruflichen und an allgemein bildenden Schulen.
- **Leonardo da Vinci:** Programm der EU zur Unterstützung grenzüberschreitender Aus- und Weiterbildung

Berufsbildung und Arbeitswelt

Arbeitsteil

1. Erläutern Sie, welche Bereiche nach dem Berufsbildungsgesetz unter den Begriff Berufsbildung fallen.

2. Welche Möglichkeiten der allgemeinen und beruflichen Bildung kennen Sie?

3. Weshalb ist eine berufliche Fortbildung für jeden Arbeitnehmer empfehlenswert?

4. Nennen Sie drei Fälle, in denen für einen Arbeitnehmer eine berufliche Umschulung erforderlich sein kann.

   „Wissen sichert Lebensstandard
   Der Reichtum der Bundesrepublik Deutschland beruht nicht auf Bodenschätzen oder Vorzügen der Natur und des Klimas; er besteht allein in dem Wissen, den Fähigkeiten und dem Fleiß ihrer Bürger."

5. a) Welche Maßnahmen könnten sich bezüglich der Aus- und Fortbildung aus dieser Aussage ergeben?
   b) Welche Folgen hätten Ihrer Meinung nach einschneidende Sparmaßnahmen bei der Fortbildung?
   c) Weshalb sollte in wirtschaftlichen Krisenzeiten die Förderung eher verstärkt werden?

6. a) Welche Bildungsmaßnahmen werden durch Mittel nach dem Bundesausbildungsförderungsgesetz (BAföG) unterstützt?
   b) Was spricht dafür und was dagegen, dass BAföG-Mittel auf Darlehensbasis vergeben werden?

7. Wofür erhält ein Bildungswilliger Unterstützung nach dem Sozialgesetzbuch III Arbeitsförderung?

8. Überlegen Sie, weshalb der Staat Berufsbildungsmaßnahmen fördert.

9. Untersuchen Sie anhand des beigefügten Gesetzestextes, ob eine Förderung nach dem Sozialgesetzbuch (SGB III) möglich ist. Carsten hat den Beruf des Gerbers erlernt und einige Jahre ausgeübt. Änderungen der Verbrauchergewohnheiten und der Produktionsverfahren sowie die Verlagerung großer Teile der Produktion ins Ausland machten seinen Beruf zu einer für ihn höchst unsicheren Sache. Als seine drohende Entlassung immer wahrscheinlicher wird, beschließt er, sich zum Bau- und Möbeltischler umschulen zu lassen.

Auszug Sozialgesetzbuch (SGB), Drittes Buch (III) – Arbeitsförderung –

§ 77 Grundsatz
(1) Arbeitnehmer können bei Teilnahme an Maßnahmen der beruflichen Weiterbildung durch Übernahme der Weiterbildungskosten und Leistung von Unterhaltsgeld gefördert werden, wenn
1. die Weiterbildung notwendig ist, um sie bei Arbeitslosigkeit beruflich einzugliedern, eine ihnen drohende Arbeitslosigkeit abzuwenden oder weil bei ihnen wegen fehlenden Berufsabschlusses die Notwendigkeit der Weiterbildung anerkannt ist,
2. die Vorbeschäftigungszeit erfüllt ist,
3. vor Beginn der Teilnahme eine Beratung durch die Agentur für Arbeit erfolgt ist und die Agentur für Arbeit der Teilnahme zugestimmt hat und
4. die Maßnahme für die Weiterbildungsförderung durch die Agentur für Arbeit anerkannt ist.

§ 81 Weiterbildungskosten
(1) Weiterbildungskosten sind die durch die Weiterbildung unmittelbar entstehenden
1. Lehrgangskosten und Kosten für die Eignungsfeststellung,
2. Fahrkosten,
3. Kosten für auswärtige Unterbringung und Verpflegung,
4. Kosten für die Betreuung von Kindern.

10. „Der Europass dient der Schaffung eines einheitlichen europäischen Transparenzrahmens für Bildung und Qualifizierung." Begründen Sie diese Aussage.

11. Erläutern Sie, welche Bildungsmaßnahme nach Ihrer Ausbildung durch das Programm Leonardo da Vinci von der EU gefördert wird.

Berufsbildung und Arbeitswelt

4 Einflüsse auf die menschliche Arbeitsleistung

Schlechtes Betriebsklima erhöht Krankenstand

GÜTERSLOH (dpa). Schlechtes Betriebsklima erhöht deutlich den Krankenstand unter den Beschäftigten. Zudem tragen autoritäres Führungsverhalten oder demotivierende Arbeitsbedingungen in einem erheblichen Umfang dazu bei, dass große volkswirtschaftliche Kosten durch krankheitsbedingte Fehltage entstehen. Dies ist das Ergebnis einer Studie, die der Bielefelder Gesundheitsforscher Bernhard Badura im Auftrag der Gütersloher Bertelsmann-Stiftung erstellt hat. Unzufriedenheit und Demotivation am Arbeitsplatz entstünden vor allem, wenn Vorgesetzte nicht über ausreichende Qualifikationen verfügten, Leistungen nicht anerkannt würden und keine Möglichkeit zur Mitsprache am Arbeitsplatz bestehe. Besonders negativ wirke sich fehlendes oder zu geringes Vertrauen zwischen Vorgesetzten und Mitarbeitern aus, heißt es in der Studie des Bielefelder Gesundheitsforschers.

Stuttgarter Zeitung

Schlechtes Betriebsklima erhöht den Krankenstand und senkt die Arbeitsleistung.
Wodurch kann ein gutes Betriebsklima gefördert werden?
Kennen Sie weitere Einflüsse auf die menschliche Arbeitsleistung?

Leistungsfähigkeit

Beim Vergleich betrieblicher Arbeit, die verschiedene Kollegen unter gleichen Bedingungen geleistet haben, stellt man oft fest, dass dennoch unterschiedliche Arbeitsmengen vorliegen. Die Ursache dafür liegt in der unterschiedlichen Leistungsfähigkeit der einzelnen Personen.

Wie der Körper des Menschen entwickelt sich auch seine Leistungsfähigkeit. Während der Jugendliche die volle Leistungsfähigkeit erst in Zukunft erreichen wird, verfügt die ältere Generation nicht mehr darüber, denn die Leistungsfähigkeit nimmt mit zunehmendem Alter ab. Von großer Bedeutung ist außerdem die notwendige Begabung für die entsprechende Tätigkeit. Ebenso wichtig kann eine Berufsausbildung sein. Arbeitnehmer, die über eine größere Berufserfahrung verfügen, werden als leistungsfähiger angesehen. In jüngeren Jahren hat der Arbeitnehmer zwar eine größere Leistungsfähigkeit, dafür aber eine geringere Berufserfahrung. Im Alter verhält es sich umgekehrt.

Leistungsschwankungen

Der arbeitende Mensch verfügt nicht gleich bleibend über dieselbe Leistungsfähigkeit. Vielmehr ist diese starken Schwankungen unterworfen, d. h. man kann nicht jederzeit eine hohe Arbeitsleistung erbringen.

Berufsbildung und Arbeitswelt

So steigt morgens die Leistung erst allmählich an, da der Nachtschlaf noch nachwirkt. Nach der Höchstleistung am Vormittag sinkt die Leistung ab, der Arbeitnehmer ermüdet. Nach dem Mittagessen vermindert sich die Leistungsfähigkeit weiter. Der Körper ist jetzt mit der Verdauung beschäftigt. Erst am Nachmittag ist wieder eine leichte Leistungszunahme zu verzeichnen.

Eine ähnliche Schwankung ist auch an den einzelnen Wochentagen zu bemerken. Die Leistung der Arbeitswoche beginnt mit einem Tief, erreicht in der Wochenmitte die Höchstleistung und nimmt gegen Ende der Woche wieder ab.

Leistungsbereitschaft

Ohne Leistungsbereitschaft (Motivation) verkümmert jede, auch die beste Leistungsfähigkeit. Der Arbeitnehmer muss den Willen zur Leistung zeigen und so seine Leistungsfähigkeit unter Beweis stellen. Allerdings: Wer dauernd von seinem Körper Höchstleistungen verlangt, schadet sich und „verschleißt" seine Leistungsfähigkeit vorzeitig.

Die Leistungsbereitschaft, die sich u.a. in Form von Interesse an der Arbeit, Einsatzbereitschaft, Selbstständigkeit, Verantwortungsbewusstsein, Hilfsbereitschaft und Freundlichkeit zeigt, ist auch vom persönlichen Wohlbefinden des Arbeitnehmers abhängig. Krankheiten, private Probleme oder familiäre Schwierigkeiten können Leistungsfähigkeit und Leistungsbereitschaft erheblich vermindern. Die Leistungsbereitschaft kann durch verschiedene Maßnahmen verbessert werden. Die Übertragung von Verantwortung, Mitbeteiligung an Entscheidungen oder der Versuch, die Wünsche des Arbeitnehmers bei der Arbeitszuweisung zu berücksichtigen, sind Beispiele dafür.

Arbeitsplatzgestaltung

Die richtige Gestaltung des Arbeitsplatzes erleichtert die Arbeit sehr und erhöht die Leistungsfähigkeit und Leistungsbereitschaft. Bei einem gut ausgestalteten Arbeitsplatz liegen die Arbeitsmittel in Griffnähe. Ebenso selbstverständlich ist die Einhaltung der gesetzlichen Vorschriften, z.B. der Unfallschutzmaßnahmen. Schlechte Beleuchtung ist eine häufige Unfallquelle. Helligkeit und frische Luft verhindern eine vorzeitige Ermüdung und somit Arbeitsunfälle. Halten die Arbeitnehmer selbst ihren Arbeitsplatz in Ordnung, so erleichtern sie sich die Arbeit und erhöhen ihr Wohlbefinden und ihre Sicherheit am Arbeitsplatz.

Nach neuen Erkenntnissen der Farbpsychologie wird die Leistungsfähigkeit durch ansprechende Farben in den Arbeitsräumen erhöht. In Konferenzräumen sind z.B. gelbe Wände von Vorteil, das regt geistig an und fördert die Gesprächsbereitschaft. Für Sitzungsräume und Büros empfiehlt die Farbforschung Brauntöne, sie wirken ausgleichend. In Montagehallen finden sich oft rote Töne, das fördert die Bewegungsfreude.

www.gesetze-im-internet.de/bildscharbv/

Wichtig für den Arbeitserfolg ist auch die Arbeitshaltung am Arbeitsplatz. Um Arbeitnehmer vor einer gesundheitsschädigenden Arbeitshaltung zu bewahren, wurden zahlreiche Schutzvorschriften erlassen, z.B. die Sicherheitsregeln für künstliche Beleuchtung, die Sicherheitsregeln für Büroarbeitsplätze oder die EU-Richtlinie für Bildschirmarbeitsplätze und die Bildschirmarbeitsplatzverordnung in Deutschland.

Berufsbildung und Arbeitswelt

Arbeitszeit

Nicht nur die Leistungsfähigkeit der Arbeitnehmer, sondern auch ihr Gesundheitszustand hängt wesentlich von der Arbeitszeit ab. Die tägliche und wöchentliche Arbeitsleistung unterliegt erheblichen Schwankungen; nachts und am Wochenende ist sie am geringsten. Wir empfinden deshalb Sonntagsarbeit, Mehrarbeit und Nachtarbeit als starke Belastung, die unsere Gesundheit auf die Dauer angreift, auch wenn diese belastenden Arbeitszeiten besser bezahlt werden. Der Staat hat deshalb zahlreiche Schutzvorschriften erlassen wie das Arbeitszeitgesetz, das Bundesurlaubsgesetz oder das Jugendarbeitsschutzgesetz. Diese gesetzlichen Regelungen sind heute in vielen Tarifverträgen erheblich verbessert worden. So ist heute weitgehend die 5-Tage-Woche üblich und die wöchentliche Arbeitszeit liegt meist zwischen 35 und 40 Stunden.

Um individuelle Leistungsschwankungen ihrer Arbeitnehmer zu berücksichtigen, ermöglichen viele Betriebe ihren Beschäftigten innerhalb „gewisser Grenzen" die selbstständige Festlegung von Beginn und Ende der eigenen Arbeitszeit. Man nennt diese Vereinbarung die „gleitende Arbeitszeit".

Betriebsklima

Der einzelne Arbeitnehmer ist an seinem Arbeitsplatz nicht isoliert, sondern er hat im Laufe des Arbeitstages vielfältige Kontakte zu den Kollegen. Innerhalb dieser sozialen Beziehungen entstehen Zuneigung und Sympathie, aber auch Ablehnung. Man spricht von einem guten Betriebsklima, wenn in einem Betrieb nur geringe Spannungen zwischen den Beschäftigten bestehen und wenn Zuneigung und Sympathie überwiegen. Ein gutes Betriebsklima kann unter anderem gefördert werden durch:

- zweckmäßige Ausstattung der Arbeitsplätze
- Mitentscheidungsmöglichkeiten
- gute und leistungsgerechte Bezahlung
- Anerkennung durch Vorgesetzte
- Teamgeist
- gerechte Arbeitsaufteilung
- soziale Leistungen

Berufsbildung und Arbeitswelt

Mobbing-Konflikte außer Kontrolle

- **Harmlose Konflikte** stehen am Anfang. Es folgen Sticheleien, Gerüchte, falsche Zuweisung von Aufgaben, Isolation und Drohungen.
- **Ohne Intervention** folgen Krankheit, Alkoholmissbrauch, Depressionen. Das Opfer verhält sich gestört – so wie es ihm vorher unterstellt wurde.
- **Ursachen von Mobbing** sind Angst um den Job, Unter- oder Überforderung, unklare Vorgaben.
- **Chefs** ignorieren viele Jahre das Phänomen. Inzwischen boomen Firmen, die Mobbing-Beratung anbieten. Zahlreiche Selbsthilfegruppen entstanden.

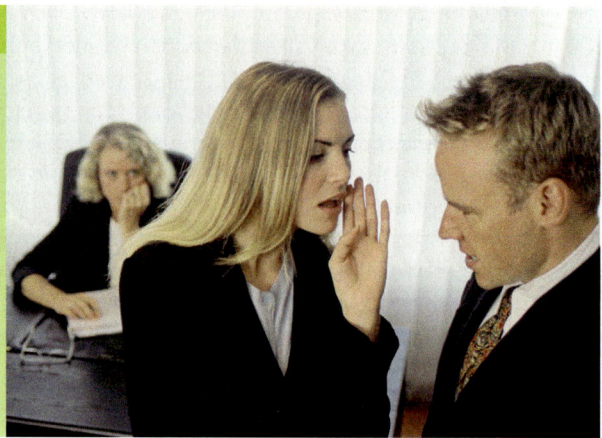

Mobbing führt zu Unsicherheit und Angst. Das Opfer kann sich kaum wehren.

Mobbing (engl. mob, Pöbel) ist Psychoterror. Jeder Vierte wird in seinem Berufsleben irgendwann zum Opfer. Schuld sind meist Organisation und Führung im Unternehmen.

Ein gutes Betriebsklima ist für Arbeitnehmer genauso wichtig wie für Arbeitgeber. Können **Arbeitnehmer** in einem angenehmen Umfeld arbeiten, dann hat dies positive Auswirkungen auf ihre Stimmung, ihren Gesundheitszustand und auf ihr Verhalten im Privatleben. Deshalb ist jeder **Arbeitgeber** an einem guten Betriebsklima interessiert. Denn dann geht der Arbeitnehmer gerne zur Arbeit, bringt höhere Arbeitsleistungen, macht weniger Fehler, wechselt nicht so häufig den Betrieb und wird seltener krank. Schätzungsweise rund 1,5 Millionen Beschäftigte sind Betroffene von **Mobbing** im Betrieb. Untersuchungen haben ergeben: Auf Dauer hilft hier nur ein gutes Betriebsklima, in dem Mobbing und Übervorteilung als unsozial, gesundheitsschädlich und unerwünscht gelten.

Einfluss neuer Technologien

Eine erhebliche Steigerung der Arbeitsleistung ermöglichen die „neuen Technologien". Immer mehr Beschäftigte müssen sich deshalb an ihrem Arbeitsplatz mit computergesteuerten Maschinen befassen. Diese neuen Technologien übernehmen z. B.
- Textverarbeitung und Buchführung
- Verwaltung der Lagerbestände
- Maschinensteuerung
- Analyse von Laborproben
- Konstruktion von Autos und Gebäuden.

Enorme Fortschritte der **Mikroelektronik** bewirken eine grundlegende Veränderung der Produktion und Konstruktion. Zunehmend produzieren Unternehmen mit **vollautomatischen Montage- und Transporteinrichtungen.** Roboter bedienen Werkzeuge wie z. B. Bohrer, Schweißzangen, Spritzpistolen, sie können Maschinen be- und entladen oder Teile zusammenmontieren; dies mit einer Genauigkeit und Geschwindigkeit, die der Mensch nie erreicht. Solche Anlagen haben häufig die Humanisierung der Arbeitswelt zur Folge, indem sie Arbeiten verrichten, die für den Menschen körperlich schwer, monoton oder gesundheitsschädigend sind. Der Anteil der menschlichen Arbeit an der Produktion selbst wird deshalb zurückgehen. Der Mensch wird vorwiegend die Planung, den Aufbau und die Überwachung von Herstellungsvorgängen übernehmen sowie den Dienstleistungsbereich. Auch wenn körperliche Beanspruchungen und Routinetätigkeiten am Arbeitsplatz abnehmen werden, so steigen die Anforderungen an die Beschäftigten erheblich, da bei solchen Geräten fehlerhafte Programme große Schäden an Maschinen und Material verursachen können. Die Qualifikationsanforderungen der Be-

rufe werden sich ständig ändern, lebenslange berufliche Weiterbildung wird nötig sein, um die Gefahren eines Qualifikationsverlustes auszuschalten. Zwei **Beispiele** sollen dies verdeutlichen:
- Früher bediente der Werkzeugmacher die Werkzeugmaschine, heute überwacht er die teilweise von ihm selbst programmierte Anlage und ist für ihre Wartung zuständig.
- Der Schweißer im Karosserie-Rohbau ist jetzt Anlagen- bzw. Roboterbetreuer.

Viele Bürger sehen allerdings auch Gefahren in einer allzu starken Hinwendung zu neuen Technologien:
- Gefahr erhöhter Monotonie bei Resttätigkeiten (z. B. Einlegen von Werkstücken)
- erhöhte Konzentrationsanforderungen durch die Zunahme von Kontrolltätigkeiten
- steigende Arbeitslosigkeit durch den Einsatz neuer Technologien.

Arbeitsorganisation

Rationalisierung, Arbeitsteilung und Spezialisierung in der Produktion führen zwar zu einer höheren Arbeitsleistung, weil die Arbeitsaufgabe auf einfache und eintönige Handgriffe reduziert wird. Gleichzeitig führt diese Form der Arbeitsorganisation dazu, dass Millionen von Arbeitnehmern unter erheblichem Stress arbeiten, der sich gesundheitsschädigend auswirken kann. Deshalb gehen viele Unternehmen zu anderen Formen der Arbeitsorganisation über. Unter dem Begriff „**Humanisierung der Arbeitswelt**" versucht man, durch unterschiedliche Maßnahmen Stress zu vermindern und die Arbeitsleistung zu steigern.
- Häufiger **Aufgabenwechsel** (Job Rotation) soll eintöniges Arbeiten verhindern.
- Eintönige Fließbandarbeit wird durch **Gruppenarbeit** ersetzt.
- **Aufgabenbereicherung** (Job Enrichment) soll den Entscheidungsspielraum des einzelnen Arbeitnehmers erweitern.
- Durch **Aufgabenerweiterung** (Job Enlargement) werden mehrere Arbeitselemente zu einer größeren Aufgabe zusammengefasst.
- Die Bildung **teilautonomer Arbeitsgruppen** ermöglicht teamarbeitende Gruppen, die in eigener Verantwortung ihre Arbeitspläne ausgestalten.

Berufsbildung und Arbeitswelt

Zusammenfassung

Arbeitsteil

1. a) Wovon hängt die Leistungsfähigkeit eines Arbeitnehmers ab?
   b) Wie können Sie Ihre Leistungsfähigkeit erhalten und verbessern?

2. Viele Betriebe stellen vorwiegend jüngere Arbeitnehmer ein, da sie diese für leistungsfähiger halten. Andere hingegen suchen gerade ältere Beschäftigte. Führen Sie Gründe an für beide Entscheidungen.

3. Der arbeitende Mensch unterliegt beachtlichen Leistungsschwankungen. Wann erreicht ein Arbeitnehmer
   a) die tägliche Höchstleistung,
   b) die wöchentliche Höchstleistung?

4. Auf welche Weise versuchen viele Betriebe, die individuellen Leistungsschwankungen ihrer Arbeitnehmer zu berücksichtigen?

5. Wie könnte man die Leistungsbereitschaft vieler Arbeitnehmer erhöhen?

6. a) Zählen Sie fünf Anforderungen auf, die ein gut ausgestalteter Arbeitsplatz erfüllen muss.

   b) Von besonderer Bedeutung ist die richtige Beleuchtung des Arbeitsplatzes. Ordnen Sie den nachfolgenden Abbildungen folgende Aussagen zu:
   – richtige Beleuchtung – falsche Beleuchtung
   – ideale Beleuchtung.

7. Nennen Sie vier Auswirkungen neuer Technologien auf die menschliche Arbeit.

8. Viele Arbeitnehmer leiden unter einem schlechten Betriebsklima, viele unter Mobbing.
   a) Welche Ursachen liegen Ihrer Meinung nach einem schlechten Betriebsklima zugrunde, welche können Mobbing auslösen?
   b) Was könnte Ihrer Meinung nach dagegen getan werden
      1. von Seiten der Unternehmensleitung?
      2. von Seiten der Kollegen?

9. Zunehmend leiden Arbeitnehmer unter Arbeitsstress.
   a) Worin sehen Sie mögliche Ursachen für den zunehmenden Arbeitsstress?
   b) Was könnte Ihrer Meinung nach dagegen getan werden?

5 Schutzvorschriften in der Arbeitswelt

Welche Einrichtung versucht durch derartige Plakate Arbeitsunfälle zu verhindern?
Wie können Arbeitnehmer vor Arbeitsunfällen geschützt werden?
Überlegen Sie, welche Folgen Arbeitsunfälle für die Arbeitnehmer, die Betriebe und die Gesellschaft haben.

5.1 Notwendigkeit des Arbeitsschutzes

Die Schaubilder lassen unschwer erkennen, dass die arbeitende Bevölkerung erheblichen Gefahren für Gesundheit und Leben ausgesetzt ist. Strenge Sicherheitsvorschriften und verstärkte Aufklärung in den Betrieben lassen zwar seit Jahren die Unfallzahl zurückgehen, dennoch ist sie immer noch erschreckend hoch.
Setzt man die ca. 1,25 Mio. gemeldeten Versicherungsfälle des Jahres 2006 ins Verhältnis zu den rund 39,1 Mio. Erwerbstätigen, so erlitt ca. jeder 31. Arbeitende einen mehr oder minder schweren Schaden. Am häufigsten waren hierbei **Arbeitsunfälle** mit rund 83 % und **Wegeunfälle** mit rund 15 %. Die Zahl der **Berufskrankheiten** erscheint verhältnismäßig gering (2006: 14 732 anerkannte Berufskrankheiten). Allerdings darf nicht vergessen werden, dass die Folgen einer Berufskrankheit ganz erheblich sein können. Besonders tragisch sind die immer noch sehr vielen tödlich verlaufenden Arbeitsunfälle.

Berufsbildung und Arbeitswelt

Außer dem persönlichen Leid für die Betroffenen und deren Angehörige werden riesige Kosten für die Versichertengemeinschaft und die Betriebe verursacht. Selbst Arbeitsunfälle ohne tödlichen Ausgang können enorme Folgekosten erforderlich machen (z. B. bei Erwerbsunfähigkeit), ganz abgesehen von den Unfallfolgen für den Betroffenen. Allein im Jahr 2006 betrugen die gesamten Aufwendungen der Unfallversicherung (Heilbehandlung, Renten, Unfallverhütungsmaßnahmen, Entschädigungen usw.) 12,5 Mrd. Euro.

Wenn auch in den einzelnen Wirtschaftszweigen und Berufen die Unfallgefahr unterschiedlich groß ist, so haben die meisten Arbeitsunfälle folgende Ursachen:
- menschliches Versagen in ca. 80 % der Fälle. Dieses menschliche Versagen kann verschiedene Ursachen haben wie fehlende Information, Leichtsinn, Alkohol oder auch nur Bequemlichkeit;
- technische Fehler und ungenügende Sicherheitseinrichtungen in ca. 20 % der Fälle.

5.2 Der technische Arbeitsschutz

Gesetze sind zu finden in http://bundesrecht.juris.de

Der technische Arbeitsschutz soll durch zahlreiche Vorschriften die Gefahren am Arbeitsplatz und im Betrieb bekämpfen. Wichtige Vorschriften des technischen Arbeitsschutzes sind z. B. die Gewerbeordnung, die Arbeitsstättenverordnung, das Arbeitssicherheitsgesetz, die Bildschirmarbeitsverordnung, die Gefahrstoffverordnung, das Gerätesicherheitsgesetz, die Arbeitsmittelbenutzungsverordnung oder das Arbeitsschutzgesetz.

Gewerbeordnung
Bereits 1869 wurde vom Staat die Notwendigkeit von Unfallverhütungsmaßnahmen erkannt. Die in diesem Jahr erlassene Gewerbeordnung enthält neben arbeitsrechtlichen Regelungen auch die grundlegenden Bestimmungen unserer Unfallverhütung. So müssen z. B. Schutzvorrichtungen an Maschinen angebracht werden, Umkleide- und Waschräume so eingerichtet werden, dass die Arbeitnehmer vor Gefahren für Gesundheit und Leben geschützt sind. Die damals erlassenen Bestimmungen sind seitdem mehrfach durch zeitgemäße Regelungen erweitert worden.

Arbeitsstättenverordnung
Die zuletzt 2004 geänderte Arbeitsstättenverordnung hat den Arbeitsschutz der Gewerbeordnung erheblich erweitert. Sie enthält die notwendigen Anforderungen für eine menschenfreundliche Gestaltung der Arbeitsräume, d. h. Vorschriften über Temperaturen, Lärmschutz, Beleuchtung, Schutz vor schädlichen Dämpfen und Staub, den Nichtraucherschutz, Mindestanforderungen an Toiletten, Waschräume und Umkleideräume, das Vorhandensein gekennzeichneter Notausgänge usw.

Arbeitssicherheitsgesetz
Durch dieses Gesetz, das eigentlich **„Gesetz über Betriebsärzte, Sicherheitsingenieure und andere Fachkräfte der Arbeitssicherheit"** heißt, werden die Arbeitgeber verpflichtet, Betriebsärzte und Sicherheitsfachkräfte einzustellen. Wenn die Größe des Betriebes keinen eigenen Betriebsarzt sinnvoll erscheinen lässt, kann der Arbeitgeber auf einen der arbeitsmedizinischen Dienste zurückgreifen. Die Arbeitssicherheitsexperten überprüfen bestehende Betriebsanlagen, Maschinen, Werkzeuge und Arbeitsverfahren darauf, ob sie die Gesundheit der Benutzer gefährden. Hauptaufgabe der Betriebsärzte ist es, im Betrieb für gesunde Arbeitsbedingungen zu sorgen. Derzeit sind mehr als 60 000 Fachkräfte für Arbeitssicherheit und 375 000 Sicherheitsbeauftragte in den Betrieben tätig.

Berufsbildung und Arbeitswelt

Geräte- und Produktsicherheitsgesetz

Das Gesetz über technische Arbeitsmittel (Gerätesicherheitsgesetz) und das Produktsicherheitsgesetz wurden zu einem Gesetz, dem **Geräte- und Produktsicherheitsgesetz (GPSG)** zusammengefasst. Das GPSG setzt eine EU-Richtlinie über die allgemeine Produktsicherheit in nationales Recht um. Es verpflichtet alle Hersteller, nur solche Geräte und Produkte in den Verkehr zu bringen, die diesem Gesetz und den darin umgesetzten EU-Richtlinien entsprechen. Neben staatlichen Stellen haben sich auch privatrechtliche Vereine die Einhaltung der Gerätesicherheit zur Aufgabe gemacht. Dazu gehören der Verband der Deutschen Elektrotechniker e.V. (VDE) oder der technische Überwachungsverein (TÜV), deren Zeichen heute allgemein bekannt sind.

Unfallverhütungsvorschriften

Zuständig sind die **Berufsgenossenschaften** der einzelnen Wirtschaftszweige. Sie erlassen die entsprechenden Unfallverhütungsvorschriften und überwachen in den Betrieben deren Einhaltung durch eigene Aufsichtsbeamte. Unternehmer, welche die Unfallverhütungsvorschriften nicht beachten, können sie mit Ordnungsstrafen (bis 10 000 €) belegen und gegebenenfalls für die finanziellen Unfallfolgen aufkommen lassen. Auch die staatlichen **Gewerbeaufsichtsämter** kontrollieren die Beachtung der Unfallverhütungsvorschriften.

http://hvbg.de
(gewerbliche Berufsgenossenschaften)

Bei Missachtung von Schutzvorschriften können auch sie Geldbußen verhängen. Geschehen dennoch Arbeitsunfälle, müssen Berufsgenossenschaften und Gewerbeaufsichtsämter über den Unfallhergang informiert werden.

5.3 Der soziale Arbeitsschutz

Der soziale Arbeitsschutz soll die Belastung der Arbeitnehmer begrenzen, indem sie durch zahlreiche Gesetze vor körperlicher und seelischer Überforderung geschützt werden.

Arbeitszeitregelungen für Erwachsene

Das Arbeitszeitgesetz bestimmt für alle Arbeitnehmer, die älter als 18 Jahre sind:
- Die tägliche Arbeitszeit ist auf 8 Stunden begrenzt.
- Die tägliche Arbeitszeit kann auf 10 Stunden ausgedehnt werden, wenn innerhalb von 6 Monaten der Durchschnitt von 8 Stunden pro Werktag nicht überschritten wird.
- Sonntags- und Feiertagsarbeit sind verboten.
- In bestimmten Bereichen ist die Sonntags- und Feiertagsarbeit erlaubt, z. B. in Bäckereien und Konditoreien, im Gastgewerbe, in Verkehrsbetrieben, in Krankenhäusern.
- In Bereichen, wo Sonntagsarbeit gestattet ist, muss diese innerhalb von 2 Wochen durch Freizeit ausgeglichen werden, erlaubte Feiertagsarbeit innerhalb einer Woche.
- Mindestens 15 Sonntage im Jahr sind beschäftigungsfrei.
- Die Ruhezeit zwischen 2 Arbeitstagen muss mindestens 11 Stunden betragen.
- Bei einer Arbeitszeit von 6 bis 9 Stunden betragen die Ruhepausen mindestens 30 Minuten, 45 Minuten bei einer Arbeitszeit von mehr als 9 Stunden.
- Im Tarifvertrag können auch Überstunden (Mehrarbeit) vereinbart werden.

ArbZG, §§ 3–13

Die meisten Tarifverträge verbessern diese Bestimmungen: So liegt z. B. die gesetzliche Höchstarbeitszeit von 48 Stunden pro Woche über dem heutigen Stand der Tarifverträge.

Berufsbildung und Arbeitswelt

Zahlreiche Studien beweisen, wie wichtig es ist, die Regelungen des Arbeitszeitgesetzes einzuhalten. So steigt das Risiko, einen Arbeitsunfall zu erleiden, ab der achten Arbeitsstunde. Ab der zwölften Stunde ist es bereits doppelt so hoch. Angestellte, die häufig Überstunden leisten, nehmen das Risiko einer Herz-Kreislauf-Erkrankung und Infarkts auf sich. Sie leiden auch überdurchschnittlich oft an Schlafstörungen, um nur drei mögliche Folgen zu nennen. Auch die Fehlerquote steigt bei überlanger Arbeitszeit. Man ist nicht mehr so konzentriert, das Reaktionsvermögen sinkt. Viel bewirkt also nicht unbedingt viel.

BUrlG § 3

Das Bundesurlaubsgesetz sichert jedem Arbeitnehmer einen jährlichen **Mindesturlaub** von 24 Werktagen zu. Den Zeitpunkt bestimmt der Arbeitgeber. Allerdings muss er die Wünsche des Arbeitnehmers berücksichtigen, sofern nicht dringende betriebliche Belange dem entgegenstehen. Der Urlaub ist zusammenhängend zu gewähren. Einen Anspruch auf vollen Urlaub hat der Arbeitnehmer allerdings erst nach einer Beschäftigungsdauer von 6 Monaten.

MuSchG §§3 f.

Das Mutterschutzgesetz
Eine besonders geringe Belastbarkeit hat die werdende Mutter. Durch das Mutterschutzgesetz versucht der Staat, diesen besonderen Schutzanspruch zu berücksichtigen. Wichtige Bestimmungen dieses Gesetzes sind:
– **6 Wochen** vor und **8 Wochen** nach der Entbindung besteht ein **Beschäftigungsverbot**. In dieser Zeit wird von der Krankenkasse **Mutterschaftsgeld** gezahlt.
– Schwere Arbeiten, gefährliche Arbeiten, Akkord- und Fließbandarbeit **sind verboten**.
– Während der Schwangerschaft und bis vier Monate nach der Entbindung besteht **besonderer Kündigungsschutz**.

BErzG §§15

Das Bundeselterngeld- und Elternzeitgesetz
Nach diesem Gesetz kann nach der Entbindung eine 36-monatige **Elternzeit** genommen werden. Eltern können diese Elternzeit bis zum 3. Lebensjahr des Kindes ganz oder zeitweise gemeinsam in Anspruch nehmen. Mit Zustimmung des Arbeitgebers ist sogar eine Übertragung von einem Jahr Elternzeit auf die Zeit zwischen dem 3. und 8. Geburtstag des Kindes möglich. Während der Elternzeit genießen die Eltern Kündigungsschutz.
Für Kinder, die ab dem 1. Januar 2007 geboren wurden, erhalten die Eltern ein **einkommensabhängiges Elterngeld**, wenn ein zuvor berufstätiger Elternteil zu Hause bleibt. Das Elterngeld beträgt 67 % des bisherigen Nettoeinkommens des erziehenden Elternteils, höchstens jedoch 1800 € monatlich. Es kann höchstens 12 Monate lang bezogen werden. Zwei weitere Monate werden gewährt, wenn auch der zweite Elternteil mindestens zwei Monate Elternzeit nimmt. Alleinerziehende erhalten Elterngeld 14 Monate lang. Ein Mindestelterngeld von 300 € erhalten alle erziehenden Elternteile, auch wenn sie vor der Geburt nicht gearbeitet haben oder weniger verdient haben.

Berufsbildung und Arbeitswelt

Der Schwerbehindertenschutz im Sozialgesetzbuch
Personen, deren Erwerbsfähigkeit auf Dauer um mindestens 50 % eingeschränkt ist (2005 mehr als 6,8 Millionen), stehen unter dem besonderen **Schwerbehindertenschutz** des Sozialgesetzbuchs (SGB, IX. Buch). Sie erhalten beispielsweise zusätzlich 5 Tage Jahresurlaub, sind nicht verpflichtet, Mehrarbeit zu leisten, und genießen einen besonderen Kündigungsschutz. Um trotzdem sicherzustellen, dass Schwerbehinderte einen Arbeitsplatz erhalten, fördert der Staat deren Beschäftigung durch besondere Zuschüsse. Betriebe, die weniger als 5 % der Arbeitsplätze für Schwerbehinderte zur Verfügung stellen, müssen für jeden nicht besetzten Platz monatlich bis zu 260 € Ausgleichsabgabe zahlen.

Das Jugendarbeitsschutzgesetz
Durch das **„Gesetz zum Schutz der arbeitenden Jugend" (JArbSchG)** wird die besondere Situation der Jugendlichen berücksichtigt. Sie stehen noch in ihrer geistigen und körperlichen Entwicklung und bedürfen deshalb eines besonderen Schutzes. Jugendliche im Sinne des Gesetzes sind alle Arbeitnehmer, die 15, aber noch keine 18 Jahre alt sind. Wer noch keine 15 Jahre alt ist, gilt als Kind. Kinderarbeit ist verboten.

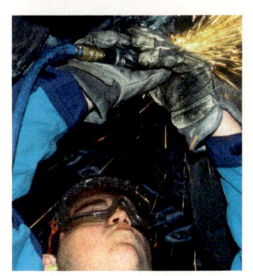

Die folgende Zusammenfassung enthält die wichtigsten Bestimmungen:

Die wichtigsten Bestimmungen des Jugendarbeitsschutzgesetzes		JArbSchG
Arbeitszeit	Höchstens 8 Std. am Tag (Ausnahme: 8 1/2 Std. bei Verkürzung an einzelnen Werktagen), 40 Std. in der Woche. Nur an 5 Tagen pro Woche soll gearbeitet werden.	§ 8
Ruhepausen	Bei einer Arbeitszeit von 4 1/2 bis 6 Std.: 30 Min., bei mehr als 6 Std. Arbeitszeit 60 Min.	§ 11
Schichtzeit	Arbeitszeit + Pausen: höchstens 10 Std.	§ 12
Freizeit	Mindestens 12 Std. zwischen 2 Arbeitstagen	§ 13
Arbeitsbeginn	Keine Beschäftigung vor 6 Uhr morgens. Ausnahmen: In Bäckereien, Konditoreien und in der Landwirtschaft dürfen 16-Jährige bereits ab 5 Uhr arbeiten, 17-Jährige in Bäckereien ab 4 Uhr.	§ 14
Arbeitsende	Keine Beschäftigung nach 20 Uhr. Ausnahmen: 16-Jährige dürfen in Gaststätten bis 22 Uhr und in mehrschichtigen Betrieben bis 23 Uhr arbeiten.	§ 14
Urlaub	Jugendliche, die zu Beginn des Kalenderjahres noch nicht 16 Jahre alt sind: 30 Werktage; noch nicht 17 Jahre alt sind: 27 Werktage; noch nicht 18 Jahre alt sind: 25 Werktage.	§ 19
Berufsschulzeit	Der Jugendliche muss hierzu freigestellt werden. Mehr als 5 Unterrichtsstunden entsprechen 1 Arbeitstag.	§ 9
Verbotene Arbeiten	Arbeiten, welche die Leistungsfähigkeit übersteigen, z. B. Akkordarbeit, Fließbandarbeit, gefährliche Arbeiten	§§ 22–23
Ärztliche Untersuchungen	Ohne Erstuntersuchung vor Beschäftigungsaufnahme dürfen Jugendliche nicht beschäftigt werden. In den letzten 3 Monaten des 1. Arbeitsjahres muss eine Nachuntersuchung durchgeführt werden, wenn das 18. Lebensjahr noch nicht vollendet ist.	§§ 32–33

Berufsbildung und Arbeitswelt

5.4 Die Überwachung der Schutzvorschriften

Damit die Bestimmungen des Arbeitsschutzes Arbeitnehmer auch wirklich schützen, muss ihre Einhaltung kontrolliert werden. Nach dem Betriebsverfassungsgesetz kommt dem **Betriebsrat** eine besondere Bedeutung bei der Kontrolle des Arbeitsschutzes zu. Regelungen zur Verhütung von Arbeitsunfällen bedürfen seiner Zustimmung. Des Weiteren ist es seine Aufgabe zu kontrollieren, ob die bestehenden Arbeitsschutzvorschriften im Betrieb eingehalten werden. In Betrieben, die mehr als 20 Beschäftigte haben, müssen so genannte **Sicherheitsbeauftragte** vorhanden sein. Sie sollen die Arbeitgeber bei der Durchführung des Arbeitsschutzes unterstützen. In großen Betrieben ist der Arbeitgeber außerdem gesetzlich verpflichtet, weitere Fachkräfte für die Arbeitssicherheit einzustellen. Dies sind z. B. Sicherheitsingenieure und Betriebsärzte. Auch durch außerbetriebliche Einrichtungen wird die Einhaltung des Arbeitsschutzes überwacht.
Die wichtigsten Organe des Arbeitsschutzes sind:
- die **Berufsgenossenschaften**
- die **staatlichen Gewerbeaufsichtsämter.**

Gewerbeaufsichtsämter sind staatliche Behörden. Ihre Beamten, die Betriebskontrollen durchführen, dürfen die Arbeitsräume jederzeit betreten. Werden ihre Anordnungen nicht befolgt, so können sie durch polizeiliche Maßnahmen erzwungen werden. Für die Unfallverhütung sind besonders die **Berufsgenossenschaften** zuständig. Auch sie kontrollieren durch eigene Aufsichtsbeamte die Einhaltung ihrer Unfallverhütungsvorschriften. Unabhängig davon muss jeder Arbeitgeber im Rahmen seiner Fürsorgepflicht alle entsprechenden Schutzvorschriften einhalten. Kommt er dieser Verpflichtung nicht nach, so kann der Arbeitnehmer die Arbeit verweigern oder Schadenersatz verlangen.

Zusammenfassung

Arbeitsschutz

Technischer Arbeitsschutz

- **Geräte- und Produktsicherheitsgesetz**
  Sicherheitsvorschriften für Geräte und Produkte
- **Arbeitssicherheitsgesetz**
  Einstellung von Betriebsärzten und Sicherheitsfachkräften
- **Unfallverhütungsvorschriften**
  zuständig: Berufsgenossenschaft
- **Gewerbeordnung**
  Grundlage des Unfallschutzes
- **Arbeitsstättenverordnung**
  menschenfreundliche Arbeitsplätze

Sozialer Arbeitsschutz
- Arbeitszeitgesetz
- Bundesurlaubsgesetz
- Mutterschutzgesetz
- Bundeserziehungsgeldgesetz
- Schwerbehindertenschutz (Sozialgesetzbuch)
- Jugendarbeitsschutzgesetz

Überwachung:
Berufsgenossenschaften, Gewerbeaufsichtsämter, Betriebsräte, Fachkräfte für Arbeitssicherheit

Berufsbildung und Arbeitswelt

Arbeitsteil

1. Welchen Gefahren sind arbeitende Menschen ausgesetzt?

2. a) Unterscheiden Sie zwischen Berufskrankheiten und allgemeinen Krankheiten.
   b) Welches sind die häufigsten Berufskrankheiten?

3. a) Welches sind die häufigsten Ursachen von Arbeitsunfällen?
   b) Wie wirkt sich ein Arbeitsunfall aus für den Verletzten und für die Gesellschaft?

4. a) Unterscheiden Sie zwischen technischem und sozialem Arbeitsschutz.
   b) Geben Sie zu jedem Bereich zwei Gesetze oder Vorschriften an.
   c) Welche Personengruppen werden durch den sozialen Arbeitsschutz besonders geschützt?

5. Nennen Sie je drei
   a) Schutzbestimmungen für werdende Mütter,
   b) Bestimmungen des Jugendarbeitsschutzgesetzes,
   c) Bestimmungen des Arbeitszeitgesetzes.

6. Wie soll sich ein Jugendlicher verhalten, wenn in seinem Betrieb fortwährend gegen das Jugendarbeitsschutzgesetz verstoßen wird?

7.
   a) Teilen Sie die gezeigten Sicherheitszeichen nach folgendem Schema ein: Warnzeichen/Verbotszeichen/Gebotszeichen
   b) Geben Sie die Bedeutung dieser Zeichen an.
   c) Die 16-jährige Nadine wird in einem Lackierbetrieb zur Fahrzeuglackiererin ausgebildet. Welche Warn-, Verbots- und Gebotszeichen sind in ihrem Ausbildungsbetrieb besonders wichtig?

8. Die Zahntechnikerin Michaela Hartwig ist im 9. Monat schwanger. Aus Angst, ihren Arbeitsplatz zu verlieren, arbeitet sie noch im 9. Monat.
   a) Beurteilen Sie den Fall mithilfe des Gesetzestextes.
   b) Wie ist die Rechtslage, wenn der Frauenarzt wegen Komplikationen strikte Bettruhe verordnet?

Auszug aus dem Mutterschutzgesetz

§ 3 Beschäftigungsverbot für werdende Mütter.
(1) Werdende Mütter dürfen nicht beschäftigt werden, soweit nach ärztlichem Zeugnis Leben oder Gesundheit von Mutter und Kind bei Fortdauer der Beschäftigung gefährdet ist. (2) Werdende Mütter dürfen in den letzten sechs Wochen vor der Entbindung nicht beschäftigt werden, es sei denn, dass sie sich zur Arbeitsleistung ausdrücklich bereit erklären; die Erklärung kann jederzeit widerrufen werden.

9. a) Erläutern Sie die Aussage auf dem beschrifteten Spiegel.
   b) Wer überwacht die Einhaltung des Arbeitsschutzes?
   c) Womit muss ein Unternehmer rechnen, wenn er die Bestimmungen des Arbeitsschutzes missachtet?

6 Sozialversicherungen

Tobias hat soeben die erste Abrechnung seiner Ausbildungsvergütung erhalten. Aufgebracht stürmt er in das Büro seines Chefs.

Tobias: Herr Uhl, gerade habe ich meine erste Lohnabrechnung angesehen. Da stimmt was nicht. Im Ausbildungsvertrag hatten wir 550 € vereinbart. Auf der Abrechnung steht aber, dass Sie mir nur 437,80 € ausbezahlen wollen. So war das aber nicht ausgemacht!

Herr Uhl: Im Ausbildungsvertrag steht die Bruttovergütung, ausgezahlt wird selbstverständlich die Nettovergütung.

Tobias: Was heißt hier Nettovergütung?

Herr Uhl: Ist doch logisch, vom Bruttolohn gehen noch die Sozialversicherungsbeiträge ab.

Tobias: Da wüsste ich doch was davon, wenn ich eine Versicherung abgeschlossen hätte, und außerdem bin ich schließlich Auszubildender.

Herr Uhl: Die Sozialversicherung ist eine Pflichtversicherung, die alle Arbeitnehmer zahlen müssen; aus gutem Grund.

Tobias: Aus gutem Grund? Na, da bin ich aber mal gespannt, wie Sie das begründen wollen.

Kennen Sie die einzelnen Zweige unseres Sozialversicherungssystems? Begründen Sie anhand von drei selbst gewählten Beispielen die Notwendigkeit unserer Sozialversicherungen.

Entstehung und Bedeutung der Sozialversicherungen

Das 19. Jahrhundert war gekennzeichnet durch die Verelendung der Arbeiterschaft. Niedrige Löhne, überlange Arbeitszeiten, Arbeitsunfälle, Krankheit, schlechte Wohnverhältnisse und Arbeitslosigkeit gehörten zum Alltag der Arbeitnehmer. Auf Druck der Arbeiterbewegung wurde deshalb von Reichskanzler Bismarck die Sozialgesetzgebung angeregt. Bereits 1881 wurde sie durch eine „Kaiserliche Botschaft" eingeleitet und ständig – selbst heute noch – verbessert. Unser heutiges Sozialversicherungssystem umfasst:

```
                        Sozialversicherung
    ┌───────────┬───────────┬───────────┬───────────┐
 Kranken-    Unfall-    Renten-    Arbeitslosen-  Pflege-
versicherung versicherung versicherung versicherung versicherung
  (1883)     (1884)     (1889)      (1927)      (1995)
```

Auch wenn sich die Situation der Arbeiter inzwischen erheblich verbessert hat, ist die Bedeutung der Sozialversicherung keineswegs zurückgegangen. Während früher die drückendste Not gelindert werden sollte, ist ihre derzeitige Aufgabe, den Versicherten bei Krankheit, Alter, Unfall oder Arbeitslosigkeit eine angemessene Lebensführung zu ermöglichen. Da auch heutzutage nur wenige Arbeitnehmer genügend Geld zurücklegen können, um sich gegen alle Risiken selbst abzusichern, sind die Sozialversiche-

rungen **Pflichtversicherungen** für alle Arbeitnehmer. Für einzelne Personengruppen, z. B. Beamte und Selbstständige, gelten Sonderregelungen. Weitere Merkmale sind:
- Die Versicherten bringen die Hälfte der Versicherungsbeiträge selbst auf.
- Die andere Hälfte tragen die Arbeitgeber, die Unfallversicherung bezahlen diese ganz.
- Die Versicherten haben einen Rechtsanspruch auf die Versicherungsleistungen.
- Die Sozialversicherungen sind nach dem Selbstverwaltungsgrundsatz aufgebaut. Ihre Organe werden gewählt und bestehen zur Hälfte aus Arbeitnehmern und Arbeitgebern.
- Sozialversicherungen arbeiten nach dem Solidaritätsprinzip. Dies bedeutet, dass die Beitragshöhe des Versicherten von dessen Einkommen abhängt. Die Versicherungsleistungen dagegen richten sich in der Regel danach, was der Versicherte benötigt.

Die Krankenversicherung

Die gesetzliche **Krankenversicherung** ist eine Versicherung zum Schutz des Arbeitnehmers und seiner Familie in allen Krankheitsfällen. Sie tritt in erster Linie dann ein, wenn es gilt, die Gesundheit zu erhalten oder wiederherzustellen.

Versicherungsträger sind die Allgemeinen Ortskrankenkassen, Ersatzkassen, Innungskrankenkassen, Betriebskrankenkassen, landwirtschaftlichen Krankenkassen, die Bundesknappschaft und die Seekrankenkasse.

Leistungen
- Maßnahmen zur **Früherkennung** von Krankheiten (Vorsorgeuntersuchungen) können ab bestimmten Altersgrenzen beansprucht werden.
- **Krankenhilfe:**
  - *Krankenpflege* beinhaltet ärztliche und zahnärztliche Behandlung, Arzneimittel, Verbandsmittel usw.
  - *Krankenhauspflege* erhält ohne zeitliche Begrenzung jeder, der in ein Krankenhaus aufgenommen werden muss.
  - *Krankengeld* beträgt 70 % des Bruttoverdienstes, jedoch nicht mehr als 90 % des letzten Nettoverdienstes. Von dem ermittelten Krankengeld sind im Normalfall noch Beiträge zur Renten-, Pflege- und Arbeitslosenversicherung zu entrichten. Während der ersten sechs Krankheitswochen müssen die Arbeitgeber den vollen Arbeitslohn weiterzahlen (Entgeltfortzahlung).
- **Mutterschaftshilfe** wird geleistet bei Schwangerschaft und Entbindung. Sie besteht aus ärztlicher Behandlung, Hebammenhilfe, Arzneien, Heilmitteln, stationärer Pflege und Mutterschaftsgeld. Das Mutterschaftsgeld wird sechs Wochen vor und acht Wochen nach der Entbindung gezahlt.
- **Familienhilfe** erhalten Ehegatten und Kinder, sofern sie nicht selbst versichert sind.

Die 2004 in Kraft getretene Gesundheitsreform schreibt Zuzahlungen der Patienten vor (z. B. Praxisgebühr), um die Krankenkassenbeiträge zu senken.
Bei Krankheit kann jeder Versicherte einen Arzt seiner Wahl aufsuchen. Als Versicherungsnachweis dient die **Krankenversicherungskarte,** ab 2008 soll sie schrittweise durch die **Gesundheitskarte** ersetzt werden. Ärzte und Krankenhäuser rechnen mit deren Hilfe direkt mit der Krankenversicherung ab. Alle wichtigen Daten des Versicherten sind auf der Karte eingestanzt und zusätzlich in einem Mikrochip gespeichert. Bei einem Arztbesuch muss der Patient lediglich seine Karte überreichen. Die Praxishelferin führt die Chip-Karte in ein Lesegerät ein. Durch einen angeschlossenen Drucker können Bescheinigungen, Abrechnungsscheine usw. erstellt werden.

Berufsbildung und Arbeitswelt

Auf der Gesundheitskarte werden in Zukunft Untersuchungsdaten, Arzneimittelverordnungen, Impfungen sowie Notfalldaten gespeichert sein. Dies soll die medizinische Versorgung verbessern. Des Weiteren soll die Karte helfen, Arzneimittelunverträglichkeiten und Doppeluntersuchungen zu vermeiden. Nach der Umstellung auf die Gesundheitskarte soll das Papierrezept durch ein elektronisches Rezept ersetzt werden.

Beiträge tragen Arbeitnehmer und Arbeitgeber jeweils zur Hälfte. Bei Auszubildenden mit geringem Einkommen übernimmt der Arbeitgeber die Beiträge (2008: 325 €). Die Beiträge liegen je nach Krankenkasse zwischen 12 und 15 %. Zusätzlich zum Beitragsanteil zahlen die Arbeitnehmer einen Sonderbeitrag von 0,9 %. Der Beitrag wird vom Bruttolohn des Arbeitnehmers errechnet. (Siehe Niedriglohnjobs S. 204/205, Minijobs S. 42). Für Empfänger von Arbeitslosengeld I und Arbeitslosengeld II zahlt die Bundesagentur für Arbeit die Beiträge. Das Gesetz zur Stärkung des Wettbewerbs in der gesetzlichen Krankenversicherung, kurz **Gesundheitsreform 2007**, gibt den Krankenkassen erstmals die Möglichkeit unterschiedliche Tarife anzubieten, z. B. für chronisch Kranke oder Kostenerstattungs- und Selbstbehalttarife sowie Vorsorgetarife.

Am 1. Januar 2009 startet der neue **Gesundheitsfonds**. In ihn fließen die Beiträge von Arbeitgebern und Arbeitnehmern sowie der Arbeitnehmersonderbeitrag von 0,9 %, außerdem Steuermittel. Jeder Bürger wird durch einen Aufschlag zur Einkommensteuer an den Steuermitteln beteiligt. Aus dem Fonds erhalten alle Kassen für ihre Versicherten eine Grundpauschale. Der allgemeine Krankenkassenbeitrag wird deshalb im gesamten Bundesgebiet ab 2009 einheitlich sein. Beitragsunterschiede gibt es nur durch einen Zusatzbeitrag (max. 1% des Bruttoverdienstes). Den darf eine Kasse erheben, wenn sie mit dem Geld aus dem Gesundheitsfonds nicht auskommt.

Versicherungspflichtig sind alle Einwohner Deutschlands. Arbeitnehmer sind nur dann bei einer gesetzlichen Krankenkasse pflichtversichert, wenn ihr Einkommen eine bestimmte Grenze, die **Versicherungspflichtgrenze**, nicht übersteigt (2008: 4012,50 €). Liegt ihr Einkommen drei Jahre hintereinander über dieser Versicherungspflichtgrenze, dann können sie in eine private Krankenversicherung wechseln. Selbstständige, Freiberufler (z. B. Ärzte, Rechtsanwälte) und Beamte sind in der gesetzlichen Krankenversicherung ebenfalls nicht pflichtversichert; sie müssen eine private Krankenversicherung abschließen. Obergrenze für die Beitragsberechnung ist die **Beitragsbemessungsgrenze**, ihre Höhe 2008: 3600 € (Siehe auch: Beitragsbemessungsgrenze, Minijobs S. 42).

Die Rentenversicherung

www.deutsche-rentenversicherung.de

Die gesetzliche **Rentenversicherung** schützt die Versicherten und ihre Familien vorwiegend, indem sie bei Erwerbsunfähigkeit, Alter und Tod Renten zahlt.

Versicherungsträger ist die „Deutsche Rentenversicherung". Unter diesem Dach haben sich alle Träger der gesetzlichen Rentenversicherung zusammengeschlossen. Im Einzelnen sind dies die **„Deutsche Rentenversicherung Bund"**, die **„Deutsche Rentenversicherung Regional"** und die **„Deutsche Rentenversicherung Knappschaft, Bahn, See"**.

Leistungen
- **Rehabilitation** werden alle Maßnahmen genannt, welche die Erwerbstätigkeit sichern oder wiederherstellen. Die gesundheitliche Förderung soll die Arbeitskraft erhalten und so eine frühzeitige Rentenzahlung verhindern. Beispiele: Kuren, berufliche Umschulung.
- **Rentenleistungen:**
  - *Erwerbsminderungsrente* wird gezahlt bei teilweiser oder voller Erwerbsminderung. Versicherte, die täglich weniger als drei Stunden arbeiten können, erhalten eine

- volle Erwerbsminderungsrente. Wer noch mindestens 3, aber nicht mehr 6 Stunden täglich arbeiten kann, erhält eine halbe Erwerbsminderungsrente.
- *Altersrente* wird gewährt, wenn der Versicherte ein bestimmtes Lebensalter erreicht hat, wobei unterschiedliche Altersgrenzen gelten, z. B. derzeit 65 Jahre für die Regelaltersrente. Ab 2012 wird die Altersgrenze schrittweise angehoben, bis sie 2029 die neue Regelaltersgrenze von 67 Jahren erreicht. Wer 45 Versicherungsjahre hat, kann weiterhin mit 65 Jahren ohne Abzüge in Rente gehen.
- *Witwen - und Witwerrente* erhalten die Ehegatten nach dem Tod des Versicherten. Heiratet der überlebende Ehegatte erneut, dann entfällt die Rente.
- *Waisenrente* erhalten die Kinder der verstorbenen Versicherten bis zum Ende der ersten Berufsausbildung.

Wie alle Leistungen der Rentenversicherung werden die Renten nur gezahlt, wenn der Versicherte sie beim Versicherungsamt der Gemeinde beantragt, das den Antrag an den zuständigen Versicherungsträger weiterleitet. Anträge können nur gestellt werden, wenn die entsprechenden **Anwartschaftszeiten** (Wartezeiten) erfüllt wurden. Für die normale Regelaltersrente nach dem 65. Lebensjahr (zukünftig 67) werden 5 Versicherungssjahre verlangt, die Altersrente von Schwerbehinderten nach dem 63. Lebensjahr (zukünftig 65) erfordert derzeit 35 Jahre. Bei einer Erwerbsminderungsrente werden derzeit 5 Jahre vorausgesetzt.

Mit 63 Jahren können alle Versicherten die **flexible Altersgrenze** in Anspruch nehmen, sofern sie mindestens 35 Jahre Wartezeit nachweisen können. Allerdings müssen sie dafür Abschläge in Kauf nehmen und zwar 0,3 % für jeden Monat, den Sie vor der gesetzlichen Regelaltersgrenze in Ruhestand gehen.

Zu den **Beitragszeiten** werden noch Ersatzzeiten (z. B. Wehrdienst) und Ausfallzeiten (z. B. Berufsausbildung, Studium) hinzugerechnet. Seit 1992 kann jeder Rentenberechtigte entscheiden, ob er seine Rente als **Vollrente** oder als **Teilrente** erhalten will. Die Versicherten können so einerseits einen Teil der ihnen zustehenden Altersrente in Anspruch nehmen und andererseits hinzuverdienen. Auf diese Weise ist es möglich, langsam in den Ruhestand hineinzugleiten.

Generationenvertrag – Probleme der Rentenversicherung Die Leistungen der Rentenversicherung werden im Wesentlichen aus den laufenden Beiträgen der jetzigen Arbeitnehmer finanziert. Die heutige Generation der Beitragszahler kommt also für die Altersversorgung der heutigen Rentner auf; in der Erwartung, dass die folgende Generation die gleiche Verpflichtung übernimmt. In der derzeitigen Bevölkerungsentwicklung sehen viele eine Gefährdung dieses **Generationenvertrages.** Statistische Voraussagen haben nämlich ergeben, dass sich die Bevölkerung der Bundesrepublik Deutschland im Jahr 2040 um Millionen vermindert haben wird. Innerhalb dieser Bevölkerung wird eine erhebliche Strukturveränderung eingetreten sein. So wird die Zahl der Rentner erheblich zunehmen, während die Zahl der Erwerbstätigen stark sinken wird, d. h. immer weniger Arbeitnehmer werden immer mehr Rentner versorgen müssen. Während derzeit 100 Beitragszahler 52 Renten bezahlen, werden dann 100 Beitragszahler voraussichtlich ca. 102 Renten übernehmen müssen. (Siehe auch Kapitel Soziale Marktwirtschaft, S. 244).

Kleine Renten – große Renten

Von je 1 000 Renten der gesetzlichen Rentenversicherung haben diese Höhe*

	Westdeutschland Männer	Westdeutschland Frauen	Ostdeutschland Männer	Ostdeutschland Frauen
1 500 Euro und höher	120	5	64	2
1 200 bis 1 499	238	27	206	26
900 bis 1 199	263	85	427	124
600 bis 899	144	235	273	532
300 bis 599	109	291	23	269
unter 300 Euro	125	357	6	46

rundungsbed. Differenzen
*Zahlbetrag der Renten wegen Alters
Stand Mitte 2006   Quelle: BMAS
1774 © Globus

Berufsbildung und Arbeitswelt

Rentenhöhen Die Höhe der Rente hängt von verschiedenen Faktoren ab, z. B. von der Zahl der Versicherungsjahre eines Rentners und von der Höhe der Beitragszahlungen. Diese Werte werden noch ins Verhältnis gesetzt zu den durchschnittlichen Verdiensten aller Rentenversicherten. Des Weiteren soll in Zukunft auch die Bevölkerungsentwicklung die Rentenhöhe beeinflussen.

Beiträge übernehmen **Arbeitgeber und Arbeitnehmer jeweils zur Hälfte** (2008: insgesamt 19,9 % des Bruttolohnes). Bei Auszubildenden mit geringen Einkommen übernimmt der Arbeitgeber die Beiträge alleine. Das gilt 2008 für Einkommen, die maximal 325 € betragen.

Beitragsbemessungsgrenze Die Sozialversicherungsbeiträge werden nur bis zu den Beitragsbemessungsgrenzen errechnet. Sie betragen monatlich (Stand: 2008):
– 5300 € in der Renten- und Arbeitslosenversicherung (neue Bundesländer 4500 €)
– 3600 € in der Kranken- und Pflegeversicherung (bundesweit)
So zahlt z. B. ein Arbeitnehmer, der 7000 € im Monat verdient, nur Beiträge aus 5300 € für die Rentenversicherung.

Versicherungspflichtig sind Arbeitnehmer, Handwerker, Landwirte und Auszubildende. Wer nicht versicherungspflichtig ist, kann sich freiwillig versichern.
Nicht sozialversicherungspflichtig sind z. B. **geringfügige Beschäftigungen (Minijobs)**. Diese liegen vor, wenn pro Monat weniger als 400 € (Stand: 2008) verdient werden. Die Folge: Die fälligen Beiträge muss der Arbeitgeber zahlen. Er zahlt einen Pauschalbetrag von 15 % als Beitrag zur Rentenversicherung und 13 % an die Krankenversicherung sowie 2 % Pauschalsteuer. Der Arbeitnehmer zahlt keine Beiträge und muss auch keine Lohnsteuerkarte vorlegen. Er erhält allerdings auch keine Leistungen aus der Krankenversicherung, sofern er nicht aus einem anderen Arbeitsverhältnis sozialversichert ist. Allerdings kann jeder, der einen 400 €-Job hat, seine bereits vorhandenen Rentenansprüche erhöhen, indem er den Pauschalbeitrag von 15 % des Arbeitgebers auf den gültigen Beitragssatz aufstockt. Wird der Minijob im Privathaushalt ausgeübt, dann betragen die gesamten Abzüge lediglich 12 %.

Die Unfallversicherung

http://www.hvbg.de

Die wichtigste Aufgabe der gesetzlichen **Unfallversicherung** ist die Verhütung von Arbeitsunfällen. Sollte dennoch ein Arbeitsunfall geschehen, so hat sie die Betroffenen finanziell zu sichern und ihre Erwerbstätigkeit wiederherzustellen.

Leistungen
- **Unfallverhütung** ist die wichtigste Aufgabe der Unfallversicherung. Hierzu erlassen die Berufsgenossenschaften Unfallverhütungsvorschriften und überwachen deren Einhaltung. Bei Verstößen können Geldbußen bis zu 10 000 € festgesetzt werden.
- **Heilbehandlung** umfasst ärztliche Behandlung, Arzneimittel, Krankenhausaufenthalt und andere Leistungen.
- **Verletztengeld** ersetzt den Verdienstausfall bei Arbeitsunfähigkeit. Es wird wie das Krankengeld der Krankenversicherung berechnet.
- **Berufshilfe** wird mit dem Ziel gezahlt, den Verletzten wieder ins Arbeitsleben einzugliedern. Kann der Verletzte seinen alten Beruf nicht mehr ausüben, werden die Ausbildungskosten für einen anderen Beruf übernommen (Umschulung).
- **Verletztenrente** wird gewährt, wenn die Erwerbsfähigkeit nicht wiederhergestellt werden kann. Ihre Höhe ist abhängig vom Grad der Erwerbsminderung.
- **Hinterbliebenenrente** (Witwen-, Witwer-, Waisenrente) in unterschiedlicher Höhe.
- **Sterbegeld** als Zuschuss zu den Bestattungskosten.

Berufsbildung und Arbeitswelt

Versicherungsträger sind die nach verschiedenen Gewerbezweigen aufgegliederten Berufsgenossenschaften.

Leistungsanspruch Nicht durch jeden Unfall wird ein Anspruch begründet. Drei Ereignisse sind es, die einen Versicherungsanspruch auslösen können:
- **Arbeitsunfall** wird ein Unfall genannt, den ein Versicherter während der Arbeit und auf Dienstwegen erleidet. Auch Betriebsveranstaltungen und Ähnliches zählen dazu.
- **Wegeunfall** nennt man einen Unfall, der sich ereignet auf dem Weg von der Wohnung zur Arbeitsstätte und umgekehrt. Versichert ist jeweils der kürzeste Weg.
- **Berufskrankheiten** sind die Folge von gesundheitsschädigenden Tätigkeiten, z. B. Staublungen, Bleivergiftungen, Hauterkrankungen durch Chemikalien.

Unfallanzeige Wird ein Versicherter durch einen Arbeitsunfall getötet oder mehr als drei Tage arbeitsunfähig, dann ist der Arbeitgeber verpflichtet, den Arbeitsunfall durch eine Unfallanzeige zu melden. Er muss dabei den Vordruck der Berufsgenossenschaft verwenden (2 Exemplare an die Berufsgenossenschaft, 1 Exemplar an das Gewerbeaufsichtsamt).

Beiträge bringen die Arbeitgeber alleine auf. Die Höhe hängt ab vom Verdienst der Versicherten in den jeweiligen Unternehmen sowie vom Grad der Unfallgefahr. Gewerbezweige, in denen die Unfallgefahr größer ist, zahlen auch entsprechend höhere Beiträge.

Versichert sind alle Arbeitnehmer, teilweise Arbeitgeber, Schüler und Studenten sowie Hilfeleistende bei Unglücksfällen.

Die Arbeitslosenversicherung
Die eigentliche Aufgabe der **Arbeitslosenversicherung**, die finanzielle Absicherung bei Arbeitslosigkeit und die Sicherung von Arbeitsplätzen, wurde durch das Arbeitsförderungsrecht des Sozialgesetzbuches erheblich erweitert.

http://www.arbeits-agentur.de

Leistungen
- **Arbeitsförderung** nennt man Maßnahmen, welche die Bundesagentur für Arbeit ergreift, um die Beschäftigung zu sichern. Diese Maßnahmen umfassen:
  - *Arbeitsmarkt- und Berufsforschung*
  - *Arbeitsvermittlung und Berufsberatung*
  - Förderung der beruflichen Bildung, also der Berufsausbildung, der Fortbildung und der Umschulung.

  Kurzarbeitergeld wird zur Sicherung von Arbeitsplätzen gezahlt.
-
- **Saison-Kurzarbeitergeld** soll dafür sorgen, dass Arbeitnehmer in Baubetrieben ganzjährig beschäftigt werden können. Für Arbeitsausfälle während der so genannten Schlechtwetterzeit (1. Dezember bis 31. März) erhalten sie 60 % ihres letzten Nettolohns.
- **Maßnahmen zur Arbeitsbeschaffung (ABM)** sollen Arbeitsplätze schaffen für schwer zu vermittelnde Arbeitslose, indem Arbeitgeber Lohnzuschüsse erhalten.
- **Personal-Service-Agenturen** sollen als Zeitarbeitsfirmen dafür sorgen, dass Erwerbslose eine befristete Arbeit finden.

Berufsbildung und Arbeitswelt

- **Arbeitslosengeld I** erhalten Arbeitslose, die sich arbeitslos gemeldet haben und die der Arbeitsvermittlung zur Verfügung stehen. Einen *Rechtsanspruch* darauf hat jeder, der die erforderliche *Anwartschaftszeit* (= erforderliche Beitragszeit) erfüllt hat. Um Arbeitslosengeld zu erhalten, muss ein Arbeitnehmer in den letzten 2 Jahren für mindestens 12 Monate Beiträge gezahlt haben. Gewährt wird Arbeitslosengeld höchstens 12 Monate. Ältere Arbeitnehmer, die über 50 Jahre alt sind, erhalten es bis zu 15 Monate. Ab 55 Jahren wird es dann bis zu 18 Monate gezahlt, ab 58 Jahren sogar bis zu 24 Monate. Die Dauer der Zahlung hängt davon ab, wie lange Beiträge entrichtet wurden. Versicherte mit Kind erhalten derzeit (2008) 67 % ihres pauschalierten Nettoverdienstes, Versicherte ohne Kind bekommen 60 %.
- **Arbeitslosengeld II** erhalten alle erwerbsfähigen Sozialgeld- bzw. Sozialhilfeempfänger sowie alle Arbeitslosen, die noch keinen Anspruch auf Arbeitslosengeld haben oder deren Anspruch abgelaufen ist (Langzeitarbeitslose). Für den Erhalt von Arbeitslosengeld II muss der Antragsteller *Bedürftigkeit* nachweisen. Im Gegensatz zum Arbeitslosengeld I wird Arbeitslosengeld II zeitlich unbegrenzt gewährt. Es ist identisch mit dem Sozialgeld bzw. der Sozialhilfe und beträgt monatlich 345 €. Hinzu kommen noch andere Leistungen wie Wohngeld.
Anmerkung: Arbeitslosengeld II ist keine Leistung der Arbeitslosenversicherung, da es aus Steuern finanziert wird. Durch die Bundesanstalt für Arbeit erfolgt lediglich die Auszahlung.

Arbeitslosengeld I und Arbeitslosengeld II werden ab dem Tag der Arbeitslos-Meldung gezahlt. Wer die Arbeitslosigkeit jedoch selbst verschuldet hat, erhält erst nach einer **Sperrfrist** von 12 Wochen Arbeitslosenunterstützung. *Beispiele:* eigene Kündigung, absichtliches Herbeiführen der Kündigung, Weigerung, an Fortbildungs- und Umschulungsmaßnahmen teilzunehmen, Ablehnung von zumutbarer Arbeit. Grundsätzlich muss ein Arbeitsloser der Arbeitsvermittlung zur Verfügung stehen, wenn er Arbeitslosenunterstützung erhalten will.

Auszubildende werden nach bestandener Abschlussprüfung häufig von ihren Ausbildungsbetrieben nicht übernommen – sie werden arbeitslos. Die Grundlage der Berechnung ihres Arbeitslosengeldes ist die Ausbildungsvergütung oder, wenn sich dadurch ein höherer Betrag ergibt, 50 % des erzielbaren Tariflohnes. Haben Auszubildende die Prüfung nicht bestanden, wird die Ausbildungsvergütung für die Berechnung zugrunde gelegt.

Versicherungsträger ist die Bundesagentur für Arbeit (BA). Sie gliedert sich in die Hauptstelle mit Sitz in Nürnberg, 11 Regionaldirektionen (frühere Landesarbeitsämter) und die Agenturen für Arbeit vor Ort (frühere Arbeitsämter).

Versicherungspflichtig sind alle Arbeitnehmer und Auszubildenden. Versicherungsfrei sind geringfügig Beschäftigte (siehe auch Minijobs S. 42).

Beiträge übernehmen Arbeitgeber und Arbeitnehmer jeweils zur Hälfte (Beitragssatz 2008: insgesamt 3,3 % des Bruttolohnes). Bei Auszubildenden mit geringem Einkommen übernimmt der Arbeitgeber die Beiträge. Diese Regelung gilt 2008 für Einkommen, die maximal 325 € betragen (siehe auch Beitragsbemessungsgrenze, S. 42). Arbeitnehmer in Niedriglohnjobs (400–800 €) zahlen einen ermäßigten Beitragssatz, der nach dem Einkommen gestaffelt ist.

Berufsbildung und Arbeitswelt

Die Pflegeversicherung
Die Aufgabe der gesetzlichen **Pflegeversicherung** ist die finanzielle Absicherung bei Pflegebedürftigkeit. Bereits heute sind mehr als 2,1 Millionen Menschen pflegebedürftig, im Jahr 2030 werden mehr als 3,1 Millionen Pflege benötigen. Ohne Pflegeversicherung würden die meisten Pflegeheiminsassen zum „Sozialfall" – sie wären auf Sozialhilfe angewiesen, da nur wenige die hohen Pflegekosten selbst bezahlen könnten.

Versicherungsträger sind die **Pflegekassen**, die bei den Krankenkassen eingerichtet wurden.

Versicherungspflichtig sind alle Personen, die auch krankenversicherungspflichtig sind. Wer eine private Krankenversicherung hat, muss eine private Pflegeversicherung abschließen (siehe auch **geringfügige Beschäftigungen [Minijobs]** S. 42).

Beiträge leisten Arbeitgeber und Arbeitnehmer jeweils zur Hälfte (Beitragssatz 1. Juli 2008: insgesamt 1,95 % des Bruttolohnes). Kinderlose, die zwischen 23 und 65 Jahre alt sind, zahlen 0,25 Prozentpunkte mehr. Hierfür gibt es keinen Arbeitgeberzuschuss. Um die Kosten der Arbeitgeber auszugleichen, wurde auf einen Feiertag verzichtet. In Bundesländern, in denen kein Feiertag gestrichen wurde (bisher nur Sachsen), tragen die Arbeitnehmer den vollen Satz. Bei Auszubildenden mit geringem Einkommen übernimmt der Arbeitgeber die Beiträge. Diese Regelung gilt 2008 für Einkommen, die maximal 325 € betragen (siehe auch **Beitragsbemessungsgrenze** S. 42).

Pflegeheime – kaum noch bezahlbar
Entwicklung einer Durchschnittsrente und der monatlichen Kosten eines Pflegeheimplatzes (in €)

Jahr	Durchschnittliche Altersrente	Pflegekosten
1980	629	971
1990	839	1636
2000	936	2454
2006	1166	3082*

Jeder Bundesbürger kann zum Pflegefall werden. Von den heute 25-jährigen Männern wird statistisch gesehen jeder vierte im Laufe seines Lebens pflegebedürftig. Für die gleichaltrigen Frauen ist das Risiko noch größer. Jede Dritte wird irgendwann nicht mehr ohne fremde Hilfe leben können.

* Pflegeklasse III

Leistungen
Die Leistungen der Pflegeversicherung richten sich nach der Pflegebedürftigkeit, die in drei Pflegestufen eingeteilt ist.
- **Häusliche Pflege**
  Für die Betreuung zu Hause wird der Einsatz einer Pflegekraft erstattet:
    - bis zu 420 € monatlich in **Stufe I** für erheblich Pflegebedürftige
    - bis 980 € monatlich in **Stufe II** für Schwerpflegebedürftige
    - bis zu 1470 € monatlich in **Stufe III** für Schwerstpflegebedürftige, in besonderen Härtefällen maximal 1918 €

  Anstelle dieser **Sachleistungen** sind auch **Geldleistungen** möglich. Wer Angehörige oder Bekannte pflegt, kann für seine Dienste je nach Pflegestufe ein Pflegegeld von 215 €, 420 € oder 675 € pro Monat erhalten.
- **Stationäre Pflege**
  Bei stationärer Pflege werden die Kosten bis monatlich 1470 € übernommen, für Schwerstpflegebedürftige in besonderen Härtefällen bis 1750 €. Die Kosten für Unterkunft und Verpflegung muss der Pflegebedürftige jedoch selbst tragen.

Sozialgerichtsbarkeit
Gegen Entscheidungen der einzelnen Sozialversicherungsträger, z. B. die Ablehnung eines Antrages auf Erwerbsminderungsrente, kann ein Betroffener **Widerspruch** einlegen. Gibt die zuständige Sozialversicherung dem Widerspruch statt und ändert sie ihren Bescheid, dann ist der Fall erledigt. Hält sie jedoch die Entscheidung aufrecht, so

Berufsbildung und Arbeitswelt

kann der Betroffene Klage beim **Sozialgericht** einreichen.

Sozialgerichte sind zuständig für Streitigkeiten aus dem Sozialrecht, also für Kindergeld, Sozialgeld usw. Beim **Landessozialgericht** kann **Berufung** gegen Urteile des Sozialgerichtes eingelegt werden. Die **Revisionsinstanz** für Urteile des Landessozialgerichtes ist das **Bundessozialgericht.** Alle Gerichtsinstanzen setzen sich aus Berufs- und Laienrichtern (Vertreter der Arbeitgeber und Arbeitnehmer) zusammen. Für die Gerichtskosten gilt der bedeutende Grundsatz, dass alle Instanzen der Sozialgerichtsbarkeit **kostenfrei** sind. Bei außergerichtlichen Aufwendungen, wie den Kosten für den Rechtsanwalt, entscheidet das Gericht, wer diese zu tragen hat. In den neuen Bundesländern werden die Aufgaben des Sozialgerichtes vom Kreisgericht wahrgenommen, die des Landessozialgerichtes übernimmt das Bezirksgericht.

Zusammenfassung

	Die Sozialversicherung				
Arten	Kranken-versicherung	Unfall-versicherung	Renten-versicherung	Arbeitslosen-versicherung	Pflege-versicherung
Versicherungs-träger	Krankenkassen	Berufsgenossen-schaften	Versicherungs-anstalten	Bundesagentur für Arbeit	Kranken-kassen
Leistungen	• Krankenhilfe, z. B. Arztbesuch • Krankengeld • Krankenhaus-pflege • Mutterschafts-hilfe • Familienhilfe	• Unfallverhütung • Heilbehandlung • Berufshilfe • Renten • Sterbegeld bei: • Wegeunfall • Berufskrankheit • Arbeitsunfall	• Altersrente • Erwerbsminde-rungsrente • Hinterbliebenen-rente	• Arbeitsförderung • Arbeitssicherung • Arbeitslosengeld I • Arbeitslosen-geld II (steuer-finanziert, ledig-lich Auszahlung durch BA)	• Kostenzuschuss zur häuslichen Pflege • Kostenzuschuss zur stationären Pflege
Beiträge	50 % Arbeitgeber 50 % Arbeitnehmer + Steuermittel ab 2009	100 % Arbeitgeber	50 % Arbeitgeber 50 % Arbeitnehmer	50 % Arbeitgeber 50 % Arbeitnehmer	50 % Arbeitgeber 50 % Arbeitnehmer

Berufsbildung und Arbeitswelt

Arbeitsteil

1. a) Nennen Sie die fünf Zweige der Sozialversicherung und deren Träger.
b) Wer bezahlt die Beiträge zu den einzelnen Versicherungen?
c) Welche Personengruppen sind nicht sozialversicherungspflichtig?
d) Nennen Sie drei Merkmale unseres Sozialversicherungssystems.
e) Begründen Sie, weshalb unsere Sozialversicherung eine Pflichtversicherung ist.

2. Mit einem schweren Herzinfarkt wird ein Arbeitnehmer im Krankenhaus eingeliefert.
a) Wie wird der Unterhalt des Arbeitnehmers während der 14 Krankheitswochen geregelt?
b) Nennen Sie vier Leistungen der Krankenversicherung.
c) Erläutern Sie die Bedeutung der Beitragsbemessungsgrenze der Krankenversicherung.

3. a) Wie finanziert die Rentenversicherung die Rentenzahlungen? Erklären Sie in diesem Zusammenhang den Begriff „Generationenvertrag".
b) Wie wirkt sich die künftige Bevölkerungsentwicklung auf den Generationenvertrag aus? Welche Lösungsvorschläge werden hierzu diskutiert?
c) Geben Sie je zwei Beispiele an für Versichertenrenten und für Hinterbliebenenrenten.
d) Welche Faktoren bestimmen die Höhe der Altersrente?

4. a) Worin besteht die wichtigste Aufgabe der Unfallversicherung und wie wird sie erfüllt?
b) Welche Ereignisse können einen Unfallversicherungsanspruch auslösen?
c) Nennen Sie drei Leistungen der gesetzlichen Unfallversicherung.
d) Wem und wie muss ein Arbeitsunfall gemeldet werden?

5. Welcher Zweig der gesetzlichen Sozialversicherung ist in den folgenden Fällen zuständig?
a) In ihrem Skiurlaub erleidet eine 17-jährige Auszubildende einen komplizierten Beinbruch.
b) Eine Friseurin, die auf Haarfärbemittel mit heftigen allergischen Hautausschlägen reagiert, muss ihren Beruf aufgeben und umschulen.
c) Nach einem schweren Schlaganfall muss ein 76-jähriger Rentner in ein Pflegeheim.
d) Nach bestandener Gesellenprüfung wird Martin L. nicht von seinem Ausbildungsbetrieb übernommen. Eine neue Stelle hat er noch nicht gefunden.
e) Nach einer schweren Krankheit wird eine 48-jährige Arbeitnehmerin erwerbsunfähig.

6. a) Nennen Sie drei Arbeitsförderungsmaßnahmen der Arbeitslosenversicherung.
b) Unterscheiden Sie Arbeitslosengeld I und Arbeitslosengeld II.

7. a) Geben Sie an, wer in der Pflegeversicherung pflichtversichert ist.
b) Welche Leistungen erbringt die Pflegeversicherung?
c) Begründen Sie die Notwendigkeit einer Pflegeversicherung.

8. Auf der Fahrt zur Arbeit tankt ein Arbeiter. An der Tankstelle läuft er aus Unachtsamkeit in ein heranfahrendes Auto und wird erheblich verletzt. Die Berufsgenossenschaft lehnt die Kostenübernahme ab, da der Unfall nicht auf dem direkten Weg zur Arbeit passiert sei.
a) Wie kann der Betroffene zunächst gegen den ablehnenden Bescheid vorgehen?
b) Welches Gericht wäre bei einer gerichtlichen Auseinandersetzung zuständig und wie ist es zusammengesetzt?
c) Welche Besonderheit unterscheidet diese Gerichtsbarkeit von anderen Gerichten?

7 Private Zusatzversicherungen (Individualversicherungen)

Bei einem Sturz in seiner Freizeit verletzt sich ein 17-jähriger Auszubildender schwer.

Welcher Zweig der Sozialversicherung hilft?
Weshalb könnte in diesem Fall eine private Zusatzversicherung von Nutzen sein?
Welche privaten Zusatzversicherungen kennen Sie?
Welche private Zusatzversicherung benötigt eine Auszubildende?

Im Gegensatz zu den Sozialversicherungen, deren Mitgliedschaft gesetzlich vorgeschrieben ist, werden **Individualversicherungen (Privatversicherungen) freiwillig** abgeschlossen. Für bestimmte Bereiche gelten Ausnahmeregelungen, z. B. müssen Kraftfahrzeugbesitzer eine Kfz-Haftpflichtversicherung abschließen.
Der Versicherungsnehmer stellt auf einem Vordruck einen Versicherungsantrag und erhält bei Annahme durch den Versicherer die Police (Versicherungsschein).

Die Beitragshöhe richtet sich nach Risiko und Versicherungsumfang

Träger der Privatversicherungen sind Unternehmungen, die einen Gewinn erzielen wollen. Die **Beitragshöhe** richtet sich deshalb, anders als bei der Sozialversicherung, nicht nach dem Einkommen des Versicherten, sondern nach **Risiko** und **gewünschtem Versicherungsumfang**. Beispielsweise zahlt ein Neuling eine höhere Prämie in der Kfz-Versicherung als ein Versicherter, der lange unfallfrei gefahren ist. Die **Beiträge** muss der Versicherte allein aufbringen. Die große Bedeutung der Individualversicherungen liegt vor allem darin, dass sie auch Bereiche abdecken, die von den Sozialversicherungen nicht erfasst werden, z. B. kommt die gesetzliche Unfallversicherung nicht für Privatunfälle auf.
Die gesetzliche Grundlage für die Privatversicherungen ist das **Versicherungsvertragsgesetz**, das durch die Allgemeinen Geschäftsbedingungen der einzelnen Versicherungen ergänzt wird. Am **1. Januar 2008** wurde das aus dem Jahr 1908 stammende Versicherungsvertragsgesetz an einen modernen Verbraucherschutz angepasst. Die Versicherer müssen seitdem vor Abschluss eines Vertrages umfassend beraten und informieren. Die Beratung muss dokumentiert werden und die Ratschläge müssen klar und verständlich sein. Verletzen Versicherer oder Versicherungsvermittler ihre Beratungspflicht, sind sie schadensersatzpflichtig. Neben zahlreichen weiteren Ver-

besserungen für die Kunden gibt es nun auch ein **allgemeines Widerrufsrecht**. Innerhalb von **2 Wochen** kann jeder Versicherungsnehmer seine Vertragserklärung widerrufen, bei einer **Lebensversicherung** beträgt die Frist sogar **30 Tage**. Erst mit Zugang der gesamten Unterlagen beginnt die Frist zu laufen.

Die Personenversicherung

Die Personenversicherung versichert **Personen** gegen Krankheit, Unfall und auf ihr Leben. Sie ist ein wichtiger Schutz von Personen, die nicht der Sozialversicherungspflicht unterliegen wie z. B. Beamte oder Selbstständige.
Leistungskürzungen bei den Sozialversicherungen haben in den letzten Jahren dazu geführt, dass Arbeitnehmer vielfach nicht genügend abgesichert sind. Die Personenversicherung wird hier zur wichtigen **Zusatzversicherung.**

Private Krankenversicherung Sie übernimmt Krankheitskosten von Personen, die in der gesetzlichen Krankenversicherung nicht pflichtversichert sind, z. B. von Beamten, Selbstständigen und besser verdienenden Arbeitnehmern. Spätestens am 1.1.2009 gilt eine generelle Krankenversicherungspflicht. Die Folge: Jeder Einwohner von Deutschland muss krankenversichert sein, entweder gesetzlich oder privat.
Teilweise übernehmen Privatversicherunge Kosten, die von der gesetzlichen Krankenversicherung nicht gedeckt sind. *Beispiele:* volle Erstattung bei Zahnersatz, Zweibettzimmer im Krankenhaus. Viele Krankenversicherungspflichtige schließen deshalb **private Zusatzversicherungen** ab. Neben den **Krankheitskosten** kann auch **Tagegeld** versichert werden. Arbeitnehmer erhalten im Krankheitsfall Lohnfortzahlung, deshalb empfiehlt sich eine Tagegeldversicherung vor allem für Selbstständige, deren Verdienst ausfallen würde.

Private Unfallversicherung Sie soll den Versicherten bei privaten Unfällen absichern, da hier die gesetzliche Unfallversicherung nicht hilft. Jedes Jahr verletzen sich rund 6 Mio. Menschen bei privaten Unfällen. Zwar springt bei einer Invalidität die gesetzliche Rentenversicherung ein. Bei Berufsanfängern allerdings sind die Ansprüche sehr gering, sofern überhaupt welche vorhanden sind. Deshalb ist eine private Unfallversicherung sinnvoll. Hier wird eine bestimmte Versicherungssumme vereinbart, z. B. 100 000 €. Sie wird ausbezahlt, wenn durch Unfall eine Invalidität entsteht. Die Höhe der Zahlung hängt ab vom Grad der Invalidität. Wer z. B. ein Auge oder ein Bein verliert, erhält 50 % der Versicherungssumme.

Lebensversicherung Sie versorgt die Hinterbliebenen des Versicherten oder ihn selbst im Alter. Da die gesetzlichen Renten weit unter den Nettobezügen der Arbeitnehmer liegen, ist sie eine wichtige Altersvorsorge.
- Bei der **Risiko-Lebensversicherung** erhalten die **Hinterbliebenen** die Versicherungssumme. Dadurch soll das finanzielle Risiko eines **vorzeitigen Todes** abgesichert werden.
- Die **Kapitalversicherung** wird für den Todesfall und den Erlebensfall abgeschlossen. Einerseits erhalten bei vorzeitigem Tod die **Hinterbliebenen** die Versicherungssumme, auch wenn der Vertrag nur kurze Zeit bestanden hat. Andererseits bekommt der **Versicherte** selbst diese Summe ausbezahlt, wenn er das vereinbarte Alter erreicht hat.

Private Rentenversicherung Zunehmend ergänzen Bundesbürger ihre Altersvorsorge durch eine private Rentenversicherung. Besonders sinnvoll ist sie für Alleinstehende, die keine Familie absichern müssen, da es keine Versicherungssumme beim Tode des Versicherten gibt. In der Regel zahlt die Versicherung nach Vertragsablauf eine lebens-

Berufsbildung und Arbeitswelt

Förderung privater Altersvorsorge ("Riester-Rente") Stand 2008	
Grundzulage pro Person/Ehegatte	154 €
Zulage je Kind	185 €
Zulage je Kind	300 €[1]
Beitragssatz	4 %[2]
Maximalbeitrag	2100 €

[1] nach 2007 geborene Kinder
[2] des sozialversicherungspflichtigen Vorjahreseinkommens

lange Rente. Durch Zahlung höherer Beiträge kann bei vielen Versicherungen auch eine Rente für Hinterbliebene vereinbart werden.

Durch den Rückgang des Auszahlungsbetrages der gesetzlichen Rentenversicherungen in den nächsten Jahren auf ca. 40 % des letzten Nettoverdienstes ist die Notwendigkeit einer privaten Rentenversicherung so hoch wie nie. Die **Riester-Rente** bietet dabei die Möglichkeit des Sparens für das Alter mit staatlichen Zuschüssen. Auch Betriebsrenten und fondgebundene Anlagen für die Zweitrente berücksichtigen immer stärker ökonomische und ökologische Anlagestrategien, um dem Prinzip der Nachhaltigkeit zu entsprechen.

Bei der sog. **Riester-Rente** fördert der Staat mit Zulagen und Steuervorteilen die **freiwillige private Altersvorsorge**. Die Förderung ist abhängig von Kinderzahl, Familienstand und Einkommenshöhe.

Berufsunfähigkeitsversicherung Sind Arbeitnehmer in ihrer Erwerbsfähigkeit gemindert, dann erhalten sie zwar eine Erwerbsminderungsrente der gesetzlichen Rentenversicherung; diese ist allerdings viel niedriger als die normale Altersrente. Besonders in den ersten Berufsjahren sollte darum eine Berufsunfähigkeit abgesichert werden. Denn Ansprüche aus der gesetzlichen Rentenversicherung sind entweder gering oder noch gar nicht vorhanden. Wer dagegen eine Berufsunfähigkeitsversicherung hat, erhält eine monatliche Rente.

Die Vermögensversicherung

Diese Art der privaten Versicherung schützt das **Vermögen** des Versicherten vor einer Verminderung durch eingetretene Haftpflichtansprüche (Schadenersatz).

Die **Haftpflichtversicherung** deckt Schäden, die der Versicherte einem Dritten zugefügt hat. Wer keine Haftpflichtversicherung besitzt, muss mit seinem gesamten Vermögen geradestehen, das kann ihn ruinieren. Man unterscheidet folgende Arten:

- **Privathaftpflichtversicherung:** z. B. wirft ein Kunde in einem Kaufhaus versehentlich eine Vase um.
- **Berufshaftpflichtversicherung:** z. B. entstehen durch die falsche Installation des Elektrikers schwere Verletzungen.
- **Kfz-Haftpflichtversicherung:** z. B. verschuldeter Verkehrsunfall.
- **Gebäudehaftpflichtversicherung:** z. B. wird durch eine schadhafte Treppe ein gefährlicher Sturz verursacht.
- **Tierhaftpflichtversicherung:** z. B. beißt ein Hund einen Passanten.

Rechtsschutzversicherung Sie hilft, eigene Ansprüche durchzusetzen und fremde Ansprüche abzuwehren, indem sie Anwalts- und Gerichtskosten übernimmt. Diese können sehr teuer werden. So verursacht z. B. ein verlorener Prozess bei einem Streitwert von 750 € allein in der ersten Instanz – dem Amtsgericht – Kosten in gleicher Höhe.

Die Sachversicherung

Hier werden Sachen gegen Feuer, Einbruch, Naturkatastrophen oder Ähnliches versichert.

- Die **Feuerversicherung** ersetzt Schäden, die durch Ereignisse wie Brand, Explosion und Blitzschlag sowie durch Löschen eingetreten sind. In manchen Bundesländern ist die Versicherung von Gebäuden durch die Gebäudebrandversicherung gesetzlich vorgeschrieben.
- Die **Leitungswasserversicherung** übernimmt Leitungswasserschäden im Haus und an der Einrichtung.
- Die **Einbruch-Diebstahlversicherung** kommt für Gegenstände auf, die bei einem Einbruch gestohlen oder beschädigt wurden.
- Die **Glasversicherung** trägt Schäden an den im Versicherungsvertrag angegebenen Glasflächen.

Die verbundene **Hausratversicherung** sichert diese Risiken (Schäden) in einem Vertrag ab.

Jeder Versicherungsnehmer sollte darauf achten, dass bei seiner Sachversicherung der Versicherungswert der Versicherungssumme entspricht. Denn wenn eine **Unterversicherung** vorliegt, werden alle entstandenen Schäden nur anteilig ersetzt. In unserem Beispiel beträgt die Versicherungssumme nur 50 % des Versicherungswertes. Die Folge: Alle Schäden werden lediglich zu 50 % erstattet. Ebenso ist eine **Überversicherung** ungünstig, da alle Schäden höchstens mit 100 % des Versicherungswertes bezahlt werden. Die Folge: Der Versicherungsnehmer bezahlt eine überhöhte Prämie.

Versicherungssumme 40 000 €			
	entspricht	Versicherungswert 40 000 €	Vollversicherung
	kleiner als	Versicherungswert 80 000 €	Unterversicherung
	größer als	Versicherungswert 30 000 €	Überversicherung

Berufsbildung und Arbeitswelt

Zusammenfassung

Privatversicherungen

Personenversicherungen
- Lebensversicherung
- Private Krankenversicherung
- Private Unfallversicherung
- Private Rentenversicherung
- Berufsunfähigkeitsversicherung

Sachversicherungen
- Leitungswasserversicherung
- +
- Glasversicherung
- +
- Einbruch-Diebstahlversicherung
- =
- Verbundene Hausratversicherung

Vermögensversicherungen
- Haftpflichtversicherung
  - → Privathaftpflichtversicherung
  - → Berufshaftpflichtversicherung
  - → Gebäudehaftpflichtversicherung
  - → Kfz-Haftpflichtversicherung
  - → Tierhaftpflichtversicherung
- Rechtsschutzversicherung

↑ ↑ ↑

Möglichkeiten privater Vorsorge

Arbeitsteil

1. a) Wie kann man Privatversicherungen einteilen? Geben Sie zusätzlich je zwei Beispiele an.
b) Unterscheiden Sie Privat- und Sozialversicherungen.
c) Weshalb muss einer Privatversicherung eine Gefahrenerhöhung mitgeteilt werden?

2. a) Für welche Personen ist der Abschluss einer privaten Krankenversicherung Pflicht?
b) Unterscheiden Sie zwischen Risiko- und Kapitallebensversicherungen.
c) Bei Freizeitunfällen übernimmt die Krankenkasse die Krankheitskosten. Dennoch kann eine private Unfallversicherung sinnvoll sein. Erklären Sie diese Aussage.

3. a) Welche Schäden werden von einer verbundenen Hausratversicherung übernommen?
b) Erläutern Sie, was man unter einer Unterversicherung versteht.
c) Welche Folgen ergeben sich für den Versicherten, wenn er unterversichert ist?

4. a) Nennen Sie zwei Haftpflichtversicherungsarten.
b) Welche Aufgabe hat eine Haftpflichtversicherung?

5. a) Werten Sie das Schaubild aus und begründen Sie die Rangfolge.
b) Empfehlen Sie sinnvolle Privatversicherungen: Sabine K. (19): Die ledige Konditorgesellin wohnt in einer Einzimmerwohnung, die sie sich nach und nach einrichtet. Ihr Hobby ist Drachenfliegen. Anton B. (25): Anton ist verheiratet, hat zwei kleine Kinder und wohnt in einer großen Wohnung, die teuer eingerichtet ist.
c) Überlegen Sie, weshalb der Staat ein Interesse daran hat, dass sich seine Bürger privat versichern, und erläutern Sie, wie er dies unterstützt.

Der Versicherungsmarkt

Beitragseinnahmen der Versicherungswirtschaft in Deutschland im Jahr 2006: 161,6 Milliarden Euro (+ 2,3 % gegenüber 2005)

	darunter in Milliarden Euro	Veränderung gegenüber 2005 in %
Lebensversicherung	78,3	+ 4,1 %
Private Krankenversicherung	28,4	4,0
Kfz-Versicherung	21,2	- 3,8
Sachversicherung	14,3	0,8
Allgemeine Haftpflichtversicherung	6,8	0,5
Unfallversicherung	6,2	3,0
Rechtsschutzversicherung	3,1	1,5
Transportversicherung	1,8	0
Kredit-, Kautions-, Vertrauensschadenversicherung	1,4	1,0

Quelle: GDV © Globus 1264

Prüfungsaufgabe

Beurteilen Sie folgende Fälle anhand des vorgegebenen Gesetzestextes: Schreinermeister Holz bietet Ramona einen Ausbildungsplatz als Schreinerin an.

a) Welche Inhalte müsste Ramonas Ausbildungsvertrag mindestens enthalten?
b) Die Dauer der Probezeit wird auf sechs Monate festgelegt.
c) Ramona möchte nach einem Jahr Schreinerlehre eine Ausbildung als Einzelhandelskauffrau beginnen. Kann sie kündigen? Wenn ja, wie und wann müsste sie kündigen?
d) Malermeister Pinsel kündigt seinem Auszubildenden Theo (2. Ausbildungsjahr) fristlos. Begründung: Theo habe vor zwei Monaten einen Eimer Farbe gestohlen. Die Kündigung erfolgt mündlich unter Zeugen.

Auszug aus dem Berufsbildungsgesetz (BBiG)

§10 Vertrag
(1) Wer andere Personen zur Berufsausbildung einstellt (Ausbildender), hat mit dem Auszubildenden einen Berufsausbildungsvertrag zu schließen.

§11 Vertragsniederschrift
(1) Ausbildende haben unverzüglich nach Abschluss des Berufsausbildungsvertrages, spätestens vor Beginn der Berufsausbildung, den wesentlichen Inhalt des Vertrages [...] schriftlich niederzulegen. In die Niederschrift sind mindestens aufzunehmen
1. Art, sachliche und zeitliche Gliederung sowie Ziel der Berufsausbildung, insbesondere die Berufstätigkeit, für die ausgebildet werden soll,
2. Beginn und Dauer der Berufsausbildung,
3. Ausbildungsmaßnahmen außerhalb der Ausbildungsstätte,
4. Dauer der regelmäßigen täglichen Ausbildungszeit,
5. Dauer der Probezeit,
6. Zahlung und Höhe der Vergütung,
7. Dauer des Urlaubs,
8. Voraussetzungen, unter denen der Berufsausbildungsvertrag gekündigt werden kann,
9. ein in allgemeiner Form gehaltener Hinweis auf die Tarifverträge, Betriebs- oder Dienstvereinbarungen, die auf das Berufsausbildungsverhältnis anzuwenden sind.

§20 Probezeit
Das Berufsausbildungsverhältnis beginnt mit der Probezeit. Sie muss mindestens einen Monat und darf höchstens vier Monate betragen.

§22 Kündigung
(1) Während der Probezeit kann das Berufsausbildungsverhältnis jederzeit ohne Einhalten einer Kündigungsfrist gekündigt werden.
(2) Nach der Probezeit kann das Berufsausbildungsverhältnis nur gekündigt werden
1. aus einem wichtigen Grund ohne Einhalten einer Kündigungsfrist,
2. von Auszubildenden mit einer Kündigungsfrist von vier Wochen, wenn sie die Berufsausbildung aufgeben oder sich für eine andere Berufstätigkeit ausbilden lassen wollen.
(3) Die Kündigung muss schriftlich und in den Fällen des Absatzes 2 unter Angabe der Kündigungsgründe erfolgen.
(4) Eine Kündigung aus einem wichtigen Grund ist unwirksam, wenn die ihr zugrunde liegenden Tatsachen dem zur Kündigung Berechtigten länger als zwei Wochen bekannt sind.

Fortbildungs-Motive

Von je 100 Beschäftigten geben als Grund für die Teilnahme an Weiterbildungsmaßnahmen an

Grund	Anzahl
Aktualisierung des beruflichen Wissens	30
Förderung der beruflichen Karriere	22
Pflichtübung (vom Betrieb gefordert)	9
Spaß	8
Freizeitgestaltung	7
Erwerb eines Berufsabschlusses	4
Wissenserweiterung	3
Arbeitsplatzsicherung	3
Andere Menschen kennen lernen	3
Persönliches Interesse	3
Höheres Einkommen	2
Nachholen eines Schulabschlusses/Aufnahme eines Studiums	2

Quelle: iw   Mehrfachnennungen   Stand 1999

Das duale Berufsausbildungssystem Deutschlands genießt weltweit einen guten Ruf.

e) Was versteht man unter der dualen Berufsausbildung?
f) Welche Vorteile bietet dieses System?
g) Erklären Sie anhand von zwei Beispielen, warum Fortbildung immer wichtiger wird.
h) Nennen Sie drei Gründe für eine berufliche Umschulung.
i) Welche Aufgaben hat die Arbeitsförderung?

Prüfungsaufgabe

Andreas (17) und Tanja (16), beide Auszubildende, genießen gerade ihre Mittagspause. Andreas blättert seine Zeitung durch, dabei fällt ihm die abgebildete Karikatur auf.

Andreas: Tanja, sieh mal, hoffentlich passiert uns mal so was nicht.

Tanja: Nicht, wenn man clever ist.

[Karikatur: Fabrik mit Schild „WIR STELLEN EIN: 2 DREHER, 8 SCHWEISSER". Ein Roboter sagt: „ICH MOECHTE MICH UM DIE 8 ARBEITSPLAETZE BEWERBEN".]

Andreas, der weiter seine Zeitung liest, stößt auf nebenstehenden Bericht.

Andreas: Jetzt weiß ich, warum am Samstag der Notarztwagen bei uns vorbeigerast ist. Zwei Querstraßen weiter muss sich einer übel verletzt haben. Da, lies selber.

Tanja: Armer Kerl, wovon der wohl lebt, wenn er nie mehr arbeiten kann? Der ist ja erst 18.

Andreas: Der ist doch versichert. Du wirst dich noch wundern, was man dir von deinem ersten Lohn alles abzieht.

Schwere Rückenverletzung
Zementplatten auf Lagerarbeiter gestürzt

Bei einem Unfall in einer Firma an der Esperantostraße im Gewerbegebiet Vogelsang beim Westbahnhof ist am Samstag ein 18-jähriger Mann durch herabstürzende Zementplatten schwer verletzt worden. Ein 30-jähriger Handwerker hatte in der Lagerhalle eine Palette Faserzementplatten mittels eines Schwebekrans versetzt. In dem Moment, als der 18-Jährige unter der Krangabel durchging, stürzten acht der zwölf unzureichend gesicherten Platten hinunter und trafen den jungen Mann am Rücken. hsw

a) Auf welches Problem der neuen Technologien weist die Karikatur hin?

b) Erläutern Sie, was Tanja meint. Durch welche Maßnahmen können Sie dieser Gefahr vorbeugen?

c) Welche Ziele verfolgt ein Unternehmer, wenn er Roboter „einstellt"?

d) „Roboter vernichten Arbeitsplätze, sichern zugleich Arbeitsplätze, machen Arbeit gesünder." Beurteilen Sie diese Aussage.

e) Welche Versicherungen werden Tanja von ihrem Lohn abgezogen?

f) Welche Versicherung hilft in diesem Fall? Welche Leistungen erbringt diese Versicherung?

g) Erklären Sie, weshalb bereits ein Auszubildender Sozialversicherungsbeiträge zahlen muss?

h) Ein Bekannter hat Tanja geraten, auch einige Privatversicherungen abzuschließen. Wie beurteilen Sie für eine 16-jährige Auszubildende den Abschluss einer Kapitallebensversicherung – einer Unfallversicherung – einer Berufsunfähigkeitsversicherung?

i) Wie unterscheiden sich Lebensversicherung und gesetzliche Rentenversicherung (zwei Angaben)?

Grundlagen des Vertragsrechts

Grundlagen des Vertragsrechts

1 Rechts- und Geschäftsfähigkeit

Verkaufsraum des Hi-Fi-Studios Watt. Der 17-jährige Martin möchte eine Stereoanlage kaufen.

Verkäufer: Sie haben sich für eine Spitzenanlage entschieden.

Martin: 1789 € sind auch eine Menge Geld. Hat lange gedauert, bis ich das zusammen hatte. Kann ich sie gleich mitnehmen?

Verkäufer: Entschuldigen Sie die Frage, aber sind Sie schon 18?

Martin: Nein, erst in drei Monaten, ist das von Bedeutung?

Verkäufer: Tut mir leid, ohne die Einwilligung Ihrer Eltern kann ich Ihnen die Anlage nicht verkaufen.

Martin: Meiner Eltern? Da kann ich Sie beruhigen. In der Berufsschule habe ich gelernt, dass ich rechtsfähig bin.

Verkäufer: Natürlich sind Sie rechtsfähig, aber leider nicht voll geschäftsfähig.

Martin: Das ist doch Haarspalterei. Außerdem ist das mein Geld, schließlich bekomme ich jeden Monat 520 € Ausbildungsvergütung. Und mit meinem Taschengeld darf ich doch wohl kaufen, was ich will.

Verkäufer: 1789 € gehen über ein Taschengeld hinaus. Erst neulich habe ich einer 17-Jährigen eine Stereoanlage verkauft. Am nächsten Tag stand der Vater da und hat sich beschwert, weil ich an eine Minderjährige so etwas Teures verkauft habe. Dann hat mich mein Chef noch zur Schnecke gemacht. Nein danke, das hat gereicht. Ihre Eltern müssen den Kaufvertrag schon unterschreiben.

Martin: Also gut, wenn 1789 € auf einmal zu hoch sind, vereinbaren wir eben Ratenzahlung. Hier steht, dass die Anlage auch mit 24 Monatsraten zu jeweils 94,50 € bezahlt werden kann, ist mir sowieso lieber, dafür reicht sogar mein Taschengeld.

Besteht ein Unterschied zwischen Rechtsfähigkeit und Geschäftsfähigkeit?
Kann Martin für die Stereoanlage einen rechtsgültigen Kaufvertrag eingehen?
Wie beurteilen Sie Martins Vorschlag, die Anlage auf Raten mit seinem Taschengeld zu kaufen?

1.1 Die Rechtsfähigkeit

Wer rechtsfähig ist, hat Rechte und Pflichten

Bürgerliches Gesetzbuch (BGB)

§ 1 Beginn der Rechtsfähigkeit
Die Rechtsfähigkeit des Menschen beginnt mit der Vollendung der Geburt.

Grundlagen des Vertragsrechts

Jeder Mensch ist rechtsfähig, d. h. er kann Träger von Rechten und Pflichten sein. Die **Rechtsfähigkeit** des Menschen beginnt mit der Geburt und endet mit dem Tod.
Beispiel: Durch einen Verkehrsunfall verliert ein 3-jähriges Kind seine Eltern. Da jeder Mensch rechtsfähig ist, hat das Kind das Recht, das Vermögen der Eltern zu erben. Gleichzeitig erwachsen ihm auch Pflichten. Es muss z. B. die Erbschaftsteuer bezahlen. Allerdings ist ein Kind nicht in der Lage, seine Rechte selbst wahrzunehmen sowie seine Pflichten zu erfüllen. Für Kinder handeln deshalb ihre gesetzlichen Vertreter. Dies sind die Eltern oder ein Vormund.
Nicht rechtsfähig sind Tiere. Deshalb ist es beispielsweise in Deutschland nicht möglich, eine Katze als Erben einzusetzen.

Lebende Menschen bezeichnet man als **natürliche Personen**.
Außer den natürlichen Personen können auch **juristische Personen** rechtsfähig sein. Juristische Personen sind Vermögensmassen oder Personenvereinigungen, denen eine eigene Rechtsfähigkeit zuerkannt wird. Dadurch haben sie vergleichbare Rechte und Pflichten. Man unterscheidet hierbei:

– juristische Personen des Privatrechts
   Beispiele: eine Aktiengesellschaft (AG), eine Gesellschaft mit beschränkter Haftung (GmbH) oder ein eingetragener Verein (e. V.). Juristische Personen des Privatrechts erlangen die Rechtsfähigkeit durch die Eintragung in einem öffentlichen Register (Handelsregister, Vereinsregister usw.). Sie verlieren die Rechtsfähigkeit, wenn sie in diesen Registern gelöscht werden.

– juristische Personen des öffentlichen Rechts
   Beispiele: die Bundesrepublik Deutschland, die Bundesländer, Gemeinden oder Handwerkskammern. Juristische Personen des öffentlichen Rechts werden rechtsfähig durch staatliche Verleihung. Sie verlieren ihre Rechtsfähigkeit durch staatlichen Entzug.

Obwohl juristische Personen rechtsfähig sind, können sie nicht selbstständig im Wirtschaftsleben tätig werden. Hierzu benötigen sie die Hilfe von natürlichen Personen. Für die juristischen Personen handeln deshalb ihre **Organe**. Dies sind z. B. der Vorstand eines Vereins oder einer Aktiengesellschaft. *Beispiel:* Ein Vorstandsmitglied eines Sportvereins bestellt neue Sportgeräte. Käufer ist der Sportverein. Wird die Lieferung nicht bezahlt, haftet der Verein und nicht das Vorstandsmitglied.

1.2 Die Geschäftsfähigkeit

Wer geschäftsfähig ist, darf selbstständig voll gültige Geschäfte abschließen.

Die Rechtsfähigkeit des Menschen ist zu unterscheiden von der Geschäftsfähigkeit. Darunter versteht man die Fähigkeit, Rechtsgeschäfte selbstständig und voll gültig abzuschließen. Ein Rechtsfähiger ist dazu nicht in jedem Fall in der Lage. Unsere Rechtsordnung setzt hierfür ein bestimmtes Maß an Urteilsvermögen voraus. *Beispiel:* Ein 3-jähriges Kind kann zwar einen größeren Geldbetrag erben, da es rechtsfähig ist. Um mit dem Geld etwas kaufen zu können, müsste es jedoch geschäftsfähig sein.

Grundlagen des Vertragsrechts

Im Gesetz werden drei Stufen der Geschäftsfähigkeit unterschieden:

```
                    Geschäftsfähigkeit
            ┌──────────────┼──────────────┐
   Geschäftsunfähigkeit  Beschränkte    Volle
                      Geschäftsfähigkeit  Geschäftsfähigkeit
```

Geschäftsunfähigkeit

Geschäftsunfähig sind Kinder unter 7 Jahren sowie Personen, die dauernd geistesgestört sind. Rechtsgeschäfte, die ein Geschäftsunfähiger abschließt, sind nichtig (ungültig). **BGB § 104**

Beispiel: Ein 6-Jähriger kauft in einem Supermarkt ein. Dieser Kaufvertrag ist nichtig.

Für Geschäftsunfähige handeln die gesetzlichen Vertreter, also die Eltern, ein Vormund oder ein Betreuer. Wenn jedoch ein geschäftsunfähiges Kind von der Mutter zum Einkaufen geschickt wird, handelt es als Bote, d. h. es überbringt eine Willenserklärung der Mutter und nicht seine eigene. Der abgeschlossene Kaufvertrag ist folglich gültig.

unter 7 Jahren:
geschäftsunfähig

Beschränkte Geschäftsfähigkeit

Beschränkt geschäftsfähig sind Minderjährige zwischen dem vollendeten 7. und dem vollendeten 18. Lebensjahr. Beschränkt Geschäftsfähige können Rechtsgeschäfte abschließen, gültig sind sie allerdings nur mit Zustimmung der gesetzlichen Vertreter. Ohne deren Zustimmung ist ein Rechtsgeschäft eines beschränkt Geschäftsfähigen schwebend unwirksam. **BGB § 106**

Beispiel: Ein 16-Jähriger kauft ohne Wissen der Eltern ein Trekkingrad. Der Kaufvertrag ist schwebend unwirksam. Er wird erst gültig, wenn die Eltern nachträglich zustimmen, nichtig, wenn sie ihre Genehmigung verweigern.

Bei folgenden Ausnahmen benötigt ein beschränkt Geschäftsfähiger keine Zustimmung der gesetzlichen Vertreter:
– Geschäfte, die er mit eigenen Mitteln (Taschengeld) begleicht. Allerdings gilt diese Regelung nur für Bargeschäfte, nicht für Ratenkäufe. Über zukünftiges Taschengeld kann nicht verfügt werden. **BGB § 110**

zwischen 7 und 18 Jahren:
beschränkt geschäftsfähig

– Geschäfte, die nur rechtliche Vorteile bringen. *Beispiel:* Ein 12-Jähriger erhält von einem Onkel, den die Eltern nicht mögen, 100 € geschenkt. Da dieses Geschäft nur rechtliche Vorteile bringt, ist es auch ohne Zustimmung der Eltern gültig. **BGB § 107**

– Geschäfte, die ein von den Eltern erlaubtes Arbeitsverhältnis betreffen. *Beispiele:* Kauf von Essensmarken der Betriebskantine, Kauf von Berufskleidung, Auflösung des Arbeitsverhältnisses. **BGB § 113**

Volle Geschäftsfähigkeit

Voll geschäftsfähig sind alle Personen ab dem vollendeten 18. Lebensjahr. Sie können selbstständig voll gültige Rechtsgeschäfte abschließen und müssen auch selbst die volle Verantwortung dafür übernehmen.

ab 18 Jahren:
voll geschäftsfähig

Grundlagen des Vertragsrechts

Zusammenfassung

Rechtsfähigkeit

= Fähigkeit, Träger von Rechten und Pflichten zu sein

Natürliche Personen

= alle Menschen von der Geburt bis zum Tod

Juristische Personen

Juristische Personen des privaten Rechts

z. B. AG, GmbH

durch Eintragung in ein Register (z. B. Handelsregister)

Juristische Personen des öffentlichen Rechts

z. B. Länder, Gemeinden

durch staatliche Verleihung

Träger von Rechten und Pflichten

Geschäftsfähigkeit

= Fähigkeit, Rechtsgeschäfte selbstständig und vollgültig abzuschließen

Geburt	7 Jahre	18 Jahre	Tod
Geschäftsunfähigkeit	**beschränkte Geschäftsfähigkeit**	**volle Geschäftsfähigkeit**	
Rechtsgeschäfte sind **nichtig**	Rechtsgeschäfte sind **schwebend unwirksam**	Rechtsgeschäfte sind **voll gültig**	
↓	↓		
der gesetzliche Vertreter handelt	der gesetzliche Vertreter muss zustimmen		
	↓		
	Ausnahmen: eigene Mittel – rechtlicher Vorteil – Arbeitsverhältnis		

59

Grundlagen des Vertragsrechts

Arbeitsteil

1. Unterscheiden Sie zwischen Rechtsfähigkeit und Geschäftsfähigkeit.

2. Wann beginnt und wann endet die Rechtsfähigkeit von
   a) natürlichen Personen,
   b) juristischen Personen?

3. Welche der folgenden Personen sind juristische Personen?
   a) Staatsanwalt
   b) Siemens AG
   c) Hans Huber
   d) Richter

4. Ordnen Sie die folgenden Personen den einzelnen Stufen der Geschäftsfähigkeit zu.
   a) ein 20-Jähriger
   b) eine 6-Jährige
   c) ein 16-Jähriger

5. Weshalb ist der Grad der Geschäftsfähigkeit abhängig vom Lebensalter?

6. Welche Rechtsgeschäfte können beschränkt Geschäftsfähige auch ohne Zustimmung des gesetzlichen Vertreters abschließen?

7. Lösen Sie die Rechtsfälle mithilfe der nebenstehenden Auszüge aus dem BGB.
   a) Die 6-jährige Anna holt aus ihrer Spardose 10 € und kauft damit eine Puppe: Ist dieser Kaufvertrag gültig?
   b) Die 16-jährige Martina kauft von ihrem Taschengeld einen MP3-Player für 45 €.
      1. Ist dieser Kaufvertrag gültig?
      2. Wie verhält es sich, wenn Martina den Kaufpreis nicht sofort bezahlen kann und sie deshalb mit dem Händler Ratenzahlung vereinbart?
   c) Der 17-jährige Anton kauft ohne Wissen seiner Eltern für 750 € einen Computer. Welche rechtliche Wirkung hat dieser Vertrag?
   d) Der 14-jährige Kurt kauft bei einem Totalausverkauf eine Stereoanlage für 250 €, die normalerweise 780 € kosten würde. Er glaubt, dass er wegen des erheblichen Preisvorteils auf die Erlaubnis seiner Eltern verzichten kann. Stimmt das?

Auszug aus dem Bürgerlichen Gesetzbuch (BGB)

§ 104 Geschäftsunfähigkeit.
Geschäftsunfähig ist:
1. wer nicht das siebente Lebensjahr vollendet hat, ...

§ 105 Nichtigkeit der Willenserklärung.
(1) Die Willenserklärung eines Geschäftsunfähigen ist nichtig.

§ 106 Beschränkte Geschäftsfähigkeit. Minderjähriger. Ein Minderjähriger, der das siebente Lebensjahr vollendet hat, ist ... in der Geschäftsfähigkeit beschränkt.

§ 107 Einwilligung des gesetzlichen Vertreters.
Der Minderjährige bedarf zu einer Willenserklärung, durch die er nicht lediglich einen rechtlichen Vorteil erlangt, der Einwilligung seines gesetzlichen Vertreters.

§ 108 Vertragsabschluss ohne Einwilligung.
(1) Schließt der Minderjährige einen Vertrag ohne die erforderliche Einwilligung des gesetzlichen Vertreters, so hängt die Wirksamkeit des Vertrages von der Genehmigung des Vertreters ab.

§ 110 Bewirken der Leistung mit eigenen Mitteln.
Ein von dem Minderjährigen ohne Zustimmung des gesetzlichen Vertreters geschlossener Vertrag gilt als von Anfang an wirksam, wenn der Minderjährige die vertragsmäßige Leistung mit Mitteln bewirkt, die ihm zu diesem Zwecke oder zu freier Verfügung von dem Vertreter oder mit dessen Zustimmung von einem Dritten überlassen worden sind.

2 Rechtsgeschäfte

Die 18-jährige Auszubildende Manuela Sorg möchte einen gebrauchten Motorroller kaufen. In der Zeitung entdeckt sie folgende Anzeige:
Sofort meldet sich Manuela telefonisch auf die Anzeige und einigt sich mit dem Verkäufer, Herrn Fuchs, dass sie den Roller am nächsten Tag abholen und gleich bar bezahlen wird. Als sie wie vereinbart den Roller abholen möchte, ereignet sich Folgendes:

> **Einmalige Gelegenheit**
> Motorroller 2500 km,
> 1 Jahr alt, neuwertig,
> 990 Euro (NP 2035 Euro)
> Telefon ▮▮▮▮

Manuela: Guten Tag, Herr Fuchs, ich bin Manuela Sorg. Ich möchte den Roller abholen. Hier ist das Geld.
Herr Fuchs: Oh, Sie. Tut mir leid, den Roller habe ich gestern Abend noch einem jungen Mann verkauft. Der ist sofort gekommen und hat sogar 50 € mehr gezahlt.
Manuela: Wie bitte? Wir hatten doch vereinbart, dass ich heute bezahle und den Roller gleich mitnehme.
Herr Fuchs: Ja, schon. Aber ich konnte nicht sicher sein, ob Sie auch wirklich kommen, und der junge Mann hat, wie gesagt, 50 € mehr bezahlt. Außerdem haben wir ja nichts Schriftliches vereinbart und mündliche Abmachungen sind sowieso nicht gültig. Tut mir wirklich leid, aber da hätten Sie schneller sein müssen.

Kam zwischen Manuela und Herrn Fuchs ein rechtsgültiger Kaufvertrag zustande? Müssen solche Verträge schriftlich abgeschlossen werden, damit sie gültig sind?

2.1 Willenserklärung

Rechtsgeschäfte entstehen durch die Abgabe von **Willenserklärungen,** z. B. die Kündigung des Arbeitsvertrages oder das Ja-Wort auf dem Standesamt.

Wille + Erklärung = Willenserklärung

Beispiel: Sie gehen die Straße entlang und winken einer Bekannten zu, die auf der anderen Straßenseite steht. Ein Taxifahrer sieht Ihr Winken, hält an und schaltet den Taxometer ein. Ihre Erklärung ist rechtlich gegenstandslos, da der Wille auf einen rechtlichen Erfolg fehlte, d. h. Sie wollten nicht Taxi fahren.

Willenserklärungen sind möglich:
– durch **ausdrückliche Erklärung:** Sie kann mündlich oder schriftlich erfolgen. *Beispiel:* Die schriftliche Bestellung bei einem Versandhaus.
– durch **schlüssige Handlung:** *Beispiel:* Ein Fahrgast steigt in die Straßenbahn und gibt dem Fahrer einen Zehneuroschein. Dieser händigt wortlos den Fahrschein und das Wechselgeld aus.
– durch **Schweigen:** Schweigen bedeutet grundsätzlich Ablehnung. Unter Kaufleuten jedoch kann es in bestimmten Fällen als Zustimmung gelten. *Beispiel:* Ein Kaufmann schweigt auf eine abgeänderte Auftragsbestätigung.

2.2 Einseitige und zweiseitige Rechtsgeschäfte

Einseitige Rechtsgeschäfte
Sie entstehen, wenn nur eine Person oder Partei eine Willenserklärung abgibt.
Beispiele: Kündigung, Testament, Anfechtung.
Kündigung und Anfechtung sind empfangsbedürftige Willenserklärungen; d.h. sie sind erst dann wirksam, wenn die betroffene Person sie erhalten hat. Eine nicht empfangsbedürftige Willenserklärung ist beispielsweise ein Testament. Es erlangt seine Gültigkeit bereits bei der Niederschrift, auch wenn die Erben nichts von seinem Inhalt wissen.

Zweiseitige Rechtsgeschäfte
Sie entstehen durch übereinstimmende Willenserklärungen von mindestens zwei Beteiligten. Diese Willenserklärungen nennt man Antrag und Annahme. Zweiseitige Rechtsgeschäfte werden auch als Verträge bezeichnet.
Beispiele: Arbeitsvertrag, Schenkungsvertrag, Kaufvertrag.
Verträge können einseitig oder zweiseitig verpflichten. So wird z.B bei einer Schenkung nur der Schenker verpflichtet, nämlich zu schenken. Bei einem Kaufvertrag dagegen haben sich beide Vertragspartner verpflichtet, bestimmte Leistungen zu erbringen.

2.3 Besondere Formvorschriften

Nach dem **Grundsatz der Formfreiheit** können Rechtsgeschäfte in beliebiger Form abgeschlossen werden. So kann z.B. ein Kaufvertrag mündlich oder auch schriftlich zustande kommen. Damit man bei späteren Streitigkeiten ein Beweismittel besitzt, ist es jedoch sinnvoll, wichtige Verträge schriftlich niederzulegen.
Bei manchen wichtigen Rechtsgeschäften schreibt das Gesetz eine bestimmte Form vor. Wird dieser gesetzliche „Formzwang" nicht eingehalten, dann kann das betreffende Rechtsgeschäft nichtig (ungültig) sein. Dadurch soll die Rechtssicherheit erhöht und der Bürger vor Übereilung und Leichtfertigkeit bewahrt werden. Solche Formvorschriften sind:

- Die **Schriftform**, d.h. verlangt wird ein Schriftstück mit der eigenhändigen Unterschrift der Beteiligten.
  Beispiele: Berufsausbildungsverträge, Ratenkaufverträge, die Kündigung von Arbeitsverträgen, die Kündigung von Mietverträgen über Wohnraum.

- Die **öffentliche Beglaubigung** umfasst ein Schriftstück, bei dem die eigenhändige Unterschrift von einem Notar oder einer Behörde beglaubigt wurde. Öffentliche Beglaubigungen beziehen sich nur auf die Echtheit der Unterschrift.
  Beispiele: Anträge auf Eintragung ins Grundbuch, Handelsregister oder Vereinsregister.

- Die **notarielle Beurkundung** liegt vor, wenn ein Notar die Willenserklärung schriftlich festhält, also die Echtheit von Unterschrift und Inhalt bestätigt.
  Beispiele: Grundstückskaufverträge, Eheverträge, Schenkungsversprechen.

2.4 Anfechtbarkeit und Nichtigkeit von Rechtsgeschäften

Manche zustande gekommenen Rechtsgeschäfte sind nichtig, d. h. sie sind von Anfang an unwirksam:

Nichtig sind Geschäfte

- die gegen ein **gesetzliches Verbot** verstoßen. *Beispiele:* Rauschgifthandel, illegaler Zigarettenhandel — BGB § 134

- die mit **Geschäftsunfähigen** abgeschlossen werden. *Beispiel:* Der 6-jährige Paul verkauft seinen Roller für 10 Euro. — BGB § 105

- die gegen die **guten Sitten** verstoßen. *Beispiele:* Kreditvertrag bei 50 % Zinsen; Herr Müller erklärt sich bereit, für 500 Euro seine Religion zu wechseln. — BGB § 138

- die als **Scherz** gedacht sind. *Beispiel:* Ein gut gelaunter Oktoberfestbesucher bestellt für sich und seine vier Begleiter 1000 Maß Bier. — BGB § 118

- die zum **Schein** abgeschlossen wurden. *Beispiel:* Um Grunderwerbsteuer zu sparen, wird im notariellen Kaufvertrag ein Preis angegeben, der erheblich unter dem wirklich gezahlten Preis liegt. — BGB § 117

- bei denen die gesetzlich **vorgeschriebene Form** nicht beachtet wurde. *Beispiele:* mündliche Kündigung des Arbeitsvertrages, Grundstückskauf gegen Quittung. — BGB § 125

Im Gegensatz zum nichtigen Rechtsgeschäft ist ein anfechtbares zunächst voll gültig. Nachträglich kann es jedoch durch die Anfechtung für ungültig erklärt werden. Es ist dann rückwirkend, also von Anfang an, nichtig.

Anfechtbar sind Geschäfte

- die durch **widerrechtliche Drohung** zustande gekommen sind.
Beispiel: Ein Hausbesitzer droht im Winter Heizung und Strom abzudrehen, wenn der Mieter nicht sein Auto kauft. — BGB § 123

- die durch **arglistige Täuschung** herbeigeführt wurden.
Beispiel: Ein Händler verkauft einen Wagen als unfallfrei, obwohl er ihn selbst nach einem Totalschaden repariert hat. — BGB § 123

- denen ein **Irrtum** oder **falsche Übermittlung** zugrunde liegt.
Beispiel: Der kurzsichtige Juwelier verkauft eine echte Perlenkette als Modeschmuck. — BGB § 119, 120

Eine Anfechtung wegen Irrtums muss unverzüglich nach Entdeckung des Irrtums erfolgen. Allerdings hat der Anfechtende einen dadurch entstandenen Schaden zu tragen. Rechtsgeschäfte, die durch arglistige Täuschung oder aufgrund einer widerrechtlichen Drohung zustande gekommen sind, können innerhalb eines Jahres angefochten werden.

Grundlagen des Vertragsrechts

Zusammenfassung

Einseitige Rechtsgeschäfte
eine Willenserklärung

- **empfangsbedürftig** — z. B. Kündigung
- **nicht empfangsbedürftig** — z. B. Testament

Zweiseitige Rechtsgeschäfte
zwei übereinstimmende Willenserklärungen

- **einseitig verpflichtend** — z. B. Schenkung
- **zweiseitig verpflichtend** — z. B. Kaufvertrag

Form der Rechtsgeschäfte

- **grundsätzlich formlos**
- **Schriftform**: Jede Partei muss unterschreiben, z. B. Berufsausbildungsvertrag.
- **öffentliche Beglaubigung**: Beglaubigt wird die Unterschrift, z. B. Antrag auf Eintragung ins Vereinsregister.
- **notarielle Beurkundung**: Beurkundet werden Inhalt und Unterschrift, z. B. Grundstückskauf.

→ **Formzwang**, bei Nichtbeachtung: eventuell Nichtigkeit

Rechtsgeschäfte

Nichtigkeit bei
- Verstoß gegen gesetzliches Verbot
- Geschäftsunfähigkeit
- Sittenwidrigkeit
- Formmangel
- Scherzgeschäft
- Scheingeschäft

→ von Anfang an nichtig

Anfechtbarkeit bei
- widerrechtlicher Drohung
- arglistiger Täuschung
- Irrtum (evtl. Schadensersatz)

→ erst durch Anfechtung nichtig

Grundlagen des Vertragsrechts

Arbeitsteil

1. a) Wodurch entstehen Rechtsgeschäfte?
   b) Wie kommt ein Vertrag zustande?

2. Wie können Willenserklärungen abgegeben werden?

3. Zeigen Sie an einem Beispiel, wie durch schlüssiges Handeln ein Vertrag entstehen kann.

4. a) Welcher Unterschied besteht zwischen einseitigen und zweiseitigen Rechtsgeschäften?
   b) Geben Sie bei den nachfolgenden Rechtsgeschäften an, ob es sich um einseitige oder um zweiseitige Rechtsgeschäfte handelt.
      1. Kaufvertrag
      2. Schenkung
      3. Testament
      4. Kündigung
      5. Mietvertrag

5. a) Welche Bedeutung hat der Grundsatz der Formfreiheit bei Rechtsgeschäften?
   b) Für bestimmte Rechtsgeschäfte besteht ein gesetzlicher Formzwang. Erläutern Sie die Bedeutung und den Grund dieses Formzwangs.
   c) Welche Formvorschrift besteht für
      1. Grundstückskäufe?
      2. Ratenkaufverträge?
      3. Berufsausbildungsverträge?

6. Unterscheiden Sie zwischen anfechtbaren und nichtigen Rechtsgeschäften und geben Sie jeweils zwei Beispiele dazu an.

7. Begründen Sie mithilfe der nebenstehenden Auszüge aus dem BGB, ob die folgenden Rechtsgeschäfte anfechtbar oder nichtig sind.
   a) Ein Händler verkauft normale Erzeugnisse als besonders gesundes „Bio-Gemüse" zu einem überhöhten Preis.
   b) Von einem Verkäufer wird die 18-jährige Susanne überredet, einen Ratenkaufvertrag für einen Gebrauchtwagen zu unterschreiben. Der effektive Jahreszins soll 28,5 % betragen.
   c) Die Renovierungsarbeiten eines Hauses belaufen sich auf 30 000 €. Um Steuern zu sparen, einigen sich Hausbesitzer und Handwerker auf eine „offizielle Rechnung" von lediglich 10 000 €. Der Hausbesitzer will deshalb nur noch 10 000 € bezahlen.
   d) Bei einem Grundstückskauf fallen Notargebühren an. Um diese zu sparen, schließt ein Käufer mit dem Verkäufer nur einen schriftlichen Kaufvertrag ab, worin sie vereinbaren, dass nach Zahlung des Kaufpreises der Verkäufer das Grundbuch ändern lässt.
   e) Uwe erhält vom Chef den Auftrag, 5 Dutzend Flaschen Berghausener Riesling nachzubestellen. Uwe, ein schwacher Rechner, bestellt 600 Flaschen.

Bürgerliches Gesetzbuch (BGB)

§ 117 Scheingeschäft.
(1) Wird eine Willenserklärung, die einem anderen gegenüber abzugeben ist, mit dessen Einverständnis nur zum Schein abgegeben, so ist sie nichtig.
(2) Wird durch ein Scheingeschäft ein anderes Rechtsgeschäft verdeckt, so finden die für das verdeckte Rechtsgeschäft geltenden Vorschriften Anwendung.

§ 120 Anfechtung wegen falscher Übermittlung.
Eine Willenserklärung, welche durch die zur Übermittlung verwendete Person oder Anstalt unrichtig übermittelt worden ist, kann unter der gleichen Voraussetzung angefochten werden wie nach § 119 eine irrtümlich abgegebene Willenserklärung.

§ 123 Anfechtbarkeit wegen Täuschung oder Drohung.
(1) Wer zur Abgabe einer Willenserklärung durch arglistige Täuschung oder widerrechtlich durch Drohung bestimmt worden ist, kann die Erklärung anfechten.

§ 125 Nichtigkeit wegen Formmangels.
Ein Rechtsgeschäft, welches der durch Gesetz vorgeschriebenen Form ermangelt, ist nichtig ...

§ 138 Sittenwidriges Rechtsgeschäft; Wucher.
(1) Ein Rechtsgeschäft, das gegen die guten Sitten verstößt, ist nichtig.
(2) Nichtig ist insbesondere ein Rechtsgeschäft, durch das jemand unter Ausbeutung der Zwangslage, der Unerfahrenheit, des Mangels an Urteilsvermögen oder der erheblichen Willensschwäche eines anderen sich oder einem Dritten für eine Leistung Vermögensvorteile versprechen oder gewähren lässt, die in einem auffälligen Missverhältnis zu der Leistung stehen.

3 Der Kaufvertrag

Endlich ist es so weit. Der 19-jährige Martin hat die Führerscheinprüfung bestanden. In der Tageszeitung fällt ihm diese Anzeige auf:

> Fiesta, Bj. 02, orig 55 000 km, SSD, Radio, unfallfrei, VB 3650 EUR, Tel.: ▓▓▓

Schildern Sie kurz den möglichen Anruf bis zum Abschluss des Kaufvertrages.

3.1 Abschluss und Erfüllung des Kaufvertrages

Wie alle Verträge entsteht auch der **Kaufvertrag** durch mindestens zwei übereinstimmende Willenserklärungen, den **Antrag** und dessen **Annahme**.

BGB § 145 ff.

Antrag und Antragsannahme können sowohl durch den Käufer als auch durch den Verkäufer erfolgen. Die häufigsten Möglichkeiten sind folgende:

Der Verkäufer macht dem Käufer ein Angebot. Dieser bestellt rechtzeitig, ohne das Angebot abzuändern. Dadurch ist ein Kaufvertrag entstanden.

Bestellt der Käufer ohne ein vorhergehendes Angebot, entsteht ebenfalls ein Kaufvertrag, wenn der Verkäufer die Bestellung annimmt.

Grundlagen des Vertragsrechts

BGB § 145 Grundsätzlich ist jeder an sein Angebot gebunden. Diese Bindung wird aufgehoben:

- durch **Freizeichnungsklauseln,** d. h. der Absender macht seinen Antrag unverbindlich mit Formulierungen wie z. B. „Angebot frei bleibend", „solange Vorrat reicht", „unverbindlich".

BGB § 146ff.
- durch eine **verspätete oder abgeänderte Annahme.** Unter Anwesenden muss ein Antrag sofort angenommen werden, schriftliche Angebote schnellstmöglich. Unter Berücksichtigung der Beförderungsdauer muss bei einem schriflichen Angebot ca. nach einer Woche die Annahme vorliegen. Eine verspätete oder abgeänderte Annahme verpflichtet den Antragsteller nicht mehr. Nimmt er dennoch an, entsteht ein Vertrag (eine verspätete bzw. abgeänderte Annahme ist demnach rechtlich ein neuer Antrag).

Jeder ist an seinen Antrag gebunden: außer bei

- Freizeichnungsklauseln
- verspäteter Bestellung
- abgeänderter Bestellung

15.12.2008
Um Platz für neue Ware zu schaffen, geben wir 20 % Rabatt auf alle Modelle des Jahres 2008.

15.12.2008
Um Platz für neue Ware zu schaffen, geben wir 20 % Rabatt auf alle Modelle des Jahres 2008, **solange der Vorrat reicht.**

28.12.08
Wir bedanken uns für Ihr Angebot vom 15.12.2008 und bestellen hiermit ...

18.12.08
Wir bedanken uns für Ihr Angebot vom 15.12.2008 und bestellen mit **25 % Rabatt** ...

Schaufensterauslagen, Kataloge, Zeitungsanzeigen oder Postwurfsendungen sollen den Kunden nur auffordern, selbst ein Angebot abzugeben. Ein Angebot ist immer an eine bestimmte Person gerichtet. *Beispiel:* Ein Kunde sieht im Schaufenster einen sehr preiswert ausgezeichneten Mantel. Er besteht auf dem Kauf. Da Schaufensterauslagen kein Angebot sind, sondern der Antrag erst durch den Kunden erfolgt, ist der Verkäufer nicht zum Verkauf verpflichtet.

Rechte und Pflichten der Vertragspartner
Die Abgabe eines Antrags und dessen Annahme erfolgen freiwillig. Mit dem Abschluss des Kaufvertrags jedoch werden Käufer und Verkäufer verpflichtet, den abgeschlossenen Vertrag auch zu erfüllen.

Die Pflichten des Verkäufers sind
- Lieferung und Übereignung der Ware (mängelfrei, zur rechten Zeit, am rechten Ort)
- Annahme des Kaufpreises

= **Rechte des Käufers**

Die Pflichten des Käufers sind
- Annahme der Ware
- Zahlung des Kaufpreises

= **Rechte des Verkäufers**

Ein Kaufvertrag besteht also aus zwei Teilen. Durch den Vertragsabschluss ensteht zunächst ein **Verpflichtungsgeschäft,** da Käufer und Verkäufer sich zu bestimmten Leistungen verpflichtet haben. Dieses gegenseitige Schuldverhältnis erlischt, wenn jeder Vertragspartner seinen Pflichten nachgekommen ist, also das so genannte Erfüllungsgeschäft bewirkt wurde. **Verpflichtungsgeschäfte** kann man nahezu unbegrenzt abschließen, allerdings muss man sie dann auch erfüllen.

BGB § 433
§ 362ff.

3.2 Inhalt des Kaufvertrags

Bei normalen Käufen des Alltags, z. B. dem Einkauf beim Bäcker oder im Supermarkt, ist es nicht nötig, die einzelnen Bedingungen des Kaufs besonders auszuhandeln oder gar schriftlich niederzulegen. Dies empfiehlt sich jedoch unbedingt bei wichtigen Kaufverträgen. Um spätere Streitigkeiten zu vermeiden, sollte man alle Einzelheiten des Vertrags vorher genau vereinbaren und danach schriftlich festhalten. Wenn im Kaufvertrag nichts besonders vereinbart wurde, dann gelten die folgenden gesetzlichen Regelungen:

- **Art und Güte der Ware:** Wurde vertraglich nichts vereinbart, ist die gewöhnliche Verwendung maßgebend, d. h. eine Beschaffenheit wie bei gleichartigen Sachen üblich. **BGB § 434**
- **Lieferzeit:** Wenn keine Lieferzeit festgelegt wurde, ist sofort zu liefern. **BGB § 271**
- **Verpackungskosten und Beförderungskosten:** Der Käufer trägt die Beförderungskosten sowie die Kosten der Versandverpackung. Die Kosten der Übergabeverpackung gehen zulasten des Verkäufers. **BGB § 448**
- **Zahlungsbedingungen:** Der Käufer muss auf eigene Gefahr und Kosten das Geld überbringen. **BGB § 271**
- **Preisnachlässe:** Preisabzüge wie Rabatt und Skonto dürfen nur dann vorgenommen werden, wenn sie vorher vereinbart wurden.
- **Erfüllungsort:** Hier muss der Schuldner seine vertraglichen Pflichten erfüllen. Kosten und Risiko gehen hier auf den Gläubiger über. Der gesetzliche Erfüllungsort gilt immer dann, wenn kein anderer Erfüllungsort vereinbart wurde. Er ist immer der Wohn- bzw. Firmensitz des jeweiligen Schuldners. Beim Kaufvertrag gibt es Schuldner, den Verkäufer als Warenschuldner und den Käufer als Geldschuldner. **BGB § 269**

Gesetzlicher Erfüllungsort

- Sitz Verkäufer → für Ware = Holschulden
- Sitz Käufer → für Geld = Bringschulden

Warenschulden sind nach dem Gesetz **Holschulden**. Der Verkäufer erfüllt also den Vertrag, wenn er die Ware am Ort seiner Niederlassung bereithält und übergibt. Der Käufer muss sie auf eigene Gefahr und Kosten abholen. Lässt er sie durch den Verkäufer zusenden, dann trägt er das Risiko, falls die Ware auf dem Transport beschädigt wird. **Geldschulden** sind nach dem Gesetz **Bringschulden** bzw. **Schickschulden.** Der Käufer erfüllt, indem er an seinem Wohnsitz das Geld rechtzeitig absendet. Allerdings trägt er das Verlustrisiko. Vertraglich kann ein anderer Erfüllungsort vereinbart werden. **BGB § 447**

Gesetzlicher Gerichtsstand

- Sitz Verkäufer → für Ware
- Sitz Käufer → für Geld

- **Gerichtsstand:** Das ist der Ort, an dem der Schuldner wegen Nichterfüllung verklagt werden kann. Wenn kein besonderer Gerichtsstand vereinbart wurde, gilt immer der gesetzliche Gerichtsstand. Er ist der Erfüllungsort des jeweiligen Schuldners, also sein Wohn- und Geschäftssitz. Vertraglich kann ein anderer Gerichtsstand vereinbart werden. Nach den Bestimmungen des Verbraucherschutzes können Privatkäufer jedoch immer nur am zuständigen Gericht ihres Wohnsitzes klagen und auch nur dort verklagt werden.

3.3 Besitz und Eigentum

Falscher Musiker gesucht

Lautsprecher und Mischpulte ergaunert

Die Polizei sucht einen Betrüger, der als „falscher Musiker" bereits Beschallungsanlagen im Wert von 25 000 € unterschlagen hat. Der 37-jährige Mann ist namentlich bekannt, allerdings derzeit untergetaucht.

Den bisherigen Erkenntnissen der Polizei zufolge gibt sich der Gesuchte in Musikalienhandlungen als Musiker aus. Er leiht sich Lautsprecher, Mischpulte und Mikrofone aus unter dem Vorwand, die Geräte für eine Hochzeitsfeier in einer großen Halle in Böblingen zu benötigen. Die Geräte sind bisher jedoch nicht mehr aufgetaucht.

Sound- oder Musikaliengeschäfte werden gebeten, beim Auftreten des Mannes die Polizei zu verständigen (Telefon 8 90 21 12). Bisher trat der Verdächtige jeweils in Begleitung zweier Komplizen auf. Er ist etwa 1,80 Meter groß und untersetzt. Zuletzt hatte er kurze dunkle Haare. Die Polizei nimmt an, dass der Gesuchte versucht, die ergaunerten Anlagen zu verkaufen. Deshalb wird vor dem Ankauf solcher Geräte gewarnt.

Weshalb warnt die Polizei vor dem Ankauf der Beschallungsanlagen?

> **Eigentum** ist die **rechtliche Gewalt** über eine Sache,
> **Besitz** ist die **tatsächliche Gewalt**.

Meistens ist der Besitzer einer Sache auch deren Eigentümer.
Der **Eigentümer** übt die **rechtliche Gewalt** über eine Sache aus. Soweit nicht das Gesetz oder Rechte Dritter entgegenstehen, kann er darüber verfügen wie er will. Er kann sie beispielsweise verkaufen, verschenken, vermieten, verpfänden oder sogar zerstören. Er kann anderen ihren Besitz erlauben oder sie von jeder Einwirkung ausschließen. **BGB § 903**

Der **Besitzer** einer Sache übt die **tatsächliche Gewalt** über einen Gegenstand aus. **BGB § 854**
Beispiel: Herr Baumann fährt einen Geschäftswagen, d.h. er besitzt zwar einen Pkw, aber er ist nicht der Eigentümer, weil das Auto seiner Firma gehört.

Wird dem Eigentümer oder dem rechtmäßigen Besitzer eine Sache widerrechtlich entzogen, dann darf er sich zur Wehr setzen. Ertappt er den Dieb auf frischer Tat, darf er ihm die Sachen wieder abnehmen, notfalls sogar mit Gewalt. Mithilfe des Gerichts kann er verlangen, dass ihm der Besitz wieder eingeräumt wird. Bei Beeinträchtigung des Besitzes kann er verlangen, dass die Störung beseitigt wird, notfalls kann er auf Unterlassung klagen.

Die Eigentumsübertragung

Mit Abschluss des Kaufvertrages verpflichtet sich der Verkäufer, die Ware zu übereignen. Wie das Eigentum übertragen wird, hängt von der Sache ab. Der Eigentumsübergang erfogt:

BGB § 929 – bei **beweglichen Sachen** normalerweise durch Einigung der Vertragspartner und Übergabe. Befindet sich die Sache bei einem Dritten, dann wird der Herausgabenspruch abgetreten.

Grundlagen des Vertragsrechts

– bei **unbeweglichen Sachen** (Grundstück, Haus) durch Auflassung (= Einigung über den Eigentumsübergang vor dem Notar) und Eintragung im Grundbuch.

BGB § 925

Auch von jemand, der nicht Eigentümer ist, kann Eigentum erworben werden. Dies ist der Fall, wenn der Käufer **gutgläubig** handelte und den Verkäufer für den Eigentümer hielt. *Beispiel:* Herr Fuchs mietet ein Trekkingrad. Danach verkauft er es unberechtigt Herrn Sorg für 300 €. Da dieser annahm, dass das Rad Herrn Fuchs gehörte, hat er es gutgläubig erworben und ist somit Eigentümer geworden.

Gestohlene oder **verloren gegangene Sachen** können **nicht gutgläubig** erworben werden. Der rechtmäßige Eigentümer kann auch von einem gutgläubigen Erwerber die Herausgabe seines Eigentums verlangen, ausgenommen Geld oder Wertpapiere.

BGB § 449

Eigentumsvorbehalt
In den meisten Kaufverträgen taucht in den Lieferbedingungen das Wort „Eigentumsvorbehalt" auf. Das bedeutet: Der Verkäufer bleibt Eigentümer der gelieferten Ware bis zur vollständigen Bezahlung. Dem Käufer wird die Ware zwar übergeben, aber er wird zunächst nur ihr Besitzer. Kommt er mit der Zahlung in Verzug, dann kann der Verkäufer die Ware zurücknehmen und vom Vertrag zurücktreten, wenn er zuvor erfolglos eine Nachfrist gesetzt hat. Beantragt der Käufer ein Insolvenzverfahren, dann kann der Verkäufer die Herausgabe seiner Ware verlangen.
Der Eigentumsvorbehalt erlischt jedoch, wenn die Ware einem gutgläubigen Dritten weiterverkauft wird, wenn sie verarbeitet, verbraucht oder zerstört wird.

Zusammenfassung

Antrag → **Übereinstimmung** ← **Annahme**

Wichtige Inhalte
- Art und Güte der Ware
- Lieferzeit
- Verpackungskosten
- Beförderungskosten
- Zahlungsbedingungen
- Preis und Preisnachlässe
- Erfüllungsort
- Gerichtsstand

Kaufvertrag

Pflichten des Verkäufers
- mängelfreie Lieferung
- Annahme des Kaufpreises

Pflichten des Käufers
- Annahme der Ware
- Zahlung des Kaufpreises

Eigentum
rechtliche Gewalt
über eine Sache

Besitz
tatsächliche Gewalt
über eine Sache

Grundlagen des Vertragsrechts

Arbeitsteil

1. Wie kommt ein Kaufvertrag zustande und welche Pflichten ergeben sich dadurch für die Vertragspartner?

2. a) Wodurch kann ein Verkäufer die Bindung an sein Angebot ausschließen?
   b) Welche rechtliche Wirkung hat eine verspätete oder abgeänderte Annahme?

3. Muss ein Händler auf Wunsch des Kunden seine Schaufensterauslage verkaufen?
   Begründen Sie Ihre Antwort.

4. Herr Huber wird in 6 Wochen seine neue Wohnung beziehen. Aus diesem Anlass bestellt er eine neue Einbauküche. Der Verkäufer versichert ihm, dass die bestellte Küche ganz sicher innerhalb der nächsten sechs Wochen geliefert würde, also auf jeden Fall vor seinem Einzugstermin. Nachdem er auch nach 7 Wochen noch keine Küche hat, ruft er im Küchenstudio an und beschwert sich. Der Verkäufer bedauert, dass der Hersteller immer noch nicht geliefert hätte. Dass er einen Liefertermin mündlich zugesagt hätte, streitet er jetzt entschieden ab.
   a) Begründen Sie am Fall von Herrn Huber, weshalb es bei wichtigen Kaufverträgen empfehlenswert ist, alle Bedingungen des Kaufvertrags genau auszuhandeln und schriftlich festzuhalten.
   b) Welche wichtigen Inhalte sollten in einem Kaufvertrag geregelt werden?

5. a) Wann muss der Verkäufer liefern, wenn keine Lieferzeit vereinbart wurde?
   b) Welche Bedeutung hat der gesetzliche Erfüllungsort beim Kaufvertrag?
   c) Welche Bedeutung hat der Gerichtsstand?
   d) Welche Bestimmungen über den Gerichtsstand enthält der Verbraucherschutz?

6. Beurteilen Sie mithilfe des nachfolgenden Auszuges aus dem BGB, ob ein Angebot oder eine Bestellung vorliegt bzw. ob eine rechtliche Bindung besteht.
   a) Uwe fragt telefonisch bei einem Computerversand nach, wie viel das Modell Profiline 2000 kostet. Der Verkäufer bietet das Gerät für 799 € an. Uwe bestellt nicht sofort, sondern will sich wieder melden.
   b) In der Tageszeitung sieht er die Anzeige eines anderen Händlers, der das Gerät für 789 € anbietet.

Profiline 2000

ab sofort **789 €**

PC-Markt Gruber

   c) Firma Häcker sendet Uwe am 3.4. einen Brief, in dem sie ihm Profiline 2000 für 749 € anbietet. Uwe bestellt den Computer am 20.4.

Bürgerliches Gesetzbuch (BGB)

§ 147 Annahmefrist.
(1) Der einem Anwesenden gemachte Antrag kann nur sofort angenommen werden. Dies gilt auch von einem mittels Fernsprecher oder einer sonstigen technischen Einrichtung von Person zu Person gemachten Antrag.
(2) Der einem Abwesenden gemachte Antrag kann nur bis zu dem Zeitpunkt angenommen werden, in welchem der Antragende den Eingang der Antwort unter regelmäßigen Umständen erwarten darf.

Grundlagen des Vertragsrechts

4 Pflichtverletzungen bei der Erfüllung von Kaufverträgen

„Kannst du dich erinnern, wo ich diesen Anzug gekauft habe?" © BULLS

Welche Kaufvertragspflichtverletzung liegt vor?
Wie lange sollte das Kaufvertragsdatum höchstens zurückliegen?

Die mangelhafte Lieferung

Der Käufer hat einen Anspruch darauf, dass die Ware in einwandfreiem Zustand geliefert wird. Hat sie nicht die vertraglich **vereinbarte Beschaffenheit**, liegt ein Sachmangel vor. Wurde nichts festgelegt, ist die gewöhnliche Verwendung maßgebend, d. h. eine Beschaffenheit wie sie bei gleichartigen Sachen üblich ist. Eine **mangelhafte Lieferung** kann demnach folgende Mängel aufweisen:

BGB § 433–434

Sachmängel		
	fehlerhafte Ware	z. B. neuer Schrank hat Kratzer
	schlechte Qualität	z. B. Nachtcreme riecht ranzig
	falsche Ware	z. B. Rotwein statt Weißwein
	zu wenig	z. B. 20 Stück statt 30
	nicht eingehaltene Werbeaussage	z. B. Benzinverbrauch eines Autos
	Rechtsmangel	z. B. Verkauf eines sicherungsübereigneten Autos
	Montagemangel	z. B. fehlende Montageanleitung oder unsachgemäße Montage

Sachmangelhaftung und Verjährungsfristen. Der Umfang der Sachmangelhaftung hängt davon ab, ob ein Privatmann oder ein Unternehmer auf Einkaufstour geht.

Grundlagen des Vertragsrechts

Sachmangelhaftung	
Privater Käufer	**Unternehmer als Käufer**
Bei neuen Produkten haftet der Verkäufer 2 Jahre. Bei gebrauchten Sachen kann die Frist auf ein Jahr herabgesetzt werden.	Durch Vertrag kann der Verkäufer seine Haftung beliebig verkürzen oder ausschließen. In Allgemeinen Geschäftsbedingungen kann die Haftung bei neuen Sachen auf ein Jahr herabgesetzt werden.

Kauft ein privater Kunde von einem Unternehmer eine bewegliche Sache, dann liegt ein **Verbrauchsgüterkauf** vor. Beim Verbrauchsgüterkauf muss der Verkäufer mindestens **zwei Jahre** haften. Dies gilt für alle **neuen Produkte,** gleichgültig ob Autos, Maschinen, Spielzeug, Computer, Sportgeräte usw. Der Verkäufer darf diese Frist weder umgehen noch verkürzen, lediglich bei **gebrauchten Produkten,** etwa einem Gebrauchtwagen, kann der Unternehmer die Frist auf **ein Jahr** herabsetzen. Von der Sachmangelhaftung ausgeschlossen ist der allgemein übliche Verschleiß. *Beispiel:* Wenn die Autoreifen schon nach einem Jahr kein ausreichendes Profil aufweisen, aber 80 000 Kilometer gefahren wurden, ist dies kein Sachmangel. Beim Verbrauchsgüterkauf gilt für die ersten 6 Monate eine **Beweislastumkehr,** d. h. es wird für diese Zeit unterstellt, dass der Fehler schon von Anfang an da war. Die Folge: Der Händler muss im Streitfall die Fehlerfreiheit beweisen. Als Ausgleich für diese strenge Haftung kann er seinen Lieferanten in **Regress** nehmen: bis zu 5 Jahre, nachdem er die Ware erhalten hat.

Anders ist die Sachlage, **wenn Unternehmer einkaufen**: Hier darf der Verkäufer seine Haftung durch Vertrag beliebig verkürzen oder sogar ganz ausschließen. Für allgemeine Geschäftsbedingungen gelten Sonderregeln. Bei neuen Sachen ist hier eine Befristung auf nur ein Jahr erlaubt, bei gebrauchten auch auf weniger als ein Jahr.

Bei Kaufverträgen muss der Käufer die gelieferte Ware **unverzüglich prüfen** und entdeckte Mängel unverzüglich **rügen,** andernfalls gilt die Ware als genehmigt. Ein **versteckter Mangel** muss **unverzüglich nach Entdeckung** gerügt werden, spätestens jedoch innerhalb von **2 Jahren.**

Rechte des Käufers Bei einer rechtzeitigen Mängelrüge kann der Käufer folgende Rechte geltend machen:

- **Nacherfüllung,** d. h. der Käufer kann wählen zwischen Ersatzlieferung und Reparatur (Nachbesserung). Zusätzlich muss der Verkäufer für die entstandenen Kosten des Käufers aufkommen, z. B. Fahrt-, Transport- oder Arbeitskosten.   BGB § 439

    > **Zuerst** muss der Käufer Nacherfüllung verlangen. Erst, wenn diese während einer angemessenen Nachfrist fehlschlägt (bei Reparatur 2 Versuche), kann er

- **Minderung,** d. h. Herabsetzung des Kaufpreises wählen oder
- **Rücktritt** vom Vertrag verlangen und
- zusätzlich **Schadensersatz** fordern.

Anmerkung: Die Nachfrist beim Schadenersatz ist entbehrlich, wenn besondere Umstände es rechtfertigen. *Beispiel:* Obwohl auf der Verpackung einer Bluse steht, dass sie waschbar sei, geht sie ein und färbt auf andere Wäschestücke ab.

Grundlagen des Vertragsrechts

In den **Allgemeinen Geschäftsbedingungen** (dem Kleingedruckten) behalten sich die meisten Händler ein Nachbesserungsrecht vor. Die Folge: Der Käufer muss die Ware behalten und dem Verkäufer die Gelegenheit einräumen, sie in einer angemessenen Frist zu reparieren. Allerdings dürfen dem Kunden dabei keinerlei Kosten entstehen. Wurde Nachbesserung vereinbart, dann kann der Verkäufer in der Regel zwei Reparaturversuche unternehmen.

Erst wenn die Nachbesserungen erfolglos sind, kann der Kunde vom Vertrag zurücktreten, auf Ersatzlieferung oder Minderung des Kaufpreises bestehen.

Vielfach lehnen Verkäufer eine Ersatzlieferung ab und bieten stattdessen einen Warengutschein an. Einen Gutschein muss der Kunde nicht akzeptieren. Dies gilt auch dann, wenn es sich um Restposten oder Schlussverkaufsware handelt, wo ein Umtausch ausdrücklich ausgeschlossen war. Die gesetzliche Frist von 2 Jahren muss eingehalten werden – ausgenommen, der Händler hat vorher auf Mängel hingewiesen. Anders ist die Rechtslage jedoch, wenn kein Mangel vorliegt, sondern dem Kunden die Ware nicht mehr gefällt, etwa weil die neue Jacke zu eng ist. In diesem Fall besteht kein Umtauschrecht. Bietet der Händler dennoch die Rücknahme gegen einen Gutschein an, liegt eine Kulanzleistung vor.

Spätestens 2 Jahre, nachdem die Ware übergeben wurde, müssen die gesetzlichen Ansprüche aus der Sachmangelhaftung geltend gemacht werden, andernfalls erlischt der Anspruch gegen den Händler.

BGB § 443

Vielen gekauften Geräten liegt eine Garantiekarte des Herstellers bei, worin dieser sich verpflichtet, für sein Erzeugnis eine Garantie über einen bestimmten Zeitraum zu übernehmen. Die Haftung bezieht sich in der Regel auf Fabrikationsfehler und verpflichtet den Hersteller, die Sache kostenfrei zu ersetzen oder auszubessern, sofern der Kunde die Garantiebedingungen beachtet hat. Allerdings benutzen viele Firmen solche **Herstellergarantien,** um die gesetzliche Haftungsverpflichtung bei Kaufverträgen einzuschränken. Viele „Garantieurkunden" schließen z. B. das Recht auf Preisnachlass (Minderung) aus und engen das Rücktrittsrecht ein. Es ist deshalb empfehlenswert, die Garantiebedingungen vor dem Kauf genau durchzulesen. Solche Garantieerklärungen entbinden den Händler jedoch keinesfalls von seiner Sachmangelhaftung. Denn nur mit ihm hat der Kunde vertragliche Beziehungen. Rechtlich kommt neben dem normalen Kaufvertrag zusätzlich ein zweiter Vertrag zustande, wenn der Händler stellvertretend für den Hersteller die Garantiekarte ausfüllt und abstempelt. In der Regel kann also der Kunde entscheiden, an wen er sich bei Reklamationen wenden will.

Der Verzug

BGB § 286

Lieferungsverzug Ein Verkäufer gerät in Verzug, wenn er schuldhaft eine fällige Ware nicht liefert. Eine Lieferung ist fällig, wenn ein bestimmter Liefertermin vereinbart wurde. Wurde der Termin nicht kalendermäßig festgelegt (z. B. 12. 08.), ist die Lieferung fällig nach der ersten Mahnung, mit deren Zustellung der Verzug beginnt. Ein Verschulden entfällt, wenn aufgrund höherer Gewalt, z. B. Streiks oder Naturkatastrophen, nicht geliefert werden konnte.

Grundlagen des Vertragsrechts

Rechte des Käufers bei Lieferungsverzug
Unter Setzen einer Nachfrist kann der Käufer
- auf Lieferung bestehen (Nacherfüllung),
- auf Lieferung bestehen und Schadenersatz wegen verspäteter Lieferung verlangen.

Nach Setzen und Verstreichen einer angemessenen Nachfrist kann der Käufer
- die Lieferung ablehnen und vom Vertrag zurücktreten,
- die Lieferung ablehnen und Schadenersatz *statt* der Leistung verlangen.

Annahmeverzug Der Käufer gerät in Verzug, wenn er die ordnungsgemäß und pünktlich gelieferte Ware nicht oder nicht rechtzeitig abnimmt.

Rechte des Verkäufers bei Annahmeverzug
- Er kann die Ware in Verwahrung nehmen und auf Abnahme klagen.
- Er kann sich von der Leistungspflicht befreien, indem er die Ware an einem geeigneten Ort sicher einlagert (Lagerhaus) oder öffentlich versteigern lässt (Selbsthilfeverkauf). Bei verderblichen Waren kann er die Ware freihändig verkaufen (Notverkauf). Kosten und Mindererlöse trägt der Käufer.
- Er kann die Lieferung ablehnen und vom Vertrag zurücktreten.
- Er kann zusätzlich Schadenersatz verlangen.

Zahlungsverzug Zahlt der Käufer die fällige Rechnung nicht, ohne dass er hierfür einen berechtigten Grund hat, wie z. B. mangelhafte Lieferung, dann kommt er mit Zugang der Mahnung in Verzug. Ohne Mahnung gerät der Käufer in Verzug, wenn er zum fest vereinbarten Zahlungstermin oder innerhalb der vereinbarten Zahlungsfrist nicht bezahlt. Mahnt der Gläubiger nicht, so befindet sich der Schuldner spätestens 30 Tage nach Zugang einer Rechnung automatisch in Verzug, d. h. auch ohne Mahnung. Für Verbraucher gilt diese Frist von 30 Tagen allerdings nur, wenn sie in der Rechnung darauf hingewiesen worden sind.

Rechte des Verkäufers bei Zahlungsverzug
- Er kann Zahlung verlangen und einklagen.
- Er kann Zahlung und Schadenersatz verlangen (Zahlung zuzüglich Verzugszinsen).
- Er kann vom Vertrag zurücktreten und die Ware zurücknehmen, nachdem er dem Käufer eine angemessene *Nachfrist* gesetzt hat.
- Nach Ablauf einer Nachfrist kann er die Ware zurücknehmen und Schadenersatz fordern (Mindererlös beim Weiterverkauf und Verzugszinsen).

Lieferungsverzug
Rechte des Käufers
→ Der Käufer kann wählen
- Unter Setzen einer Nachfrist
  - Lieferung verlangen + evtl. Schadenersatz
- Nach Verstreichen einer Nachfrist
  - Rücktritt vom Vertrag
  - Schadenersatz statt Leistung

Annahmeverzug
Rechte des Verkäufers
→ Der Verkäufer kann wählen
- Klage auf Abnahme + Schadenersatz
- Öffentliche Versteigerung
- Notverkauf (bei verderblichen Waren) + Schadenersatz
- Rücktritt vom Vertrag + Schadenersatz

Zahlungsverzug
Rechte des Verkäufers
→ Der Verkäufer kann wählen
- ohne Nachfristsetzung
  - Zahlung verlangen + evtl. Schadenersatz
- mit Nachfristsetzung
  - Rücktritt vom Vertrag
  - Rücknahme der Ware + evtl. Schadenersatz

Grundlagen des Vertragsrechts

Zusammenfassung

Rechte des Käufers bei mangelhafter Lieferung

zuerst → **Nacherfüllung** (Nachbesserung oder Ersatzlieferung)

dann: **Minderung** oder **Rücktritt vom Vertrag**

zusätzlich: **Schadenersatz**

Sachmangelhaftung 2 Jahre

Verzug

Lieferungsverzug

Rechte des Käufers
- Lieferung und Schadensersatz innerhalb einer Nachfrist oder nach Nachfrist
- Rücktritt vom Vertrag
- Schadenersatz und Verzicht auf Lieferung

Zahlungsverzug

Rechte des Verkäufers
- Rechnungssumme
- Verzugszinsen
- Kostenersatz

oder nach Nachfrist
- Rücktritt vom Vertrag

Annahmeverzug

Rechte des Verkäufers
- Einlagerung auf Kosten des Käufers
- Klage auf Abnahme
- Versteigerung nach Androhung
- Rücktritt vom Vertrag
- Schadenersatz

Arbeitsteil

1. Welche Sachmängel können beim Kaufvertrag auftreten?

2. Welche Rechte hat der Käufer bei einer mangelhaften Lieferung? Lesen Sie hierzu auch die Auszüge aus dem BGB auf S. 77.

3. Sie haben einen neuen MP3-Player gekauft. Beim Auspacken entdecken Sie, dass das Gehäuse stark verkratzt ist und nicht die gewünschte Farbe hat. Des weiteren fehlt die Bedienungsanleitung.
   a) Welche Rechte können Sie beanspruchen? Lesen Sie hierzu die Auszüge aus dem BGB auf S. 77.
   b) Innerhalb welcher Frist müssen die Mängel gerügt werden?

4. Erna Pfiffig kauft im Elektrohaus Müller einen Fernsehapparat als Sonderangebot zu einem günstigen Preis. Nachdem die Ware beschädigt geliefert wird, setzt sie Herrn Müller eine angemessene Nachfrist für die Lieferung eines mangelfreien Gerätes. Dieser weigert sich, den Mangel zu beseitigen, da er gerade keinen LKW zur Verfügung habe.
   a) Kann Erna Pfiffig vom Vertrag zurücktreten, um den gleichen Apparat anderswo zu kaufen?
   b) Als sie versucht, den Fernseher anderswo zu kaufen, stellt sie fest, dass er überall viel teurer ist. Kann Erna Pfiffig den Mehrpreis von Herrn Müller verlangen?

Grundlagen des Vertragsrechts

5. a) Welche Voraussetzungen müssen gegeben sein, damit ein Lieferer in Verzug gerät?
   b) Welche Rechte hat der Käufer beim Lieferungsverzug?
   c) Welche Rechte hat der Verkäufer beim Zahlungsverzug?

6. Sabine bestellt Möbel im Wert von 2000 € für ihre neu einzurichtende Wohnung. Als voraussichtliche Lieferzeit gibt der Händler 6 Wochen an.
   a) Worauf ist beim Abschluss des Kaufvertrages zu achten?
   b) Nach 8 Wochen sitzt Sabine immer noch in ihrer leeren Wohnung.
   Beurteilen Sie die rechtliche Situation von Sabine.
   c) Was kann Sabine tun, damit ihre Möbel möglichst schnell geliefert werden?
   d) Angenommen, die Möbel würden nun endlich durch die Möbelfirma ausgeliefert, der Schrank weist aber einen Kratzer auf. Wie sollte sich Sabine verhalten?
   e) Welche gesetzlichen Rechte kann Sabine normalerweise aus diesem Mangel ableiten? Welche Regelung werden die AGB der Möbelfirma für diesen Fall vorsehen?

Auszüge aus dem Bürgerlichen Gesetzbuch (BGB)

§ 434 Sachmangel.
(1) Die Sache ist frei von Sachmängeln, wenn sie bei Gefahrübergang die vereinbarte Beschaffenheit hat. Soweit die Beschaffenheit nicht vereinbart ist, ist die Sache frei von Sachmängeln,
1. wenn sie sich für die nach dem Vertrag vorausgesetzte Verwendung eignet, sonst
2. wenn sie sich für die gewöhnliche Verwendung eignet und eine Beschaffenheit aufweist, die bei Sachen der gleichen Art üblich ist …
Zu der Beschaffenheit … gehören auch Eigenschaften, die der Käufer nach den öffentlichen Äußerungen des Verkäufers, des Herstellers … insbesondere in der Werbung oder bei der Kennzeichnung … erwarten kann …
(2) Ein Sachmangel ist auch dann gegeben, wenn die vereinbarte Montage … unsachgemäß durchgeführt worden ist. Ein Sachmangel liegt … ferner vor, wenn die Montageanleitung mangelhaft ist …
(3) Einem Sachmangel steht es gleich, wenn der Verkäufer eine andere Sache oder eine zu geringe Menge liefert.

§ 437 Rechte des Käufers bei Mängeln.
Ist die Sache mangelhaft, kann der Käufer …
1. … Nacherfüllung verlangen,
2. … von dem Vertrag zurücktreten oder … den Kaufpreis mindern
3. … Schadensersatz verlangen …

§ 438 Verjährung der Mängelansprüche.
(1) Die in § 437 … bezeichneten Ansprüche verjähren
1. in 30 Jahren, wenn der Mangel
a) in einem dinglichen Recht eines Dritten, … oder
b) in einem sonstigen Recht, das im Grundbuch eingetragen ist, besteht,
2. in 5 Jahren
a) bei einem Bauwerk und
b) bei einer Sache, die … für ein Bauwerk verwendet worden ist und dessen Mangelhaftigkeit verursacht hat, und
3. im Übrigen in zwei Jahren.

§ 439 Nacherfüllung.
(1) Der Käufer kann als Nacherfüllung nach seiner Wahl die Beseitigung des Mangels oder die Lieferung einer mangelfreien Sache verlangen.

§ 440 Besondere Bestimmungen für Rücktritt und Schadensersatz.
… Eine Nachbesserung gilt nach dem erfolglosen zweiten Versuch als fehlgeschlagen …

§ 441 Minderung.
(1) Statt zurückzutreten kann der Käufer den Kaufpreis … mindern.

§ 323 Rücktritt wegen nicht oder nicht vertragsgemäß erbrachter Leistung.
(1) Erbringt bei einem gegenseitigen Vertrag der Schuldner eine fällige Leistung nicht oder nicht vertragsgemäß, so kann der Gläubiger, wenn er dem Schuldner erfolglos eine angemessene Frist zur Leistung oder Nacherfüllung bestimmt hat, vom Vertrag zurücktreten.

Grundlagen des Vertragsrechts

5 Weitere wichtige Verträge

Für unser gepflegtes Bistro in Stgt.-Feuerbach suchen wir eine **freundliche, zuverlässige Bedienung**

Konditorei/Café 60 Sitzpl., Einricht. neuwertig, mit Liefergeschäft, in Stgt. ab sof. zu verp. unter ■ an den Verlag

Holzdecken (Nut- u. Feder-System) montiert schnell u. günstig. Schulz Montagebetrieb. ■

PC-Seminare u. Abendkurse Windows XP, MS-Office, Notes, Stuttgart, Marienstr.

1-Zi.-Whg. m. Küchenzeile, ca. 42 qm, in Gerlingen-Waldsiedlung ab. 1.12. zu verm. 350,– € (warm). ■

Erfahrener Kfz-**Mechaniker** repariert Ihr Auto preiswert nach Feierabend T. ■

z. B. **BARKREDIT**
€ 5 000,– mtl. € 43,80
€ 10 000,– mtl. € 120,50
€ 15 000,– mtl. € 160,70
€ 20 000,– mtl. € 240,10
ab 7,2 % effektiver Jahreszins verm. ohne Gebühr, Abschluss v. Versicherungen, Bausparverträgen etc.
auch an Selbstständige.

Welche Vertragsarten sind jeweils angesprochen?

Die meisten Rechtsgeschäfte sind Verträge. Sie entstehen durch zwei übereinstimmende Willenserklärungen, den Antrag und dessen Annahme. Entsprechend dem vereinbarten Vertragsinhalt unterscheidet man verschiedene Vertragsarten.

BGB § 535 ff.

Vermieter — Mietvertrag — Mieter
Sachen zum Gebrauch
Rückgabe derselben Sache + Mietzins

Der Mietvertrag

Im **Mietvertrag** verpflichtet sich der **Vermieter**, dem **Mieter** den Gebrauch einer Sache zu gestatten. Hierfür erhält er ein Entgelt, den so genannten Mietzins. *Beispiele:* Vermietung einer Wohnung, eines Autos.

Mietverträge sind grundsätzlich formfrei, d. h. man kann sie mündlich oder schriftlich abschließen. Erfolgt ein Wohnungsmietvertrag für mehr als ein Jahr nicht schriftlich, dann gilt er auf unbestimmte Zeit. In diesem Fall kann frühestens ein Jahr nach Überlassung der Wohnung gekündigt werden.

Der Mietvertrag endet entweder nach Ablauf der vereinbarten Mietzeit oder durch Kündigung. Für vermietete Wohnungen gelten die besonderen Vorschriften des „Mieterschutzes". So darf der Vermieter nur kündigen, wenn er berechtigtes Interesse an der Beendigung des Mietverhältnisses hat.
Beispiele: Eigenbedarf, der Mieter hat den Vertrag schuldhaft verletzt.
Selbst derartigen Kündigungen kann ein Mieter unter Umständen widersprechen, wenn sie eine besondere Härte für ihn bedeuten (so genannte Sozialklausel).
Beispiele: Der Mieter findet keine angemessene Ersatzwohnung oder er ist schwer erkrankt.
Ebenso wenig darf der Vermieter willkürlich die Miete erhöhen. Er muss hier bestimmte Voraussetzungen beachten.

Grundlagen des Vertragsrechts

Pflichten der Vertragspartner. Der Vermieter muss die Sache zum Gebrauch überlassen und in einem benutzbaren Zustand erhalten.
Beispiel: Ist der vermietete Fernseher defekt, muss der Vermieter die Reparatur übernehmen. Der Mieter muss den Mietzins zahlen und die Sache am Ende der Mietzeit zurückgeben.

Der Pachtvertrag
BGB § 581 ff.

Pachtvertrag und Mietvertrag sind sich sehr ähnlich. Die Vorschriften des Mietvertrags werden deshalb auch bei der Pacht entsprechend angewendet. Der Hauptunterschied zwischen Miete und Pacht besteht darin, dass dem Pächter nicht nur der Gebrauch, sondern auch der Ertrag (so genannter Fruchtgenuss) zusteht.
Beispiel: Wer einen Garten pachtet, kann die Früchte ernten, was einem Mieter verboten wäre.

Der Leihvertrag
BGB § 598 ff.

Ein **Leihvertrag** liegt vor, wenn eine Sache unentgeltlich zum Gebrauch überlassen wird. Danach hat der Entleiher dem Verleiher die entliehene Sache zurückzugeben. Hat er sie beschädigt, so muss er den entstandenen Schaden ersetzen.
Beispiel: Ein Freund leiht Ihnen eine neue CD. Da dies kostenlos erfolgt, handelt es sich um einen Leihvertrag. Würde er dagegen etwas verlangen, läge ein Mietvertrag vor.

Der Werkvertrag
BGB § 631 ff.

Beim **Werkvertrag** verpflichtet sich ein Unternehmer zur Erstellung eines Werkes. Der Auftraggeber, Besteller genannt, liefert den Gegenstand oder das Material und zahlt dem Unternehmer eine Vergütung.
Beispiele: Reparatur eines Autos, Haarschnitt beim Friseur, Tapezieren eines Büros.

Pflichten des Bestellers Er muss das vertragsgemäß gelieferte Werk abnehmen und die vereinbarte Vergütung bezahlen. Falls er das Werk nicht abnehmen will, kann sich der Unternehmer von einem Gutachter eine **Fertigstellungsbescheinigung** erteilen lassen.
Pflichten des Unternehmers Der Unternehmer muss das Werk rechtzeitig und mangelfrei herstellen. Wenn es Mängel aufweist, kann der Besteller **zuerst** verlangen, dass der Mangel in einer angemessenen Frist behoben wird **(Nacherfüllung)**. Hierbei kann der Unternehmer wählen, ob er den Mangel beseitigen oder ein neues Werk herstellen will. Sämtliche Aufwendungen wie Transport- oder Arbeitskosten gehen dabei zu Lasten des Unternehmers.
Ist eine angemessene Frist zur Nacherfüllung erfolglos abgelaufen, kann der Besteller wahlweise

Grundlagen des Vertragsrechts

- die Mängel selbst beseitigen (**Selbstvornahme**) und den Ersatz einer Aufwendungen fordern,
- vom Vertrag **zurücktreten**,
- einen **Preisnachlass** (Minderung) verlangen,
- **Schadenersatz** statt der Leistung verlangen.

Gerät der Unternehmer mit der Herstellung in Verzug, dann kann der Kunde Schadenersatz statt der Leistung verlangen oder die Lieferung ablehnen und vom Vertrag zurücktreten, wenn er zuvor erfolglos eine angemessene Nachfrist gesetzt hat.
Ein gesetzliches Pfandrecht schützt den Unternehmer vor Verlusten. Er muss die hergestellte Sache erst dann herausgeben, wenn die vereinbarte Vergütung bezahlt wurde.

Hat ein Werkvertrag die Lieferung und **Herstellung beweglicher Sachen** zum Gegenstand, dann werden die Vorschriften über den Kaufvertrag angewendet.
Beispiel: Ein Kunde sucht beim Schneider einen Stoff aus und lässt daraus einen Anzug schneidern. Würde er den Stoff selbst mitbringen, läge ein Werkvertrag vor.

BGB § 611 ff.

Der Dienstvertrag

Beim **Dienstvertrag** verpflichtet sich eine Person zur Leistung von Diensten gegen Entgelt. *Beispiel:* Ein Gärtner soll einen Garten pflegen. Die bekannteste Form des Dienstvertrags ist der Arbeitsvertrag. Der Dienstvertrag ist erfüllt, wenn der eine Partner während der vertraglich bestimmten Zeit tätig wurde, auch wenn seine Dienstleistung nicht erfolgreich war. *Beispiel:* Ein Arzt untersucht einen Patienten, allerdings erfolglos. Der Vertrag ist erfüllt durch das Tätigwerden des Arztes, ob erfolgreich oder nicht. Im Gegensatz hierzu setzt ein Werkvertrag immer den vereinbarten Erfolg voraus. *Beispiel:* Ein Arzt soll einen Blinddarm entfernen. Der Vertrag ist erst erfüllt, wenn der Erfolg eingetreten ist, also der Blinddarm entfernt wurde.

BGB § 607 ff.

Der Darlehensvertrag

Im **Sachdarlehensvertrag** verpflichtet sich der Darlehensgeber, entgeltlich oder unentgeltlich Sachen zum Verbrauch zu überlassen. Der Darlehensnehmer verpflichtet sich, gleichartige Sachen nach einer bestimmten Zeit zurückzugeben. Wurde keine Zeit vereinbart, dann muss der Darlehensgeber kündigen. *Beispiel:* Ihre Nachbarin stellt am Samstag fest, dass ihr zum Kuchenbacken Eier fehlen. Sie helfen aus. Am Montag erhalten Sie von ihr neue Eier.
Läge kein Darlehen, sondern ein Leihvertrag zugrunde, dann müsste die Nachbarin dieselben Eier zurückerstatten, da die Leihe nur den Gebrauch und nicht den Verbrauch gestattet.
Der wichtigste Darlehensvertrag ist der Privatkredit. Er wird gewährt von Privatleuten oder Banken. Eine Kreditgewährung erfolgt in der Regel nur, wenn der Kreditnehmer Sicherheiten anbieten kann, z. B. eine Bürgschaft, Sicherungsübereignung oder Hypothek.

Grundlagen des Vertragsrechts

Zusammenfassung

Wichtige Vertragsarten

Mietvertrag
*Ge*brauch von Sachen

gegen Entgelt

Pachtvertrag
*Ge*brauch von Sachen und Ertrag

gegen Entgelt

Leihvertrag
*Ge*brauch von Sachen

unentgeltlich

Darlehensvertrag
*Ver*brauch von Sachen

entgeltlich und unentgeltlich

→ Rückgabe gleichartiger (aber anderer) Sachen

Rückgabe derselben Sache

Werkvertrag
„Herstellung" eines Werkes gegen Entgelt

→ *erfolgs*bestimmter Vertrag

Dienstvertrag
Leistung von Diensten gegen Entgelt

→ *zeit*bestimmter Vertrag

Grundlagen des Vertragsrechts

Arbeitsteil

1.
a) Welche Pflichten entstehen aus einem Mietvertrag für Mieter und Vermieter?
b) Für vermietete Wohnungen gelten die besonderen Vorschriften des Mieterschutzes. Nennen Sie zwei Beispiele.
c) Unterscheiden Sie zwischen Mietvertrag und Pachtvertrag.
d) Welcher Unterschied besteht zwischen Mietvertrag und Leihvertrag?
e) Überprüfen Sie, ob in den 3 Beispielen jeweils die richtige Vertragsart angesprochen wurde.

Der Allerletzte
AUTOVERLEIH
„Wir brauchen was Schnelles – nur für 'ne halbe Stunde." © BULLS

In Winnenden zu vermieten:
Änderungsschneiderei/Reinigungsannahme
ca. 90 m², verkehrsgünstig neben Lebensmittelmarkt.
Tel.

Drehorgel-Verleih – die Idee fürs Fest!
Fam.-Feier, Party usw. Tel.

2.
a) Wie werden die Vertragspartner beim Werkvertrag genannt?
b) Welche Rechte können Sie beanspruchen, wenn ein Werkvertrag wie in der folgenden Abbildung erfüllt wurde?
c) Wie unterscheidet sich der Dienstvertrag vom Werkvertrag?

Abb. zu 2b)

„Kein Grund sich so aufzuregen! Das ging nicht anders."

2. d) Eine Autowerkstätte akzeptiert die Zahlung eines Kunden mit Scheck nicht und weigert sich, das reparierte Auto herauszugeben. Stattdessen verlangt sie Barzahlung. Darf der Betrieb den Wagen zurückbehalten?

3.
a) Unterscheiden Sie zwischen Darlehen und Leihe.
b) Welche Sicherheiten verlangen Banken für ein Darlehen?

4. Yvonne hat sich eine möblierte Zweizimmerwohnung gemietet. Der Vermieter erklärt bei der Vermietung, dass er Mietverträge grundsätzlich nur per Handschlag abschließe.
a) Beurteilen Sie den Abschluss des Mietvertrags.
b) Nach einiger Zeit ist der dem Vermieter gehörende Gasofen defekt. Der Vermieter verlangt von der Mieterin die Neubeschaffung eines Gasofens. Mit Recht?
c) Der Vermieter erhöht die monatliche Miete von 325 € auf 450 € mit der Begründung, dass er dringend Geld brauche für die Reparatur des Hausdaches. Muss Yvonne zahlen? Wie sollte sie sich verhalten?
d) Der Vermieter verbietet Yvonne, ihren Freund ab und zu bei sich übernachten zu lassen. Wie beurteilen Sie dieses Verbot?
e) Wie beurteilen Sie die Situation, wenn Yvonnes Freund auf Dauer einziehen möchte?

6 Die Verjährung von Forderungen

„Denken Sie mal zurück … etwa drei Jahre … damals haben Sie mir einen Goldhamster verkauft."

Halten Sie diese Reklamation für aussichtsreich?

© BULLS

6.1 Die Fristen der Verjährung

Nach Ablauf einer bestimmten Zeit kann der Schuldner die Leistung verweigern. Der Anspruch bleibt zwar bestehen, aber er kann gerichtlich nicht mehr durchgesetzt werden, wenn der Schuldner die **„Einrede der Verjährung"** geltend macht. Ein Schuldner, der in Unkenntnis der Rechtslage zahlt, kann das Geld nicht mehr zurückverlangen. Normalerweise beträgt die Verjährungsfrist 3 Jahre. In bestimmten Fällen sieht das Gesetz längere Fristen vor. Die wichtigsten Verjährungsfristen sind:

Frist	Art des Anspruchs	Beginn der Verjährung	Rechtsgrundlage
30 Jahre	**familien- und erbrechtliche Ansprüche** **vollstreckbare Titel,** z. B. Gerichtsurteil	Die Verjährung beginnt **an dem Tag, an dem der Anspruch entstand.** Verjährungsfrist 30 Jahre 19. 4. 2007 (Fälligkeit + Beginn) — 19. 4. 2037 (Ende)	BGB § 197
10 Jahre	Ansprüche aus **Rechten an Grundstücken,** z. B. Kauf, Hypothek, Grundschuld	Die Verjährung beginnt **mit der Entstehung des Anspruchs.** (Berechnung wie bei 30 Jahren, siehe dort.)	BGB § 196
5 Jahre	Ansprüche aus Mängeln an **Bauwerken**	Die Verjährung beginnt **mit der Entstehung des Anspruchs.** (Berechnung wie bei 30 Jahren, siehe dort.)	BGB § 438

Grundlagen des Vertragsrechts

BGB §§ 195, 199, 200

3 Jahre — Die **regelmäßige Verjährungsfrist** für alle Ansprüche

Die Verjährung beginnt **am Ende des Jahres (31.12., 24.00 Uhr)**, in dem der Anspruch entstand.

fällig
3.6.2007
Verjährungsfrist 3 Jahre
08 | 09 | 10
31.12.2007 24.00 Uhr — **Beginn**
31.12.2010 24.00 Uhr — **Ende**

BGB §§ 438, § 200

2 Jahre — **Sachmangelhaftung**, z. B. mangelhafte Lieferung beim Kaufvertrag

Die Verjährung beginnt **mit der Übergabe** der Ware.
(Berechnung wie bei 30 Jahren, siehe dort.)

6.2 Die Hemmung der Verjährung

BGB §§ 203 ff.

Eine einfache Mahnung des Gläubigers bewirkt keine Hemmung der Verjährung. Die Verjährung kann unter anderem gehemmt werden durch:
- gerichtlichen Mahnbescheid
- höhere Gewalt
- Klageerhebung
- Beginn eines schiedsrichterlichen Verfahrens
- Verhandlungen über den Anspruch
- Leistungsverweigerungsrecht des Schuldners

Bei der **Hemmung** ruht der Verjährungsablauf für einen bestimmten Zeitraum. Die Verjährungsfrist verlängert sich um die **Dauer der Hemmung**. Je nach Hemmungsgrund kann noch eine Nachfrist von 3 oder 6 Monaten hinzugerechnet werden.
Beispiel: Solange Gläubiger und Schuldner über den Anspruch verhandeln, ist die Verjährung gehemmt. Sind die Verhandlungen abgeschlossen, also die Hemmung beendet, tritt die Verjährung frühestens 3 Monate danach ein.

Entstehung des Anspruchs: 6.7.2007
Ende ohne Hemmung: 31.12.2010, 24.00 Uhr
Normale Verjährungsfrist, z. B. 3 Jahre
Normale Verjährungsfrist | Hemmung | Normale Verjährungsfrist
31.12.2007, 24.00 Uhr — **Beginn**
15.7.2009 — Hemmung am 15.7.2009 durch Mahnbescheid
25.3.2010 — Hemmungsende hier z. B. am 25.3.2010
10.9.2011 — **Ende mit Hemmung**

6.3 Der Neubeginn der Verjährung

Die Verjährung beginnt erneut, wenn der Schuldner dem Gläubiger gegenüber den Anspruch anerkennt, durch Abschlagszahlung, Zinszahlung, Teilzahlung oder auf andere Art und Weise. Wurde eine gerichtliche oder behördliche Vollstreckungshandlung beantragt oder vorgenommen, so bewirkt dies ebenfalls einen Neubeginn der Verjährung. Auch die Anerkennung von Mängelansprüchen durch Nacherfüllung lässt die Verjährung neu beginnen.

Beim **Neubeginn** läuft die **Verjährungsfrist** neu an, beginnend mit dem Tag des Neubeginns.

BGB § 212

Zusammenfassung

Verjährung
Folge: Der Schuldner kann die Leistung verweigern.

Verjährungsfristen

30 Jahre	10 Jahre	5 Jahre	2 Jahre	3 Jahre

Verjährungsbeginn mit Entstehung des Anspruchs | Verjährungsbeginn ab 31.12.

Hemmung erfolgt durch: Mahnbescheid / höhere Gewalt / Klageerhebung / Verhandlung über den Anspruch / Schiedsrichterliches Verfahren / Leistungsverweigerungsrecht

Arbeitsteil

1. Wie wirkt sich die Verjährung aus und wie lang ist die regelmäßige Verjährungsfrist?

2. Welche Verjährungsfrist gilt für Ansprüche aus
   a) der Sachmangelhaftung bei Kaufverträgen,
   b) Gerichtsurteilen,
   c) Mängeln an Bauwerken,
   d) Rechten an Grundstücken?

3. Aufgrund eines rechtskräftigen Urteils haben Sie Anspruch auf 2000 € Schadenersatz. Wann ist der Anspruch verjährt?

4. a) Wodurch wird die Verjährung gehemmt? Nennen Sie drei Möglichkeiten.
   b) Welche Wirkung hat eine Hemmung der Verjährung?

5. a) Wodurch wird ein Neubeginn der Verjährung bewirkt?
   b) Welche Wirkung hat ein Neubeginn der Verjährung?

6. Sie haben am 15.8.07 den Gebrauchtwagen eines Bekannten gekauft.
   a) Wann ist die Forderung verjährt?
   b) Am 18.8.07 haben Sie in einem Supermarkt ein neues Autoradio gekauft. Am 20.8.08 bringen Sie das Gerät zurück, weil es nicht mehr funktioniert. Der Verkäufer behauptet, die Frist für die Sachmangelhaftung sei bereits abgelaufen. Stimmt das?

7. Überlegen Sie, weshalb die regelmäßige Verjährungsfrist (3 Jahre) einen anderen Verjährungsbeginn hat als alle anderen Verjährungsfristen.

Grundlagen des Vertragsrechts

7 Haftung und Schadenersatz

Allein in Pappas Auto: Knirps rammt Lieferwagen

Ein Zweijähriger hat gestern um 12 Uhr auf der Schurwaldstraße im Auto seines Vaters einen Verkehrsunfall verursacht. Glücklicherweise endete die Solofahrt ohne schwere Verletzungen. Der 30-jährige Vater hatte seinen Wagen auf der abschüssigen Straße im Osten abgestellt, um ein weiteres Kind vom Kindergarten abzuholen. Er legte den Schalthebel auf die Stellung „Parken" des Automatikgetriebes und verließ die Limousine. Seinen Sohn ließ er auf dem Beifahrersitz zurück. Laut Polizei hat der Bub wahrscheinlich am Schalthebel gezogen, sodass sich der Wagen selbstständig machte. Nach etwa 20 Metern stieß das Auto an der Ecke zum Krauchenweg mit einem Lieferwagen zusammen. Dessen Fahrer wurde leicht verletzt; Sachschaden: rund 5000 €.

hsw

Wer haftet für den entstandenen Schaden?
Welche Haftungsgründe kennen Sie?

Unter **Haftung** versteht man, dass jemand für eigenes oder fremdes Verschulden einstehen und für einen entstandenen Schaden aufkommen muss.

7.1 Haftung aus Verträgen

Pflichtverletzung

Mit dem Abschluss eines Vertrages verpflichten sich die Vertragspartner zu bestimmten Leistungen. Oftmals erfüllt ein Beteiligter seine Verpflichtungen nicht und fügt dadurch dem anderen einen Schaden zu. Beim Kaufvertrag ist dies beispielsweise der Fall, wenn die gelieferte Ware nicht die erforderliche Beschaffenheit hat oder wenn der Verkäufer sich im Lieferungsverzug befindet. Der Verkäufer dagegen kann Schadenersatz beanspruchen, wenn der Käufer im Zahlungsverzug ist oder wenn er die gelieferte Ware nicht abnimmt und in Annahmeverzug gerät.

Beispiel: Herr Müller erwirbt in einer Tierhandlung den Dackel „Heinrich". Er will den Vierbeiner Gewinn bringend an seine allein stehende Tante verkaufen, die gerade zu Besuch weilt. Der Händler muss ihm deshalb versprechen, das Tier am nächsten Tag zu bringen. Aus Vergesslichkeit erscheint dieser jedoch erst zwei Tage später. Die Tante ist inzwischen abgereist. Der Verkäufer hat schuldhaft, also vorsätzlich oder fahrlässig, seine Verpflichtungen nicht erfüllt. Er muss deshalb den entstandenen Schaden ersetzen.

Die Verpflichtung zum Schadenersatz entfällt, wenn höhere Gewalt vorliegt.
Beispiel: Vor der Übergabe wird Dackel Heinrich während einer „wichtigen geschäftlichen Angelegenheit" unter seinem Lieblingsbaum vom Blitz erschlagen.

Garantieerklärungen

Vielen gekauften Geräten liegt eine **Garantiekarte** des Herstellers bei, in der sich dieser verpflichtet, für sein Erzeugnis eine Garantie von meist 2 oder 3 Jahren zu übernehmen. Die Haftung bezieht sich in der Regel auf Fabrikationsfehler und verpflichtet den Hersteller, die Sache kostenfrei zu ersetzen oder auszubessern, sofern der Kunde die Garantiebedingungen beachtet hat. Rechtlich kommt neben dem normalen Kaufvertrag zusätzlich ein zweiter Vertrag zustande, wenn der Händler stellvertretend für den Hersteller die Garantiekarte ausfüllt und abstempelt. In der Regel kann also der Kunde entscheiden, an wen er sich bei Reklamationen wendet (siehe auch S. 74).

Versicherungsverträge

Schadenersatzansprüche können enorme Höhen erreichen.
Beispiel: Der 18-jährige Steffen überquert die Straße. Dabei beachtet er Frau Elser nicht, die mit dem Rad die Straße entlangfährt. Er rennt direkt in ihr Vorderrad. Frau Elser stürzt vom Rad und erleidet einen komplizierten Oberschenkelbruch. Da Steffen das 18. Lebensjahr vollendet hat, muss er für den verursachten Schaden haften. Nicht immer ist es „nur" ein Oberschenkelbruch, der „nur" mit rund 13 000 € zu Buche schlägt. Denn außer Behandlungskosten und Schmerzensgeld müssen auch die Folgekosten getragen werden. Tritt z. B. ein lebenslanger Pflegefall ein, können das jeden Monat einige tausend € für die geschädigte Person sein, lebenslang. Oft schon wurden Kinder mit großen Summen belastet.

Dagegen kann man sich durch einen besonderen Vertrag, einen **Versicherungsvertrag**, schützen. Dann übernimmt eine Versicherung unter bestimmten Voraussetzungen die Verpflichtung zum Schadenersatz. Dies ist z. B. bei **Haftpflichtversicherungen** (Privat-, Berufs- oder Tierhaftpflichtversicherungen) der Fall. Die Kraftfahrzeughaftpflichtversicherung ist sogar gesetzlich vorgeschrieben. **Rechtsschutzversicherungen** helfen, gegnerische Schadenersatzansprüche abzuwenden oder eigene Ansprüche durchzusetzen, indem sie bei einem Rechtsstreit die Anwalts- und Gerichtskosten übernehmen (siehe auch S. 50).

7.2 Produkthaftung

Werden durch ein fehlerhaftes Produkt Personen verletzt oder Sachschäden verursacht, dann ist der Hersteller der Ware verpflichtet, den entstandenen Schaden zu ersetzen. Dabei ist es nach dem **Produkthaftungsgesetz** in der Regel unerheblich, ob ein Verschulden des Produzenten vorliegt oder nicht (siehe auch S. 107).

Auszug aus dem ProdHaftG

§ 1 Haftung.
(1) Wird durch den Fehler eines Produkts jemand getötet, sein Körper oder seine Gesundheit verletzt oder eine Sache beschädigt, so ist der Hersteller des Produkts verpflichtet, dem Geschädigten den daraus entstehenden Schaden zu ersetzen.

Grundlagen des Vertragsrechts

7.3 Unerlaubte Handlung

Das gesetzwidrige Verhalten im nebenstehenden Fall nennt man eine **unerlaubte Handlung**. Sie liegt vor, wenn jemand vorsätzlich oder fahrlässig Eigentum, Gesundheit, Körper oder Freiheit eines anderen **widerrechtlich** verletzt hat. Wer eine unerlaubte Handlung begeht, macht sich strafbar und muss außerdem den verursachten Schaden ersetzen. Für Mittäter und Anstifter gelten die gleichen Bestimmungen:

- **Minderjährige unter 7 Jahren** sind nicht verantwortlich für verursachte Schäden. Sie sind **nicht deliktfähig**.

- **Minderjährige zwischen 7 und 18 Jahren** haften nur, wenn sie bei der Tat die erforderliche Einsicht besaßen. Sie sind **bedingt deliktfähig**. Kinder, die am Straßenverkehr teilnehmen, haften erst ab 10 Jahren. Diese Haftungsbefreiung gilt allerdings nicht, wenn sie absichtlich einen Schaden herbeiführen. *Beispiel:* Die 9-jährige Carola wirft von einer Autobahnbrücke Pflastersteine auf die fahrenden Autos.

- **Erwachsene** sind verantwortlich für verursachte Schäden. Sie sind **deliktfähig**.

- **Aufsichtspflichtige (z. B. Eltern, Lehrer)** haften nur dann für unerlaubte Handlungen von Minderjährigen, wenn sie ihre Aufsichtspflicht verletzt haben.

> **Auszug aus dem BGB**
>
> **Unerlaubte Handlung**
> **§ 823 Schadenersatzpflicht.**
> (1) Wer vorsätzlich oder fahrlässig das Leben, den Körper, die Gesundheit, die Freiheit, das Eigentum oder ein sonstiges Recht eines anderen widerrechtlich verletzt, ist dem anderen zum Ersatze des daraus entstehenden Schadens verpflichtet.

7.4 Schadenersatz

BGB § 249

Grundsätzlich ist der Schädiger verpflichtet, den ursprünglichen Zustand wiederherzustellen (Naturalherstellung). Wenn dies nicht möglich ist, z. B. bei einer Verletzung oder der Zerstörung eines seltenen Gemäldes, kann der Schadenersatz auch in Geld geleistet werden. Entstehen nichtmaterielle Schäden (z. B. Schmerzen aufgrund einer Verletzung) oder würde die Wiederherstellung einer Sache unverhältnismäßig hohe Kosten verursachen (z. B. Auto mit Totalschaden), so kann ebenfalls in Geld entschädigt werden.

Grundlagen des Vertragsrechts

Zusammenfassung

Haftungsgründe

- **Haftung aus Verträgen**
  - Pflichtverletzung
  - Garantieerklärungen
  - Versicherungsverträge
- **Produkthaftung**
- **unerlaubte Handlung**

Schadenersatz

Grundsatz: Naturalherstellung, in bestimmten Fällen Ersatz in Geld

Arbeitsteil

1. Erklären Sie den Begriff „Haftung".

2. Nennen Sie drei Haftungsursachen.

3. a) Erläutern Sie, was man unter schuldhafter Vertragsverletzung versteht.
   b) Wann entfällt bei schuldhafter Vertragsverletzung die Verpflichtung zum Schadenersatz?

4. a) Wie haften Minderjährige für unerlaubte Handlungen?
   b) Wann haften Eltern für Schäden, die ihre minderjährigen Kinder verursacht haben?

5. Der Vater des 8-jährigen Dennis hatte ihm immer wieder verboten, sich eine Schleuder zu basteln und damit auf andere zu schießen. Doch Dennis kann es nicht lassen. Er besorgt sich ein Gummiband und baut eine Schleuder. Mit einem Metallplättchen als Munition zielt er auf einen Spielkameraden. Diesen trifft das Geschoss so schwer am Auge, dass er erblindet. Wer haftet für diese unerlaubte Handlung?

6. a) Mit welchen Folgen muss jemand rechnen, der eine unerlaubte Handlung begeht?
   b) Unterscheiden Sie zwischen Fahrlässigkeit und Vorsatz.

7. Überlegen Sie, weshalb bei höherer Gewalt kein Schadenersatzanspruch besteht.

Prüfungsaufgabe

Golf Europe
54 PS, rot, Bj. 02, unfallfrei, orig. 80 000 km, 6000 €,
Tel. 0 71 41/ ▬▬▬▬▬▬▬▬

Der 18-jährige Auszubildende Bernd kauft aufgrund obenstehender Zeitungsanzeige das angebotene Auto. Bei der ersten Inspektion seines gekauften Golfs stellt die Werkstatt fest, dass das Fahrzeug nicht 80 000 km, sondern bereits 180 000 km gefahren ist.

a) Seine Freundin rät Bernd, den Kaufvertrag anzufechten. Sein Freund dagegen meint, dies sei nicht notwendig, da der Vertrag ohnehin nichtig wäre. Wie beurteilen Sie den Fall?

b) Erklären Sie den Unterschied zwischen Nichtigkeit und Anfechtbarkeit von Rechtsgeschäften.

Bearbeiten Sie die restlichen Fragen unter Verwendung der unten stehenden Gesetzesauszüge.

c) Bernd hat dem Verkäufer das Auto zurückgegeben und stattdessen ein neues Motorrad gekauft. Von dem restlichen Geld leistete er sich bei Radio-Huber eine Stereoanlage. Innerhalb weniger Wochen wurde die Stereoanlage zum dritten Mal defekt. Um welche Vertragsstörung handelt es sich?

d) Welche Rechte stehen Bernd nach der offenbar erfolglosen Nachbesserung zu?

e) Kann Bernd gegenüber Radio-Huber einen Anspruch auf Schadenersatz geltend machen (z. B Ersatz der Fahrtkosten und Telefonauslagen)?

f) Innerhalb welcher Frist muss Bernd seine Ansprüche geltend machen?

Auszüge aus dem Bürgerlichen Gesetzbuch (BGB)

§ 434 Sachmangel. (1) Die Sache ist frei von Sachmängeln, wenn sie bei Gefahrübergang die vereinbarte Beschaffenheit hat. Soweit die Beschaffenheit nicht vereinbart ist, ist die Sache frei von Sachmängeln,
1. wenn sie sich für die nach dem Vertrag vorausgesetzte Verwendung eignet, sonst
2. wenn sie sich für die gewöhnliche Verwendung eignet und eine Beschaffenheit aufweist, die bei Sachen der gleichen Art üblich ist …

§ 437 Rechte des Käufers bei Mängeln. Ist die Sache mangelhaft, kann der Käufer …
1. … Nacherfüllung verlangen,
2. … von dem Vertrag zurücktreten oder … den Kaufpreis mindern …
3. … Schadensersatz … verlangen.

§ 438 Verjährung der Mängelansprüche. (1) Die in § 437 … bezeichneten Ansprüche verjähren
1. in 30 Jahren, wenn der Mangel
   a) in einem dinglichen Recht eines Dritten, …, oder
   b) in einem sonstigen Recht, das im Grundbuch eingetragen ist, besteht,
2. in 5 Jahren
   a) bei einem Bauwerk und
   b) bei einer Sache, die … für ein Bauwerk verwendet worden ist und dessen Mangelhaftigkeit verursacht hat, und
3. im Übrigen in zwei Jahren.

§ 439 Nacherfüllung. (1) Der Käufer kann als Nacherfüllung nach seiner Wahl die Beseitigung des Mangels oder die Lieferung einer mangelfreien Sache verlangen.
(2) Der Verkäufer hat die zum Zwecke der Nacherfüllung erforderlichen Aufwendungen, insbesondere Transport-, Wege-, Arbeits- und Materialkosten zu tragen.

§ 440 Besondere Bestimmungen für Rücktritt und Schadensersatz. … Eine Nachbesserung gilt nach dem erfolglosen zweiten Versuch als fehlgeschlagen …

§ 441 Minderung. (1) Statt zurückzutreten, kann der Käufer den Kaufpreis … mindern …

§ 323 Rücktritt wegen nicht oder nicht vertragsgemäß erbrachter Leistung. (1) Erbringt bei einem gegenseitigen Vertrag der Schuldner eine fällige Leistung nicht oder nicht vertragsgemäß, so kann der Gläubiger, wenn er dem Schuldner erfolglos eine angemessene Frist zur Leistung oder Nacherfüllung bestimmt hat, vom Vertrag zurücktreten.

Eine weitere Prüfungsaufgabe zum Kapitel Grundlagen des Vertragsrechts finden Sie auf S. 308.

Verbraucherbewusstes Verhalten

Verbraucherbewusstes Verhalten

1 Die Warenkennzeichnung

Dirk König, Gärtner
Wenn ich die Wahl zwischen zwei Produkten habe, ziehe ich das mit dem Gütezeichen vor. In meiner Sparte gibt es für Baden-Württemberg das Qualitäts- und Herkunftszeichen. Für den Verbraucher ist das hilfreich. Zu viele Gütezeichen sind aber verwirrend. Man könnte da vereinfachen.

Kaufen nach Gütezeichen?
Firmen schmücken ihre Produkte gerne mit Prüfzeichen. Da gibt es das GS-Zeichen für geprüfte Sicherheit, den Blauen Engel für umweltfreundliche Produkte und etliches mehr. Lassen Sie sich bei der Kaufentscheidung davon beeinflussen?

Albert Schmidt, Beamter
Wenn ich's mir leisten kann und es der Gesundheit zuträglich ist, kaufe ich auch mal etwas mit Gütesiegel. Bei mir zählen aber die vertrauensvolle Empfehlung und Erfahrung von Bekannten mehr als irgendwelche Aufkleber. Auf die kann man sich nicht immer verlassen.

Waltraud Essig, Apothekenhelferin
Beim Kauf von Elektroartikeln achte ich auf das GS-Zeichen und bei chemischen Produkten auf den Blauen Engel. Viel mehr Zeichen kenne ich nicht. Sehr wichtig wäre mir die Kennzeichnung von genmanipulierten Lebensmitteln.

Henrik Wagner, Student
In den meisten Fällen achte ich nicht auf irgendwelche Gütezeichen oder Qualitätssiegel. Mein wichtigstes Kriterium ist der Preis, denn ich habe nicht so viel Geld, um mir immer das beste Produkt zu kaufen.

Stefanie Konrad, Hausfrau
Nein, eigentlich achten wir nicht auf Gütezeichen. Ich kenne ihre Bedeutung nicht, da wir längere Zeit im Ausland waren. Beim Einkauf von Lebensmitteln schauen wir auf das Herkunftsland und auf die Inhaltsstoffe, da wir uns gesundheitsbewusst ernähren.

Sebastian Zaiser, Schüler
Ich achte auf Preis und Qualität der Ware. Für mich sind die vielen Gütezeichen verwirrend. Ich weiß oft nicht, welche Bedeutung sie im Einzelnen haben. Zum besseren Verständnis sollte in den Läden eine Informationstafel aufgestellt sein.

Birgit Feierling, Schriftsetzerin
Vor einiger Zeit habe ich neue Matratzen gekauft, da habe ich mich vorher bei der Stiftung Warentest informiert. Auch auf GS- und TÜV-Zeichen achte ich normalerweise. Natürlich muss trotz Siegel auch der Preis stimmen. Die Bedeutung anderer Zeichen kenne ich nicht.

Michaela Kurz, Speditionskauffrau
Ich achte auf den Blauen Engel und bei Elektrogeräten darauf, dass sie wenig Energie verbrauchen. Man muss aber schon genau hinschauen, denn es wird viel Schindluder mit ähnlich aussehenden Produkten getrieben.

Illustrierte Wochenzeitung vom 16.8.1997

Wie hätten Sie auf die Umfrage geantwortet?
Welche gesetzlichen Warenkennzeichnungsvorschriften kennen Sie?
Auf welche Güte- und Prüfzeichen achten Sie beim Kauf?

1.1 Die gesetzliche Warenkennzeichnung

Ein durchschnittlicher Supermarkt hat heute rund 33 000 Artikel im Sortiment; beim Kauf eines Fotoapparates kann man unter mehreren hundert Modellen wählen. Bereits diese Beispiele zeigen: Der einfache Verbraucher kann das riesige Angebot kaum noch überschauen; er steht vor einem Auswahlproblem, das er allein nicht lösen kann. Ihm fehlt die Marktübersicht und oft auch das nötige Fachwissen, um die für ihn richtigen Kaufentscheidungen zu treffen. Um den Verbraucher vor einer Übervorteilung zu schützen, gibt es eine Reihe von Gesetzen und Verordnungen sowie zahlreiche Informations- und Beratungsmöglichkeiten.

Verbraucherbewusstes Verhalten

Eine wichtige Hilfe bei der Kaufentscheidung ist die Warenkennzeichnung. Die gesetzlich vorgeschriebene und die freiwillige Warenkennzeichnung sollen den Käufer bei der Warenauswahl unterstützen.

Damit Vorschriften auch eingehalten werden, können Gerichte oder zuständige Behörden bei einem Verstoß Bußgelder, Freiheitsstrafen oder Berufsverbote verhängen. Eine Strafverfolgung kann durch die Strafanzeige eines geschädigten Verbrauchers oder durch eine Behörde (z. B. Eichamt, Ordnungsamt) veranlasst werden.

Die Lebensmittelkennzeichnungsverordnung

Die meisten Lebensmittel werden durch das Vordringen von Supermärkten nur noch in verpacktem Zustand angeboten. Auf solchen Fertigpackungen müssen folgende Angaben aufgedruckt sein:

- die Verkehrsbezeichnung
- die Anschrift des Herstellers oder Verpackers
- das Verzeichnis der Zutaten (Inhaltsstoffe)
- die Füllmenge in deutschen Maß- und Gewichtseinheiten
- das Mindesthaltbarkeitsdatum

Eichgesetz

Auf der Grundlage des **Eichgesetzes** wurden etliche Rechtsverordnungen erlassen, wie beispielsweise die Lebensmittelkennzeichnungsverordnung. Dadurch werden Hersteller zu eindeutigen Mengenangaben verpflichtet. Bei „krummen Gewichten" (nicht standardisierten Mengen), z. B. abgepacktem Hackfleisch, muss neben dem Endpreis zusätzlich der Grundpreis, d. h. der Preis für ein Kilogramm oder einen Liter angegeben werden, bei kleinen Mengen der Preis für 100 Gramm oder 100 Milliliter. Nur so kann der Käufer ohne umständliches Rechnen richtige Preisvergleiche vornehmen.

Schweinestielkotelett
mager oder
Schweinehals
mit Knochen

je kg   3,98 €

Roastbeef/ Rumpsteaks
zart, gut abgehangen

100 g   1,11 €

Gouda jung
holl. Schnittkäse, besonders mild, 48 % Fett i. Tr.

100 g   –,49 €

Verbraucherbewusstes Verhalten

Fertigverpackungen, die eine größere Füllmenge vortäuschen (so genannte Mogelpackungen) sind verboten. Dies sind z. B. Verpackungen mit doppelten Böden, Umkartons oder dicken Wandungen bei Töpfen, Tiegeln oder Gläsern.

Preisangabenverordnung

Die Vorschriften der **Preisangabenverordnung** sollen dem Verbraucher auf einfache Art Preisvergleiche ermöglichen. So müssen
- ausgestellte Waren deutlich ersichtlich mit einer Preisangabe versehen werden,
- die angegebenen Preise Endpreise sein, d. h. einschließlich Mehrwertsteuer,
- für Waren, die noch abgewogen werden, müssen die Preise immer für 1000 g oder 100 g angegeben werden,
- die Kraftstoffpreise bei Tankstellen für heranfahrende Kraftfahrer deutlich lesbar sein,
- die Preise für angebotene Dienstleistungen (z. B. beim Friseur oder in Gaststätten) im Schaufenster oder Schaukasten ausgehängt sein,
- alle Kreditinstitute und Darlehensvermittler den „effektiven Jahreszins" (s. S. 151) für alle Kredite angeben.

Textilkennzeichnungsgesetz

Textilerzeugnisse dürfen laut **Textilkennzeichnungsgesetz** nur unter Angabe des Rohstoffgehalts (nach Art und Gewichtsanteilen) der verwendeten textilen Rohstoffe verkauft werden. Die Kennzeichnung erfolgt an der Ware selbst, und zwar leicht lesbar mit einheitlichem Schriftbild auf eingenähten Etiketten, Webkanten oder auf der Verpackung.

Manche Hersteller ergänzen auf freiwilliger Basis die gesetzliche Rohstoffkennzeichnung durch Pflegehinweise.

Qualitätsklassen

Alle wichtigen Obst- und Gemüsesorten müssen vom Handel entsprechend nationaler oder EG-Normen nach Qualitätsklassen (Handelsklassen) gekennzeichnet werden.

Handelsklassen

„Extra"
Höchste bzw. hervorragende Qualität; sortentypisch in Form, Entwicklung und Färbung; besondere Einheitlichkeit im Reifegrad; frei von allen Mängeln.

„I"
Gute Qualität
Sortentypische Merkmale wie in Klasse „Extra". Vollkommen gesundes Fruchtfleisch. Leichte Form-, Entwicklungs- und Farbfehler in begrenztem Umfang zulässig. Oberflächliche Hautfehler, die allgemeines Aussehen und Haltbarkeit nicht beeinträchtigen, sind in begrenztem Umfang zugelassen.

„II"
Marktfähige Qualität
Die in Klasse I zugelassenen Fehler sind in großem Umfang gestattet, dazu stärkere Abweichungen hinsichtlich der Gleichmäßigkeit. Die Ware muss in jedem Fall genussfähig sein.

„III"
Stärkere Mängel
Größere Mängel sind erlaubt, jedoch muss das Erzeugnis zum Verzehr oder zur Verarbeitung geeignet sein.

Milcherzeugnisse:
Butter muss nach Handelsklassen gekennzeichnet sein, z. B. als Markenbutter oder Molkereibutter; Käse muss nicht, kann aber so gekennzeichnet sein.

Kartoffeln
Speise- und Speisefrühkartoffeln werden in folgende Handelsklassen eingeordnet:

„Extra"
Spitzenqualität

„I"
Gute Qualität
Die Einordnung richtet sich nach dem Anteil an Knollen mit äußeren oder inneren Qualitätsmängeln, z. B. beschädigte, grüne, kranke Knollen. Wesentlich ist die Angabe des Kochtyps: fest kochend, vorwiegend fest kochend, mehlig kochend. Außerdem wichtig: die Sortenbezeichnung und Größensortierung.

1.2 Die freiwillige Warenkennzeichnung

Zusätzlich zu der gesetzlich vorgeschriebenen Warenkennzeichnung versehen viele Hersteller ihre Produkte freiwillig mit Zeichen oder Symbolen, die auf die Qualität und die Sicherheit der Erzeugnisse hinweisen sollen.

Gütezeichen

Sie sollen einen genau festgelegten **Qualitätsstandard** verbürgen, indem sie eine bestimmte Mindestqualität garantieren. Nur wenn ihre Waren genau festgelegten Qualitätsanforderungen entsprechen, dürfen Hersteller diese Zeichen verwenden. Träger eines Gütezeichens ist jeweils eine Gütegemeinschaft, in der sich Hersteller gleichartiger Produkte zusammenschließen. Sie legen die Qualitätsanforderungen für die Vergabe des Zeichens fest. Die Gütesicherung wird auf Seiten der Wirtschaft insbesondere vom RAL (Deutsches Institut für Gütesicherung und Kennzeichnung e. V.) wahrgenommen.

Beispiele für Gütezeichen

Das Wollsiegel garantiert, dass der Rohstoff aus reiner Schurwolle besteht.

Kennzeichnung für Deutsche Markenbutter und Deutschen Markenkäse. Herstellung und Qualität unterliegen strengen gesetzlichen Anforderungen.

Verbraucherbewusstes Verhalten

Prüfzeichen (Sicherheitszeichen)
Sie sollen einen genau festgelegten **Sicherheitsstandard** verbürgen.

Beispiele für Prüfzeichen

DIN — www2.din.de
Abkürzung für „Deutsches Institut für Normung e. V.": mit Sitz in Berlin. DIN steht für die Einhaltung bestimmter Normen wie z. B. bei Abmessungen (Schrauben, Papier), Qualitätsmerkmalen, Untersuchungs- und Messverfahren sowie Sicherheitsanforderungen. DIN-Normen sind Empfehlungen und enthalten Mindestanforderungen. International bemüht sich vor allem die ISO (Internationale Organisation für Standardisierung) um eine weltweite Förderung der Normung.

VDE — www.vde.com
VDE = Verband Deutscher Elektrotechniker: Elektrogeräte mit diesem Prüfzeichen wurden geprüft und entsprechen den Anforderungen im Bereich der Funktionsfähigkeit und elektrischen Sicherheit.

GS
GS = geprüfte Sicherheit: Technische Geräte mit dem GS-Zeichen entsprechen den Sicherheitsanforderungen des Geräte- und Produktsicherheitsgesetzes.

CE
CE = Communautées Européennes = Europäische Gemeinschaften: Die CE-Kennzeichnung wird seit 1995 für Konsumgüter und technische Produkte eingeführt, die innerhalb der EU-Länder auf den Markt kommen. Sie müssen den in europäischen Richtlinien festgelegten Mindestanforderungen an die Sicherheit entsprechen.

Umweltzeichen
Das von den Umweltministern von Bund und Ländern geschaffene Umweltzeichen wird an Produkte verliehen, die sich durch besondere Umweltfreundlichkeit auszeichnen. Dabei darf weder die Gebrauchstauglichkeit noch die Sicherheit beeinträchtigt sein.

Bio-Siegel
www.bio-siegel.de

Zunehmend wollen Verbraucher Lebensmittel, die aus ökologischer Landwirtschaft stammen. Seit September 2001 können sie sich darauf verlassen: „Wo **Bio** draufsteht, ist auch **Bio** drin". Denn nur Erzeuger und Hersteller, die sich an die Bestimmungen der EG-Öko-Verordnung halten und sich den vorgeschriebenen Kontrollen unterziehen, dürfen ihre Produkte als Bio- oder Ökoware verkaufen und mit dem **Bio-Siegel** kennzeichen. Zurzeit haben mehr als 2000 Unternehmen die Nutzung des Bio-Siegels für 36 000 Produkte angezeigt. Um das begehrte Siegel zu bekommen, müssen Produzenten zahlreiche **Verbote** einhalten, wie z. B. Bestrahlung von Öko-Lebensmitteln, das Verbot gentechnisch veränderter Organismen oder den Verzicht auf leicht lösliche, mineralische Dünger.
Darüber hinaus müssen Erzeuger zahlreiche **Anforderungen** erfüllen, wie z. B. abwechslungsreiche und weite Fruchtfolgen, flächengebundene und artgerechte Tierhaltung.

Produktinformation
Die Produktinformation ist eine Form der informativen Warenkennzeichnung, die seit 1978 bei einer Reihe von Haushaltsgeräten angewendet wird. Sie soll den Verbraucher durch Etiketten am Gerät und standardisierte Angaben in den Prospekten über wesentliche, objektiv nachprüfbare und durch Kontrollen gesicherte Warenmerkmale unterrichten und ihm damit eine vergleichende Beurteilung erleichtern. Bei einer Waschmaschine sind solche Angaben z. B. der Energieverbrauch, der Wasserverbrauch, das Fassungsvermögen. Der Produktinformation eines Kühlschranks wäre beispielsweise der Nutzungsinhalt, der Energieverbrauch oder die Abtauvorrichtung zu entnehmen.

Verbraucherbewusstes Verhalten

Zusammenfassung

Warenkennzeichnung

gesetzlich

festgelegt durch Gesetze oder Verordnungen z. B.
- Lebensmittel-Kennzeichnungsverordnung
- Eichgesetz
- Preisangabenverordnung
- Textilkennzeichnungsgesetz
- EG-Qualitätsklassen (Handelsklassen)

freiwillig

festgelegt durch die jeweilige Gütegemeinschaft; diese legt auch die Qualitätsanforderungen fest, z. B.
- Güte- und Prüfzeichen (Wollsiegel, DIN, VDE-, GS-Zeichen)
- Umweltzeichen
- Bio-Siegel
- Produktinformation

→ bessere Marktübersicht und mehr Produkttransparenz

Arbeitsteil

1. Nennen Sie fünf gesetzliche Warenkennzeichnungsvorschriften.

2. Welche Angaben müssen Fertigverpackungen nach der Lebensmittelkennzeichnungsverordnung enthalten?

3. Nennen Sie drei Regelungen der Preisangabenverordnung.

4. Wozu verpflichtet das Textilkennzeichnungsgesetz die Hersteller?

5. Weshalb ist Ihrer Meinung nach auf abgepackten Waren der Grundpreis für 1000 oder 100 Gramm angegeben? Geben Sie außerdem an, welches Gesetz diese Angaben vorschreibt.

6. a) Untersuchen Sie verschiedene Waren auf Gütezeichen und erklären Sie deren Bedeutung.
   b) Welche Garantie erhält der Käufer eines mit Gütezeichen versehenen Erzeugnisses?
   c) Überlegen Sie, weshalb die Industrie verstärkt Gütegemeinschaften einrichtet.

7. a) Welche Anforderungen werden an ein Produkt gestellt, das mit dem Umweltzeichen ausgezeichnet werden soll?
   b) Wer verleiht dieses Zeichen?
   c) Wie erklären Sie sich, dass immer mehr Produkte mit dem Umweltzeichen versehen sind?

8. a) Nennen Sie drei Prüfzeichen.
   b) Welchen Vorteil bietet der Kauf eines Gerätes mit dem GS-Zeichen für den Verbraucher?

9. Während Verbraucherverbände eine verstärkte gesetzliche Warenkennzeichnungspflicht verlangen, will die Industrie eine verstärkte freiwillige Kennzeichnung. Wie erklären Sie sich diese unterschiedlichen Auffassungen?

Verbraucherbewusstes Verhalten

2 Die Verbraucherberatung

Horror beim Computerkauf?

Der nächste Sondervortrag „Horror beim Computerkauf? – Tipps für Einsteiger" der Verbraucherzentrale Baden-Württemberg e. V. findet statt am Mittwoch, 8. Oktober, 17 Uhr (bis ca. 19 Uhr), Paulinenstraße 47, 70178 Stuttgart. Die Teilnahmegebühr beträgt 5 €.

Stuttgarter Wochenblatt

Braucht der „mündige" Verbraucher überhaupt Beratung?
In welchen Bereichen beraten die Verbraucherzentralen?
Gibt es noch andere Organisationen, die Verbraucher beraten?

2.1 Organisationen der Verbraucherberatung

Jeder, der heute einen Computer kaufen möchte, muss sich entscheiden zwischen zahlreichen Anbietern und noch mehr verschiedenen Computertypen in ganz unterschiedlichen Preisklassen. Selbst Fachleute haben Probleme, diesen Markt zu überschauen.
Alle Verbraucher gehen ständig Verträge ein wie Mietverträge, Kreditverträge oder Lebensmittelkäufe. Über mögliche Rechtsfolgen, die sich dadurch ergeben, sind sich die meisten Verbraucher im Unklaren.
Wie diese wenigen Beispiele zeigen, benötigen viele deshalb die kompetente und objektive Beratung von Fachleuten. Häufig geraten Konsumenten in Rechtsstreitigkeiten mit unredlichen Geschäftsleuten. Auch hier bieten die Fachleute der Verbraucherberatung einen gewissen Schutz. Es gibt eine Reihe von Einrichtungen, die dem Verbraucher helfen können

– seine Rechte zu erkennen,
– vorteilhaft zu verhandeln,
– diese Rechte auch durchzusetzen.

Verbraucherzentralen

Die **Verbraucherzentralen** der Bundesländer vertreten auf Landesebene die Verbraucherinteressen. In größeren Städten unterhalten sie ihre Außenstellen, die **Verbraucherberatungsstellen.** Hier wird jeder Bürger neutral und in der Regel kostenlos beraten. Da die Bundesländer die Arbeit der Verbraucherzentralen durch Zuschüsse unterstützen, sind sie weder auf Werbeeinnahmen noch auf Industriegelder angewiesen und somit völlig unabhängig.

www.vz-bawue.de

verbraucherzentrale Baden-Württemberg

Verbraucherbewusstes Verhalten

Beratung durch Verbraucherberatungsstellen

Rechts-beratung	Geräte-beratung	Budget-beratung	Ernährungs-beratung	Energie-beratung
Verbraucherberater informieren über Verbraucherschutzgesetze bei Streitigkeiten mit Händlern, Vermietern usw.	Verbraucherberatungsstellen besitzen wichtige Informationen über die meisten Geräte. Material über Energieverbrauch, Testergebnisse, Preisvergleiche usw. kann man hier entweder kostenlos oder gegen geringe Gebühr erhalten.	Die Zahl der Familien, die mit ihrem Geld nicht mehr zurechtkommen, nimmt vor allem durch die Arbeitslosigkeit ständig zu. Verbraucherberater helfen beim Aufstellen von Ausgabenplänen oder beim Umschuldungsverfahren.	Verbraucherberatungsstellen informieren über Schadstoffe in Lebensmitteln und über eine gesunde Ernährung.	Bei der Verbraucherberatung erhält man Informationen, wie man die Strom-, Heizöl- oder Gasrechnung senken kann.

Die Aufgaben der Verbraucherberatungsstellen sind vielfältig. Sie
- führen Beratungsgespräche in den Bereichen Ernährung, Gartenbau, Energieeinsparung, Wohnen, Recht im Alltag,
- halten Informationsschriften für interessierte Verbraucher zu den genannten Themen bereit,
- informieren durch Pressemitteilungen und Veröffentlichungen,
- führen Erhebungen und eigene Untersuchungen (z. B. über Kontoführungsgebühren und Kreditkosten) durch,
- setzen sich regional und überregional für die Interessen der Verbraucher ein,
- führen Schuldnerberatung, insbesondere Verbraucherinsolvenzberatung durch (siehe auch Gefahren der Kreditaufnahme S. 153 ff.).

Verbraucherzentrale Bundesverband (vzbv)
Verbraucherschutz und Verbraucherberatung sind vor allem die Aufgabe der **Verbraucherzentrale Bundesverband,** der 38 Verbände und Institutionen angehören, unter anderem:

www.vzbv.de

- **die Verbraucherzentralen der Bundesländer**
- **der Deutsche Mieterbund**
- **der Deutsche Hausfrauenbund**
- **die Stiftung Warentest**

Verbraucherbewusstes Verhalten

Nach seiner Satzung strebt der vzbv folgende Ziele an:
- Er will zur Information des Verbrauchers beitragen; entweder durch eigene Einrichtungen oder durch Förderung und Koordination der verbraucherberatenden Mitgliedsorganisationen.
- Er möchte die Interessen der Verbraucher vertreten, indem er auf staatliche Stellen (Gesetzgebung, Verwaltung) und private Wirtschaftsorganisationen einwirkt.

Diese Ziele werden erreicht durch:
- Produktinformationen
- Preisvergleichslisten für bestimmte Produkte
- regelmäßig erscheinende Veröffentlichungen wie z. B. die Verbraucherrundschau
- Interessenvertretung für Verbraucher bei Gesetzesvorbereitungen (Hearings) der Ministerien.

Mieterschutzvereine

In jeder größeren Stadt gibt es einen Mieterschutzverein, der die Interessen der Mieter vertritt. Mieterschutzvereine beraten ihre Mitglieder in allen Fragen des Mietrechts wie z. B. Mieterhöhungen, Kündigung, Nebenkostenabrechnung, Schönheitsreparaturen usw. Des Weiteren wirken sie bei gerichtlichen Auseinandersetzungen oder beim Aufstellen von Mietspiegeln mit. Auch beim **Deutschen Mieterbund (DMB)** in Köln kann man Ratschläge und Informationen einholen. Zu allen Problemen des Mietrechts hat der DMB Informationsmaterial veröffentlicht.

Ebenso wie bei den Mieterschutzvereinen muss man im Deutschen Mieterbund Mitglied sein, wenn man beraten werden möchte.

2.2 Verbraucherberatung in den Medien

Auch beim Girokonto lohnt der Preisvergleich

Gehalt, Miete, Versicherungsprämien, Einkäufe mit der Kreditkarte: Alles funktioniert bargeldlos übers Konto. Allerdings kann die finanzielle Freiheit ganz schön ins Geld gehen, wenn man sein Konto bei einer teuren Bank hat. Der Umstieg kann sich lohnen: Die Gebühren fürs Girokonto liegen zwischen null und 188 €. Die Stiftung Warentest hat die Angebote der Banken in einem aktuellen Test verglichen.

Ständig werden neue Abrechnungsmodelle erfunden, die Konditionen sind kaum noch durchschaubar ... Der gewollte Effekt: Viele Kunden können nicht mehr einschätzen, ob ihre Bank günstig oder teuer ist. Also bleibt nur ein Weg: Kontoauszüge durchschauen und die Bankgebühren zusammenzählen […] Wer mehr als 100 € im Jahr zahlt, sollte sich ein neues Konto suchen. Bevor es aber an den Wechsel zu einem anderen Geldinstitut geht, sollten Sie Ihre eigenen Gewohnheiten checken. Denn was nützt zum Beispiel eine preiswerte Direktbank, die aber kaum Geldautomaten hat – Sie aber mindestens zweimal in der Woche mit Ihrer EC-Karte am Geldautomaten stehen. Während das Abheben bei der eigenen Bank kostenlos ist, werden bei einer fremden Bank mindestens 2 € fällig. Sparpotenzial besteht für alle, die gut mit dem PC zurechtkommen. Fast alle Banken und Sparkassen bieten die Möglichkeit, das Konto online zu führen. Die Gebühren für Online-Banking betragen nur einen Bruchteil der normalen Kosten, bei zahlreichen Banken ist es sogar zum Nulltarif möglich.

Plieninger Rundschau

Überlegen Sie anhand dieses Artikels, ob es sich für Verbraucher lohnt, die Verbraucherberatung in den Medien zu beachten.
Wie können Sie die Untersuchungsergebnisse der Stiftung Warentest erhalten?
Wer veröffentlicht noch Verbrauchertipps?

Veröffentlichungen der Stiftung Warentest

Die Stiftung Warentest wurde von der Bundesregierung als Stiftung des privaten Rechts gegründet. Sie ist gemeinnützig und darf keinen Gewinn erzielen. Jeden Monat gibt sie die Zeitschrift **test** heraus.

STIFTUNG WARENTEST

test Digitalkameras — 4 / 2006

www.test.de	Mittlerer Preis in Euro ca.	Bildqualität	Videosequenzen	Blitz	Sucher und Monitor	Handhabung	Betriebsdauer	Vielseitigkeit	test-QUALITÄTS-URTEIL
GEWICHTUNG		30%	5%	8%	12%	25%	8%	12%	100%
ZOOMFAKTOR BIS FÜNFFACH									
Sony Cyber-shot DSC-R1	865	+	Entfällt	++	+	+	++	+	GUT (2,0)
Canon Digital Ixus 750	420	O	+	+	O	+	++	+	GUT (2,3)
Fujifilm FinePix E900	425	+	O	O	O	+	++	+	GUT (2,3)
Canon PowerShot S80	540	O	O	O	O	+	++	+	GUT (2,4)
Fujifilm FinePix F11	360	+	O	+	+	+	++	O	GUT (2,4)
Samsung Digimax V800	325	+	⊖	O	+	O	++	O	GUT (2,4)
Sony Cyber-shot DSC-M2	510	O	+	+	+	+	++	+	GUT (2,4)
Sony Cyber-shot DSC-N1	465	+	⊖	+	+	+	++	+	GUT (2,4)
Fujifilm FinePix F460	229	O	O	+	+	+	++	+	BEFRIEDIG. (2,6)
Olympus FE-120	224	+	O	+	O	O	+	O	BEFRIEDIG. (2,7)
Nikon Coolpix L1	284	O	O	O	+	O	++	+	BEFRIEDIG. (2,8)
Pentax Optio S6	315	O	O	O	+	O	+	+	BEFRIEDIG. (2,9)
Olympus FE-100	131	O	⊖	+	O	O	O	−	BEFRIEDIG. (3,3)
ZOOMFAKTOR AB FÜNFFACH									
Kodak EasyShare P880	555	+	⊖	+	+	+	++	+	GUT (2,3)
Ricoh Caplio R3	355	O	⊖	+	O	+	++	O	GUT (2,5)

Bewertungsschlüssel der Prüfergebnisse: ++ = Sehr gut (0,5–1,5), + = Gut (1,6–2,5), O = Befriedigend (2,6–3,5), ⊖ = Ausreichend (3,6–4,5), − = Mangelhaft (4,6–5,5). Bei gleichem Qualitätsurteil Reihenfolge nach Alphabet.

www.stiftung-warentest.de

Verbraucherbewusstes Verhalten

Hier findet der interessierte Verbraucher Warentests, aktuelle Verbrauchertipps und Verbrauchernachrichten. Zusammenfassungen der durchgeführten Tests eines Jahres werden in „test-Jahrbüchern" angeboten. Darüber hinaus werden laufend Sonderhefte zu besonderen Themen veröffentlicht wie z. B. Umweltschutz, Kosmetik, Foto usw.
Die Zeitschrift **Finanztest** vergleicht und bewertet Finanzdienstleistungen wie Geldanlagen, Versicherungen, Baufinanzierungen. Außerdem gibt sie Rechts- und Steuertipps.

Bei Tests von Gütern werden in verschiedenen Geschäften mehrere Produkte zumeist einer gleichen Preis- und Güteklasse gekauft. Von Herstellern direkt werden keine Produkte angenommen. Untersuchungen im Auftrag der Industrie werden nicht durchgeführt. Untersucht werden alle Produkte grundsätzlich bei unabhängigen Spezialinstituten nach neuesten Untersuchungsmethoden und -techniken.

Andere Medien des Verbraucherschutzes

Des Weiteren gibt es Ratgeber von **Verbraucherzentralen** und Verbraucherverbänden wie z. B. dem Deutschen Mieterbund.

www.bmelv.de
(Bundesministerium für Ernährung, Landwirtschaft und Verbraucherschutz)

Die entsprechenden **Ministerien von Bund und Ländern** haben ebenfalls zahlreiche Informationsschriften zu Verbraucherproblemen herausgegeben wie z. B.:
– Tipps für Verbraucher
– Wegweiser für Verbraucher
– Dein Recht als Mieter
– Mehr Schutz vor den Tücken des „Kleingedruckten"

In fast jeder **Tageszeitung oder Zeitschrift** findet der Verbraucher Informationen und Tipps. Aktuelle Urteile von deutschen Gerichten zu Fragen des Kaufvertragsrechts oder zum Mieterschutz gehören ebenso dazu wie kritische Informationen über neue Produkte und Anleitungen zu verbraucherbewusstem Verhalten. Daneben gibt es noch zahlreiche **Fachzeitschriften,** auf die ein Verbraucher zurückgreifen kann.
Wie die folgenden Beispiele zeigen, bieten **Fernsehen** und **Hörfunk** in verschiedenen Programmen regelmäßig Verbrauchersendungen an:

102

Verbraucherbewusstes Verhalten

Fernsehen

1. Programm ARD
- Wirtschaftsmagazin Plusminus
- ARD-Ratgeber (Geld, Recht)

2. Programm ZDF
- WISO (Wirtschaft und Soziales)
- XY-SicherheitsCheck

3. Programm, z. B. SWR
- Infomarkt (Wirtschafts- und Verbrauchermagazin)

Hörfunk

Südwestrundfunk
- Arbeitsplatz (SWR 1)
- Informationen und Hintergründe aus Politik, Wirtschaft und Kultur in der Sendung SWR 2 aktuell
- Geld, Markt, Meinung (SWR 2)

Zusammenfassung

Verbraucherberatung

| Verbraucherzentralen mit ihren Außenstellen, den Verbraucherberatungsstellen und dem ständigen Telefonansagedienst | Verbraucherzentrale Bundesverband e. V. | Stiftung Warentest mit Zeitschrift „test" | Massenmedien
• Zeitungen
• Fernsehen
• Hörfunk |

Arbeitsteil

1. Clemens möchte sich eine neue Digitalkamera kaufen. Das Angebot ist riesig und Clemens ist verwirrt. Welches Gerät soll er nun kaufen?
    a) Wie kann sich Clemens einen Überblick über das Angebot von Digitalkameras verschaffen?
    b) Welche Gesichtspunkte könnten neben dem Preis bei der Kaufentscheidung eine Rolle spielen?
    c) Bei welchen Institutionen könnte er sich Informationen verschaffen?
    d) Die Stiftung Warentest hat Geräte getestet. Erklären Sie die Aufgabe der Stiftung Warentest.
    e) Beschreiben Sie die Vorgehensweise der Stiftung Warentest beim Testen von Geräten.
    f) Zu welcher Digitalkamera würden Sie Clemens raten, wenn Sie die Testergebnisse der Stiftung Warentest (S. 101) zu Grunde legen?

2. Begründen Sie die Notwendigkeit einer Verbraucherberatung aus der Sicht der Verbraucher.

3. Worin sehen Sie die Bedeutung einer Verbraucherberatung durch die Massenmedien?

4. Nehmen Sie Stellung zu folgender Aussage: „Eine Verbraucherberatung durch die Hersteller und den Fachhandel ist vollkommen ausreichend."

Verbraucherbewusstes Verhalten

3 Verbraucherschutzgesetze

Mogelei des Monats

Verbot von Mogelpackungen gemäß § 7 Abs. 2 Eichgesetz: Fertigpackungen müssen so gestaltet und befüllt sein, dass sie keine größere Füllmenge vortäuschen, als in ihnen enthalten ist.

aus: Stiftung Warentest

Neben dem Eichgesetz gibt es eine Reihe weiterer Verbraucherschutzgesetze. Welche sind Ihnen bekannt?

3.1 Wettbewerbsrechtliche Regelungen

Bei einem gut funktionierenden **Wettbewerb** kann der Verbraucher seine Ware unter den Angeboten vieler Anbieter auswählen. Eine große Zahl von Anbietern wetteifert um die Kunden, indem sie versuchen, ihre Konkurrenten durch immer bessere und immer preisgünstigere Waren zu übertreffen. Wird der Wettbewerb dagegen eingeschränkt, dann nimmt die Produktauswahl ab und der Verbraucher muss überhöhte Preise zahlen. Um den Wettbewerb zwischen den Unternehmen sicherzustellen, hat der Staat deshalb verschiedene Gesetze erlassen.

Gesetz gegen den unlauteren Wettbewerb (UWG)

Das **UWG** schützt Anbieter und Verbraucher vor wettbewerbswidrigem Verhalten einzelner Anbieter. Es wendet sich gegen Handlungen, die zwar zum Zweck des Wettbewerbs erfolgen, die aber **unlauter** und somit unzulässig sind. Nach dem UWG sind dies beispielsweise Werbemaßnahmen

UWG § 4
- die beim Käufer Angst verursachen, z. B. „Grippe überrollt Ulm. Sofort Grippex kaufen!"
- die Konkurrenten anschwärzen und verunglimpfen,
- bei denen die Teilnahme an einem Gewinnspiel von einem Kauf abhängt,
- die fremde Geschäfts-, Waren-, oder Firmenzeichen benutzen.

UWG § 5
Des Weiteren verbietet das UWG **irreführende Werbung** wie z. B.
- irreführende Angaben über angebotene Waren wie Ursprung, Herstellungsart und Preise. Beispiel: Ein Bäcker vertreibt industriell gefertigte Teigwaren als eigene Erzeugnisse.
- Irreführende Angaben über den Verkaufsanlass. Beispiel: Ein Räumungsverkauf wegen Umbaus wird angekündigt, obwohl nur eine Wand gestrichen wird.
- Mondpreiswerbung, d. h. für eine unangemessen kurze Zeit wird ein besonders hoher Preis angesetzt, nur um ihn dann mit viel Getöse schnell wieder herabzusetzen.
- Lockvogelangebote. Sie liegen vor, wenn die beworbene Ware nicht mindestens zwei Tage vorrätig ist.
- Werbung mit Selbstverständlichkeiten wie „Bei uns gibt es zwei Jahre Garantie".

UWG § 6
Vergleichende Werbung ist nur zulässig, wenn keine Mitbewerber herabgesetzt werden. Für die meisten Verstöße sieht das UWG den Anspruch auf **Unterlassung** vor, d. h. man kann von dem betreffenden Anbieter verlangen, dass er diese Handlung unterlässt. Daneben sind auch **Schadenersatzforderungen** vorgesehen, z. B. für den Geschäftsmann,

den sein Konkurrent bei den Kunden angeschwärzt hat. Besonders extreme Verstöße können sogar mit Geldbußen oder Freiheitsentzug geahndet werden.

„Unrecht soll sich nicht lohnen!" Deshalb können **Gewinne abgeschöpft** werden, die unlautere Wettbewerber zu Lasten einer Vielzahl von Personen erzielt haben, z. B. als „0900er-Abzocker" oder „Füllmengenunterschreiter".

UWG § 10

Unzumutbar belästigende Werbung ist ausdrücklich verboten, wenn erkennbar ist, dass der Empfänger diese Werbung nicht wünscht, z. B. durch Briefkastenaufkleber. Generell verboten ist daher auch Werbung durch Telefon, E-Mail, Telefax oder SMS, wenn der Beworbene einer solchen Werbung zuvor nicht zugestimmt hat. Genauso wenig ist das Zusenden unbestellter Waren gestattet. Belästigend sind auch unangemeldete Hausbesuche, ebenso das Ansprechen auf der Straße, wenn der Werbende nicht sofort als solcher zu erkennen ist.

UWG § 7

Für E-Mail-Werbung gilt eine Ausnahme. Hat der Unternehmer die E-Mail Adresse durch eine Bestellung erhalten, darf er Kunden eine Werbemail für ähnliche Produkte schicken. Allerdings kann ein Verbraucher nicht selbst gegen einen Anbieter vorgehen. Dies können nur Konkurrenten, Verbraucherverbände, Kammern oder gewerbliche Interessenverbände wie z. B. der Einzelhandelsverband. Ein Verbraucher, der Verstöße festgestellt hat, wendet sich deshalb am besten an eine Kammer oder einen Verbraucherverband.

Tele2 wieder bestraft
Die Telefonfirma Tele2 muss erneut Strafe zahlen, weil sie Menschen mit Werbeanrufen nervt. Das Unternehmen musste bereits 240 000 Euro an eine Verbraucherzentrale überweisen, weil es sich nicht an ein Gerichtsurteil hielt. Zudem verhängte das Landgericht Düsseldorf ein Ordnungsgeld von 100 000 Euro. Nun hat das Gericht noch eine Strafe von 200 000 Euro festgesetzt.
Finanztest Februar 2008

Gesetz gegen Wettbewerbsbeschränkungen (Kartellgesetz)

Bei einem gut funktionierenden Wettbewerb konkurrieren die Anbieter um die Kunden. Diese Konkurrenz kann mit dem Preis, mit der Qualität, mit dem Service, mit den Geschäftsbedingungen, mit der Werbung und vielem mehr ausgetragen werden. Wettbewerb ist die Antriebskraft unserer sozialen Marktwirtschaft. Er sorgt dafür, dass die Anbieter sich um die Kunden bemühen und dass diese unter vielen unterschiedlichen Angeboten auswählen können. Verständlicherweise gefällt starker Wettbewerb nicht allen Unternehmen. Immer wieder versuchen deshalb einige, den Wettbewerb auszuschließen, indem sie z. B. gemeinsame Absprachen treffen, d. h. Kartelle bilden. Leidtragende solcher Absprachen sind die Kunden, da sie durch den Wegfall der Konkurrenzsituation schlechter bedient werden. Auf der anderen Seite ist es genauso wenig im Interesse der Verbraucher, wenn durch übermäßigen Wettbewerb ein Großteil der Unternehmen einer Branche vom Markt verdrängt wird. So sind z. B. die Tante-Emma-Läden fast völlig verschwunden, stattdessen haben sich einige Handelsriesen mit großer Marktmacht durchgesetzt. Das **Gesetz gegen Wettbewerbsbeschränkungen,** auch als Kartellgesetz bezeichnet, soll diesen Entwicklungen entgegenwirken. Nach diesem Gesetz sind Kartelle grundsätzlich verboten. Des Weiteren können Unternehmenszusammenschlüsse untersagt werden, wenn sie zu einer marktbeherrschenden Stellung führen würden (siehe auch S. 223 Kartelle und S. 224, 227 Kartellgesetz).

Bundeskartellamt verbietet RWE die Übernahme
BONN (AP). Das Bundeskartellamt in Bonn hat dem Energiekonzern RWE die Übernahme des Gasversorgers Saar Ferngas untersagt. Wie die Behörde am Donnerstag in Bonn mitteilte, würde ein Zusammenschluss zur Verstärkung marktbeherrschender Stellungen beim Strom- und Erdgasabsatz führen.
Stuttgarter Zeitung vom 16.03.2007

3.2 Fernabsatzverträge und E-Commerce

Privatkäufer, die per Katalog, Fax, Brief, Telefon oder im Internet bestellt haben, werden durch das **BGB** (Bürgerliche Gesetzbuch) besonders geschützt. Denn die Firmen müssen Waren, die dem Käufer nicht gefallen, innerhalb von 14 Tagen zurücknehmen und zwar zum vollen Preis. Sogar die Versandkosten der Hin- und Rücklieferung müssen die Verkäufer übernehmen, wenn die Ware bezahlt oder zumindest angezahlt wurde. Lediglich bei Bestellungen unter 40 € hat der Käufer die Rücksendungskosten selbst zu tragen. Die **14-tägige Widerrufsfrist** beginnt an dem Tag, an dem die Ware dem Käufer zugestellt wurde. Der Kunde muss die Rücksendung nicht begründen, es genügt, wenn er die Ware zurücksendet. Ein mündlicher Widerruf ist nicht möglich. Die Verbraucher-

BGB § 312 b–d

Verbraucherbewusstes Verhalten

Geschäfte, die per Katalog, Fax, Telefon, Brief oder im Internet abgeschlossen wurden

Widerrufsrecht innerhalb von 14 Tagen

zentralen empfehlen, nicht per E-Mail, sondern auf dem traditionellen, sicheren Weg schriftlich per **Einschreiben** und Rückschein zu widerrufen.

Keine Anwendung findet diese Regelung bei der Lieferung von Speisen und Getränken, z. B. von einem Pizzaservice. Entsiegelte Audio-, Video- und Softwareträger können ebenfalls nicht zurückgegeben werden. Allerdings gilt sie für Finanzdienstleistungen wie Kontoeröffnungen, Kredite oder Versicherungen. Bei Lebensversicherungen dauert die Widerrufsfrist sogar 30 Tage.

Es genügt nicht, wenn der Anbieter den Kunden nur über sein Widerrufsrecht informiert. Er muss weitere Angaben machen, z. B. über das bestellte Produkt, über Zahlungsmodalitäten und Versandkosten. Unterlässt ein Händler diese Angaben, dann endet das Rücktrittsrecht des Kunden spätestens 6 Monate nach Vertragsschluss, bei Finanzdienstleistungen bleibt es sogar unbegrenzt bestehen. Unterbleibt die Widerrufsbelehrung oder wird sie nicht richtig durchgeführt, dann gilt das Widerrufsrecht ebenfalls unbegrenzt.

BGB § 312 e

Werden Verträge auf elektronischem Weg (in der Regel im Internet) abgeschlossen, dann sind die Kunden durch das **BGB** besonders geschützt. Im **elektronischen Geschäftsverkehr (E-Commerce)** muss der Unternehmer dafür sorgen, dass
– Eingabefehler vor Abgabe der Bestellung erkannt und berichtigt werden können,
– der Kunde Vertragstext und Verhaltensrichtlinien nicht nur am Bildschirm abrufen, sondern auch problemlos auf seinen PC überspielen und ausdrucken kann,
– der Eingang einer Bestellung unverzüglich mit elektronischer Post bestätigt wird.

Verstößt der Händler gegen eine dieser Bedingungen, dann kann der Kunde innerhalb von 6 Monaten vom Vertrag zurücktreten und nicht wie sonst üblich innerhalb von 14 Tagen.

3.3 Allgemeine Geschäftsbedingungen

Ein Verkäufer, der bei jedem Kaufvertrag die Bedingungen einzeln aushandeln und danach schriftlich festhalten würde, müsste dafür sehr viel kostbare Zeit aufbringen. Daher verwenden die meisten Kaufleute die so genannten **Allgemeinen Geschäftsbedingungen (AGB).**

BGB § 305 ff.

Dies sind vorformulierte Vertragsklauseln, die für alle Kaufverträge gelten, welche der betreffende Kaufmann abschließt. Das **BGB** verhindert, dass Geschäftsleute durch diese AGB die gesetzlichen Bestimmungen zu ihren Gunsten abändern und so die Käufer übervorteilen. Um die Kunden zu schützen, schreibt das **BGB** unter anderem vor:
– AGB werden nicht automatisch Vertragbestandteil, sondern nur, wenn der Kunde darauf hingewiesen wurde und sie in angemessener Weise zur Kenntnis nehmen kann.
– Das „Kleingedruckte" muss mühelos lesbar und verständlich sein.
– Überraschende Klauseln sind unzulässig.
– Unangemessen lange Lieferfristen sind unzulässig.
– Preiserhöhungen können frühestens 4 Monate nach Vertragsabschluss erfolgen.
– Die gesetzlichen Fristen zur Sachmangelhaftung dürfen nicht verkürzt werden.
– Bei mangelhafter Lieferung gelten grundsätzlich die Regelungen des BGB. Eine Beschränkung auf Nacherfüllung ist nicht zulässig.

3.4 Produkthaftung

Das **Produkthaftungsgesetz (ProdHaftG)** soll Verbraucher vor fehlerhaften Waren schützen. Werden durch den Fehler eines Produktes Personen- oder Sachschäden verursacht, dann muss der Hersteller der Ware entstandenen Schaden ersetzen. Dabei ist es in der Regel unerheblich, ob ein Verschulden des Fabrikanten vorliegt oder nicht. Die verschuldensunabhängige Haftung nach dem Produkthaftungsgesetz erstreckt sich nur auf das Privatleben. Schäden in Gewerbebetrieben werden davon nicht abgesichert. Des Weiteren gilt dieses Gesetz nicht für Arzneimittel. Tritt ein Schadensfall ein, dann kann die Haftung bis zu 82 Mio. € betragen. Bei Sachschäden entfällt auf den Geschädigten eine Selbstbeteiligung von 575 €.

3.5 Haustürgeschäfte

Plötzlich klingelt es an der Tür. Man öffnet und steht überrascht einer jungen Dame gegenüber, die einem die neueste Entwicklung auf dem Gebiet der Teppichreinigung anbietet. Man bummelt durch die Fußgängerzone und wird von Mitarbeitern eines Buchklubs angesprochen, die ein besonderes Angebot unterbreiten, sofern man sofort unterschreibt. Durch das **BGB** haben die Verbraucher die Möglichkeit, unbedacht abgeschlossene Verträge **innerhalb von 14 Tagen** schriftlich zu **widerrufen.** Dieses Widerrufsrecht erstreckt sich auf Geschäfte, die durch mündliche Verhandlungen am Arbeitsplatz, an der Haustür, in der Wohnung, bei Verkaufsfahrten oder durch überraschendes Ansprechen auf der Straße zustande gekommen sind. Die zweiwöchige Frist beginnt in dem Augenblick, wo der Kunde eine **deutliche Belehrung** über das Widerrufsrecht erhalten und gesondert unterschrieben hat. Unterbleibt die Widerrufsbelehrung, dann erlischt das Widerrufsrecht überhaupt nicht. Kein Widerrufsrecht besteht jedoch, wenn der Kunde den Vertreter selbst ins Haus bestellt hat, wenn ein Bagatellgeschäft (unter 40 €) vorliegt oder wenn ein Vertrag notariell beurkundet worden ist. Für abgeschlossene **Versicherungverträge** gibt es nach dem **Versicherungsvertragsgesetz** ein spezielles Widerrufsrecht von 14 Tagen, sofern der Vertrag länger als ein Jahr laufen soll.

BGB § 312, 355 f.

Geschäfte nach mündlichen Verhandlungen am Arbeitsplatz, in der Wohnung, auf Kaffeefahrten oder auf der Straße

Widerrufsrecht innerhalb von 14 Tagen

3.6 Teilzahlungsgeschäfte

Bei größeren Anschaffungen können viele Käufer den Kaufpreis nicht sofort bezahlen. Vereinbaren daraufhin Kunde und Händler, dass der Kaufpreis in Raten beglichen werden soll, dann handelt es sich um ein **Teilzahlungsgeschäft**, auch **Ratenkauf** genannt. Durch das **BGB** werden die Käufer vor einer Übervorteilung geschützt, denn für Ratenkäufe gelten besonders strenge Schutzvorschriften (siehe auch S. 150 ff. Verbraucherkredite). Das **BGB** gilt außerdem für alle **Verbraucherkredite über 200 €**. Seine wichtigsten Bestimmungen:
– Ein Ratenkauf muss **schriftlich** abgeschlossen werden. Eine Kopie davon erhält der Käufer.
– Der Vertrag muss folgende Bestandteile enthalten:
  • den Barzahlungspreis und den Teilzahlungspreis
  • die Anzahl, Höhe und Fälligkeit der Raten
  • den Nominalzins und alle Nebenkosten
  • den **effektiven Jahreszins**
  • eine deutliche Belehrung (2. Unterschrift), dass der Vertrag **innerhalb von 14 Tagen** ohne Angabe von Gründen schriftlich **widerrufen** werden kann.
– Werden Teilzahlungskäufe von Banken oder Sparkassen finanziert, dann kann man bei mangelhafter Ware die Mängel auch dem Kreditinstitut entgegenhalten und die Raten (vorerst) zurückbehalten.

BGB § 502 ff.

Verbraucherbewusstes Verhalten

BGB §§ 495, 355

Durch diese Angaben sieht der Käufer, wie viel teurer ein Ratenkauf gegenüber einem Barkauf wird und ob ein Bankkredit nicht billiger wäre. Allgemein sollte der Käufer bedenken, dass er beim Ratenkauf einen höheren Preis bezahlen muss. Außerdem erhält er keinen Barzahlungsnachlass (Skonto).

Fehlt die Belehrung über das Widerrufsrecht, so kann der Käufer auch später als zwei Wochen nach Vertragsabschluss vom Vertrag zurücktreten. Sicherheitshalber erfolgt ein Widerruf durch Einschreibebrief. So kann der Käufer jederzeit beweisen, dass er den Widerruf rechtzeitig innerhalb der Widerrufsfrist von 14 Tagen abgeschickt hat. Um von pfiffigen Vertretern nicht hinters Licht geführt zu werden, achtet man bei der Unterschrift genau auf das eingetragene Datum. Windige Vertreter bringen den Käufer durch Zurückdatieren um sein Rücktrittsrecht. Zur Sicherheit liefert der Händler meist unter **Eigentumsvorbehalt.** Der Kunde wird also nur Besitzer der Ware. Bis zur vollständigen Bezahlung bleibt sie das Eigentum des Verkäufers. Falls der Käufer die Raten nicht mehr zahlt, hat der Händler ein Rücknahmerecht.

BGB § 449

BGB § 505, 491

Die Schutzvorschriften des BGB gelten auch für Verträge mit wiederkehrenden Leistungen wie Zeitschriftenabonnements oder den Vertrag mit einem Buchklub, sofern sie 200 € übersteigen.

3.7 Verbraucherinformationsgesetz

Fleischabfälle in Würstchen, Gammelfleisch im Döner, neue Etiketten auf altem Hackfleisch, Pestizide in Babynahrung – die letzten Jahre waren geprägt von zahlreichen Lebensmittelskandalen. Durch das am 1. Januar 2008 in Kraft getretene **Verbraucherinformationsgesetz (VIG)** soll unser täglicher Konsum künftig besonders geschützt werden durch eine verbesserte gesundheitsbezogene Verbraucherinformation.

VIG §1

Als Konsequenz aus mehreren Gammelfleischskandalen werden die Behörden dazu verpflichtet, die Bevölkerung zu informieren und den Namen der Firma und des Produktes zu veröffentlichen, auch wenn die Ware bereits verkauft ist.

Nach dem VIG sind die Verbraucher zu informieren über
- Gesundheitsgefahren
- das Inverkehrbringen von ekelerregenden Lebensmitteln
- schwerwiegende Verbrauchertäuschungen
- Rechtsverstöße.

Darüber hinaus haben die Verbraucher erstmals das Recht, auf Informationen über Lebensmittel und Bedarfsgegenstände zuzugreifen, die bei Behörden vorliegen. Beispielsweise können sie bei den zuständigen Ämtern nachfragen, wie die Pestizidbelastung von bestimmten Gemüsesorten ist oder welche allergenen Stoffe ihr Shampoo enthält. Da die Behörden nun „Ross und Reiter" nennen müssen, haben die Verbraucher eine Entscheidungsgrundlage, ob sie noch die Produkte einer bestimmten Firma kaufen wollen.

Der Anwendungsbereich des Verbraucherinformationsgesetzes erstreckt sich auf Lebensmittel, Futtermittel, Wein, Kosmetika und Bedarfsgegenstände wie Bekleidung, Lebensmittelverpackungen oder Reinigungsmittel.

Verbraucherbewusstes Verhalten

Zusammenfassung

Verbraucherschutzgesetze

Wettbewerbsrechtliche Regelungen

Gesetz gegen den unlauteren Wettbewerb
verbietet irreführende und unlautere Werbung

Kartellgesetz
verbietet Kartelle und marktbeherrschende Unternehmenszusammenschlüsse

Verbraucher sollen bei ihrer Kaufentscheidung nicht wettbewerbswidrig beeinflusst werden

Gesetze zum Schutz von Verbraucherrechten

Produkthaftungsgesetz
Hersteller haften für fehlerhafte Produkte

Bürgerliches Gesetzbuch
Es regelt:
- **Verbraucherkredite** und schützt vor Übervorteilung bei Kreditverträgen
- **Fernabsatzverträge** und schützt bei Bestellungen im Versandhandel
- **Haustürgeschäfte** und schützt bei Verträgen an der Haustüre usw.
- **Allgemeine Geschäftsbedingungen** und schützt vor dem Kleingedruckten

Verbraucherinformationsgesetz
Verbesserung der gesundheitsbezogenen Verbraucherinformationen

Verbraucher sollen vor übereiltem Vertragsabschluss und Übervorteilung geschützt werden.

Arbeitsteil

1. Nennen Sie drei wichtige Verbraucherschutzgesetze.

2. a) Welche Absichten verfolgt das Gesetz gegen den unlauteren Wettbewerb?
b) Nennen Sie zwei Beispiele für unlautere Werbung.

3. Beurteilen Sie folgende Situationen. Gegen welche Vorschrift wird verstoßen?
a) Ein Elektrohändler preist in seiner Werbung einen Herd als „absolute Luxusausführung" an, obwohl das Gerät keine Spitzenausstattung aufweist.
b) In einem Supermarkt hängt dieses Angebotsplakat:

> Unser Knüller
> Schweinefilet
> 500g 9,99

c) Jemand erhält unbestellt ein Buch im Werte von 50 € zugesandt.
d) Das BGB regelt den Abschluss von Fernabsatzverträgen. Welches besondere Recht kann ein Verbraucher dadurch in Anspruch nehmen?

4. a) Welche Aussagen enthält der Zeitungsartikel?
b) Für welche Produkte gilt dieses Gesetz nicht?

Haftung für explodierende Flasche

Karlsruhe. Der Bundesgerichtshof hat in einer Grundsatzentscheidung zum Produkthaftungsgesetz die Haftung eines Mineralwasserherstellers für die Explosion einer Mineralwasserflasche festgestellt. Die Mehrwegflasche war explodiert, als ein neunjähriges Mädchen sie aus dem Keller in die häusliche Wohnung transportierte. Das Kind war dabei durch Glassplitter so schwer am linken Auge verletzt worden, dass es das Sehvermögen fast vollständig einbüßte. *Stuttgarter Zeitung*

5. a) Weshalb regelt das BGB die „AGB"?
b) Warum verwenden viele Geschäftsleute AGB?

6. a) Weshalb müssen Verbraucher beim Abschluss von Haustürgeschäften besonders geschützt werden?
b) Nennen Sie drei Beispiele für „Haustürgeschäfte".
c) Nennen Sie drei Geschäfte, die nicht unter den Schutz des BGB fallen.

7. a) Welches besondere Recht haben Kunden, die Haustürgeschäfte oder Ratenkäufe abschließen?
b) Welche Formvorschrift besteht für den Abschluss von Kreditverträgen bzw. Ratenkäufen?

4 Folgen von Zahlungsverzug

In der Flaschnerei Rohrer kommt es häufig vor, dass Kunden ihre Rechnungen nicht pünktlich bezahlen. Drei Wochen nach Rechnungsstellung – die Rechnungen sind gewöhnlich sofort zahlbar – wird dem Kunden folgende Mahnung zugeschickt:

1. Mahnung, Rechnung Nr. … vom …

Sehr geehrter Kunde, sehr geehrte Kundin,

unsere Lieferer erwarten, dass wir ihre Rechnungen pünktlich begleichen. Dasselbe können wir auch von unseren Kunden verlangen. Sie haben Ihre Rechnung immer noch nicht bezahlt. Wir gewähren Ihnen noch eine Woche Nachfrist.

Mit freundlichen Grüßen

Hat der Kunde auch nach dieser Woche nicht bezahlt, dann erhält er die 2. Mahnung:

2. Mahnung, Rechnung Nr. … vom …

Sehr geehrter Kunde, sehr geehrte Kundin,

jetzt reicht's; unsere Geduld ist erschöpft. Obwohl wir Ihnen bereits eine Mahnung zuschicken mussten, haben Sie es nicht für nötig gehalten, unsere Rechnung zu begleichen. Stellen Sie sich einmal vor, alle Kunden würden sich so verhalten. Sollten Sie unsere Rechnung auch nach dieser Mahnung nicht sofort bezahlen, dann werden wir unseren Rechtsanwalt beauftragen, den Rechnungsbetrag bei Ihnen einzuziehen. Die damit verbundenen Gebühren gehen dann selbstverständlich zu Ihren Lasten.

Hochachtungsvoll

Ist in diesem Fall die 1. Mahnung gerechtfertigt? Halten Sie es für sinnvoll, wenn das Mahnverfahren mit diesen Formulierungen beginnt?
Wie reagieren die Kunden, vor allem solche, die eine 2. Mahnung erhalten?
Verbessern Sie die Schreiben mündlich so, dass sie kundenfreundlicher, aber dennoch wirksam erscheinen.
Muss ein Rechtsanwalt unbedingt eingeschaltet werden?

4.1 Außergerichtliches Mahnverfahren

Jeder Gewerbetreibende muss laufend den rechtzeitigen Eingang seiner Forderungen überwachen. Dadurch bleibt er zahlungsfähig und vermeidet Verluste wie z. B. durch Verjährung oder Zinsausfall.
Zahlungsverzögerungen von Kunden können verschiedene Ursachen haben: Zahlungsunfähigkeit, Zahlungsunwilligkeit oder nur Vergesslichkeit. Diese Gründe sind im Einzelnen maßgebend für die Art und den Stil einer Mahnung. Normalerweise geht ein Gläubiger folgendermaßen vor:

Die Zahlungserinnerung	ist sehr höflich gehalten, da der Schuldner die Zahlung möglicherweise nur vergessen hat und auf eine richtige Mahnung verärgert reagieren könnte. Bleibt dieser höflich gehaltene Versuch ohne Wirkung, erfolgt der nächste Schritt.
Die 1. Mahnung	wird nicht unfreundlich, aber dennoch entschieden formuliert. Unter Hinweis auf die Fälligkeit der Schuld enthält sie die bestimmte Aufforderung zur Zahlung. Wurde kein bestimmter Zahlungstermin vereinbart und sind seit Zugang einer Rechnung noch keine 30 Tage verstrichen, dann gerät der Schuldner erst durch diese Mahnung in Verzug.
Die 2. Mahnung	wird abgeschickt, wenn der Kunde immer noch keine Reaktion zeigt. Sie enthält die schärfer formulierte Aufforderung zur Zahlung, evtl. auch die Androhung gerichtlicher Maßnahmen (Mahnbescheid oder Klage).

Aus Gründen der Beweisbarkeit erfolgen Mahnungen schriftlich. Wiederholte Mahnungen werden als Übergabe-Einschreiben zugestellt.

Welche Schritte ein Gläubiger ergreift, kann im Einzelfall sehr unterschiedlich sein. Je nach Ursache des Zahlungsverzugs ist es durchaus möglich, zusätzliche Mahnstufen einzubauen oder einzelne Stufen zu überspringen. Erklärt beispielsweise ein Schuldner, dass er nicht zahlen wird, leitet man sofort gerichtliche Schritte ein, da ein außergerichtliches Mahnverfahren hier nichts bewirkt.

Nach dem BGB (Bürgerlichen Gesetzbuch) gerät ein Schuldner spätestens „**in Verzug**", wenn er nicht innerhalb von 30 Tagen nach Zugang einer Rechnung zahlt. Er muss dann neben seinen Schulden auch hohe Verzugszinsen zahlen, nämlich 5 % über dem Basiszinssatz der Deutschen Bundesbank.

BGB § 286

!**Hartnäckige Schuldner!**
Lassen Sie sich nicht länger an der Nase herumführen! Wir kümmern uns professionell und konsequent um den Einzug Ihrer Forderung ab € 5000,– Auch Altforderungen.

Inkassogesellschaften

Viele Gläubiger beauftragen eine **Inkassogesellschaft** mit dem Eintreiben von Forderungen. In diesem Fall müssen die Schuldner zusätzlich die Kosten der Inkassofirma tragen. Inkassogesellschaften nutzen alle Möglichkeiten des außergerichtlichen und gerichtlichen Mahnverfahrens sowie des Klageverfahrens und der Zwangsvollstreckung.

4.2 Gerichtliches Mahn- und Klageverfahren

Gerichtliches Mahnverfahren

Mahnbescheid Nach erfolglosen außergerichtlichen Mahnungen leitet der Gläubiger das gerichtliche Mahnverfahren ein, indem er bei der zuständigen Zentralstelle des jeweiligen Bundeslandes (z. B. in Baden-Württemberg das Amtsgericht Stuttgart) den Erlass eines **Mahnbescheides** beantragt. Hierzu kauft er in einem Schreibwarengeschäft den auf S. 112 abgebildeten Vordruck, füllt ihn aus und reicht ihn beim zuständigen Amtsgericht ein. Über die angefallenen Gebühren erhält er vom Gericht einen Kostenbescheid. Die Gebühren des Amtsgerichts für den Erlass eines gerichtlichen Mahnbescheids richten sich nach der Höhe der Forderung.

Gerichtsgebühren beim Mahnbescheid	
Forderung bis €	Gerichtsgebühr in €
900	23,00
1 200	27,50
1 500	32,50
2 000	36,50
2 500	40,50
3 000	44,50
usw.	usw.

Verbraucherbewusstes Verhalten

Ohne zu überprüfen, ob der Anspruch berechtigt ist, erlässt nun das Amtsgericht den Mahnbescheid und stellt ihn dem Schuldner zu. Dieser hat drei Möglichkeiten:
- Er **zahlt**. Das Verfahren ist damit beendet.
- Er erhebt innerhalb von 14 Tagen **Widerspruch**. Auf Antrag einer der Parteien kann daraufhin eine mündliche Gerichtsverhandlung angesetzt werden.
- Er **reagiert nicht**. Dann kann der Gläubiger nach 14 Tagen einen Vollstreckungsbescheid beantragen.

Vollstreckungsbescheid ist eine Vollstreckbarkeitserklärung, die das Gericht auf den Mahnbescheid setzen kann, wenn der Gläubiger dies beantragt. Nach der Zustellung des Vollstreckungsbescheids hat der Schuldner drei Möglichkeiten:
- Er **zahlt.** Das Verfahren ist damit beendet.
- Er erhebt innerhalb von 14 Tagen **Einspruch**. Das Gericht setzt dann einen Termin zur mündlichen Verhandlung an.
- Er **reagiert nicht**. Der Gläubiger kann nach Ablauf der Einspruchsfrist (14 Tage) durch den Gerichtsvollzieher die Zwangsvollstreckung durchführen lassen.

Zwangsvollstreckung Sie erfolgt durch **Pfändung** und öffentliche Versteigerung der gepfändeten Sachen. Der Gerichtsvollzieher pfändet, indem er bewegliche Sachen wie Schmuck oder andere Waren in seinen Besitz nimmt. Schwer zu transportierende Gegenstände versieht er mit einem Pfandsiegel („Kuckuck") und belässt sie zunächst beim Schuldner. Lebensnotwendige Dinge wie z. B. ein Bett, ein Herd oder ein Fernseher dürfen nicht gepfändet werden. Haben solche lebensnotwendigen Güter jedoch einen höheren Wert, so können sie im Rahmen einer Austauschpfändung durch geringwertigere ersetzt werden. Unpfändbar sind Sachen, die zur Berufsausübung benötigt werden wie z. B. die Trompete eines Musikers. Unbewegliche Sachen, z. B. Grundstücke oder Gebäude, werden mit einer Sicherungshypothek belastet oder zwangsversteigert. Auch Forderungen und Rechte, z. B. der Arbeitslohn, können gepfändet werden. Der Arbeitslohn kann jedoch nicht ganz gepfändet werden, sondern nur bis zum Existenzminimum.

Wenn die Pfändung erfolglos verlief oder der Versteigerungserlös nicht ausreicht, kann der Gläubiger beantragen, dass der Schuldner ein Verzeichnis seiner Vermögensteile aufstellt. Über die Vollständigkeit und Richtigkeit muss er eine **eidesstattliche Versicherung** abgeben. Eine „Falsche Versicherung an Eides statt" wird mit Gefängnis bestraft und zwar bis zu 3 Jahren. Jeder, der diese Versicherung abgeben musste, wird in ein Schuldnerverzeichnis beim Amtsgericht aufgenommen. Entsprechende Eintragungen kann man auf Antrag erfahren. Verweigert der Schuldner diese eidesstattliche Versicherung, dann kann er zur Erzwingung bis zu sechs Monate inhaftiert werden.

Der Ablauf der Zwangsvollstreckung

durch das Gericht	Pfändung	
	erfolglos	erfolgreich
Gläubiger beantragt	eidesstattliche Versicherung	Versteigerung
Gläubiger beantragt	Haft bei Weigerung	Abrechnung

Zwar verjähren Ansprüche der Gläubiger spätestens nach 30 Jahren. Dennoch gibt es seit 1999 für die rund 3 Millionen überschuldeten Haushalte wieder Hoffnung. 1999 trat die neue **Insolvenzordnung (InsO)** in Kraft. Durch das neue Konkursrecht können erstmals auch Privatleute von ihren Restschulden befreit werden; sie dürfen von vorn anfangen. Dazu muss ein Schuldner zumutbare Arbeit angenommen, sechs Jahre lang sein pfändbares Einkommen abgeliefert, sein Vermögen offen gelegt und sich finanziell korrekt verhalten haben (siehe S. 154 Verbraucherinsolvenzverfahren [Privatkonkurs]).

Verbraucherbewusstes Verhalten

Zuerst zum Schlichter

Rund 1,6 Millionen neue Fälle landen jedes Jahr vor den Amtsgerichten. Verhandeln mussten die Richter bisher jeden davon. Selbst einen Prozess um 1,50 € konnten sie nicht wegen Geringfügigkeit abwenden. Um die Justiz von „Ballast" zu befreien, schreiben einige Bundesländer für bestimmte Fallgruppen eine außergerichtliche Schlichtung vor. So gilt z. B. in Baden-Württemberg seit Oktober 2000 ein neues zivilrechtliches Schlichtungsverfahren. Danach muss bei Streitigkeiten mit einem Streitwert bis 750 € zunächst der Schlichter angerufen werden.

Das Klageverfahren

Häufig verzichtet ein Gläubiger auf das gerichtliche Mahnverfahren und verklagt den Schuldner direkt auf Zahlung. Dies empfiehlt sich, wenn der Schuldner zahlungsunwillig ist oder wenn die Ansprüche umstritten sind. Des Weiteren entsteht ein Zivilprozess
- auf Antrag des Gläubigers oder Schuldners nach einem Mahnbescheid,
- von Amts wegen nach einem Einspruch gegen einen Vollstreckungsbescheid.

Örtlich zuständig ist das Gericht, in dessen Bezirk der Beklagte wohnt, sofern kein vertraglicher Gerichtsstand vereinbart wurde.
Sachlich zuständig ist bei einem Streitwert bis 5000 € das Amtsgericht, bei Beträgen darüber das Landgericht.

Verfahrensablauf Der Kläger reicht beim zuständigen Gericht die Klage ein. Dieses stellt dem Beklagten die Klageschrift zu und teilt ihm einen Termin für die mündliche Verhandlung mit. Dort soll der Tatbestand aufgeklärt werden. Hierzu werden beide Parteien gehört. Beweismittel können z. B. Zeugenaussagen oder Urkunden sein.
Seit dem 1.1.2002 schreibt § 278 der Zivilprozessordnung (ZPO) vor, dass zunächst eine **Güteverhandlung** angesetzt wird. Hier soll versucht werden, durch einen Vergleich zu schlichten. Ausnahmen: erkennbare Aussichtslosigkeit oder Widerspruch einer Partei.

Das Verfahren endet normalerweise durch:
- **Vergleich**, wenn sich die Parteien einigen.
- **Urteil**, wenn sich die Parteien nicht einigen; ein rechtskräftiges Urteil kann der Gläubiger vollstrecken lassen.
- **Zurücknahme der Klage**, wenn der Kläger erkennt, dass seine Klage keinen Erfolg haben wird.
- **Versäumnisurteil**, wenn eine Partei nicht zur Verhandlung erscheint.

Berufung und Revision Gegen ein Urteil kann die unterlegene Partei **Berufung** einlegen. Berufungsinstanzen sind das Landgericht und das Oberlandesgericht. In der Berufung wird das ganze Verfahren noch einmal durchgeführt, neue Beweise können vorgebracht werden. Gegen Urteile des Oberlandesgerichts kann Revision beim Bundesgerichtshof in Karlsruhe eingelegt werden. Bei der **Revision** jedoch wird nur überprüft, ob in der vorigen Instanz die Gesetze richtig angewendet wurden.

Landgericht	Oberlandesgericht
↑ Berufung	↑ Berufung
Amtsgericht	Landgericht
Streitwert bis 5000 €	Streitwert über 5000 €

Verbraucherbewusstes Verhalten

Zusammenfassung

Das Mahnverfahren

- außergerichtlich
  - Zahlungserinnerung
  - 1. Mahnung
  - 2. Mahnung
  - evtl. Androhung gerichtlicher Schritte
- gerichtlich
  - Mahnbescheid — Der Schuldner kann Widerspruch einlegen.
  - Vollstreckungsbescheid — Der Schuldner kann Einspruch einlegen.
  - Zwangsvollstreckung

Arbeitsteil

1. a) Begründen Sie, weshalb das außergerichtliche Mahnverfahren meist in mehreren Stufen erfolgt.
   b) Nennen Sie die wichtigsten Stufen des außergerichtlichen Mahnverfahrens.

2. a) Weshalb sollte jeder Mahnbescheid vom Empfänger sehr genau überprüft werden?
   b) Wie kann man gegen einen Mahnbescheid vorgehen?

3. Max hat ein Fernsehgerät gekauft. Trotz einer Zahlungsaufforderung und zweier Mahnungen hat er das Gerät immer noch nicht bezahlt. Einige Zeit später erhält er einen gerichtlichen Mahnbescheid zugestellt, den er nicht beachtet. Drei Wochen später wird ihm ein Vollstreckungsbescheid zugestellt.
   a) Womit muss Max rechnen, wenn er den Vollstreckungsbescheid wieder nicht beachtet?
   b) Was geschieht, wenn Max gegen den Vollstreckungsbescheid fristgerecht Einspruch erhebt?
   c) Aus welchen Gründen verzichten manche Gläubiger auf das gesamte gerichtliche Mahnverfahren und reichen lieber sofort Klage bei Gericht ein?

4. Ein Zivilprozess kann auf verschiedene Weise beendet werden. Wie enden die folgenden Verfahren?
   a) Der Kläger erscheint nicht zur Verhandlung.
   b) Die Parteien einigen sich.
   c) Der Kläger erkennt, dass er keinen Erfolg haben wird.

5. Wie unterscheiden sich Berufung und Revision?

Prüfungsaufgaben

Wichtige Mitteilung an alle Besitzer eines ▇ T8 Kaffeeautomaten Typ 468.

An Glaskannen der ▇ T8 Kaffeeautomaten Typ 468 (Typenbezeichnung auf der Unterseite des Gerätes) wurde ein Fabrikationsfehler entdeckt.
Es handelt sich hierbei um Kaffeeautomaten, die nach dem 1. November 2005 hergestellt wurden. Das Fabrikationsdatum Ihres Kaffeeautomaten ermitteln Sie anhand der 5 Ziffern unter dem Gerät. Die beiden ersten Ziffern bezeichnen den Tag, die beiden weiteren den Monat und die letzte Ziffer das Jahr. 01115 bedeutet demnach 1. November 2005. Wurde Ihr T8 Kaffeeautomat Typ 468 nach dem 1. November 2005 gefertigt, bittet Sie ▇ aus Sicherheits- und Qualitätsgründen, die Glaskanne umzutauschen. Es besteht die Möglichkeit, dass sich der Handgriff von der Kanne löst. Der Umtausch erfolgt selbstverständlich kostenlos.
Rufen Sie gebührenfrei montags bis samstags von 8.30 Uhr bis 17.30 Uhr unter der Telefonnummer ▇ an, um den Umtausch Ihrer Glaskanne zu veranlassen.
▇ entschuldigt sich bei Ihnen für die entstandenen Unannehmlichkeiten und bedankt sich für das entgegengebrachte Vertrauen.

a) Weshalb veranstalten Hersteller derart „unangenehme bzw. peinliche Rückrufaktionen"?

b) Welches Gesetz verpflichtet die Hersteller einer Ware für Schäden zu haften, die ein fehlerhaftes Produkt verursacht hat?

c) Frau Saubermann hat die abgebildete Kaffeemaschine gekauft.
Aufgrund des Materialfehlers löst sich der Kannengriff und der Inhalt ergießt sich über dem teuren Lederkostüm ihrer Bekannten. Für 60 € muss das Kostüm nun in einer Spezialreinigung gesäubert werden. Welche Ansprüche hat Frau Saubermann an den Hersteller der Kaffeemaschine, welchen Anspruch hat sie an den Händler, der ihr die Maschine verkauft hat?

d) Jemand sagt: „Wir haben heute den aufgeklärten Verbraucher. Schaffen wir doch diese wettbewerbsregelnden und verbraucherschützenden Gesetze ab." Nehmen Sie Stellung.

e) Sind Aktionen, wie sie der neben stehende Artikel beschreibt, auch in der Bundesrepublik Deutschland erforderlich oder kann hier mithilfe des Gerichts ausstehendes Geld eingetrieben werden? Wie heißt die Mahnung, die durch das Gericht verschickt wird?

f) Womit muss ein Schuldner rechnen, der diese gerichtliche Mahnung nicht beachtet?

g) Weshalb beauftragen immer mehr Gläubiger eine Inkassogesellschaft mit der Eintreibung ihrer Forderungen?

h) Welche Auswirkungen hat das Einschalten einer Inkassogesellschaft für die Schuldner?

Das große Los gezogen

KIEW (AP) – Die ukrainische Stadt Lwow hat Probleme mit der Zahlungsmoral ihrer Bürger, die häufig ihre Elektrizitätsrechnung nicht begleichen. Um dies zu ändern, griff die Stadt zu einer ungewöhnlichen Maßnahme: Wer pünktlich zahlt, nimmt an einer Lotterie teil. Den Gewinnern winken Geldpreise bis zu 1000 Griwna (rund 475 €), wie eine Sprecherin der Stadtverwaltung am Freitag mitteilte. Darüber hinaus hätten einige Unternehmen Sachpreise gestiftet. Nach Angaben der staatlichen Elektrizitätswerke zahlen nur 60 Prozent der Kunden ihre Rechnung.

Eine weitere Prüfungsaufgabe zum Kapitel Verbraucherbewusstes Verhalten finden Sie auf S. 309.

Umgang mit Geld

Umgang mit Geld

1 Zahlungsmöglichkeiten

Tim: Gestern Abend wollte ich noch tanken, hatte aber leider kein Geld mehr im Geldbeutel und die Bank hatte schon geschlossen. Habe ich vielleicht gezittert, ob der Sprit noch zum Heimfahren reicht.

Andy: Kann mir nicht passieren. Mit der Kundenkarte meiner Bank oder meiner Kreditkarte bin ich immer flüssig. Seit neuestem erledige ich sogar meine Geldgeschäfte mit meiner Bank über Homebanking an meinem PC. Echt super! Kann ich dir nur empfehlen.

Erklären Sie die Begriffe Kundenkarte, Kreditkarte und Homebanking. Welche Voraussetzungen sind nötig, dass auch Tim diese Zahlungsmöglichkeiten nutzen kann?

Je nachdem, ob eine Zahlung mit Bargeld oder unter Einbeziehung von Konten (Buchgeld) bewerkstelligt wird, unterscheidet man drei grundsätzlich verschiedene Zahlungsarten:

Zahlungsarten

Barzahlung	halbbare Zahlung	unbare (bargeldlose) Zahlung
• persönliche Übergabe oder durch Boten • Express-Brief • Einschreibebrief • Geldversand der Postbank	**Empfänger hat Konto** • Zahlschein • Nachnahme **Zahler hat Konto** • Barscheck • Reisescheck	• Verrechnungsscheck • Überweisung • Dauerauftrag • Lastschrift • Karte • Homebanking

Auszubildenden und Arbeitnehmern wird die monatliche Vergütung auf ihr Girokonto überwiesen; sie erhalten sie bargeldlos als **Buchgeld**. Dieses Geld ist weder greifbar noch direkt sichtbar, da es nur in den Büchern der Banken steht. Dennoch können die Kunden jederzeit darüber verfügen.

1.1 Die Barzahlung

Bei der **Barzahlung** gibt der Zahler **Bargeld** (Banknoten und Münzen), der Zahlungsempfänger erhält ebenfalls Bargeld. Ein Bote kann zwischengeschaltet werden.

Umgang mit Geld

In jedem Fall sollte der Zahler sich einen **Kassenbon** oder eine **Quittung** aushändigen lassen, damit er später den Zahlungsvorgang beweisen kann.

Barzahlung durch Geldversand der Postbank

Der Zahler füllt den Vordruck für den **Geldversand** aus und zahlt den zu übermittelnden Betrag nebst einer Gebühr bar am Postschalter ein. Bei der Einzahlung erhält er eine so genannte Geldtransferkontrollnummer, die er dem Zahlungsempfänger mitteilt.
Der kann sich das Geld Minuten später in jeder Postfiliale bar auszahlen lassen, nachdem er zuvor die Geldtransferkontrollnummer genannt und sich ausgewiesen hat. Beträge über 1500 € werden allerdings nur in größeren Postfilialen ausgezahlt. Der Minuten-Service ist innerhalb Deutschlands in unbegrenzter Höhe möglich, bei Zahlungen ins Ausland gelten je nach Land unterschiedliche Höchstbeträge. Geht das Geld verloren, haftet die Postbank in Höhe des versendeten Betrages.

Barzahlung mit Einschreibebrief und Express-Brief

Geld sollte man nicht in einem Brief versenden. Ist das dennoch unumgänglich, kann man Beträge bis 25 € mit einem **Einschreibebrief**, Beträge zwischen 25 und 500 € mit einem **Express-Brief** versenden. Die Post haftet für das Verschwinden dieser Briefe mit den angegebenen Höchstbeträgen. Die Versendung mit Express-Brief ist allerdings umständlich und relativ teuer. Ein Express-Brief wird normalerweise in einer Postfiliale aufgegeben. Gegen eine zusätzliche Gebühr holt die Post ihn auch von zu Hause ab. Zugestellt wird ein Express-Brief über Nacht, gegen eine entsprechende Zusatzgebühr sogar vor 9 Uhr, 10 Uhr oder 12 Uhr.

1.2 Girokonto

Um an der **halbbaren** und der **bargeldlosen Zahlung** teilnehmen zu können, benötigt man ein Girokonto bei einer Bank oder Sparkasse. Wer ein solches eröffnen möchte, muss
– voll geschäftsfähig und volljährig sein,
– sich durch Personalausweis oder Reisepass ausweisen (Legitimationsprüfung),
– seine Unterschrift zu Prüfzwecken beim Kreditinstitut hinterlegen. Durch die Unterschrift auf dem Kontoeröffnungsantrag erkennt der Antragsteller automatisch die allgemeinen Geschäftsbedingungen seiner Bank oder Sparkasse an.

Für **Bankgeschäfte mit Jugendlichen,** die noch keine 18 Jahre alt sind, gelten strikte Regeln. Für die Kontoeröffnung ist die schriftliche **Zustimmung beider Elternteile** erforderlich. Soll der Jugendliche bestimmte Bankgeschäfte allein führen, dann werden diese

Umgang mit Geld

DIE KONTOERÖFFNUNG IST GANZ EASY.

Wichtig!
Für Schüler, Auszubildende und Studenten führen wir das Girokonto kostenlos und mit 1 % Guthabenverzinsung!

inhaltlich genau bestimmt. Eine Ausnahme gilt für Minderjährige, die mit Einverständnis der Eltern einen Arbeitsvertrag unterschrieben haben. Sie können auf eigene Faust ein Konto eröffnen, auf das ihr Gehalt überwiesen wird. Allerdings gilt ihr Freiraum nur für Bargeldabhebungen.

Eine Vorschrift gilt für alle Minderjährigen: Kredit gibt es nicht; es wird lediglich ein Guthabenkonto eingeräumt. Eine Kreditgewährung ist nur dann zulässig, wenn das Vormundschaftsgericht seine Zustimmung gibt. Das Gleiche gilt für Kontoüberziehungen und Scheckausstellungen. Neuerdings bieten fast alle Banken Kinder- und Jugendkonten an, zu denen eine Kundenkarte bzw. ec-Karte mit Geheimzahl (PIN) gehört. Mit der Karte und der PIN können die Minderjährigen im Handel bezahlen und Bargeld an Automaten abheben. So lange sie noch nicht 18 Jahre alt sind, geht dies allerdings nur im Rahmen des Guthabens auf dem Konto.

Bevor man ein Girokonto eröffnet, sollte man die Angebote der verschiedenen Kreditinstitute sorgfältig vergleichen. Unterschiede bestehen z. B. bei der Berechnung von:
- Guthabenzinsen
- Überziehungszinsen
- Kontoführungsgebühren (Pauschale oder Einzelberechnung? Was ist in der Pauschale enthalten?)
- Kosten von Serviceleistungen wie z. B. Kontoauszüge, Daueraufträge (Neuanlage, Änderung, Löschung), Scheck- und Überweisungsformulare, Kundenkarte (z. B. Bankkarte), Homebanking

Kontonummer	Wert	Text	Soll	Umsätze	Haben
1234567890	28.04.	Überweisung	174,50		
	30.04.	Ausbildungsvergütung			476,50
Bank in Berghausen	30.04.	Dauerauftrag	40,00		
	30.04.	Lastschrift, Telekom	48,94		
	02.05.	Scheck 834567	180,00		
	03.05.	Lastschrift, Kaufmarkt	49,00		

Herrn
Harry Häcker
Platinenweg 5

76327 Berghausen

Alter Saldo
H   210,05

Neuer Saldo
H   194,11

Buch.-Datum	Auszug-Nr.	Blatt-Nr.
04.06.06	36	1

Jede Veränderung auf seinem Girokonto erfährt der Kunde durch Kontoauszüge. Für Privatpersonen dient der Kontoauszug als Ersatz für eine eigene Buchführung. Der Kontoauszug
- informiert über die aktuelle finanzielle Situation,
- erleichtert den Überblick über Einnahmen und Ausgaben,
- dient als Kontrolle.

1.3 Die halbbare Zahlung durch Zahlschein und Nachnahme

Zahlschein Verfügt der Zahlungsempfänger über ein Girokonto, dann kann der Schuldner (Zahler) den zu zahlenden Betrag bei einer Bank oder am Postbankschalter mit einem **Zahlschein** bar einbezahlen. Dem Zahlungsempfänger wird dieser Betrag auf seinem Girokonto gutgeschrieben. Die Zahlung mit Zahlschein ist allerdings sehr teuer. Je nach Bank werden bei der Einzahlung zwischen 5 und 10 € fällig.

Zunehmend verwenden Banken und Sparkassen auch einteilige Formulare.

Nachnahme Mit Sendungen, die per Postnachnahme verschickt werden, beauftragt ein Gläubiger die Post, Geld von einem Schuldner einzuziehen. Dies ist vor allem im Versandhandel der Fall. Der Absender muss hierzu eine Nachnahmekarte und einen Zahlschein ausfüllen. Die bestellte Ware wird dem Empfänger erst dann vom Postboten ausgehändigt, wenn er den Nachnahmebetrag vollständig bezahlt hat. Der eingezogene Geldbetrag wird dem Girokonto des Gläubigers gutgeschrieben. Zwar hat der Gläubiger die Sicherheit, dass der Rechnungsbetrag mit der Übergabe der Sendung auch bezahlt wird, dafür kosten Nachnahmesendungen zusätzliche Gebühren.

www.deutschepost.de
→ portokalkulator

Umgang mit Geld

1.4 Halbbare und unbare (bargeldlose) Zahlung durch Scheck

Scheck

Wer Zahlungen mit Scheck begleichen möchte, muss über ein Girokonto verfügen. Ein Scheck darf nur ausgestellt werden, wenn das Konto gedeckt ist, d. h. es muss ein Guthaben in Höhe des Scheckbetrages vorhanden sein oder der eingeräumte Kreditspielraum ist so hoch, dass der Scheck eingelöst werden kann. Ein Scheck ist nach dem Scheckgesetz (SchG) eine schriftliche Anweisung an ein Kreditinstitut, aus einem Guthaben einen bestimmten Betrag zu zahlen.

Soll ein Scheck Gültigkeit haben, sind folgende **gesetzlichen Bestandteile** zwingend vorgeschrieben:

1 der Name des Bezogenen (Geldinstitut des Zahlers)
2 Angabe des Zahlungsortes
3 die unbedingte Anweisung, eine bestimmte Geldsumme zu zahlen (Scheckklausel)
4 die Bezeichnung als Scheck im Text
5 Tag und Ort der Ausstellung
6 Unterschrift des Ausstellers

Neben diesen zwingenden gesetzlichen Bestandteilen gibt es noch eine Reihe so genannter **kaufmännischer Bestandteile** wie Kontonummer, Schecknummer, Angabe des Zahlungsempfängers. Diese sollen die Bearbeitung des Schecks erleichtern, haben jedoch auf die Gültigkeit keinen Einfluss.

Stimmen beispielsweise auf einem ausgefüllten Scheck der Betrag in Ziffern und der Betrag in Worten nicht überein, so gilt nach dem Scheckgesetz der ausgeschriebene Betrag, da der Wert in Ziffern lediglich ein kaufmännischer Bestandteil des Schecks ist.

Einlösen von Schecks Ein Scheck muss bei **Sicht** eingelöst werden, d. h. sobald der Inhaber ihn am Bankschalter vorlegt. Die gesetzliche **Vorlegungsfrist** beträgt acht Tage. Danach ist die Bank nicht mehr zur Einlösung verpflichtet. Sofern sie zwischenzeitlich nicht vom Aussteller widerrufen wurden, lösen Banken Schecks auch nach Ablauf der Vorlegefrist ein. Fehlt dem Konto die erforderliche Deckung, dann kann das Geldinstitut ebenfalls die Einlösung verweigern. Da jeder Überbringer einen Scheck einreichen kann, sollte man bei einem **Scheckverlust** sofort bei der bezogenen Bank unter Angabe der Schecknummer eine Schecksperre beantragen. In diesem Fall wird die Bank den Scheck nicht mehr ausbezahlen. Wird er dennoch ausbezahlt, haftet sie nur, wenn zusätzlich die Vorlegefrist abgelaufen ist.

Barscheck Die im Scheck genannte Bank oder Sparkasse zahlt den genannten Betrag an denjenigen aus, der den Scheck vorlegt, und prüft dabei nicht, ob der Überbringer zum Geldempfang berechtigt ist. Dies birgt die Gefahr, dass z. B. auch ein unehrlicher Finder diesen Scheck dort abheben könnte.

Verrechnungscheck Bei einem Verrechnungsscheck darf die Bank den Scheckbetrag dem Konto des Überbringers nur gutschreiben, keinesfalls aber bar auszahlen. Neben speziellen Verrechnungsscheckformularen kann auch ein Barscheck zu einem Verrechnungsscheck gemacht werden. Der Barscheck muss dazu den Vermerk „Nur zur Verrechnung" erhalten. Umgekehrt kann ein Verrechnungsscheck durch Streichung dieses Vermerks nicht zu einem Barscheck gemacht werden. Die Streichung gilt als nicht erfolgt.
Die missbräuchliche Verwendung eines Verrechnungsschecks ist zwar nicht auszuschließen, wird jedoch wesentlich dadurch erschwert, dass der Einreicher stets ein Girokonto unterhalten muss. Bei einer Kontoeröffnung muss er sich ausweisen. Dies ermöglicht es, einen unberechtigten Scheckeinreicher ausfindig zu machen.

Reisescheck Wer in andere Länder reist, kann Reiseschecks benutzen. Reiseschecks sind über einen bestimmten Euro-Betrag oder über einen bestimmten anderen Währungsbetrag (z. B. US-Dollar) ausgestellte Schecks, die im Inland bei Banken und Sparkassen gekauft werden können. Sie müssen bei Ausstellung bezahlt werden. Nicht benötigte Reiseschecks werden nach Beendigung der Reise von den Banken zurückgekauft. Die Gebühren für Reiseschecks enthalten eine Versicherung, die verlorene oder gestohlene Reiseschecks ersetzt.

1.5 Die unbare (bargeldlose) Zahlung

Dabei verfügen sowohl Zahler als auch Zahlungsempfänger über ein Girokonto. Dem Zahler wird der Betrag auf dessen Girokonto belastet, dem Zahlungsempfänger gutgeschrieben. Eine Zahlung erfolgt allein über eine Umbuchung auf den beiden Girokonten.

Überweisung

Mit der Ausstellung einer **Überweisung** gibt der Zahler seiner Bank den Auftrag, einen bestimmten Betrag von seinem Girokonto auf das Girokonto des Zahlungsempfängers zu übertragen. Die Überweisungsformulare der Kreditinstitute sind genormt und unterscheiden sich nur durch die farbliche Aufmachung. Bei den meisten Kreditinstituten besteht das Überweisungsformular aus zwei Teilen:

Umgang mit Geld

Der **Durchschrift** (Quittung) für den Auftraggeber (Zahler)

Dem **Überweisungsauftrag,** der bei der Bank des Zahlers (Auftraggebers) verbleibt. Er enthält die Unterschrift des Auftraggebers.

Europa befindet sich in einem ständigen Wandel. Ländergrenzen verlieren immer mehr an Bedeutung. Durch das Internet kann man Waren und Dienstleistungen in ganz Europa erwerben – **Auslandsüberweisungen** nehmen zu. Seit Januar 2008 ist der **einheitliche Europäische Zahlungsraum, die sogenannte Single Euro Payments Area (SEPA)**, Realität. Zum einheitlichen europäischen Zahlungsraum gehören die 27 EU-Länder sowie die Schweiz, Liechtenstein, Norwegen und Island. Die Kosten einer Überweisung innerhalb des SEPA-Raumes sind nicht höher als eine Inlandsüberweisung, vorausgesetzt: Sie erfolgt in Euro und liegt unter 50000 €. Des Weiteren muss das **Euroüberweisungsformular** verwendet werden und die internationale Bank-Kontonummer **(IBAN)** von Zahlungsempfänger und Zahler angegeben werden, außerdem der Internationale Bank-Code **(BIC)** der Empfängerbank. Die IBAN ersetzt im Auslandsverkehr die aus Kontonummer und Bankleitzahl bestehende Angabe der Bankverbindung. Sie wird von der Hausbank aus Bankleitzahl und Kontonummer errechnet. Bei einem korrekt ausgefüllten Euroüberweisungsformular darf eine Auslandsüberweisung nur noch 3 Tage dauern, ab 2012 nur noch einen Tag. Das Euroüberweisungsformular kann auch für nationale Überweisungen benutzt werden. Durch SEPA wird auch das Zahlen und Geldabheben mit Karten einfacher. 2009 soll die europaweite SEPA-Lastschrift folgen.

Internationale Bankkontonummer (IBAN)
Länderkennzeichen mit 2 Stellen

Prüfziffer mit 2 Stellen   **Bankleitzahl** mit 8 Stellen   **Kontonummer** mit 10 Stellen

DE 73 59010066 0003576661

Sonderformen des Überweisungsverkehrs

Dauerauftrag Ein Dauerauftrag dient der Zahlung von gleich bleibenden Beträgen zu regelmäßig wiederkehrenden Zahlungsterminen. Er eignet sich z. B. für Miete und Versicherungsbeiträge. Solche Daueraufträge können auf unbestimmte Zeit bis auf Widerruf erteilt oder von vornherein befristet werden. Die Einrichtung eines Dauerauftrags ist sehr bequem, weil man den Auftrag nur einmal erteilen muss. Außerdem ist sichergestellt, dass eine Zahlung nicht vergessen wird.

Lastschrifteinzugsverfahren Bei manchen Zahlungen kann der Zahler den Zahlungsempfänger ermächtigen, von seinem Girokonto Geld abzubuchen.

Bei zeitlich oder in der Höhe unregelmäßig anfallenden Zahlungen kann man dem Zahlungsempfänger eine **schriftliche Einzugsermächtigung** *(Einzugsermächtigungsverfahren)* erteilen. *Beispiele:* Telefon- und Stromkosten, Abwassergebühren, Gemeindesteuern. Der Zahlungsempfänger ist damit berechtigt, vom Konto des Zahlers bestimmte Beträge für einen vereinbarten Verwendungszweck abzubuchen. Lastschriften können auch im *Abbuchungsauftragsverfahren* erfolgen. Hier beauftragt der Zahlungspflichtige seine Bank, Lastschriften eines bestimmten Zahlungsempfängers einzulösen.

Wie beim Dauerauftrag erspart diese Zahlungsart unnötige Arbeit und verschafft die Gewissheit, dass eine Zahlung nicht vergessen wird. Solche Einzugsermächtigungen können vom Schuldner (Zahler) jederzeit widerrufen werden. Damit erlischt die Einzugsberechtigung. Außerdem kann man fehlerhafte oder unberechtigte Abbuchungen jederzeit bei seiner Bank beanstanden, sofern sie nach dem Einzugsermächtigungsverfahren erfolgt sind. Der Betrag wird dann sofort wieder gutgeschrieben und zwar kostenlos.

Den Widerspruch gegen eine unberechtigte Abbuchung muss der Kontoinhaber unverzüglich einlegen, sobald er davon Kenntnis erhalten hat. Einsprüche, die innerhalb von **6 Wochen** nach einer unberechtigten Abbuchung erfolgen, werden von den Banken immer akzeptiert. Bei unberechtigten Abbuchungen nach dem Abbuchungsauftragsverfahren ist **keine Lastschriftrückgabe** möglich.

1.6 Zahlungen mit Karten

Kreditkarten bieten ohne das Risiko einer vollen Brieftasche und unabhängig von den Banköffnungszeiten eine ständige Zahlungsbereitschaft.
Kreditkarten können bei einer der Kreditkartenfirmen oder bei der Hausbank gegen Zahlung einer Jahresgebühr beantragt werden. Allein in Deutschland sind über 90 Millionen Karten im Umlauf. Diese Kreditkarte, versehen mit dem Namen des Karteninhabers und der Kartennummer, kann zur Zahlung von Rechnungen (z. B. bei Einkäufen, Hotelübernachtungen) vorgelegt werden. Der Kartenkunde unterschreibt den anhand der Karte

Umgang mit Geld

ausgedruckten Beleg und erhält zu seiner Kontrolle einen Durchschlag. Häufig genügt auch die Angabe der Kartennummer, z. B. beim Versandhandel.

Mit vielen Kreditkarten kann an dafür vorgesehenen Geldautomaten über Bargeld verfügt werden. Einmal im Monat (je nach Abrechnungszeitraum der Kartenfirma) erhält der Kunde dann von der Kreditkartenfirma eine Abrechnung über alle in diesem Zeitraum angefallenen Rechnungen. Der Gesamtbetrag wird aufgrund der zuvor erteilten Einzugsermächtigungen vom Girokonto des Karteninhabers abgebucht.

Kundenkarten wie Bank- oder Sparkassenkarten haben mittlerweile die auslaufende ec-Karte ersetzt. Ursprünglich war die ec-Karte eine „Scheckkarte", die eine Einlösungsgarantie für die Zahlung mit Euroschecks darstellte. Heute dienen die Kundenkarten vor allem dem bargeldlosen Bezahlen am **POS** (Point of Sale = Ort des Verkaufs und der Zahlung). Auf einem Magnetstreifen enthalten die Karten alle notwendigen Daten wie Kontonummer, Name und Anschrift der Bank, die persönliche Identifikationsnummer (PIN) usw. Mit Kundenkarten kann man rund um die Uhr an über 820 000 Geldautomaten bis 1000 € pro Tag abheben. Hierzu muss lediglich die PIN eingetippt werden (siehe auch Electronic Cash und POZ S. 127).

Mittlerweile können die Kundenkarten nicht nur in Deutschland, sondern in rund 160 Ländern benutzt werden. Überall dort, wo das **Maestro-Zeichen** angebracht ist, kann man mit Kundenkarte und Geheimzahl bezahlen, so wie bei Electronic-Cash in Deutschland. In Europa sind rund 7 Mio. Kassen in Restaurants, Kaufhäusern, Tankstellen usw. an das System angeschlossen. Weltweit sind es rund 11 Mio. An den Maestro-Kassen können Zahlungen bis 1000 € pro Tag in der jeweiligen Landeswährung erfolgen.

Minderjährige erhalten keine Kreditkarte, es sei denn das Kind bekommt eine Partnerkarte zur Hauptkarte der Eltern. Das setzt natürlich ein großes Vertrauen der Eltern voraus. Ein recht neues Produkt ist die **Prepaid-Kreditkarte** für Minderjährige. Sie wird genau wie ein Prepaid-Handy im Voraus mit Euro „geladen"; danach kann mit der Karte über das Guthaben verfügt werden.

Kundenkarte/Geldkarte mit Geldkartenfunktion Die **Kundenkarte** und die **Geldkarte** sind mit einem Chip versehen, der zum bargeldlosen Bezahlen mittels elektronischer Geldbörse (Geldkartenfunktion) und Electronic Cash (siehe S. 127) genutzt werden kann. Die Geldkarte muss zuvor mit bis zu 200 € „aufgeladen" werden. Bei der reinen Geldkarte benötigt der Nutzer kein Girokonto. Die Aufladung erfolgt an speziell dafür vorgesehenen Ladeautomaten.

Untersuchungen haben ergeben, dass Kartenbesitzer mehr Geld ausgeben als Barzahler. Verbraucherverbände kritisieren deshalb die Zunahme des Plastikgeldes. Sie sind der Ansicht, dass die Verbraucher dadurch zu zusätzlichen Ausgaben verführt werden und dass die Gefahr der Kontoüberziehung erheblich zugenommen hat. Auch weisen sie auf das Risiko des Missbrauchs hin. Jeder Kreditkartenbesitzer sollte sich der größeren Verantwortung bewusst sein, die der Besitz einer solchen Karte erfordert.

Wie kann sich der Karteninhaber vor Missbrauch schützen? Grundsätzlich sollten Karten mit der gleichen Sorgfalt behandelt werden wie Bargeld. So sollten sie möglichst nah am Körper getragen werden und nicht ohne Aufsicht liegen bleiben. Geheimnummern sollten nicht aufgeschrieben oder aufbewahrt werden. Der sicherste Ort ist immer noch das Gedächtnis des Inhabers. Beim Bezahlen in Geschäften sollte der Kunde seine Karte nicht aus den Augen verlieren. Da Kreditkartendaten z. B. über das Internet auch ohne Karte zum Zahlen benutzt werden können, sollten Belege nie liegen bleiben.

1.7 Moderne Bankdienste

Electronic Cash

Immer mehr Geschäfte bieten ihren Kunden die Möglichkeit der Zahlung mit der Kundenkarte (z. B. Bankkarte oder Sparkassenkarte) als „Electronic Cash" (auch Point-of-Sale-Banking = **POS** genannt) an. Bei diesem Zahlungsverfahren steckt der Kunde seine Kundenkarte in ein Terminal, das den Rechnungsbetrag anzeigt und die Karte auf Echtheit prüft. Der Kunde tippt seine persönliche Geheimzahl (Persönliche Identifikationsnummer = **PIN**) ein und bestätigt den Rechnungsbetrag. Nachdem die Bank geprüft hat, ob die PIN korrekt, die Karte nicht gesperrt und ob das Konto gedeckt ist, garantiert sie die Einlösung. Die Rechnung wird dann innerhalb von Sekunden von seinem Konto abgebucht. Der Zahlungsvorgang ist beendet. Zur Kontrolle erhält der Kunde eine Quittung über den Rechnungsbetrag.

Home- oder Telebanking

PC-Nutzer können rund um die Uhr Bankgeschäfte tätigen wie zum *Beispiel:*
- Überweisungen ausführen
- Daueraufträge erteilen, ändern oder löschen
- Wertpapiere kaufen oder verkaufen
- den Kontostand abfragen
- Termingelder anlegen
- Karten sperren lassen (z. B. Kunden- oder Kreditkarten)

Das Konto des Nutzers ist neben der Kontonummer noch zusätzlich durch eine PIN (die persönliche Identifikationsnummer) gesichert, die nur der Nutzer kennt. Für Geldtransaktionen ist außerdem eine nur einmalig nutzbare Transaktionsnummer **(TAN)** notwendig. Beispiel für die Belegerstellung am Bildschirm eines PCs mittels entsprechender Bank- oder Sparkassen-Software.

Neben so genannten **Direktbanken** (Banken ohne Zweigstellennetz) bieten fast alle Sparkassen und Banken die Erledigung von Bankgeschäften mittels Telefon **(Telefonbanking)** oder Telefax an. Von zunehmender Bedeutung ist das **Internet-Banking**, auch **Onlinebanking** genannt. Hier kann eine Vielzahl von Banktransaktionen über das Internet 24 Stunden täglich weltweit getätigt werden. Im Jahr 2006 wurden in Deutschland 42 % aller Konten online geführt.

Umgang mit Geld

Symbole im modernen Zahlungsverkehr und deren Bedeutung

Symbol	Zahlungsverwendung	Zahlungsvoraussetzungen
	Electronic Cash Bargeldloses Bezahlen an automatisierten Kassen, Online-Abbuchung (Einzelhandelsgeschäfte, Kaufhäuser, Tankstellen etc.) im Inland. Die Bank garantiert die Zahlung.	Kundenkarte PIN
	POZ **(Point of Sale – ohne Zahlungsgarantie)** Bargeldloses Bezahlen an automatisierten Kassen mittels Lastschriftbeleg, den der Käufer unterschreibt. (Einzelhandelsgeschäfte, Kaufhäuser, Tankstellen etc.). Der Händler trägt das Risiko, dass das Konto nicht gedeckt ist.	Kundenkarte Unterschrift
	Kundenkarte Abheben von Bargeld an allen Geldautomaten von Banken und Sparkassen.	Kundenkarte PIN
	Kundenkarte Bargeldloses Bezahlen wie Electronic Cash, nur weltweit, im In- und Ausland an derzeit 7.4 Mio. Akzeptanzstellen.	Kundenkarte PIN
	Kundenkarte (der Sparkassen) Zeichen für den Geldautomatenverbund der Europäischen Sparkassen.	Kundenkarte PIN
	Geldkarte Bargeldloses Bezahlen an automatisierten Kassen, bis aufgeladener Betrag verbraucht ist (Einzelhandelsgeschäfte, Kaufhäuser, Tankstellen, Fahrkartenautomaten).	Geldkarte mit ausreichend Guthaben
z. B.	**Kreditkarte** Bargeldloses Bezahlen mittels Lastschrift (Fachgeschäfte, Tankstellen, Restaurants, Hotels etc.). Bargeld an dafür vorgesehenen Automaten im In- und Ausland.	Kreditkarte Unterschrift bei Barabhebung Kreditkarte PIN

Umgang mit Geld

Zusammenfassung

Zahlungsmöglichkeiten

Barzahlung

Weder Zahler noch Zahlungsempfänger verwenden ein Konto, **Übergabe von Bargeld.**
- persönliche Übergabe oder Bote
- Einschreibebrief
- Express-Brief
- Geldversand der Postbank

halbbare Zahlung

Ein Beteiligter verwendet ein Konto, d.h. einer erhält Bargeld oder bezahlt mit Bargeld.

Empfänger hat Konto
- Zahlschein
- Nachnahme

Zahler hat Konto
- Barscheck
- Reisescheck

unbare (bargeldlose) Zahlung

Beide Beteiligten verwenden ein Konto, d.h. die Zahlung erfolgt bargeldlos von Konto zu Konto.
- Verrechnungsscheck
- Überweisung
- Dauerauftrag
- Lastschrift
- Kreditkarte
- Kundenkarte, Geldkarte (Electronic Cash)

Zahlungsabwicklung

→ **Bank oder Sparkasse** →	Erledigung der Bankgeschäfte am Bankschalter. Kundenkarte – selbständiges Ausdrucken von Kontoauszügen
→ **Geldautomat** →	Barabhebung mittels Kunden-/Kreditkarte und Geheimnummer (PIN) Abfragen des Kontostandes
→ **Electronic Cash** →	Zahlung am Händlerterminal beim Einkauf, Fahrkartenkauf etc. mittels Kundenkarte oder Geldkarte
→ **Home- oder Telebanking** →	Erledigung der Bankgeschäfte über eigenen PC
→ **Telefonbanking** →	Abwicklung von Bankgeschäften mittels Telefon oder Telefax
→ **Online-Banking (Internet)** →	Über Internetanschluss und eigenen PC können rund um die Uhr weltweit viele Bankgeschäfte getätigt werden.

Arbeitsteil

1. Erläutern Sie das Prinzip der Barzahlung.

2. Erklären Sie den Unterschied zwischen den verschiedenen Zahlungsarten.

3. Barzahlung und halbbare Zahlung spielen eine immer geringere Rolle. Begründen Sie diese Entwicklung.

4. Die 16-jährige Sonja möchte zu Beginn ihrer Ausbildung ein Girokonto eröffnen.
   a) Warum sollte sie Angebote verschiedener Banken und Sparkassen vergleichen?
   b) Was muss Sonja bei der Einrichtung eines Girokontos tun?
   c) Warum sollte sie sich regelmäßig Kontoauszüge ausdrucken?

Umgang mit Geld

Arbeitsteil

5. Welche gesetzlichen Merkmale sind für die Gültigkeit eines Schecks nach dem Scheckgesetz erforderlich?

6. Erklären Sie den Unterschied zwischen einem Bar- und einem Verrechnungsscheck.

7. Was versteht man unter Reiseschecks und wann ist deren Anwendung sinnvoll?

8. Markus verfügt über ein Girokonto und möchte folgende Zahlungen tätigen:
   a) Rechnung für Autoreparatur
   b) monatliche Miete
   c) Telefonrechnung
   d) Stromkosten
   Welche Überweisungsform sollte er sinnvollerweise wählen?

9. Beschreiben Sie die Sonderformen des Überweisungsverkehrs und nennen Sie je zwei Anwendungsbeispiele.

10. Beschreiben Sie, wie anhand von Kreditkarten Rechnungen bezahlt werden.

11. Daniela hat sich in einem Fachgeschäft ein Fernsehgerät für 190 € gekauft. An der Eingangstür des Geschäftes sind folgende Zahlungssymbole abgebildet:

    [Maestro] [GeldKarte] [ec electronic cash] [VISA]

    a) Wie kann in diesem Geschäft bargeldlos bezahlt werden?
    b) Daniela verfügt über eine Kundenkarte mit Geldkartenfunktion und möchte damit bezahlen. Welche Zahlungsmöglichkeiten (Formen der Zahlungsabwicklung) kann sie mit ihrer Kundenkarte in diesem Geschäft nutzen?

12. Erklären Sie den Zahlungsvorgang beim Electronic Cash.

13. Als Auszubildender hatte Sven ein gebührenfreies Girokonto bei der Volksbank. In Zukunft muss er Gebühren zahlen. Er vergleicht diese mit den Gebühren bei der Sparkasse.

Kostenposition	Sparkasse	Volksbank
Grundgebühr im Monat	1,00 €	3,00 €
Überweisung / Scheck	0,40 €	0,20 €
Barabhebung	0,40 €	0,20 €
Dauerauftrag	0,15 €	0,15 €
Kontoauszug	0,15 €	0,25 €
Zustellung	0,75 €	1,00 €

Art der Buchung	Anzahl der erwarteten Buchungen pro Monat
Laufende Überweisungen und Schecks	16
Barabhebungen	5
Daueraufträge	6
Erstellte Kontoauszüge	4
Zustellungen	4

a) Führen Sie einen Kostenvergleich durch.
b) Was könnte Sven dazu veranlassen, auch bei günstigeren Konditionen eines anderen Geldinstitutes bei seiner bisherigen Bank zu bleiben (drei Gründe)?

14. Durch Scheck- und Kreditkartenbetrug entstehen in Deutschland jährlich Schäden von über 80 Millionen €.
    a) Wie kann es zu solchen Betrügereien kommen?
    b) Wie können Sie sich davor schützen?
    c) Bedingungen einer Bank für die Benutzung von Kundenkarten-Geldautomaten: „Ist eine Kundenkarte gesperrt, so wird sie von dem Kundenkarten-Geldautomaten eingezogen. Darüber hinaus wird eine Kundenkarte mit Magnetstreifen für jede weitere Verwendung an Kundenkarten-Geldautomaten ungültig gemacht, wenn die persönliche Geheimzahl dreimal nacheinander falsch eingetippt wird. Der Kunde hat sich sodann an das Konto führende Kreditinstitut zu wenden." Warum wird die Kundenkarte nach dreimaligem falschem Eintippen der PIN eingezogen?

15. Welche Vor- und Nachteile bietet das Online-Banking?

2 Der Binnenwert des Geldes

Beim Untergang eines luxuriösen Kreuzfahrtschiffes können sich zwei Männer, der Schiffskoch Schmidt und der Millionär Müller, als einzige Überlebende auf eine unbewohnte Insel retten. Außer einer Quelle gibt es dort nichts Essbares. Schmidt rettet eine Kiste mit Lebensmitteln, Müller seine Brieftasche mit 100 000 € Bargeld. Schmidt kennt die Insel von früheren Fahrten und weiß, dass dort ab und zu Schiffe anlegen, um Trinkwasser aufzunehmen. Er erzählt Müller davon und macht diesem den Vorschlag, ihm die Hälfte seiner Vorräte für 1000 € zu verkaufen. Dazu ist der „Geizhals" Müller zunächst nicht bereit. Müller sagt: „Seien Sie kein Narr, Schmidt. Wenn in den nächsten Tagen ein Schiff anlegt, sind Ihre Vorräte höchstens noch 100 € wert." „Das schon", antwortet Schmidt, „wenn es aber erst in drei Monaten oder später kommt, sind meine Vorräte mein Leben wert."

Nach zähen Verhandlungen verkauft Schmidt nach fünf Tagen dem ausgehungerten Müller die Hälfte seiner Vorräte für 50 000 €. Zwei Tage später legt ein Schiff an und rettet die beiden. Schmidt hat das Geschäft seines Lebens gemacht, Müller ärgert sich zeitlebens darüber.

Warum kauft Müller anfangs die Vorräte nicht für 1000 €?
Wie erklären Sie sich die Preissteigerung auf 50 000 €?
Wovon ist der Wert des Geldes abhängig?
Welche allgemeinen Erkenntnisse lassen sich aus diesem Beispiel für die Kaufkraft des Geldes ableiten?

2.1 Die Kaufkraft

Ein Zwanzigeuroschein ist, wenn man nur den Papierwert betrachtet, natürlich nicht 20 € wert. Der Einkauf in einem Geschäft zeigt aber sehr wohl, dass dieses Papier etwas wert ist, denn der Käufer erhält dafür z. B. eine CD, die auf dem Preisschild mit 20 € ausgezeichnet ist. Der Wert des Geldes ist also immer davon abhängig, was man dafür kaufen kann. Deshalb bezeichnet man den **Binnenwert** des Geldes (Geldwert) auch als **Kaufkraft**. Wenn aber der Wert des Geldes davon abhängig ist, dass damit die Preise der Güter bezahlt werden können, muss es eine Beziehung zwischen Geldwert und Preisentwicklung geben.

Preissteigerung bedeutet: Der Käufer muss mehr Geld aufwenden, d. h. die Kaufkraft des Geldes nimmt ab, der Geldwert sinkt.

Preissenkung bedeutet: Der Käufer muss weniger Geld bezahlen, d. h. die Kaufkraft des Geldes nimmt zu, der Geldwert steigt.

So hatte sich beispielsweise die Kaufkraft der Deutschen Mark seit ihrer Einführung

Umgang mit Geld

im Rahmen der Währungsreform von 1948 stark verringert. Die Preise für die Lebenshaltung sind um ein Mehrfaches gestiegen. Trotzdem war in diesem Zeitraum eine erhebliche Steigerung des Wohlstands zu verzeichnen. Diesen Umstand hatten wir der Tatsache zu verdanken, dass die Lohnsteigerungen in diesem Zeitraum die Preissteigerungen insgesamt erheblich übertroffen haben.

2.2 Der Preisindex für die Lebenshaltung

Die Industrie und damit die Werbung haben neue Zielgruppen und deren Konsumverhalten als erste entdeckt. Das sind die 8–12jährigen, die mit ihren Milliarden Euro Taschengeld als Käufer stärker umworben werden und das ist die immer stärker anwachsende Käufergruppe der über 60jährigen mit speziellen Konsumwünschen.

Die Medien berichten monatlich über die Veränderung der Lebenshaltungskosten gegenüber dem Vergleichsmonat des Vorjahres. Dabei ist von prozentualen Veränderungen die Rede. Um die Veränderungen des Preisniveaus einer Volkswirtschaft genau zu messen, müsste man normalerweise die Preisentwicklung aller Güter berücksichtigen. Dies erscheint bei der unermesslichen Anzahl der verschiedenen Güter nahezu unmöglich, bzw. das Ergebnis einer solchen Untersuchung würde den Aufwand dafür nicht rechtfertigen. Aus diesem Grund wird der Verbrauch an Waren und Dienstleistungen aller privaten Haushalte aufgrund von repräsentativen Erhebungen ermittelt.

Diese Zusammenstellung nennt man **„Warenkorb"**: Er enthält den Wurstverbrauch eines Haushaltes ebenso wie die Bezahlung eines Friseurs und selbstverständlich auch anteilig die Beschaffung von Gebrauchsgütern wie Möbel oder Küchengeräte. Der Anteil der Ausgaben wird gewichtet. Den Gesamtpreis des Warenkorbes setzt man dann gleich 100 Prozent.

Neue Messlatte für die Preise
Wägungsschema für den Verbraucherpreisindex
Gewichtung der Gütergruppen in Promille

Alt: Warenkorb 2000		Neu: Warenkorb 2005
103,35	Nahrungsmittel, alkoholfreie Getränke	103,55
36,73	Alkoholische Getränke, Tabakwaren	38,99
55,09	Bekleidung, Schuhe	48,88
302,66	Wohnungsmieten, Energie	308,00
68,54	Einrichtungsgegenstände	55,87
35,46	Gesundheitspflege	40,27
138,65	Verkehr	131,90
25,21	Nachrichtenübermittlung	31,00
110,85	Freizeit, Unterhaltung, Kultur	115,68
6,66	Bildungswesen	7,40
46,57	Beherbergung, Gaststätten	43,99
70,23	andere Waren und Dienstleistungen	74,47

Globus 1953

Nachdem man nun sehr genau auf Bundesebene die Preisveränderungen des Inhaltes des Warenkorbes registriert hat, ist es möglich, die prozentuale Steigerung der Preise zu messen und eine Veränderung des Preisniveaus zu registrieren. Die durchschnittlichen Preisveränderungen dieser Güter werden ausgedrückt im **Preisindex für die Lebenshaltung.**

Sind die Preise gegenüber dem Vorjahr um 2 % gestiegen, ist der **Index für Lebenshaltung** auf 102 % gestiegen: Das **Preisniveau** hat sich erhöht.

Im Warenkorb sind ca. 750 verschiedene Güter und Dienstleistungen erfasst. Verbrauchergewohnheiten ändern sich aber und ständig kommen neue Güter auf den Markt (z. B. CD-Player und Computer). Dieser Erscheinung wird dadurch Rechnung getragen, dass der Warenkorb von Zeit zu Zeit überprüft und neu zusammengestellt wird. Zuständig für die Ermittlung des Warenkorbes ist das Statistische Bundesamt.

570 000 Prozent Inflation monatlich

Die größte Banknote Restjugoslawiens, der 500-Milliarden-Dinar-Schein, ist ein wertloser Lappen. Das bunte Papier war am Dienstag gerade mal umgerechnet 50 Cent wert, Tendenz sinkend. Sieben Tage zuvor bekam man in dem aus Serbien und Montenegro bestehenden Staatsgebilde für 50 Cent „nur" 20 Milliarden Dinar. Die Inflation beträgt derzeit surrealistische 570 000 Prozent monatlich. Anfang Januar wird sie 107 Prozent täglich erreichen. „Dann haben wir eine Megainflation von 240 Milliarden Prozent pro Monat", sagt Grozdana Miljanović vom regimefreundlichen Gewerkschaftsbund. Eine Damenbluse kostet zur Zeit 104 Billionen Dinar, ein Kilo Speck 20 Billionen, eine Flasche Wein 4,5 Billionen. Aber genau kann man das nicht sagen, denn alle Preise werden mehrmals täglich geändert. „Für immer größere Summen bekomme ich ständig weniger Waren", beklagt sich eine Rentnerin, die 3,4 Billionen Dinar an Rente bekommt. Das sind rund drei Euro. Am ersten Januar 1994 werden neun Nullen von den Preisschildern und Banknoten gestrichen. Schon Anfang Oktober wurden sechs Nullen getilgt. Ohne diese Zahlenkosmetik wäre das serbische Nullsummenspiel schon längst beendet. „Diese Ziffer können nicht einmal die besten Computer bearbeiten", sagt eine Bankangestellte, während sie freundlich für einen Zehneuroschein einen Berg wertloser Dinarnoten hinblättert: „Das reicht für eine Taxifahrt." dpa

2.3 Inflation und Deflation

Wenn das Angebot an Waren in einer Volkswirtschaft der Menge des Geldes entspricht, mit dem die Konsumenten die von ihnen nachgefragten Waren bezahlen, wird es nicht zu Preissteigerungen kommen. In einer solchen Situation mit stabilen Preisen spricht man von **Geldwertstabilität**. Die Kaufkraft verändert sich nicht. Dieses Gleichgewicht zu halten gelingt nur selten, und es kommt zu **Geldwertschwankungen**. Dabei werden zwei völlig gegensätzliche Situationen unterschieden: **Inflation** und **Deflation**.

Gütermenge (Angebot)	Geldmenge (Nachfrage)

Markt

Gütermenge entspricht Geldmenge
= stabiler Geldwert und gleich bleibende Kaufkraft

Inflation

Wird von den am Wirtschaftsleben beteiligten Gruppen (Unternehmen, Staat, Haushalte) mehr nachgefragt, als Waren vorhanden sind, und steht für diese höhere Nachfrage mehr Geld zur Verfügung, wird der notwendige Ausgleich zwischen Angebot und Nachfrage über Preiserhöhungen erfolgen. Das Ergebnis ist eine Inflation. Gleiches geschieht auch, wenn bei gleich bleibender Nachfrage mit einer entsprechenden Geldmenge das Angebot an Gütern verringert wird.

Umgang mit Geld

Gütermenge (Angebot)
Geldmenge (Nachfrage)
Markt
Geldmenge ist größer als die Gütermenge

Man kann generell sagen: Wenn die Geldmenge größer ist als das zur Verfügung stehende Güterangebot, kommt es zur Inflation. Die Ursachen für eine Inflation sind im Wesentlichen im Verhalten der am Wirtschaftsleben beteiligten Gruppen zu suchen. So spricht man von einer **Nachfrageinflation,** wenn eine gestiegene Nachfrage zu Preiserhöhungen führt. Ausgelöst wird die steigende Nachfrage durch
- eine Erhöhung der Verbrauchereinkommen infolge von Lohnsteigerungen, Steuersenkungen und Subventionen,
- eine verstärkte Nachfrage des Auslands nach inländischen Gütern,
- Zinssenkungen der Banken, die bewirken, dass die Sparbereitschaft nachlässt und in stärkerem Maße Kredite aufgenommen werden.

Bezieht eine Volkswirtschaft viele Güter aus dem Ausland und steigen diese im Preis, kann das eine **importierte Inflation** auslösen. Die Importeure der Waren (z. B. Rohöl) geben die Preissteigerungen weiter.

Von einer **Kosteninflation** spricht man, wenn die Unternehmen Preissteigerungen, die sie selbst in Kauf nehmen mussten, über den Preis an die Käufer ihrer Waren weitergeben. Ursachen für solche Preissteigerungen sind zum Beispiel:
- Lohn- und Gehaltssteigerungen durch einen neuen Tarifvertrag
- Verteuerung der zur Produktion benötigten Rohstoffe
- zusätzliche Investitionen aufgrund neuer Gesetze (z. B. im Umweltschutz).

Auswirkungen einer Inflation:

- Durch den sinkenden Geldwert verlieren die Sparguthaben an Wert.
- Um dem drohenden Kaufkraftverlust auszuweichen, legen die Sparer ihr Geld in Sachwerten an wie Edelmetalle, Grundstücke oder andere wertbeständige Gegenstände (z. B. Schmuck, Stilmöbel). Man bezeichnet dieses Verhalten als „Flucht in die Sachwerte".
- Andere Kapitaleigentümer legen ihr Geld in Ländern mit hoher Geldwertstabilität an (Kapitalflucht).
- Der Wert der Schulden verringert sich: Die Schuldner gewinnen, die Gläubiger verlieren.

Nach der Stärke (Intensität) unterscheidet man:
- **schleichende Inflation** mit geringen Inflationsraten zwischen 5 und 20 % und die
- **galoppierende Inflation** mit Inflationsraten von weit über 20 %. Diese Form führt bei entsprechender Höhe an den Rand des Zusammenbruchs der betroffenen Volkswirtschaft.

Nach der Erscheinungsform werden unterschieden:
- **offene Inflation,** bei der diese Preissteigerungen offen zutage treten, und die
- **verdeckte Inflation,** bei der der Staat durch Lohn- und Preisstopps die Inflation eindämmen will, tatsächlich aber den Zustand des Ungleichgewichts zwischen Güterangebot und Güternachfrage nur verdeckt.

Deflation

Die **Deflation** ist gekennzeichnet durch ein Güterangebot, dem nicht die notwendige Geldmenge gegenübersteht. Wenn die Nachfrage aber hinter dem Warenangebot zurückbleibt, muss es zwangsläufig zu Preissenkungen kommen. Ursachen sind z. B.:

- Die am Wirtschaftsgeschehen beteiligten Gruppen entwickeln eine geringe Investitions- und Kaufneigung (z. B. wegen fehlender Zukunftsaussichten).
- Es wird mehr gespart.
- Die im Inland zur Verfügung stehende Geldmenge wird vorwiegend zur Bezahlung von Importen verwendet, weil die Konsumenten ausländische Produkte vorziehen.

Gütermenge ist größer als die Geldmenge

Auswirkungen einer Deflation:

- Durch den steigenden Geldwert gewinnen die Spareguthaben an Kaufkraft.
- Der Nachfragerückgang zwingt die Unternehmen zur Drosselung ihrer Produktion. Dies hat Kurzarbeit, Entlassungen und schließlich auch Konkurse zur Folge.
- Der Wert der Schulden steigt: Die Schuldner verlieren, die Gläubiger gewinnen.

Zusammenfassung

Kaufkraft

Kaufkraftermittlung
durch den Preisindex für die Lebenshaltung.
Grundlage: Warenkorb

Kaufkraftschwankungen

Inflation
Gütermenge ist kleiner als Geldmenge

Auswirkungen
- Spareguthaben verlieren an Kaufkraft
- Flucht in Sachwerte
- Kapitalflucht ins Ausland
- Wert der Schulden nimmt ab

Deflation
Gütermenge ist größer als Geldmenge

Auswirkungen
- Spareguthaben gewinnen an Kaufkraft
- Rückgang der Produktion (Kurzarbeit, Entlassungen, Konkurse)
- Wert der Schulden steigt

Umgang mit Geld

Arbeitsteil

1. Wovon ist der Wert des Geldes abhängig?

2. Erklären Sie die Auswirkungen von Preissteigerungen und -senkungen auf die Kaufkraft.

3. Wie lässt sich eine Steigerung des Wohlstandes in Deutschland trotz Verringerung der Kaufkraft der DM erklären? (s. Schaubild S. 131)

4. Erklären Sie den Begriff Preisniveau.

5. Was versteht man in diesem Zusammenhang unter dem Begriff „Warenkorb"?

6. Wie wird der Preisindex berechnet?

7. Erklären Sie den Unterschied zwischen Nominal- und Reallohn.

8. Der Nominallohnzuwachs eines Arbeitnehmers beträgt 1,5 %, die Preissteigerungsrate der Volkswirtschaft 2,0 %. Wie wirkt sich dies auf den Reallohn des Arbeitnehmers aus?

9. Wann spricht man von Preisstabilität?

10. Beschreiben Sie das Verhältnis von Geldmenge und Güterangebot bei Inflation.

11. Nennen Sie mögliche Ursachen und Auswirkungen einer Inflation.

Wirtschaftliche Situation in Deutschland nach dem Ersten Weltkrieg

Um das Wirtschaftsleben nach dem Kriege überhaupt einigermaßen in Gang zu halten, musste die Regierung in Berlin weiterhin unbegrenzt Papiergeld ausgeben, das keinerlei Deckung hatte. Da aber außer Geld kaum etwas produziert wurde, hatten die Banknoten keine Kaufkraft, ihr Wert sank mehr und mehr und immer schneller. Und je schneller er sank, umso mehr Geld musste nachgedruckt werden – ein unheimliches Teufelsrad hatte sich in Bewegung gesetzt, rotierte schneller und schneller und niemand schien es stoppen zu können. Fast stündlich stiegen die Preise. Schon rechnete man nicht mehr mit Hundertern und Tausendern, nicht mehr mit Millionen, sondern mit der Bill-Mark, der Billion, die kaum einen Dollar wert war. 1923 erreichte der Bargeldumlauf schließlich die schier unaussprechliche Höhe von 496 585 346 000 000 000 000 Mark, fast 500 Trillionen. Eine Währungsumstellung war nötig oder man hätte neue Zahlen erfinden müssen. Kurzerhand wurden am 20. 11. 1923 zwölf Nullen am Geldwert gestrichen: Eine Billion Mark wurde zu einer Rentenmark: 4,2 Bill-Mark wurden einem Dollar gleichgesetzt. Wohlhabende Leute, deren Vermögen nur aus Geld bestanden hatte, wurden arm.

Quelle: Broschüre „Geld zu jeder Zeit", Verlag Deutsche Jugendbücherei

12. a) Welche Gründe haben zur Inflation geführt?
    b) Welche Auswirkungen haben sich aus dieser Entwicklung ergeben?
    c) Welche Voraussetzungen wären notwendig gewesen, um Geldwertstabilität herzustellen?

13. a) Wodurch ist eine Deflation gekennzeichnet?
    b) Welche Auswirkungen hat eine Deflation?

14. Untersuchen Sie die Richtigkeit folgender Aussage: „Der Geldwert lässt sich durch einen staatlich verordneten Preis- und Lohnstopp stabil halten."

15. Wie lässt sich die Tatsache erklären, dass manche Länder eine sehr niedrige Preissteigerungsrate (unter 5 %), andere dagegen eine Preissteigerungsrate von über 100 % haben?

3 Der Außenwert des Geldes

Mit dem Euro auf Reisen
Für einen Euro erhalten Bundesbürger im Urlaubsland Waren und Dienstleistungen im Gegenwert von

Land	Euro
Polen	1,24
Ungarn, Lettland, Litauen	1,22
Bulgarien, Estland	1,19
Tschechien	1,16
Slowakei, Slowenien	1,15
Kroatien	1,12
Malta	1,08
Zypern	1,01
Portugal, Luxemburg	1,00
Spanien, Griechenland, Belgien	0,99
Niederlande	0,98
Türkei	0,96
Österreich	0,95
USA	0,92
Italien	0,91
Frankreich, Schweden, Finnland	0,88
Irland	0,87
Schweiz	0,84
Dänemark	0,81
Großbritannien	0,80
Norwegen	0,72
Island	0,66

Stand Ende Februar 2006
Quelle: Commerzbank

Die beiden Freundinnen Tamara und Sabrina planen einen gemeinsamen Urlaub. Tamara möchte in die Schweiz, Sabrina nach Kroatien. Da beide chronisch knapp bei Kasse sind und je nur über einen Urlaubsetat von 500 € verfügen, soll die Reise in das Land gehen, wo sie für ihr Geld die höchste „Gegenleistung" oder Kaufkraft erwarten können.

Welche Kaufkraft hätte ihr Urlaubsetat in den beiden Ländern?
Wie erklären Sie sich die Unterschiede? Was sind mögliche Gründe dafür?

Wie viel man in der Bundesrepublik für den Euro kaufen kann, darüber sagt der Binnenwert unserer Währung etwas aus, also der Wert im „Euroland". Zwar gibt es innerhalb des Eurolandes auch leichte Kaufkraftunterschiede, große Differenzen bestehen jedoch zu vielen Nicht-Euroländern. Damit ist allerdings noch nicht festgelegt, ob man mit unserer Währung in einem anderen Land außerhalb der Euroregion den gleichen Warenwert erhält wie bei uns. Neben dem Binnenwert hat unsere Währung also noch einen **Außenwert.**

Wechselkurse
Die meisten Länder der Erde stehen heute in sehr engen wirtschaftlichen Beziehungen. Diese entstehen durch
- gegenseitigen Güteraustausch (Import und Export),
- Urlaubsreisen in das Ausland,
- Kapitalanlagen im Ausland. Hierbei fließt deutsches Geld zu Anlage- und Spekulationszwecken in das Ausland oder ausländisches Geld nach Deutschland.

Jeder, der eine Auslandsreise macht, wird feststellen, dass der Euro außerhalb der Euroregion als Zahlungsmittel nur bedingt angenommen wird. Um die Ausgaben in diesen Ländern bestreiten zu können, müssen sich Urlaubsreisende ebenso wie Importeure die Währung des Auslandes beschaffen. Sie kaufen die benötigte ausländische Währung an den **Devisenbörsen** und bezahlen dafür einen Preis. Diesen Preis für eine bestimmte Anzahl ausländischer Währungseinheiten nennt man **Wechselkurs.** Der Wechselkurs gibt an, wie viele Einheiten einer ausländischen Währung auf **einen Euro** entfallen. So besagt z. B. der Kurs 1,58 für Schweizer Franken, dass man für 1,58 Schweizer Franken einen Euro erhält.

Umgang mit Geld

Devisen und Noten 27.04.2008					
Devisenkurse 1 Euro entspricht			Banknotenpreise in €		
Geld	Brief	Währung	Einheit	Ankauf	Verkauf
1,5612	1,5672	US-Dollar	1 US-$	0,62	0,66
0,7872	0,7912	Britisches Pfund	1 brit. £	1,22	1,30
1,5863	1,5983	Kanadischer Dollar	1 can. $	0,60	0,66
1,5799	1,5839	Schweizer Franken	100 sfr	61,67	64,49
7,4377	7,4777	Dänische Kronen	100 dkr	12,81	13,89
8,0524	8,1004	Norwegische Kronen	100 nkr	11,80	13,20
9,3558	9,4038	Schwedische Kronen	100 skr	10,00	11,14
1,9870	2,0370	Türkische Lira	1 TRL	0,47	0,53
159,53	160,01	Japanische Yen	100 Yen	0,60	0,64
24,640	25,440	Tschechische Kronen	100 Tsch Kr	3,43	4,31
255,25	260,45	Ungarische Forint	100 Forint	0,35	0,45
1,7079	1,7279	Australischer Dollar	1 Aus. $	0,56	0,62
1,9745	1,9985	Neuseel. Dollar	1 NZ $	0,45	0,57
12,23	12,473	Südafrik. Rand	1 Rand	0,007422	0,08839

Sorten sind ausländisches Bargeld wie Münzen und Scheine. Ausländische Münzen werden normalerweise nicht am Bankschalter verkauft. **Devisen** sind dagegen unbare Zahlungsmittel wie Schecks, Wechsel und Zahlungsanweisungen in ausländischer Währung.

Freie (flexible) Wechselkurse Sie bilden sich an den internationalen Devisenbörsen frei nach Angebot und Nachfrage. Man spricht bei diesem Vorgang auch von „Floaten". Für die Außenhandelsunternehmen stecken in Kursschwankungen jedoch große Risiken. Exporteure wie Importeure sichern sich daher durch so genannte Devisentermingeschäfte ab oder vereinbaren in Verträgen, dass in der eigenen Währung gezahlt wird.

Feste (fixe) Wechselkurse Um die Risiken der freien Wechselkurse weitgehend auszugleichen, hatten sich die Bundesrepublik Deutschland und andere EU-Partnerländer auf **feste Wechselkurse** im Rahmen des **Europäischen Währungssystems (EWS)** verständigt. Durch das EWS sollten die Währungsschwankungen in Grenzen gehalten und eine stabile europäische Währungszone geschaffen werden. Am 1. Januar 1999 wurden die meisten nationalen Währungen durch den Euro abgelöst. (Siehe auch Europäische Währungsunion, S. 140 ff.). Das **EWS II** umfasst derzeit noch Dänemark, also ein EU-Land, das vorerst nicht an der Währungsunion teilnehmen will, sowie die neuen EU-Mitglieder Estland, Lettland, Litauen und die Slowakei. Für diese Länder ist das EWS eine verbindliche Vorstufe für deren Teilnahme an der Währungsunion.

Grundlage des EWS ist der Leitkurs, auch **Parität** genannt. Von diesem Leitkurs darf der Kurs jeder Währung gegenüber dem Euro nur um einen vereinbarten Prozentsatz abweichen. So darf der Kurs der dänischen Krone gegenüber dem Euro laut Vereinbarung nur jeweils 2,25 % nach oben oder unten abweichen, der Kurs der anderen Währungen im EWS höchstens 15 %. Diesen Bereich nennt man **Bandbreite.**

Droht der Wechselkurs einer Währung, z. B. der dänischen Krone, nun diese vereinbarte Bandbreite zu verlassen, dann müssen die nationalen Notenbanken und die Europäische Zentralbank (EZB) dafür sorgen, dass der Kurs der dänischen Krone diesen Bereich nicht über- oder unterschreitet.

Droht der Kurs die obere Grenze **(oberer Interventionspunkt)** der Bandbreite zu überschreiten, müssen sie Kronen verkaufen. Damit steigt auf dem Devisenmarkt das Angebot an Kronen und der Kurs bewegt sich nach unten. Umgekehrt handeln sie, wenn der

Bandbreite für Wechselkurse im EWS

+ 2,25 % (15 %) ← oberer Interventionspunkt
− 2,25 % (15 %) ← Leitkurs
← unterer Interventionspunkt

Kurs den **unteren Interventionspunkt** erreicht, d.h. sie kaufen dänische Kronen auf dem Devisenmarkt auf. Durch die erhöhte Nachfrage steigt der Kurs wieder in Richtung Parität.

Ist der Kurs selbst durch nachhaltige Käufe oder Verkäufe nicht mehr zu korrigieren und bricht aus der Bandbreite aus, verändert man die Parität, d.h. man legt einen neuen Leitkurs fest. Es erfolgt eine **Auf- oder Abwertung** der betreffenden Währung. Bei einer Aufwertung wird der amtliche Kurs einer Währung gegenüber dem Euro angehoben. Die Folge: Die Währung ist gegenüber dem Euro teurer geworden. Bei einer Abwertung dagegen wird der Kurs einer Währung herabgesetzt, d.h. sie hat gegenüber dem Euro an Wert verloren.

Die Aufwertung einer Währung verteuert die Ausfuhren des betreffenden Landes, die einheimischen Exportunternehmen können darunter leiden. Allerdings werden im Gegenzug die Einfuhren günstiger. Auch Touristen, die ihren Urlaub im Ausland verbringen, erhalten beim Geldumtausch mehr ausländische Währung, wodurch sich ihr Auslandsurlaub verbilligt.

Wird eine Währung abgewertet, ergeben sich entgegengesetzte Auswirkungen.

Zusammenfassung

Außenwert des Geldes
bestimmt durch

- **Kaufkraft** im Ausland
- **Wechselkurs** = Preis für eine bestimmte ausländische Währung
  - **Freier Wechselkurs**: Kurs bildet sich an internationalen Devisenbörsen durch Angebot und Nachfrage
  - **Fester Wechselkurs**: fester Wechselkurs im Rahmen des Europäischen Währungssystems (EWS)
    - Weiterentwicklung ↓
    - Europäische Währungsunion

Arbeitsteil

1. Warum bevorzugen Exportfirmen stabile Wechselkurse?

2. Worin sehen Sie den Unterschied zwischen freien und festen Wechselkursen?

3. Was versteht man unter Sorten, was unter Devisen?

4. Im März 1999 kostete 1 € an den Devisenbörsen 1,05 US-Dollar, im März 2008 waren es 1,57 US-Dollar. Welche Auswirkungen hatte dieser Kursanstieg des Euro
   a) für deutsche Exporteure,
   b) für deutsche Urlauber in den USA,
   c) für Importe aus den USA,
   d) für amerikanische Exporteure?

4 Der Euro – das neue europäische Währungssystem

> Stellen Sie anhand der Karte fest, in welchen Ländern die europäische Währung (Euro) eingeführt ist.
>
> Stellen Sie außerdem fest, welche Mitgliedstaaten der EU ihre nationalen Währungen beibehalten haben.

Bereits 1979 haben sich die Mitgliedsländer der Europäischen Union im Europäischen Währungssystem (EWS) zusammengeschlossen. Dadurch bestand für die Kurse ihrer Währungen ein festes Austauschverhältnis und Wechselkursschwankungen waren nur innerhalb einer festen Bandbreite zulässig.

Der entscheidende Schritt zu einer einheitlichen europäischen Währung erfolgte 1992 in Maastricht (Vertrag von Maastricht). Hier wurde unter anderem vereinbart, eine europäische Zentralbank zu errichten und eine **gemeinsame Währung**, den **Euro**, einzuführen. In Maastricht wurde auch beschlossen, dass Länder, die am 1.1.1999 an der Europäischen Währungsunion teilnehmen wollten, folgende Leistungsnachweise erbringen mussten:

- **Stabile Preise.** Der Anstieg der Verbraucherpreise (Inflationsrate) durfte um höchstens 1,5 Prozentpunkte höher liegen als in den drei preisstabilsten Ländern.
- **Niedrige Zinsen.** Die langfristigen Zinsen durften im Jahr vor dem Beitritt um maximal 2 Prozentpunkte höher sein als in den drei preisstabilsten Ländern.
- **Stabile Wechselkurse.** Vor dem Beitritt musste mindestens 2 Jahre am EWS-System teilgenommen werden. Dabei durfte sich der Wechselkurs der einzelnen Währung nicht nennenswert bewegt haben.
- **Gesunde Staatsfinanzen.** Die jährliche Neuverschuldung im Staatshaushalt durfte nicht höher sein als 3 % des Bruttoinlandprodukts. Die insgesamt angesammelten Staatsschulden durften nicht größer sein als 60 % des Bruttoinlandprodukts.

Diese so genannten **Konvergenzkriterien** mussten vor dem Eintritt in die Währungsunion erfüllt werden. Damit sollte sichergestellt sein, dass die teilnehmenden Länder nicht die Stabilität der neuen Währung gefährden.

Von den Mitgliedsländern der EU, die diese Konvergenzkriterien erfüllten, haben bisher folgende 15 Länder den Euro als gemeinsame Währung eingeführt: Belgien, Deutschland, Finnland, Frankreich, Griechenland, Irland, Italien, Luxemburg, Malta, Niederlande, Österrreich, Portugal, Slowenien, Spanien und Zypern. In diesen Staaten ist seit dem 1.4.2002 der Euro das **alleinige gesetzliche Zahlungsmittel,** in Slowenien seit dem 1.1.2007, in Malta und Zypern seit dem 1.1.2008.

Dänemark, Großbritannien und Schweden haben sich entschieden, noch nicht an der Währungsunion teilzunehmen. In den Jahren 2004 und 2006 hat die EU weitere Staaten aufgenommen, nämlich Bulgarien, Estland, Lettland, Litauen, Malta, Tschechien, Rumänien, Slowakei, Slowenien, Polen, Ungarn und Zypern. Bis auf Malta, Slowenien und Zypern werden diese neuen Mitgliedsländer erst in einigen Jahren zum „Euro-Land" gehören, da sie zuerst mindestens 2 Jahre am europäischen Währungssystem (EWS) teilnehmen und die Konvergenzkriterien erfüllen müssen.

Seit dem 1.1.1999 wird der große Teil der geldpolitischen Aufgaben von der **Europäischen Zentralbank (EZB)** in Frankfurt am Main wahrgenommen, nicht mehr von der Deutschen Bundesbank und den anderen nationalen Notenbanken. Oberstes Ziel der EZB ist die **Preisstabilität.**

Europäische Zentralbank in Frankfurt a. M.

www.ecb.int
(European Central Bank)

Die Einführung des Euro wurde von vielen begrüßt, da sie zahlreiche Vorteile für Unternehmen und Verbraucher bringt:
- Zwischen den beteiligten Ländern gibt es keine Wechselkursschwankungen mehr, keine Währungsumrechnungen und keinen Geldumtausch.
- Das Wechselkursrisiko für Unternehmen und Verbraucher im grenzüberschreitenden Waren-, Dienstleistungs- und Kapitalverkehr entfällt.
- Der bargeldlose Zahlungsverkehr wird erleichtert, Auslandsüberweisungen kosten nicht mehr als Überweisungen im Inland.
- Außenhandelsunternehmen, Touristen und Kapitalanleger sparen die beachtlichen Umtauschkosten für Sorten und Devisen.
- Der Handel wird erleichtert und der Verbraucher erhält ein größeres Warenangebot.
- Preise und Löhne können besser verglichen werden; dies erhöht den Wettbewerb zum Vorteil der Nachfrager. Eine EU-weite Vergleichbarkeit soll zu sinkenden Preisen führen.
- Die Staaten werden gezwungen sein, ihre Finanz-, Wirtschafts-, Haushalts- und Sozialpolitik stärker aufeinander abzustimmen und den Euro zu stützen. Dadurch wachsen die EU-Staaten noch enger zusammen.
- Interventionen an den internationalen Devisenmärkten, um schwache Währungen zu stützen, sind nicht mehr nötig.
- Der Euro wird als Gegengewicht zum Dollar eine wichtige Leitwährung in der Welt darstellen.

Kritiker des Euro befürchten jedoch, dass die klare Vergleichbarkeit von Löhnen zu verstärkten Wanderbewegungen von Arbeitnehmern in Hochlohnländer führen und dort für erhebliche Arbeitslosigkeit sorgen könnte. Im Gegenzug könnten Unternehmen in Billiglohnländer abwandern. Auch wird bemängelt, dass Auf- und Abwertungen künftig entfallen. Dies schränkt die Möglichkeiten der Wirtschaftspolitik zur Konjunkturbelebung beziehungsweise Konjunkturdämpfung in den einzelnen Ländern erheblich ein. Viele befürchten, dass der Euro keine stabile Währung sein wird. Um das zu verhindern, haben sich alle Teilnehmerstaaten durch einen Stabilitätspakt verpflichtet, auch in Zukunft solide Staatshaushalte vorzulegen und überhöhte Defizite zu vermeiden. Die jährliche Neuverschuldung darf höchstens 3 % des Bruttoinlandsprodukts betragen. Wird diese Grenze übertreten, können drastische Geldbußen verhängt werden.

Umgang mit Geld

Zusammenfassung

Vertrag von Maastricht →

Euro
- stabile Preise
- niedrige Zinsen
- stabile Wechselkurse
- gesunde Staatsfinanzen

↓

Euroländer
- Belgien
- Deutschland
- Finnland
- Frankreich
- Griechenland
- Irland
- Italien
- Luxemburg
- Niederlande
- Malta
- Österreich
- Portugal
- Slowenien
- Spanien
- Zypern

↓

Einführung des Euro

Euro alleiniges gesetzliches Zahlungsmittel

↓

Stabilitätspakt

jährliche Neuverschuldung höchstens 3 % des Bruttoinlandsprodukts

↓

Beitritt weiterer Länder zum Währungsgebiet des Euro

Arbeitsteil

1. Nennen Sie die Maastricht-Kriterien und erklären Sie diese.

2. Welche Vorteile und welche Nachteile bringt die Einführung des Euro?

3. In welchen Ländern wurde der Euro als gesetzliches Zahlungsmittel eingeführt?

4. a) Wer könnte mit Konkurrenz gemeint sein?
   b) Welche Auswirkungen könnten für Deutschland daraus entstehen?

„Ein Binnenmarkt mit mehreren Währungen ist wie ein Unternehmen mit mehreren Chefs: Es geht, aber es kostet zu viel, die Entscheidungen fallen zu spät und die Konkurrenz lacht sich ins Fäustchen."

Quelle: Euro – Unser Geld fürs nächste Jahrhundert, Hrsg.: Aktionsgem. Euro: Bundesregierung, Europ. Kommission u. Europ. Parlament

5 Sparformen

Clemens besucht seine Großmutter.
Clemens: Hallo, Oma, wie geht's? Ich bin gerade auf dem Rückweg von meiner Bank.
Oma: Hast du wieder Geld gebraucht?
Clemens: Im Gegenteil. Ich habe mir Aktien und Fondsanteile gekauft.
Oma: Davon verstehe ich nichts. Ich vertraue der Bank nicht. Mein Geld liegt bei mir sicher im Sparstrumpf.
Clemens: Aber Oma, wie kann man nur so altmodisch sein. Dein Sparstrumpf bringt dir doch keine Rendite. Außerdem verliert dein Geld an Wert durch die Preissteigerungsrate.
Oma: Kann nicht sein. Hab's heute Morgen gezählt. Es fehlt nichts.

Warum ist der Sparstrumpf die schlechteste aller Geldanlagen?
Welche Sparformen kennen Sie?
Warum sind hohe Renditen häufig mit einem hohen Anlagerisiko verbunden?

Die zu den Kreditinstituten gebrachten Spargelder sind eine Grundvoraussetzung für die Vergabe von Krediten. Kredite wiederum sind unverzichtbare Voraussetzungen für Investitionen und Wirtschaftswachstum. Kreditinstitute übernehmen damit die Vermittlung von Spargeldern an Kreditsuchende in Form von Krediten. „Omas Sparstrumpf" bleibt für die Entwicklung der Volkswirtschaft ohne Wirkung, da dieses Geld stillgelegt wird und somit nicht „arbeiten" kann.

5.1 Entscheidungsmerkmale für die Wahl der Sparform

Welche **Sparform (Anlageform)** ein Sparer verwirklichen möchte, hängt in der Regel entscheidend von drei Faktoren ab:
- dem Ertrag (Rendite),
- der Sicherheit (Rückzahlung) und
- der Verfügbarkeit.

Leider gibt es keine Anlageform, die diese drei Faktoren in idealer Weise in sich vereinigt. So sind z. B.:
- Geldanlagen, die eine sehr hohe Verzinsung (Rendite) versprechen, in ihrer Verfügbarkeit (Liquidität) beschränkt und umgekehrt.
- Geldanlagen mit hohen Gewinnchancen mit vergleichsweise hohen Risiken behaftet.

So entscheiden sich die Sparer
Anlagen der privaten Haushalte in Deutschland im Jahr 2006 in Milliarden Euro (Einzahlungen abzüglich Auszahlungen)

Anlageform	Betrag
Anlagen bei Versicherungen	+ 50,7
festverzinsliche Wertpapiere*	+ 37,0
Termingelder	+ 31,9
Sichtguthaben, Bargeld	+ 19,5
betriebliche Pensionsrückstellungen	+ 7,9
Sparbriefe	+ 7,0
sonstige Beteiligungen	+ 2,9
Aktien	− 5,0
Investmentzertifikate	− 8,4
Spareinlagen	− 16,0

*einschl. Geldmarktpapiere   Quelle: Deutsche Bundesbank

Um eine optimale Geldanlage zu erreichen, gilt es folgende Faustregeln zu beachten:
- Jeder Geldanleger sollte seinen persönlichen Vermögensstand, seine Sparfähigkeit und seine Sparziele ermitteln.
- Jede Anlageart hat ihre besonderen Eigenheiten.

> – Ab einer bestimmten Sparsumme empfiehlt es sich, verschiedene Anlageformen zu mischen (Streuung). Je größer das anzulegende Vermögen ist, desto breiter sollte die Vermögensstreuung sein.

5.2 Sparformen

Man unterscheidet hauptsächlich folgende Sparformen:

Sparbuch/Sparkonto

Die beliebteste Sparform der Bundesbürger ist das Sparen auf dem **Sparkonto.** Wer ein Sparkonto eröffnet, erhält als Urkunde ein **Sparbuch.** Darin werden alle Einzahlungen und alle Abhebungen eingetragen sowie der jeweils aktuelle Kontostand. Viele Banken geben mittlerweile für Sparkonten keine Sparbücher mehr aus. Statt dessen erhalten die Kunden nach jeder Buchung einen Kontoauszug, den sie als Loseblattsammlung abheften.

Auf den meisten Sparkonten wird das Geld als „normale Spareinlage" angelegt. Genauer gesagt: auf **Sparkonten mit dreimonatiger Kündigungsfrist.** Pro Kalendermonat können hier je nach Bank zwischen 1500 € und 2000 € abgehoben werden. Wer mehr Geld möchte, muss dies 3 Monate vorher ankündigen, andernfalls muss er Vorschusszinsen bezahlen. Der Vorschusszins beträgt in der Regel ein Viertel des Zinses, der sonst auf die Spareinlage gezahlt wird.

Der Sparer kann zwar recht problemlos über sein Geld verfügen und muss keine Kursverluste befürchten, wie sie bei börsennotierten Wertpapieren eintreten können, bekommt dafür aber relativ wenig Zinsen (in der Regel 1–3 %). Höhere Zinsen erhält man bei vereinbarten Kündigungsfristen (z. B. von 12, 24 oder 48 Monaten). Allerdings muss der Sparer den Ablauf der jeweiligen Kündigungsfrist abwarten, bevor er über sein Geld verfügen kann. Abgesehen vom Inflationsrisiko ist die Anlage auf Sparkonten nahezu risikolos.

Sparbriefe

Sparbriefe sind Wertpapiere, die nicht an der Börse notiert werden. Deshalb unterliegen sie auch keinem Kursrisiko. Verkauft werden sie von Banken und Sparkassen, die sich auf diese Weise von ihren Kunden Geld beschaffen. Sparbriefe werden normalerweise auf den Namen des Kunden ausgestellt. Erhalten kann man sie häufig schon für 100 €. Wegen der Laufzeit von meist 4 bis 8 Jahren kommen sie nur als langfristige Geldanlage in Betracht, da eine vorzeitige Rückzahlung in der Regel nicht möglich ist.

Verglichen mit den Einlagen auf dem Sparbuch, werden sie deutlich besser verzinst, verglichen mit den an der Börse notierten festverzinslichen Wertpapieren jedoch etwas schlechter.

Termingeldeinlagen

Anleger, die auf ihr Geld nur kurze Zeit verzichten können, entscheiden sich meist für **Termingeldeinlagen.** Für einen kurzen Zeitraum (z. B. 30, 60, 90, 180 oder 360 Tage) legen sie einen größeren Betrag (meist ab 5000 €) auf einem speziellen Termingeldkonto an und erhalten dafür einen erhöhten Zins.

Bausparen

Fast jeder dritte Bundesbürger ist Bausparer. Mit dem Abschluss eines **Bausparvertrages** verpflichtet sich ein Bausparer, entsprechend der vereinbarten Bausparsumme (z. B. 50 000 €) regelmäßig Bausparbeiträge an eine Bausparkasse zu zahlen. Durch den Bausparvertrag erwirbt er das Anrecht auf ein zinsgünstiges Bauspardarlehen. Damit ein Darlehen beantragt werden kann, müssen bestimmte Voraussetzungen erfüllt sein, die im Einzelnen von dem gewählten Tarif der Bausparkasse abhängen, z. B. die Mindestansparsumme von 40 % und eine Mindestansparzeit von 18 Monaten. Wurde ein Bausparvertrag zugeteilt, dann erhält der Bausparer sein Sparguthaben einschließlich der Zinsen zurück. Die Differenz zur vereinbarten Bausparsumme steht ihm als zinsgünstiges Darlehen zur Verfügung.

Beispiel	
Bausparsumme	50 000 €
Ansparsumme (in der Regel 40 %)	20 000 €
Bauspardarlehen	30 000 €

Da der Zweck des Bausparens im Erwerb, Bau oder der Instandhaltung von Wohneigentum besteht, wird diese Sparform vom Staat gefördert.

Versicherungssparen

Der Staat fördert den Abschluss bestimmter **Privatversicherungen.** Deshalb ist das Versicherungssparen eine sehr beliebte Sparform. Hier werden Beiträge für eine Privatversicherung gezahlt, z. B. für eine Lebens-, eine private Rentenversicherung, eine Unfall- oder eine Aussteuerversicherung. Die beliebteste Form des Versicherungssparens ist die Lebensversicherung, z. B. die Kapitallebensversicherung. Sie soll einerseits als Altersvorsorge für den Versicherungssparer die Leistungen der gesetzlichen Rentenversicherung ergänzen und andererseits beim vorzeitigen Tod des Versicherten dessen Hinterbliebenen finanziell absichern (siehe auch private Zusatzversicherungen S. 48 ff.).

Investmentanteile

Beim **Investmentsparen** vertraut der Sparer das Geld einer Kapitalanlagegesellschaft (Investmentgesellschaft) an. Im Gegenzug erhält er **Investmentzertifikate** (Urkunden) ausgehändigt. Diese Scheine verbriefen einen Anteil an einem Geldtopf, in den viele Sparer einzahlen. Genauer gesagt: an einem **Fonds.** Je nachdem, wie die Investmentgesellschaft das Geld anlegt, unterscheidet man unterschiedliche Fonds. Will ein Sparer höhere Erträge und ist er auch bereit, höhere Risiken einzugehen, kann er Anteile an einem **Aktienfonds** erwerben. Hier fließt das Geld in Aktien. Bei **Rentenfonds** wird in festverzinslichen Wertpapieren investiert. **Gemischte Fonds** setzen sich aus Aktien und festverzinslichen Wertpapieren zusammen. Bei **Immobilienfonds** fließen die Geldmittel in Grundstücke und Gebäude.

Investmentfonds unterliegen weit geringeren Kursschwankungen als Aktien, weil die Wertpapiere breit gestreut sind und anzunehmen ist, dass nicht alle Papiere gleichzeitig im Wert sinken. Eine weitere Sicherheit besteht darin, dass die Kapitalanlagegesellschaften sehr streng vom Staat kontrolliert werden. Außerdem müssen die Anteilscheine jederzeit zum geltenden Anteilswert von der Gesellschaft in Geld umgetauscht werden, d. h. das Geld ist jederzeit verfügbar. Allerdings fallen Kosten an für Ankauf, Verkauf und Verwaltung von Investmentzertifikaten.

Umgang mit Geld

Festverzinsliche Wertpapiere

Ein Weg, den Ertrag seiner Ersparnisse aufzubessern, ist der Kauf von **festverzinslichen Wertpapieren** wie z. B. Pfandbriefe, Anleihen oder Kommunalobligationen. Festverzinsliche Wertpapiere garantieren einen gleich bleibenden Zinsertrag während ihrer Laufzeit (daher auch die Bezeichnung Rentenpapiere). Normalerweise beträgt die Laufzeit 5 und mehr Jahre. Herausgegeben werden diese Papiere von bestimmten Kreditinstituten (z. B. Hypothekenbanken), Industrieunternehmen, vom Bund, den Ländern oder den Gemeinden.

Festverzinsliche Wertpapiere haben eine gute Verzinsung. Außerdem können sie jederzeit an der Börse verkauft werden. Allerdings entstehen für Ankauf, Verkauf und Verwaltung der Papiere zum Teil beachtliche Kosten. Dafür sind die Kursschwankungen recht gering. Sie ergeben sich nur, wenn der Kapitalmarktzins gegenüber dem Zins des Papiers steigt oder fällt. An der 100 %igen Endauszahlung am Ende der Laufzeit ändert dies jedoch nichts.

Aktien

Aktien sind Urkunden, die dem Inhaber einen Anteil an einer Aktiengesellschaft verbriefen. Für seine Beteiligung erhält der Aktionär jährlich einen Gewinnanteil, die **Dividende**. Aktien werden jedoch weniger wegen der Dividende erworben, sondern weil sich der Käufer Kursgewinne an der Börse erhofft.

Mit einer Aktie beteiligt man sich nämlich an einem Unternehmen, seinem Vermögen und seinen Fähigkeiten. Wenn sich die Bewertung des Unternehmens ändert, steigt der Kurs oder er fällt. Verschlechtern sich beispielsweise die Ertragsaussichten, kann der Kurs langfristig auch unter dem Einstandskurs liegen. Der Kauf von Aktien birgt also ein erhebliches Kursrisiko. Außerdem fallen Kosten an für Ankauf, Verkauf und Verwaltung durch die Banken.

Kursverlauf Daimler-Aktie

Datum	Schlusskurs
25.01.1999	88,20
25.01.2000	67,50
25.01.2001	51,75
25.01.2002	47,15
27.01.2003	26,04
26.01.2004	38,90
25.01.2005	35,00
25.01.2006	45,32
25.01.2007	48,64
25.01.2008	51,38

Weitere Sparformen

Neben den genannten Anlagegruppen gibt es noch weitere Anlagemöglichkeiten wie z. B. Immobilien (Grundstücke, Gebäude), Edelmetalle (Platin, Gold, Silber) und sonstige Wertgegenstände (Schmuck, Stilmöbel).

Die Anlagemotive liegen bei diesen Anlageformen in der Sicherheit durch Sachwertanlagen sowie der Spekulation auf eine Wertsteigerung.

5.3 Abgeltungssteuer

Seit 1.1.2007 betragen die Sparerfreibeträge (einschließlich Werbungskosten) bei der Einkommensteuer 801 € für Ledige und 1602 € für Verheiratete. Kapitalerträge (z. B. Sparbuchzinsen, Wertpapierzinsen), die diese Freibeträge übersteigen, werden bei der Auszahlung der Zinsen mit der 25 %igen **Abgeltungssteuer** belegt (Stand 1.1.09). Zusätzlich fallen darauf noch Solidaritätszuschlag und ggf. Kirchensteuer an. Diese Steuer wird von den Kreditinstituten einbehalten und an die Finanzämter weitergeleitet. Über die bezahlte Steuer erhält der Sparer eine Bescheinigung von seiner Bank. Damit er den Sparerfreibetrag bereits bei der Zinsauszahlung in Anspruch nehmen kann, muss der

Sparer seinem Kreditinstitut einen so genannten **Freistellungsauftrag** erteilen. Wer sein Geld bei verschiedenen Instituten angelegt hat, muss mehrere Freistellungsaufträge erteilen. Deren Summe darf den Sparerfreibetrag jedoch nicht übersteigen.

Sparer, deren persönlicher Einkommensteuersatz unter 25 % liegt, erhalten zuviel gezahlte Abgeltungssteuer zurück, wenn sie eine Steuererklärung abgeben. Sparer, deren Steuersatz über 25 % liegt, müssen keine Steuer nachzahlen.

5.4 Die Sparförderung

Arbeitnehmer bekommen in der Regel von ihrem Arbeitgeber so genannte **vermögenswirksame Leistungen (VL),** die bis zu 40 € pro Monat betragen können. Ausbezahlt werden sie zusätzlich zum Lohn. Nach dem Willen des Gesetzgebers sollen diese VL der Vermögensbildung dienen. Deshalb werden sie nicht direkt mit dem Gehalt ausbezahlt, sondern sie müssen vom Arbeitgeber auf einen speziellen vermögenswirksamen Sparvertrag eingezahlt werden. Außerdem darf über das Geld mehrere Jahre – meist 7 Jahre – nicht verfügt werden. Die genauen Bedingungen des vermögenswirksamen Sparens sind im **Vermögensbildungsgesetz** festgelegt.

Seit 1999 ist die Vermögensbildung neu geregelt. Dadurch sollen die Arbeitnehmer stärker am Produktivvermögen beteiligt werden. Mit der neuen Sparförderung ist die Zahl der Anspruchsberechtigten auf eine **Arbeitnehmersparzulage** angestiegen. Dies wurde erreicht durch eine Anhebung der Einkommensgrenzen auf 17 900 € bei Ledigen und 35 800 € bei Verheirateten. Die derzeitige Sparförderung umfasst das Beteiligungssparen und das Bausparen.

Beteiligungssparen
Beim Kauf von **Beteiligungspapieren** (z. B. Aktien oder Aktienfondsanteilen) gewährt der Staat für höchstens 400 € pro Jahr eine 18 %ige **Arbeitnehmersparzulage.** Die Spargelder können auch als Mitarbeiterbeteiligungen von Arbeitnehmern verwendet werden.

Bausparen
Zusätzlich können auf einen **Bausparvertrag** bis zu 470 € vermögenswirksam eingezahlt werden. Hierfür wird eine **Arbeitnehmersparzulage** von 9 % gewährt.
Für weitere Bausparleistungen von jährlich höchstens 512 € bei Ledigen und 1024 € bei Verheirateten kann eine 8,8 %ige **Wohnungsbauprämie** beantragt werden. Allerdings dürfen bei der Wohnungsbauprämie folgende Einkommensgrenzen nicht überschritten werden: 25 600 € bei Ledigen bzw. 51 200 € bei Verheirateten.

Umgang mit Geld

5.5 Individuelle Vermögensbildung

Haushaltsplan

Einnahmen pro Monat
- Ausbildungsvergütung _____
- Zuschüsse, z. B. durch Eltern _____
- Sonstige Einnahmen _____

Gesamteinnahmen _____

Ausgaben pro Monat

Wohnung	Miete mit Nebenkosten	_____
	Strom	_____
	GEZ-Gebühren	_____
Haushalt	Lebensmittel	_____
	Kleidung	_____
	Versicherungen	_____
	Sonstiges	_____
Kfz-Kosten	Versicherung, Steuer	_____
	Tanken	_____
	Finanzierung	_____
Öffentliche Verkehrsmittel		_____
Telefon/Handy		_____
Sparen	Rente	_____
	Bausparen	_____
	Sonstiges	_____
Sonstige Ausgaben		_____

− Gesamtausgaben _____

= monatlich frei verfügbarer Betrag _____

Die Säulen der Vermögensbildung sind die Altersvorsorge und die eigentliche Vermögensbildung sowie deren Absicherung. Damit sind zwei Ziele gemeint, zum einen ein Notgroschen für kurzfristige finanzielle Engpässe bereitzuhalten, zum anderen der Aufbau eines Geld- oder Immobilienvermögens. Beratungen bieten dazu Banken, Bausparkassen, Versicherungen und weitere Finanzdienstleister an. Wichtig ist es, sich von mehreren Seiten Angebote als Vergleichsgrundlage einzuholen und erst dann langfristige Verträge abzuschließen. Vorher sollte mit einem Haushaltsplan das frei verfügbare Einkommen ermittelt werden.

Sparen für das Alter ist unverzichtbar. Aber folgende Punkte sollten auch beachtet werden:

– Risikoabsicherung und Schuldenabbau gehen vor Sparen.
– Nicht jeden Cent in die Altersvorsorge stecken, dann können „ungeplante" Geldausgaben wie z. B. eine defekte Waschmaschine auch nicht zu Engpässen führen. Notgroschen sollten so angelegt werden, dass ein schneller Zugriff jederzeit möglich ist. Hier bieten sich z. B. Tagesgeldkonten an, sie bieten deutlich bessere Zinserträge als Sparbücher und Girokonten.
– Gleichgültig, ob risikofreudig oder eher sicherheitsliebend, in jedem Fall raten Finanzexperten zu einem Anlagemix, z. B. einen Teil Aktien, einen Teil festverzinsliche Wertpapiere. Nach wie vor gilt das Börsianer-Motto: „Wer gut essen will, investiert in Aktien, wer gut schlafen will, investiert in Anleihen."

Zusammenfassung

Sparformen

- Sparbuch
- Termingeldeinlagen
- Sparbriefe
- Bausparen
- Festverzinsliche Wertpapiere
- Investmentzertifikate
- Versicherungssparen
- Aktien

Die Wahl der Sparformen wird beeinflusst durch

- Rendite (Zinsen)
- Sicherheit (Risiko)
- Verfügbarkeit
- Steuerersparnis

Umgang mit Geld

```
                    Staatliche Sparföderung
                    ┌──────────┴──────────┐
              Beteiligungspapiere         Bausparen
```

Beteiligungspapiere
- z. B. beim Kauf von Aktien, Investmentzertifikaten, Arbeitnehmersparzulage aus höchstens 400 € (Ledige)
- 18 % Arbeitnehmersparzulage

Bausparen
- 9 % Arbeitnehmersparzulage aus höchstens 470 € (Ledige)

  +

- 8,8 % Wohnungsbauprämie aus höchstens 512 € (Ledige)

↓ Förderung nur innerhalb bestimmter Einkommensgrenzen ↓

Arbeitsteil

1. Von welchen Faktoren sollte die Wahl der Anlageform abhängig gemacht werden?

2. Welche Faustregeln gilt es für eine optimale Geldanlage zu bedenken?

3. a) Zählen Sie fünf verschiedene Sparformen auf.
   b) Beschreiben Sie drei Sparformen hinsichtlich ihrer Merkmale, der Verfügbarkeit, des Ertrags und des Risikos.

4. a) Wie viel Euro kann man von einem Sparbuch mit dreimonatiger Kündigungsfrist pro Kalendermonat abheben?
   b) Womit muss ein Sparer rechnen, der mehr Geld abheben möchte?

5. Begründen Sie folgende Aussage: „Aktien-Sparen ist die risikoreichste Sparform, festverzinsliche Wertpapiere sind dagegen eine sichere Anlageform."

6. a) Was versteht man unter Investmentzertifikaten?
   b) Warum erfreut sich die Geldanlage in Investmentfonds immer größerer Beliebtheit?

7. Woraus setzt sich die Rendite von Aktien zusammen?

8. a) Bis zu welcher Höhe sind die Kapitalerträge eines Alleinstehenden steuerfrei?
   b) Mit wie viel Prozent werden Zinserträge besteuert, die über dem Sparerfreibetrag liegen?
   c) Wie muss ein Sparer verfahren, wenn er den Sparerfreibetrag bereits bei der Zinsauszahlung in Anspruch nehmen möchte?

9. Welche Gründe sprechen dafür, dass Spareinlagen trotz niedriger Verzinsung noch immer einen großen Anteil an den Anlageformen einnehmen?

10. Warum ist es sinnvoll, seine Ersparnisse nicht nur in einer Anlageform anzulegen, sondern sie auf verschiedene Anlageformen zu verteilen?

11. a) Nennen Sie die Einkommensgrenzen für eine staatliche Sparförderung.
    b) Welche Sparleistungen fördert der Staat durch Arbeitnehmersparzulagen?
    c) Für welche Sparleistungen wird eine Wohnungsbauprämie gewährt und wie hoch ist sie?

12. Verwenden Sie den auf Seite 148 abgebildeten Haushaltsplan und ermitteln Sie, welchen Betrag Sie monatlich für die Vermögensbildung zur Verfügung haben.

6 Kredite

Erfahrungsbericht von Ines, 20 Jahre alt:
„Mit 16 Jahren habe ich meine Ausbildung als Köchin begonnen. Zur Überweisung meiner Ausbildungsvergütung musste ich ein Girokonto eröffnen. Mit 18 erhielt ich eine ec-Karte sowie einen Dispokredit über 2000 €. Ich habe mir totschicke Klamotten gekauft. Plötzlich war mein Girokonto mit 4000 € in den Miesen. Der Geldautomat spuckte kein Geld mehr aus, die Bank hat meine ec-Karte eingezogen.
Nun soll ich meine Kontoüberziehung abdecken. Dabei habe ich noch zwei Anschaffungsdarlehen mit festen Raten für mein Auto und meine Wohnungseinrichtung laufen. Ich weiß nicht, wie ich all meine Schulden zurückbezahlen soll, obwohl ich in meiner Freizeit schon einen Nebenjob als Bedienung angenommen habe. Irgendetwas habe ich wohl falsch gemacht?"

Welchen Fehler hat Ines wohl gemacht?
Wie könnte Ines aus dieser „Schuldenfalle" wieder herauskommen?

6.1 Kreditarten

Je nachdem, welcher Finanzierungsanlass vorliegt, unterscheidet man verschiedene Kreditarten. Die für Privatpersonen wichtigsten Kreditarten sind:
– der **Überziehungskredit (Dispositionskredit)**
– der **Ratenkredit (Anschaffungsdarlehen)**
– das **Hypothekendarlehen**.

Merkmale	Überziehungskredit (Dispositionskredit)	Ratenkredit (Anschaffungsdarlehen)	Hypothekendarlehen
Zweck	Kurzfristiger Geldbedarf zur Abdeckung von Kontoüberziehungen	Mittelfristiger Geldbedarf zur Finanzierung größerer Anschaffungen wie Autos	Langfristiger Geldbedarf zur Finanzierung von Immobilienkäufen
Kreditaufnahme	Überziehung des Girokontos	Abschluss eines Kreditvertrages und Einrichtung eines besonderen Darlehenskontos	Abschluss eines Kreditvertrages und Einrichtung eines besonderen Darlehenskontos
Laufzeit	Unbefristet	Vertraglich geregelt	Vertraglich geregelt
Tilgung (Rückzahlung)	Durch Ausgleich des Girokontos, in der Regel durch Lohnzahlungen	Feste monatliche Raten	Feste Raten, meist monatlich
Zinsen	Prozentualer Jahreszins vom beanspruchten Kreditbetrag, deutlich höher als bei den anderen Kreditarten. Wird der vereinbarte Dispositionsrahmen überzogen, steigt der Zins um weitere 4–5 %	Prozentualer Monatszins vom gesamten Darlehensbetrag	Prozentualer Jahreszins
Bearbeitungsgebühr	Keine	Meist 2 % vom Kreditbetrag	Je nach Kreditinstitut, meist 1–2 % vom Kreditbetrag

6.2 Beispiel Ratenkredit (Anschaffungsdarlehen)

Vor der Aufnahme eines Ratenkredits (z. B. für den Kauf eines Gebrauchtwagens) sollten Kreditangebote von verschiedenen Kreditinstituten eingeholt werden. Dabei lässt sich feststellen, dass die **Kreditkonditionen** (Kreditbedingungen) sehr unterschiedlich sein können. Außerdem gilt es, Angebote von so genannten „Kredithaien" herauszufiltern; dies sind Kreditanbieter, die Kredite zu weit überhöhten Konditionen vermitteln oder anbieten.

Die Kosten eines Darlehens bzw. Krediter sind abhängig von der Art des Kredites, der Laufzeit und dem Anbieter. Die Kreditkosten setzen sich zumeist aus mehreren Positionen zusammen. Die Gesamtkosten eines Darlehens sind also abhängig von
- dem verlangten Zinssatz,
- der Bearbeitungsgebühr (bei Anschaffungsdarlehen meist 2 %),
- erweiterten Nebenkosten (Vermittlungsgebühr, Auskunftsspesen, Inkassospesen) und
- unter Umständen den Kosten für eine Risikolebensversicherung, die der Bank für den Fall des Todes des Kreditnehmers überschrieben wird.

Effektivverzinsung

Für den Kreditnehmer stellt sich aufgrund der unterschiedlichen Kreditkosten der einzelnen Kreditinstitute das fast unüberwindliche Problem des Preisvergleichs. Deshalb schreiben **Preisangabenverordnung** und **BGB** (Bürgerliches Gesetzbuch) zwingend vor, dass Kreditinstitute bei Krediten an Privatpersonen den **Effektivzins** anzugeben haben. Die Effektivverzinsung gibt Auskunft über den tatsächlich zu zahlenden Zins einschließlich aller Gebühren und sonstiger Kosten. Der mit einer komplizierten Formel errechnete Effektivzinssatz wird in Tabellen gefasst. Anhand dieser Tabellen lässt sich bei verschiedenen Zinssätzen und Laufzeiten der jeweilige effektive Jahreszins ablesen. Zunächst erschienen die 0,6 % Zinsen im folgenden Beispiel sehr gering.

BGB § 492

Effektivzinstabelle (Auszug)

Nominalzinssatz % pro Monat	Effektiver Jahreszins (Gesamtkosten) in % bei einer Laufzeit von Monaten			
	9	12	24	36
0,48	15,98	15,33	13,37	12,58
0,50	16,46	15,84	13,86	13,06
0,55	17,86	17,12	15,09	14,25
0,60	18,88	18,42	16,33	15,44
0,65	20,10	19,73	17,58	16,63
0,70	21,34	21,05	18,83	17,83
0,80	23,83	23,75	21,36	20,23
0,90	26,37	26,50	23,91	22,64

Hinweis: Neben den Zinsen wird eine laufzeitunabhängige Bearbeitungsgebühr von 2 % des Ursprungsbetrags erhoben.

Beispiel:
Bei einem Nominalzins von 0,60 % pro Monat und einer Laufzeit von 24 Monaten sowie einer einmaligen 2 %igen Bearbeitungsgebühr des Ursprungsbetrags (beantragter Darlehensbetrag) beträgt die Effektivverzinsung pro Jahr 16,33 %.

Wie die Tabelle zeigt, ist die effektive (tatsächliche) Verzinsung pro Jahr allerdings erheblich höher, da bei Ratenkrediten die monatlich zu zahlenden Zinsen während der gesamten Laufzeit vom ursprünglichen Kreditbetrag berechnet werden. Auch die Barbeitungsgebühr muss noch berücksichtigt werden. Tatsächlich aber mindert jede Rate den Kreditbetrag. Die Folge: Mit zunehmender Laufzeit steigt die Zinsbelastung, da die Restschuld geringer wird, Darlehensraten aber gleich bleiben.

Umgang mit Geld

Darlehens- und Tilgungsraten (Auszug)

Darlehens-höhe €	Laufzeit Monate	Zinsen: 0,48% pro Monat €	Bearbeitungs-gebühr 2% €	Gesamtbetrag €	Monatsraten €
1500,-	6	43,20	30,-	1573,20	262,20
1500,-	9	64,80	30,-	1594,80	177,20
1500,-	12	86,40	30,-	1616,40	134,70
5000,-	12	288,00	100,-	5388,00	449,00
5000,-	24	576,00	100,-	5676,00	236,50
5000,-	36	864,00	100,-	5964,00	165,66
5000,-	40	960,00	100,-	6060,00	151,50

Beispiel:
Darlehenssumme: **5000,- €**
Laufzeit: 24 Monate
Zinssatz 0,48 % pro Monat
einmalige Bearbeitungsgebühr von der Darlehenssumme: 2 %
ergibt Gesamtkosten von **5676,- €**
(Rückzahlungsbetrag oder Tilgung)
= 24 Monatsraten
zu je **236,50 €** (Tilgungsraten)

Darlehenshöhe und Monatsraten

Für die Berechnung der Gesamtbeträge eines Darlehens stehen den Banken und Sparkassen ebenfalls Tabellen zur Verfügung, mit deren Hilfe den Kunden in einem Beratungsgespräch der Gesamtbetrag und sich daraus ergebende Monatsraten genannt werden können.

Kundenschutz durch das BGB (Bürgerliches Gesetzbuch)

Die Regelungen des BGB sollen die Kunden vor einer Übervorteilung durch übereilt abgeschlossene Kreditverträge schützen. Das Bürgerliche Gesetzbuch gilt für alle Kreditverträge über 200 € sowie für Ratenkaufverträge. Seine wichtigsten Bestimmungen:

BGB § 492
- Kreditverträge müssen schriftlich abgeschlossen werden.
- Dem Kreditnehmer müssen bestimmte Mindestangaben gemacht werden (Nominalzins, Effektivzins, Gesamtbetrag der Raten, Nebenkosten, verlangte Sicherheiten usw.).
- Kreditverträge können innerhalb zwei Wochen widerrufen werden. Diese Widerrufsmöglichkeit muss schriftlich mitgeteilt und vom Kreditnehmer unterschrieben werden.
- Werden Abzahlungskäufe von Banken oder Sparkassen finanziert, dann kann man bei mangelhafter Ware diese Mängel auch dem Kreditinstitut entgegenhalten und die Raten (vorerst) zurückbehalten.

Sicherheiten

Kreditinstitute vergeben Spareinlagen von Kunden in Form von Krediten an andere Kunden. Dies erfordert ein Höchstmaß an Absicherung. Neben der persönlichen Zuverlässigkeit des Kreditnehmers verlangen sie meist zusätzliche Sicherheiten:

BGB § 765

Bürgschaften Grundlage dieser Kreditsicherung ist der Bürgschaftsvertrag, der nach BGB schriftlich abgeschlossen werden muss. Darin verpflichtet sich der Bürge, bei der Bank für die Schuld des Kreditnehmers einzustehen. Der Bürge kann die Bürgschaft grundsätzlich nicht kündigen oder zurückziehen; sie entfällt erst, wenn die Schuld nicht mehr besteht.

Lohn- und Gehaltsabtretung Sie kommt vor allem bei Privatkrediten in Frage. Um den Lebensunterhalt des Schuldners zu sichern, besteht ein Abtretungsverbot für den unpfändbaren Teil des Einkommens.

Verpfändung von Wertpapieren und sonstigen Vermögenswerten Bei einer Verpfändung von Gegenständen geht das Pfandobjekt (meist Schmuck oder Wertpapiere) so lange in den Besitz der Bank über, bis der Kredit zurückgezahlt ist.

Sicherungsübereignung von beweglichen Sachen Bei einer Sicherungsübereignung wird das Eigentum an dem sicherungsübereigneten Gegenstand der Bank übertragen. Der Schuldner kann ihn jedoch unter gewissen Absicherungen nutzen. *Beispiel:* Wird ein über Kredit finanziertes Auto sicherungsübereignet, kann der Kreditnehmer es zwar nutzen, muss aber eine Vollkaskoversicherung abschließen. Der Kfz-Brief verbleibt bei der Bank, damit ein unberechtigter Verkauf unmöglich ist.

Grundschuld oder Hypothek Eine Grundschuld oder eine Hypothek ist ein Pfandrecht an Grundstücken oder Gebäuden. Jedes Grundstück mit darauf stehenden Gebäuden ist beim Grundbuchamt im Grundbuch eingetragen. Wird ein Grundstück mit einer Grundschuld oder einer Hypothek belastet, so wird diese ins Grundbuch eingetragen. Kann der Schuldner sein Hypothekendarlehen nicht wie vereinbart zurückzahlen, dann hat die darlehensgebende Bank die Möglichkeit, diese Hypothek zu verwerten, d. h. sie kann das Gebäude zwangsversteigern lassen.

Gefahren der Kreditaufnahme

Kreditinstitute, die einen Kredit vergeben, überprüfen zur eigenen Sicherheit zuerst die Kreditwürdigkeit ihrer Kunden. Eine wichtige Entscheidungsgrundlage sind hierbei Auskunfteien wie die **SCHUFA** (Schutzgemeinschaft für allgemeine Kreditsicherung). Auf Anfrage geben diese unter anderem an Banken und Sparkassen Bonitätsauskünfte zu den Kreditsuchenden. Im Gegenzug informieren die Kreditinstitute über abgeschlossene Kreditverträge und über Unregelmäßigkeiten bei deren Ablauf. So erfahren die Auskunfteien, ob ein Kreditnehmer seine Raten pünktlich zahlt oder ob Zahlungsausfälle vorliegen. Kreditsuchende, von denen nachteilige Informationen über Zahlungsausfälle gespeichert sind, bekommen häufig nur schwer einen neuen Kredit.
Trotzdem steigt die Zahl der Haushalte, die von der Zins- und Tilgungslast hoffnungslos überfordert sind. Mehr als 3 Millionen Haushalte können derzeit ihren Zahlungsverpflichtungen nicht mehr nachkommen, sie sind **überschuldet.** Die wichtigsten Auslöser einer Überschuldung sind: moderne Zahlungsmöglichkeiten wie Kredit- oder Kundenkarten (z. B. Bankkarten, Sparkassenkarten), Arbeitslosigkeit, Scheidungsfolgen, Sorglosigkeit, mangelnde Erfahrung mit Kreditangeboten.
Bei jeder Kreditaufnahme sollte deshalb unbedingt auf folgende Punkte geachtet werden:

- Reicht das Einkommen aus, um die anfallenden Raten zu zahlen und um den Lebensunterhalt (Miete, Nahrungsmittel usw.) zu bestreiten?
- Können die Zahlungsverpflichtungen auch bei Krankheit oder Arbeitslosigkeit erfüllt werden?
- Wie hoch sind die gesamten Kreditkosten? Wie hoch ist der effektive Jahreszins? Welche Bank macht das günstigste Angebot?
- Unterschreiben Sie keinen Vertrag blanko, d. h. die Verträge sollten vollständig ausgefüllt sein.
- Verlangen Sie eine Kopie des Vertrages.
- Treffen Sie keine mündlichen Nebenabreden. Da Kreditverträge schriftlich abgeschlossen werden müssen, sind derartige Abreden ungültig.
- Achten Sie darauf, dass die Laufzeit des Kredits kürzer ist als die Lebensdauer des mit Kredit gekauften Gerätes.

Wenn Sie bereits in Schwierigkeiten sind:
- Wenden Sie sich an die Bank oder bitten Sie Freunde und Angehörige um Hilfe.
- Suchen Sie eine **Schuldnerberatungsstelle** auf. Derartige Einrichtungen gibt es im gesamten Bundesgebiet.
- Nehmen Sie auf keinen Fall die „Hilfe" von unseriösen Kreditvermittlern **(Kredithaien)** in Anspruch. Ein Kreditvermittler gewährt keinen Kredit, er vermittelt ihn nur. Dafür berechnet er außer Zinsen, die den Gewinn seines Geldgebers darstellen, Bearbeitungsgebühren, Auskunftsprämien, Inkassoprämien usw. Erst diese machen Kreditvermittlungen zum lohnenden Geschäft. Da niemand zu wohltätigen Zwecken ein Kreditvermittlungsbüro betreibt, werden die Schulden durch eine Kreditvermittlung nur erheblich höher.

Verbraucherinsolvenzverfahren (Privatkonkurs)

Seit Januar 1999 können die mehr als 3 Millionen überschuldeten Haushalte aufatmen. Jetzt können Gerichte auch Privatleuten ihre Schulden erlassen. **Das neue Insolvenzrecht** gibt Überschuldeten die Chance, sich genau wie ein Unternehmen von alten Schulden zu befreien. Doch die Bedingungen sind hart:

1. **Der Schuldner** muss **dokumentieren**, dass er versucht hat, sich mit seinen Gläubigern zu einigen.
2. **Ein Richter** schaltet sich im zweiten Schritt ein. Er versucht, die Parteien zu einem Kompromiss (Vergleich) zu bewegen.
3. **Scheitert der Einigungsversuch,** beginnt das **Insolvenzverfahren:** Der Richter teilt das Vermögen des Schuldners auf die Gläubiger auf.
4. **Sechs Jahre** lang muss der Schuldner nun den pfändbaren Teil seines Einkommens abtreten. Diesen verteilt ein Treuhänder an die Gläubiger. Des Weiteren muss er jede bezahlte Arbeit annehmen und dem Gericht Arbeits- und Wohnortswechsel anzeigen.
5. Die **Belohnung** folgt im siebten Jahr, wenn das Gericht dem Privatmann seine restlichen **Schulden erlässt.**

Das neue Insolvenzrecht bietet vielen Überschuldeten einen Ausweg aus der „Schuldenfalle". Dennoch sollte diese Möglichkeit nur als wirklich allerletzte Lösung gewählt werden. Denn es ist anzunehmen, dass abgewickelte Privatkonkurse bei der Schufa registriert werden. Die Folge: Die von ihren Schulden befreite Privatperson hat zwar ihre Schulden verloren, gleichzeitig aber auch ihre Kreditwürdigkeit. Selbst Jahre später wird sie Mühe haben, einen Kredit zu erhalten.

Viele Banken werden die Eröffnung eines Girokontos ablehnen oder zumindest keine Scheckformulare, Kreditkarten und Kundenkarten ausstellen. Mobilfunkunternehmen werden keinen „Handy-Vertrag" abschließen.

Umgang mit Geld

Zusammenfassung

Kredite

Kreditarten	Kreditarten	Kreditsicherheiten	Kreditgefahren	Bürgerliches Gesetzbuch
• Dispositionskredit • Ratenkredit (Anschaffungsdarlehen) • Hypothekendarlehen	**Kreditgeber** • prüft Kreditwürdigkeit • verlangt Sicherheiten **Kreditnehmer** • vergleicht absolute Kosten • vergleicht Effektivzins	• Bürgschaft • Sicherungsübereignung • Gehaltsabtretung • Grundschuld, Hypothek	Überschuldung ↑ **Verbraucherinsolvenzverfahren** Schützt bei Überschuldung durch Erlass der Restschuld unter bestimmten Voraussetzungen	schreibt für Verbraucherkredite vor: • Schriftform • Mindestangaben • Widerrufsrecht (2 Wochen)

Arbeitsteil

1. Welche Kredit- bzw. Darlehensarten sind für Privatpersonen am bedeutendsten?

2. Wie unterscheiden sich Dispositionskredit und Ratenkredit?

3. Worauf sollten Sie beim Vergleich von Darlehensangeboten besonders achten?

4. Worüber gibt der effektive Jahreszins Auskunft?

5. Welche Sicherheiten kommen bei Ratenkrediten (Anschaffungsdarlehen) normalerweise infrage?

6. Was versteht man unter dem gesetzlichen Abtretungsverbot bei Lohn- und Gehaltsabtretungen?

7. a) Welche Formvorschrift besteht für den Abschluss eines Kreditvertrages?
   b) Innerhalb welcher Frist können Kreditverträge vom Kunden widerrufen werden?
   c) Nennen Sie drei Mindestangaben, die ein Kreditvertrag enthalten muss.

8. Beschreiben Sie den Ablauf des Verbraucherinsolvenzverfahrens.

9. Stimmen Sie folgender Aussage zu? „Es ist immer besser, den Kaufpreis für geplante Anschaffungen anzusparen, als einen Kredit aufzunehmen." Begründen Sie.

10. Familie Berger will ein neues Auto kaufen. Insgesamt fehlen noch 7500 €. Diese sollen durch einen Ratenkredit finanziert werden. Die Hausbank macht für den Kredit folgendes Angebot: 0,45 % Zinsen pro Monat, 2 % Bearbeitungsgebühr, Tilgung in 36 Monatsraten. Familie Berger hat jeden Monat folgende Einnahmen und Ausgaben:

Einnahmen		Ausgaben	
Frau Berger	560,00 €	Miete	660,00 €
Herr Berger	1870,00 €	Lebenshaltungskosten	745,00 €
Kindergeld (2 Kinder)	308,00 €	Kfz-Kosten	165,00 €
		Sonstiges	240,00 €

a) Berechnen Sie den Rückzahlungsbetrag und die Höhe der monatlichen Zins- und Tilgungsrate.
b) Würden Sie Familie Berger zur Aufnahme des Krediltes raten? Begründen Sie Ihre Antwort.

Prüfungsaufgabe

Ralf Maier, 19 Jahre, arbeitet als Maschinenschlosser bei der Firma Freud GmbH in Weinheim. Sein Gehalt überweist ihm die Firma Freud pünktlich zum Monatsersten auf das Konto Nr. 12345678 bei der Starkenburg Sparkasse in Heppenheim.
Am 17. Oktober druckt Ralf folgenden Auszug am Kontoauszugsdrucker aus.

```
Sparkasse Starkenburg      BLZ  509 514 69                    Auszug              Blatt
Nr. 12345678                                                    53                  1
Datum      Erläuterung                                                            Betrag
Kontostand    31.09.2005,    Auszug Nr. 52                                     435,18 H
Währung:    EUR
• 01.10.  Lohn, Gehalt  Freud GmbH  6543/654865                              1.124,12 H
• 02.10.  Miete DA-NR   0123456                                                320,00 S
• 06.10.  Scheck Nr. 333, Zahlung für Fahrrad, Bitsch                          150,00 H
• 11.10.  Geldautomat Sparkasse  GA  NR000123  BLZ509 514 69 11.10/12 UHR Weinheim  50,00 S
• 12.10.  Scheck Nr. 321321321                                                  80,00 S
• 13.10.  Lastschrift   Wert: 13.10.2005 RUNDFUNKANSTALT Teilnehmernummer 123456  48,45 S
• 15.10.  Lastschrift   MediaMarkt, Mannheim  05748984660  POZ56743  12.10.05  9.20 MEZ  210,00 S
• 16.10.  Kartenzahlung   SHELL   5432 Weinheim  EC 700021345 15.10  7.30 MEZ   61,85 S

Ralf Maier                                               Int. Bank Account Nummer:
                                                         DE30 5674 1234 0055 7650 65
                                                         SWIFT-BIC.: HELADEF3HPE
```

a) Um welche Art von Bankkonto handelt es sich?

b) Erklären Sie, welche Vorgänge bzw. Handlungen den Buchungen vom 2. Oktober, 6. Oktober, 11. Oktober, 12. Oktober und 13. Oktober zu Grunde liegen könnten.

c) Vergleichen Sie die Lastschrift vom 15. Oktober mit der Kartenzahlung vom 16. Oktober. Worin unterscheiden sich die beiden Zahlungsarten?

d) Franz möchte im Computerladen seinen PC im Wert von 800 € mit einem Scheck bezahlen. Der Verkäufer lehnt ab. Warum?

e) Uta möchte ihre Geburtstagsfete in der Pizzeria Guiseppe mit Kreditkarte bezahlen. Beschreiben Sie den Vorgang der Kreditkartenzahlung. Worauf hat Uta zu achten?

f) Robert möchte in einem Musikgeschäft seine gekauften CDs im Wert von 30 € mit Kundenkarte bezahlen. Der Verkäufer besteht aber auf Zahlung mit Bargeld. Kann Robert auf Zahlung mit der Kundenkarte seiner Bank bestehen?

g) Valerie möchte folgende Zahlungen erledigen:
 – monatliche Miete
 – Einkauf im Supermarkt
 – monatliche Telefonrechnung
 – Rechnung vom Versandhaus
 – Kauf einer Fahrkarte für die Straßenbahn.
Welche Zahlungsmöglichkeiten würden Sie jeweils empfehlen? Begründen Sie.

h) Beschreiben Sie das Schaubild.

i) Welche Auswirkungen könnte die Wechselkursänderung des Euro zwischen Oktober 2001 und Oktober 2002 auf eine Firma gehabt haben, die mit Sportgeräten aus den USA handeln? (Zwei Auswirkungen)

j) Die Firma importiert u. a. Golfschläger, die in den USA 120 US-$ kosten. Wie viele Euro waren das am 1. Oktober 2001 und am 15. Oktober 2002?

EURO   (EZB-Referenzkurs)
15.10.02 0,9810
01.10.01 0,9125

„Die Welt" vom 16. Oktober 2002

Eine weitere Prüfungsaufgabe zum Kapitel Umgang mit Geld finden Sie auf S. 310.

Grundlagen des Arbeitsrechts

Grundlagen des Arbeitsrechts

1 Einzelarbeitsvertrag

Der Allerletzte

„Bewerbung abgelehnt? Na, hören Sie mal! Ich habe zwei Stunden Schlaf geopfert für dieses Vorstellungsgespräch!"

© BULLS

Dieses Bewerbungsgespräch scheint nicht optimal verlaufen zu sein.
Schildern Sie kurz, wie ein Arbeitsvertrag zustande kommt, von der Anbahnung bis zum Abschluss.

1.1 Anbahnung und Abschluss

Bürgerliches Gesetzbuch (BGB)

§ 611. Wesen des Dienstvertrages.

(1) Durch den Dienstvertrag wird derjenige, welcher Dienste zusagt, zur Leistung der versprochenen Dienste, der andere Teil zur Gewährung der vereinbarten Vergütung verpflichtet.
(2) Gegenstand des Dienstvertrages können Dienste jeder Art sein.

Die Voraussetzung für jedes **Arbeitsverhältnis** ist der **Arbeitsvertrag**. Er ist die wichtigste Form des Dienstvertrages. Abgeschlossen wird ein Arbeitsvertrag zwischen **Arbeitnehmer** und **Arbeitgeber.** Genauer gesagt: Er entsteht durch zwei übereinstimmende Willenserklärungen, nämlich den Antrag einer Seite und die Annahme der anderen Seite. Durch den Vertragsabschluss verpflichtet sich der Arbeitnehmer zur **Arbeitsleistung** unter der Leitung des Arbeitgebers. Von diesem erhält er dafür eine **Vergütung**, den Lohn bzw. das Gehalt.

Die Anbahnung des Arbeitsvertrages kann sehr unterschiedlich sein. So melden viele Arbeitgeber dem Arbeitsamt eine frei gewordene Stelle. Dieses versucht dann, einen geeigneten Bewerber zu vermitteln. Andere Betriebe werden von sich aus tätig und suchen durch Stellenanzeigen in Tageszeitungen oder Fachzeitschriften nach geeigneten Mitarbeitern. Auch das Auswerten von Stellengesuchen ist eine Möglichkeit. Normalerweise bewerben sich viele Arbeitnehmer um einen Arbeitsplatz. Wie viele das sind, hängt von verschiedenen Faktoren ab, unter anderem vom angebotenen Arbeitsplatz, von der Vergütung, der Aufmachung der Stellenanzeige, vom Ansehen der Firma, der Lage auf dem Arbeitsmarkt usw.
Anhand der **Bewerbungsunterlagen** treffen die Betriebe unter den Bewerbern eine **Vorauswahl.** Zu den Bewerbungsunterlagen gehören: das Bewerbungsschreiben, der Lebenslauf mit Bewerbungsfoto, Kopien der letzten Schulzeugnisse, der Nachweis der Berufsausbildung (z. B. der Gesellenbrief), Arbeitszeugnisse (siehe auch Europass S. 20f.).

Grundlagen des Arbeitsrechts

Eine besondere Bedeutung kommt dabei dem **Bewerbungsschreiben** zu. Ihm entnimmt ein Arbeitgeber, wie wichtig dem Arbeitnehmer die ausgeschriebene Stelle ist. Er sieht dies an der Sorgfalt und der Mühe, die sich ein Arbeitnehmer mit der Formulierung des Schreibens und mit der Zusammenstellung der Unterlagen gemacht hat.

Dem **Lebenslauf** kann der Arbeitgeber entnehmen, ob ein Bewerber zielstrebig seine Berufsziele verfolgt hat, ob er es lange in anderen Firmen ausgehalten hat oder ob er bei nächster Gelegenheit auch den neuen Betrieb wieder verlassen wird.

Das Vorstellungsgespräch ist wichtig – Darauf wird besonders geachtet
Umfrageergebnis in %
- 91 Auffassungsgabe
- 82 Einstellung zur Position
- 77 äußeres Erscheinungsbild
- 70 berufliche Ziele
- 57 sprachliches Ausdrucksvermögen
- 53 sicheres Auftreten
- 17 außerberufliche Interessen

Mehrfachnennungen
Quelle: IW

In einem persönlichen Gespräch, dem **Vorstellungsgespräch,** stellen Arbeitgeber und Arbeitnehmer letztendlich fest, ob sie miteinander einen Arbeitsvertrag abschließen wollen.

Meist verhandeln Arbeitgeber und Arbeitnehmer bei dieser Gelegenheit über die wichtigsten Vertragsinhalte wie Arbeitszeit, Lohnhöhe, Urlaubsanspruch und Art der zu leistenden Arbeit. Erfolgt eine Einigung, ist ein Arbeitsvertrag entstanden und der Arbeitnehmer gibt seine **Arbeitspapiere** ab. Dazu gehören seine Lohnsteuerkarte, die Urlaubsbescheinigung des vorherigen Arbeitgebers, die Mitgliedsbescheinigung der gewählten Krankenkasse sowie sein Sozialversicherungsausweis.

Staatsangehörige von **Mitgliedsländern** der **Europäischen Union** können nach **EU-Recht** in jedem EU-Land einen Arbeitsvertrag unterschreiben. Eine Arbeitserlaubnis ist nicht mehr erforderlich, lediglich eine Aufenthaltserlaubnis muss beantragt werden. Auf deren Erteilung besteht jedoch ein Rechtsanspruch. Für Bürger aus den neu aufgenommenen Mitgliedstaaten (siehe S. 140f.) gilt dies in Deutschland erst sieben Jahre nach Beitritt.

Pflichten vor Abschluss eines Arbeitsvertrages

Schon vor Abschluss des Arbeitsvertrages haben die Vertragspartner bestimmte Pflichten. So muss der **Arbeitgeber** mit den vertraulich überlassenen **Bewerbungsunterlagen** auch **diskret** umgehen. Hat er den Bewerber zu einem Vorstellungsgespräch eingeladen, muss er die entstandenen **Kosten ersetzen.** Im Vorstellungsgespräch darf er bestimmte Fragen nicht stellen. **Nicht gestattet** sind z. B. Fragen nach den Vermögensverhältnissen, zur Gesundheit, nach Vorstrafen, nach einer Religions-, Partei- oder Gewerkschaftszugehörigkeit sowie nach einer Schwangerschaft. Eine Schwangerschaft darf auch kein Ablehnungsgrund sein.

Der **Arbeitnehmer** muss wahrheitsgemäß über seine Qualifikationen Auskunft geben. In diesem Zusammenhang muss er mitteilen, welche Bedingungen des Arbeitsvertrages er nicht erfüllen kann. Beispielsweise darf eine Frisörin nicht verschweigen, dass sie bestimmte Chemikalien nicht verträgt. Auch eine Lohnpfändung darf nicht verschwiegen werden.

Grundlagen des Arbeitsrechts

1.2 Form und Inhalt

Der Abschluss eines Arbeitsvertrages ist **formfrei**, d. h. er kann schriftlich, mündlich oder durch schlüssiges Handeln zustande kommen. Viele Arbeitsverträge werden daher noch immer durch „Handschlag" besiegelt, d. h. der Vertragsabschluss erfolgt nur mündlich. Das bringt häufig Schwierigkeiten mit sich, vor allem dann, wenn ein Vertragspartner vereinbarte Ansprüche aus Beweismangel nicht durchsetzen kann. Schriftliche Arbeitsverträge sind deshalb für beide Seiten von Vorteil, da sie mehr Sicherheit bieten und dazu beitragen, unnötige Streitigkeiten zu vermeiden. Um EU-Vorschriften umzusetzen, hat der Bundestag 1995 das so genannte **„Nachweisgesetz"** erlassen. Es verpflichtet jeden Arbeitgeber, entweder schriftliche Arbeitsverträge abzuschließen oder zumindest den Inhalt des Vertrages schriftlich niederzulegen. Spätestens einen Monat nach Beginn des Arbeitsverhältnisses muss er die wesentlichen Vertragsinhalte schriftlich festhalten, die Niederschrift unterschreiben und dem Arbeitnehmer aushändigen. Diese Niederschrift muss die nebenstehenden Vertragsinhalte enthalten.

Mindestinhalte eines schriftlichen Arbeitsvertrages nach EU-Recht und „Nachweisgesetz"

- Name und Anschrift der Vertragspartner
- Beginn des Arbeitsverhältnisses und, sofern befristet, dessen Ende
- Arbeitsort
- Beschreibung der Arbeit
- Höhe und Zusammensetzung des Arbeitsentgeltes einschließlich aller Zusatzleistungen wie Prämien, Zulagen, Zuschläge
- vereinbarte Arbeitszeit
- Dauer des Jahresurlaubs
- Kündigungsfristen
- Hinweise auf anwendbare Tarifverträge und Betriebsvereinbarungen

Auch wenn kein schriftlicher Nachweis vorliegt, wird der Vertrag trotzdem nicht ungültig, der Arbeitnehmer kann sogar vor dem Arbeitsgericht auf die Erfüllung der Nachweispflicht klagen.

Wird ein **befristeter Arbeitsvertrag** nicht schriftlich abgeschlossen, hat dies zur Folge, dass die Befristung unwirksam ist und der Arbeitsvertrag als unbefristet gilt.

Um Benachteiligungen von Arbeitnehmern auszuschließen, hat der Staat durch Gesetze und Verordnungen die Vertragsfreiheit beim Arbeitsvertrag stark eingeschränkt. So müssen unter anderem folgende gesetzliche Regelungen beim Vertragsabschluss und bei der Festlegung der Inhalte berücksichtigt werden:

- Bürgerliches Gesetzbuch
- Gewerbeordnung
- Handelsgesetzbuch
- Arbeitszeitgesetz
- Bundesurlaubsgesetz
- Kündigungsschutzgesetz
- Jugendarbeitsschutzgesetz
- Nachweisgesetz
- Entgeltfortzahlungsgesetz
- Mutterschutzgesetz
- Handwerksordnung
- Arbeitsplatzschutzgesetz
- Schwerbehindertengesetz
- Tarifvertragsgesetz
- Betriebsverfassungsgesetz
- Entgeltfortzahlungsgesetz
- Teilzeit- und Befristungsgesetz
- Sozialgesetzbuch

Die Bestimmungen der einzelnen Gesetze und Verordnungen dürfen immer nur zugunsten der Arbeitnehmer geändert werden. So kann der Arbeitgeber die im Arbeitszeitgesetz auf 8 Stunden täglich festgelegte Arbeitszeit jederzeit auf 7 Stunden verkürzen, nicht aber dauerhaft auf 9 Stunden verlängern. Meist wird zu Beginn des Arbeitsverhältnisses eine **Probezeit** vereinbart. In der Regel dauert sie ein bis drei Monate, höchstens jedoch 6 Monate. Während der Probezeit können beide Seiten das Arbeitsverhältnis mit einer Kündigungsfrist von 14 Tagen beenden.

Durch den Arbeitsvertrag entstehen dem Arbeitgeber und dem Arbeitnehmer folgende Rechte und Pflichten:

Pflichten des Arbeitgebers	Pflichten des Arbeitnehmers

• **Beschäftigung:** Der Arbeitnehmer muss mit der vertraglich vereinbarten Arbeit beschäftigt werden. Er kann z. B. nicht gegen seinen Willen in einen zweimonatigen unbezahlten Urlaub geschickt werden.
• **Vergütung:** Der Arbeitgeber muss für die geleistete Arbeit den vereinbarten Lohn bzw. das Gehalt zahlen.
• **Fürsorge:** Der Arbeitgeber ist verpflichtet, alles zu tun, um die Gesundheit und das Leben seines Arbeitnehmers zu schützen. *Beispiele:* Abführung der Beiträge zur gesetzlichen Sozialversicherung, Beachtung der Unfallverhütungsvorschriften, Einhaltung des Jugendarbeitsschutzgesetzes oder des Arbeitszeitgesetzes.
• **Zeugnis:** Bei Beendigung des Arbeitsverhältnisses kann der Arbeitnehmer ein Arbeitszeugnis verlangen.
	• **Arbeitsleistung:** Der Arbeitnehmer ist verpflichtet, die vereinbarte Arbeitsleistung zu erbringen.
	• **Gehorsamspflicht:** Die Arbeitsanweisungen des Arbeitgebers müssen befolgt werden.
	• **Sorgfaltspflicht:** Der Arbeitnehmer muss die übertragenen Arbeiten sorgfältig, d. h. nach bestem Wissen und Können erledigen.
	• **Treuepflicht:**
	  – **Schweigepflicht:** Der Arbeitnehmer muss Betriebsgeheimnisse wahren.
	  – **Wettbewerbsverbot:** Der Arbeitnehmer darf dem Arbeitgeber keine Konkurrenz machen.

↓	↓
= Rechte des Arbeitnehmers	= Rechte des Arbeitgebers

Die Nichteinhaltung der Pflichten kann zu Kündigung und Schadenersatzpflicht führen.

1.3 Befristete Arbeitsverträge und Teilzeitverträge

Die meisten Arbeitsverträge werden unbefristet abgeschlossen. Nach dem so genannten **Teilzeit- und Befristungsgesetz (TzBfG)** sind **befristete Arbeitsverträge** nur zulässig, wenn ein besonderer **sachlicher Grund** vorliegt. Dies ist z. B. die Vertretung von erkrankten Arbeitnehmern, die Vertretung von Zivil- oder Wehrdienstleistenden, Saisonarbeit, Aushilfsarbeit oder die Einstellung zur Probe. Werden Auszubildende unmittelbar nach der Berufsausbildung weiterbeschäftigt, so gilt dies ebenfalls als besonderer sachlicher Grund.

Um die Arbeitslosenzahl zu senken, sieht das Teilzeit- und Befristungsgesetz **drei Ausnahmen** vor, in denen auch ohne sachlichen Grund befristete Arbeitsverträge abgeschlossen werden können. Solche Zeitverträge sind demnach möglich, wenn Arbeitnehmer **neu eingestellt** werden, wenn Beschäftigte das **58. Lebensjahr**

Suche Verkäufer/-in für
Stuttgarter Weihnachtsmarkt
vom 28. November bis 23. Dezember
täglich 10–21 Uhr ▬▬▬▬▬

Junge/r Siebdrucker/in
Wir bieten guten Verdienst und befristete Anstellung für 24 Monate. Bei guter Auftragsentwicklung unserer neuen Firma erwarten Sie gute Aufstiegsmöglichkeiten und Festanstellung.
Wir erwarten Arbeiten im Team nd Einarbeitung in neue Aufgabenbereiche. Schriftliche Bewerbungen bitte an: ▬▬▬▬▬

vollendet haben oder wenn **Existenzgründer** in den ersten 4 Jahren Arbeitsverträge abschließen. Die befristeten Arbeitsverträge dürfen in diesem Fall höchstens dreimal verlängert werden. Allerdings darf ihre Gesamtlaufzeit maximal 2 Jahre betragen, bei Existenzgründern 4 Jahre.

Mit Zeitverträgen können Unternehmen besser auf Veränderungen der Auftragslage reagieren und für manchen befristet eingestellten Arbeitnehmer bilden sie den Einstieg in ein unbefristetes Arbeitsverhältnis. Auch Auszubildende sind froh, wenn sie nach Abschluss der Berufsausbildung nicht sofort arbeitslos sind, selbst wenn sie zunächst nur befristet übernommen werden.

Wenn Arbeitnehmer regelmäßig eine kürzere Wochenarbeitszeit haben als vergleichbare vollzeitbeschäftigte Arbeitnehmer, gelten sie als Teilzeitbeschäftigte. Die **Teilzeitbeschäftigung** wird im Teilzeit- und Befristungsgesetz geregelt. Es soll die Teilzeitarbeit fördern und verhindern, dass teilzeitbeschäftigte Arbeitnehmer diskriminiert (benachteiligt) werden. So haben Arbeitnehmer einen **Anspruch** auf Teilzeitbeschäftigung, wenn ihr Arbeitsverhältnis mehr als 6 Monate besteht, das Unternehmen mehr als 15 Arbeitnehmer beschäftigt und keine betrieblichen Gründe gegen Teilzeitarbeit sprechen.

1.4 Arbeitszeugnis

BGB § 630

Schon mancher Arbeitnehmer bekam bei seiner Kündigung ein Arbeitszeugnis, von dem er auf den ersten Blick recht angetan war. Es wurde ihm z. B. bescheinigt, dass er sich „stets bemüht hatte, zur Zufriedenheit der Firma zu arbeiten". Ein Arbeitnehmer, der diese verschlüsselte Ausdrucksweise nicht kennt, wird von einem „guten Zeugnis" sprechen. Personalchefs und Personalsachbearbeiter dagegen werden es sofort als „mangelhaft" oder „ungenügend" einstufen.

Jedes Arbeitszeugnis muss nämlich zwei Seiten gerecht werden. Einerseits soll es dem ausscheidenden Arbeitnehmer eine wichtige Hilfe und Bewerbungsunterlage sein, wenn er einen neuen Arbeitsplatz sucht. Die Rechtsprechung verlangt deshalb, dass es **wohlwollend** formuliert werden muss. Einmalige Vorfälle dürfen sich nicht negativ auf das Gesamturteil auswirken. Andererseits muss sich ein möglicher Arbeitgeber mithilfe des Zeugnisses ein Bild von den Fähigkeiten des Arbeitnehmers machen können. Um beide Seiten zu berücksichtigen, ist es üblich, „verschlüsselte Arbeitszeugnisse" zu verfassen. Im Laufe der Zeit haben sich folgende Bewertungsstufen eingebürgert:

Formulierungsbeispiele

	Note
… hat die übertragenen Arbeiten stets zu unserer vollsten Zufriedenheit erledigt	1
… hat die übertragenen Arbeiten stets zu unserer vollen Zufriedenheit erledigt	2
… hat die übertragenen Arbeiten zu unserer vollen Zufriedenheit erledigt	3
… hat die übertragenen Arbeiten zu unserer Zufriedenheit erledigt	4
… hat die übertragenen Arbeiten im Großen und Ganzen zu unserer Zufriedenheit erledigt	5
… hat sich bemüht, die übertragenen Arbeiten zu unserer Zufriedenheit zu erledigen	6

Nicht immer werden genau diese Formulierungen verwendet. Jeder Arbeitnehmer sollte deshalb „zwischen den Zeilen" lesen. Wenn er beispielsweise in einem Arbeitszeugnis liest: „Er bemühte sich immer, seine Aufgaben zur Zufriedenheit der Firma zu erledigen. Dadurch hatte er Gelegenheit, sich in verschiedenen Abteilungen auf unterschiedlichen Gebieten Kenntnisse anzueignen", dann ist dies eine sehr schlechte Beurteilung. (Verein-

Grundlagen des Arbeitsrechts

facht ausgedrückt: Man schob ihn von einer Abteilung in die andere, da ihn keiner wollte.) Zeugnisse werden auch auf „Lücke" gelesen. Fehlt also eine wichtige Angabe, dann schließt der potenzielle Arbeitgeber messerscharf: Das Zeugnis ist unvollständig, weil es sonst schlecht wäre.

Für die Ausstellung des Arbeitszeugnisses ist es gleichgültig, von wem gekündigt wurde, ob vom Arbeitgeber oder vom Arbeitnehmer. In jedem Fall darf der ausscheidende Mitarbeiter während der Kündigungsfrist ein Zeugnis verlangen, damit er leichter einen neuen Arbeitsplatz finden kann.

Ein Arbeitszeugnis muss schriftlich erstellt werden und durch die Überschrift (Zeugnis) auch als solches erkennbar sein. Üblicherweise enthält ein **einfaches Arbeitszeugnis** Angaben über die Art und Dauer der Beschäftigung. Auf Wunsch des Arbeitnehmers kann erwähnt werden, dass er selbst gekündigt hat. Eine außerordentliche Kündigung darf im Arbeitszeugnis nicht erwähnt werden.

Wird auf Wunsch des Arbeitnehmers die Führung und Leistung in das Zeugnis mit einbezogen, dann spricht man von einem **qualifizierten Arbeitszeugnis.**

Zeugnis

Herr Alfred Vogel, geb. am 12. 11. 1968, war vom 1. 6. 1998 bis 30. 4. 2008 in unserem Betrieb als Kfz-Mechaniker tätig. In dieser Zeit hatte er in unserer Reparaturwerkstatt alle vorkommenden Reparatur- und Wartungsarbeiten an Pkws verschiedener Typen durchzuführen.

Herr Vogel verfügt über eine große Berufserfahrung und handwerkliches Geschick. Er hat die ihm übertragenen Arbeiten zügig und zu unserer vollen Zufriedenheit erledigt. Zu Vorgesetzten und Mitarbeitern bemühte er sich stets um ein gutes Verhältnis.

Im gegenseitigen Einvernehmen endet das Arbeitsverhältnis von Herrn Vogel mit dem heutigen Tage. Wir wünschen ihm für seinen weiteren Lebensweg alles Gute.

Heilbronn, den 30. 4. 2008
Autohaus Neubert

Hermann Neubert
(Hermann Neubert)

Beispiel eines qualifizierten Arbeitszeugnisses

1.5 Beendigung von Arbeitsverhältnissen

Ein Arbeitsverhältnis wird normalerweise beendet durch:
- **Zeitablauf,** wenn der Vertrag nur für eine bestimmte Zeit geschlossen wurde,
- **Aufhebungsvertrag,** d.h. Arbeitnehmer und Arbeitgeber beenden in gegenseitigem Einvernehmen das Arbeitsverhältnis,
- **Kündigung** eines Vertragspartners.

Zeitablauf
Wurde beim Abschluss des Arbeitsvertrages ein bestimmter Zeitraum vereinbart, dann endet das Arbeitsverhältnis mit dem Ablauf dieser Frist. Eine Kündigung ist bei befristeten Arbeitsverhältnissen nicht erforderlich.

Aufhebungsvertrag
Im Unterschied zu einer einseitigen Kündigung erklären sich bei einem **Aufhebungsvertrag** beide Seiten bereit, das Arbeitsverhältnis zu beenden. Der Arbeitnehmer stimmt also dem Verlust seines **Arbeitsplatzes** zu. Dafür erhält er meistens eine Abfindung. Trotzdem sollte jeder Arbeitnehmer gut überlegen, bevor er einen Aufhebungsver-

Grundlagen des Arbeitsrechts

trag unterschreibt. Nach dem Sozialgesetzbuch wird nämlich das Arbeitslosengeld auf die Abfindungen angerechnet, und zwar so lange, bis bestimmte Freibeträge erreicht sind. Deren Höhe hängt vom Alter des Arbeitnehmers ab. Außerdem gehen die Arbeitsämter bei einem Aufhebungsvertrag davon aus, dass der Arbeitnehmer seine Arbeitslosigkeit selbst verursacht hat. Sie verhängen deshalb bis zu drei Monate **Sperrzeit** beim Bezug von Arbeitslosengeld. Um eine Sperrzeit abzuwenden, muss der Arbeitnehmer einen wichtigen Grund für seine Unterschrift darlegen, beispielsweise wenn dem Aufhebungsvertrag entnommen werden kann, dass das Arbeitsverhältnis aus betriebsbedingten Gründen beendet wurde.

Des Weiteren bedeutet ein Aufhebungsvertrag den **Verzicht auf den allgemeinen Kündigungsschutz.** Für werdende Mütter oder Schwerbehinderte z. B. bewirkt er sogar den **Verlust des besonderen Kündigungsschutzes.**

Kündigung

Arbeitsverträge werden normalerweise durch die Kündigung beendet. Sie ist eine einseitige, empfangsbedürftige Willenserklärung und wird erst wirksam, wenn sie dem anderen Vertragspartner zugegangen ist. Kündigen kann sowohl der Arbeitnehmer als auch der Arbeitgeber. Seit dem 1. Mai 2000 sind nur schriftliche Kündigungen wirksam. Obwohl ein einfaches Schreiben genügt, empfiehlt sich aus Gründen der Beweisbarkeit, das Kündigungsschreiben per Einschreiben zustellen zu lassen. Man unterscheidet:
- die ordentliche (gesetzliche) Kündigung,
- die außerordentliche Kündigung.

BGB § 623

Ordentliche (gesetzliche) Kündigung Bei der **ordentlichen Kündigung** endet das Arbeitsverhältnis nach Ablauf der entsprechenden **Kündigungsfrist.** Diese beträgt nach dem Gesetz **4 Wochen zum 15. eines Monats oder zum Monatsende.** Bei mehrjähriger Betriebszugehörigkeit gelten verlängerte Kündigungsfristen.

Beispiele zur Ermittlung des Kündigungstermins

Kündigungstermin	Frist	Ende des Arbeitsverhältnisses
2. 4. (letztmöglicher Kündigungstermin)	4 Wochen (28 Tage)	30. 4.
17. 4. (letztmöglicher Kündigungstermin)	4 Wochen (28 Tage)	15. 5.

Bei **langjährigen Mitarbeitern** muss **der Arbeitgeber** verlängerte Kündigungsfristen beachten.

Verlängerte Kündigungsfrist für langjährige Mitarbeiter		BGB §§ 622
Betriebszuhörigkeit*	gesetzliche Kündigungsfrist	
ab 2 Jahren	→ **1 Monat** zum Monatsende	
ab 5 Jahren	→ **2 Monate** zum Monatsende	
ab 8 Jahren	→ **3 Monate** zum Monatsende	
ab 10 Jahren	→ **4 Monate** zum Monatsende	
ab 12 Jahren	→ **5 Monate** zum Monatsende	
ab 15 Jahren	→ **6 Monate** zum Monatsende	
ab 20 Jahren	→ **7 Monate** zum Monatsende	

* Es zählen nur die Beschäftigungszeiten nach dem 25. Lebensjahr

Kündigt der Arbeitnehmer, dann gilt die **einfache Kündigungsfrist**, 4 Wochen auf den 15. eines Monats oder auf das Monatsende, sofern im Tarifvertrag nichts anderes steht. In den meisten Arbeitsverträgen wird eine **Probezeit** vereinbart, die höchstens sechs Monate betragen darf. Während der Probezeit kann das Arbeitsverhältnis mit einer **Frist von 2 Wochen** gekündigt werden.

Außerordentliche Kündigung Die **außerordentliche (fristlose) Kündigung** ist nur möglich, wenn ein wichtiger Grund vorliegt. Wichtige Gründe können sein: Diebstahl, Arbeitsverweigerung, Vorenthaltung des Lohnes, Beleidigungen, Tätlichkeiten usw. Die fristlose Kündigung kann also, je nach Grund, durch den Arbeitgeber oder den Arbeitnehmer erfolgen. Vorbedingung ist immer, dass es der kündigenden Partei nicht mehr zugemutet werden kann, das Arbeitsverhältnis aufrechtzuerhalten. Eine fristlose Kündigung ist nur dann möglich, wenn der Kündigungsgrund nicht mehr als zwei Wochen zurückliegt.

BGB §§ 626 ff.

Kleine Diebstähle rechtfertigen Kündigung

Mainz (dpa). Auch der Diebstahl von Kleinigkeiten rechtfertigt eine fristlose Kündigung. Das hat das Landesarbeitsgericht Rheinland-Pfalz in Mainz in einem jetzt veröffentlichten Urteil entschieden. Der Diebstahl sei auch in diesen Fällen grundsätzlich eine erhebliche Verletzung des Arbeitsvertrages. Das Gericht wies – im Gegensatz zum erstinstanzlichen Arbeitsgericht Mainz – die Kündigungsschutzklage eines Lagerarbeiters ab.

Kündigungsschutz

Fast alle Arbeitnehmer beziehen ihr gesamtes Einkommen aus dem Arbeitsverhältnis. Damit sie nicht ihre Existenzgrundlage verlieren, gibt es Vorschriften, die eine Kündigung erschweren.

Allgemeiner Kündigungsschutz Im Dezember 2003 wurde das Kündigungsschutzgesetz geändert. Es schützt nunmehr alle Arbeitnehmer, die dem Betrieb länger als 6 Monate angehören, gegen sozial ungerechtfertigte Kündigungen, sofern der Betrieb mehr als 5 Arbeitnehmer beschäftigt. Bei Neueinstellungen beträgt ab 2004 die Schwelle für den vollen Kündigungsschutz 10 Arbeitnehmer. Mitarbeiter, die nach der alten Regelung (5 Ar-

Grundlagen des Arbeitsrechts

beitnehmer) schon Kündigungsschutz genossen, verlieren diesen aber nicht. Ein Arbeitgeber darf nach diesem Gesetz nur dann kündigen, wenn der Arbeitnehmer durch seine **Person** oder sein **Verhalten** einen Kündigungsgrund gibt oder wenn **betriebliche Erfordernisse** vorliegen.

Wird aufgrund betrieblicher Gründe gekündigt, so müssen vier soziale Gesichtspunkte berücksichtigt werden, nämlich die Dauer der Betriebszugehörigkeit, das Lebensalter, Unterhaltspflichten sowie der Grad einer Schwerbehinderung. Von dieser Sozialauswahl können Arbeitnehmer ausgenommen werden, wenn deren Weiterbeschäftigung aufgrund ihrer Kenntnisse und Fähigkeiten im berechtigten betrieblichen Interesse liegt. Ein dringend benötigter Spezialist darf also weiterbeschäftigt werden, auch wenn er keines der vier sozialen Kriterien erfüllt. Vor jeder Kündigung ist der **Betriebsrat** anzuhören. Unterbleibt diese Anhörung, ist die Kündigung unwirksam. Widerspricht der Betriebsrat einer Kündigung und der Arbeitnehmer reicht innerhalb von 3 Wochen Klage ein, dann muss er so lange weiterbeschäftigt werden, bis das Arbeitsgericht entschieden hat. Bei einer betriebsbedingten Kündigung kann der Arbeitnehmer wählen, ob er Kündigungsschutzklage erhebt oder ob er die gesetzliche **Abfindung** von einem halben Monatsgehalt pro Beschäftigungsjahr annimmt, sofern der Arbeitgeber eine Abfindung anbietet.

Bei **Massenentlassungen** muss der Arbeitgeber so früh wie möglich mit dem Betriebsrat beraten, wie soziale Härten vermieden werden können. Außerdem müssen die Entlassungen der Agentur für Arbeit mindestens 90 Tage zuvor angezeigt werden. Die Regionaldirektion der Bundesagentur für Arbeit kann eine zeitlich begrenzte Entlassungssperre festsetzen.

Kündigungsgründe nach dem Kündigungsschutzgesetz

In der Person des Arbeitnehmers
- mangelnde Leistung
- mangelnde körperliche und geistige Eignung
- lange Krankheit (wenn nichts anderes hilft, ist Kündigung die letzte Möglichkeit)
- wiederholte Krankheit (wenn wirtschaftliche Belastung für Arbeitgeber zu groß wird)

Im Verhalten des Arbeitnehmers
- Störung des Betriebsfriedens
- Beleidigungen
- Arbeitsverweigerung
- häufige Unpünktlichkeit
- fehlende Krankmeldungen
- Verweigerung von Überstunden
- Alkoholgenuss (wenn dieser bei der Arbeit verboten ist)

Aufgrund betrieblicher Erfordernisse
- Auftragsmangel
- Betriebseinschränkungen
- Rationalisierungsmaßnahmen
- neue Produktionsmethoden

Voraussetzung für eine Kündigung: **vorherige schriftliche Abmahnung** (bezieht sich auf Verhalten des Arbeitnehmers)

Voraussetzung für eine Kündigung: **Berücksichtigung sozialer Gesichtspunkte** (bezieht sich auf betriebliche Erfordernisse)

Grundlagen des Arbeitsrechts

Ist der Kündigungsgrund auf das Verhalten des Arbeitnehmers zurückzuführen, dann muss der Arbeitgeber vor einer Kündigung **abmahnen**, d. h. er muss den Arbeitnehmer auf sein Fehlverhalten hinweisen. Dadurch bekommt der Arbeitnehmer die Chance, sein Verhalten zu ändern. Üblicherweise erfolgen Abmahnungen schriftlich. Ändert er trotz Abmahnung sein Verhalten nicht, dann kann der Arbeitgeber die Kündigung aussprechen.
Beispiel: Auch nach der Abmahnung kommt ein Arbeiter weiterhin unpünktlich zur Arbeit.

Besonderer Kündigungsschutz Neben dem allgemeinen Kündigungsschutz, der allen Arbeitnehmern zusteht, gibt es für bestimmte Arbeitnehmergruppen einen besonderen Kündigungsschutz. Sie sind unkündbar, außer es liegt ein wichtiger Grund für eine fristlose Kündigung vor. Einen besonderen Kündigungsschutz genießen die folgenden Personengruppen.

Besonderer Kündigungsschutz

Wehrpflichtige und Zivildienstleistende
sind unkündbar während des Wehrdienstes oder einer Wehrübung bzw. des Zivildienstes.

Werdende Mütter
sind unkündbar während der Schwangerschaft und bis vier Monate nach der Entbindung. Wird die Elternzeit in Anspruch genommen, kann erst nach deren Ablauf gekündigt werden.

Betriebsratsmitgliedern
sowie Jugend- und Ausbildendenvertretern darf während ihrer Amtszeit und ein Jahr danach nicht gekündigt werden.

Schwerbehinderten
darf nur mit Zustimmung des Integrationsamtes gekündigt werden.

Auszubildenden
kann nach der Probezeit nur aus wichtigem Grund gekündigt werden.

Rechte des Arbeitnehmers nach der Kündigung
Nach der Kündigung hat der Arbeitnehmer folgende Rechte:
- Der Arbeitnehmer hat Anspruch auf angemessene Freistellung, um einen anderen Arbeitsplatz zu suchen (z. B. für Vorstellungsgespräche).
- Der Arbeitgeber muss die Arbeitspapiere wie Lohnsteuerkarte, Urlaubsbescheinigung, Lohnsteuerbescheinigung oder Sozialversicherungsnachweis aushändigen.
- Der Arbeitgeber hat dem Arbeitnehmer auf Wunsch ein Arbeitszeugnis auszustellen.
- Der Arbeitgeber muss den Arbeitnehmer darüber informieren, dass er sich unverzüglich nach der Kündigung persönlich bei der Agentur für Arbeit melden muss, denn bei verspäteter Meldung vermindert sich das Arbeitslosengeld.
- Der Arbeitgeber muss den Arbeitnehmer zur Meldung bei der Agentur für Arbeit freistellen. Des Weiteren muss er erforderliche Qualifizierungsmaßnahmen ermöglichen.

BGB § 629

Grundlagen des Arbeitsrechts

Zusammenfassung

Der Arbeitsvertrag

Arbeitgeber

Pflichten
- Beschäftigung
- Vergütung
- Fürsorge
- Zeugnis

= Rechte des Arbeitnehmers

Arbeitnehmer

Pflichten
- Arbeitsleistung
- Gehorsamspflicht
- Sorgfaltspflicht
- Treuepflicht
  - Schweigepflicht
  - Wettbewerbsverbot

= Rechte des Arbeitgebers

Nichteinhaltung berechtigt:
- zur Kündigung
- zu Schadenersatz

Beendigung des Arbeitsverhältnisses

- **Zeitablauf**
- **Kündigung**
  - **ordentliche (gesetzliche)**
    4 Wochen auf den 15. eines Monats oder das Monatsende
  - **außerordentliche (fristlose)**
    nur aus wichtigem Grund, z. B. Diebstahl
- **Aufhebungsvertrag**

Kündigungsschutz

Allgemeiner Kündigungsschutz

Voraussetzung:
- 5 Arbeitnehmer im Betrieb
- 10 Arbeitnehmer im Betrieb bei Neueinstellungen
- 6 Monate Betriebszugehörigkeit

Besonderer Kündigungsschutz

- werdende Mütter
- Schwerbehinderte
- Wehrpflichtige
- Auszubildende
- Betriebsratsmitglieder
- Jugendvertreter

Grundlagen des Arbeitsrechts

Arbeitsteil

1. Welche Unterlagen gehören zu den Arbeitspapieren, die ein Arbeitnehmer dem Arbeitgeber aushändigen muss?

2. Benötigen Bürger aus einem Mitgliedstaat der Europäischen Union eine Arbeitserlaubnis, wenn sie in einem anderen EU-Land einen Arbeitsvertrag abschließen möchten? Erläutern Sie die derzeitige Situation.

3. a) Arbeitgeber und Arbeitnehmer gehen mit dem Arbeitsvertrag bestimmte Pflichten ein. Geben Sie jeweils vier Pflichten an.
   b) Ein Arbeiter verletzt sich an einer Maschine, an der die vorgeschriebene Schutzeinrichtung fehlt. Welche Vertragspflicht wurde verletzt? Welche rechtlichen Folgen ergeben sich?
   c) Eine Friseurin bedient heimlich Stammkunden ihres Chefs zum halben Preis in ihrer Wohnung. Welche Vertragspflicht wurde verletzt? Welche rechtlichen Folgen ergeben sich?

4. Nennen Sie wichtige Vertragsinhalte, die ein schriftlicher Arbeitsvertrag nach dem „Nachweisgesetz" enthalten muss.

5. Welche gesetzlichen Regelungen müssen beim Abschluss eines Arbeitsvertrages beachtet werden? Nennen Sie fünf Beispiele.

6. a) Unterscheiden Sie zwischen einem einfachen und einem qualifizierten Arbeitszeugnis.
   b) Warum handelt es sich bei dem auf Seite 163 abgebildeten Zeugnis um ein qualifiziertes Arbeitszeugnis?
   c) Beurteilen Sie gemeinsam mit einem Mitschüler das abgebildete Zeugnis und entscheiden Sie, ob Sie anhand dieses Zeugnisses eine Einstellung vornehmen würden.

7. Wodurch kann ein Arbeitsverhältnis beendet werden?

8. a) Unterscheiden Sie zwischen einer ordentlichen und einer außerordentlichen Kündigung.
   b) Nennen Sie jeweils zwei wichtige Gründe für den Arbeitgeber und den Arbeitnehmer, die zur außerordentlichen Kündigung berechtigen.
   c) Welche gesetzlichen Kündigungsfristen gelten grundsätzlich für alle Arbeitnehmer?
   d) Ein Arbeitnehmer erhält am 20. Januar die Kündigung. Wann läuft der Arbeitsvertrag aus?
   e) Ein Arbeitnehmer kündigt am 1. März. Wann kann er den Betrieb verlassen?
   f) Nennen Sie bestimmte Personengruppen, die einen besonderen Kündigungsschutz genießen, und geben Sie den Zweck dieses Kündigungsschutzes an.
   g) Ein Betriebsrat kündigt termin- und fristgerecht. Ist diese Kündigung wirksam?

9. Stellen Sie fest, welche Kündigungsfristen in den nachfolgenden Fällen jeweils gelten.
   a) Eine 53-jährige Facharbeiterin ist seit 7 Jahren in einer Fabrik beschäftigt.
   b) Ein 38-jähriger Fleischergeselle arbeitet seit 12 Jahren in der gleichen Fleischerei.
   c) Ein 24-jähriger ungelernter Arbeiter gehört seit 7 Jahren der gleichen Firma an.
   d) Eine 28-jährige Verkäuferin, die seit 10 Jahren in einem Kaufhaus beschäftigt ist, wird beim Diebstahl ertappt.

Grundlagen des Arbeitsrechts

10. Alfred Sorg, 53 Jahre alt, arbeitet seit 18 Jahren bei der Massivmöbel GmbH. Die Firma beschäftigt 18 Mitarbeiter, davon vier seit 5 Monaten. Alfred Sorg wird fristgemäß gekündigt. In dem Kündigungsschreiben wird ihm mitgeteilt, dass er zum 31. März entlassen wird. Als Kündigungsgrund führt der Geschäftsführer den starken Auftragsmangel an. Alfred Sorg hält die Kündigung für nicht ausgewogen. Er meint, dass etliche jüngere Kollegen viel leichter einen neuen Arbeitsplatz finden würden, vor allem die neu eingestellten Arbeitnehmer.

a) Überprüfen Sie mithilfe des Kündigungsschutzgesetzes, ob die Kündigung zulässig ist.
b) Wie beurteilen Sie eine Kündigung der neu eingestellten Mitarbeiter?
c) Angenommen, in der Massivmöbel GmbH würden nur 9 Mitarbeiter beschäftigt. Würde sich dieser Umstand auf die Kündigung von Alfred Sorg auswirken?
d) Welche Schritte könnte Alfred Sorg gegen die Kündigung unternehmen?

Auszug aus dem Kündigungsschutzgesetz (KSchG)

§ 1 Sozial ungerechtfertigte Kündigungen.
(1) Die Kündigung des Arbeitsverhältnisses gegenüber einem Arbeitnehmer, dessen Arbeitsverhältnis in demselben Betrieb oder Unternehmen ohne Unterbrechung länger als sechs Monate bestanden hat, ist rechtsunwirksam, wenn sie sozial ungerechtfertigt ist.
(2) Sozial ungerechtfertigt ist die Kündigung, wenn sie nicht durch Gründe, die in der Person oder in dem Verhalten des Arbeitnehmers liegen, oder durch dringende betriebliche Erfordernisse, die einer Weiterbeschäftigung des Arbeitnehmers in diesem Betrieb entgegenstehen, bedingt ist …
(3) Ist einem Arbeitnehmer aus dringenden betrieblichen Erfordernissen im Sinne des Absatzes 2 gekündigt worden, so ist die Kündigung trotzdem sozial ungerechtfertigt, wenn der Arbeitgeber bei der Auswahl des Arbeitnehmers die Dauer der Betriebszugehörigkeit, das Lebensalter, die Unterhaltspflichten und die Schwerbehinderung des Arbeitnehmers nicht oder nicht ausreichend berücksichtigt hat …

§ 3 Kündigungseinspruch.
Hält der Arbeitnehmer eine Kündigung für sozial ungerechtfertigt, so kann er binnen einer Woche nach der Kündigung Einspruch beim Betriebsrat einlegen. Erachtet der Betriebsrat den Einspruch für begründet, so hat er zu versuchen, eine Verständigung mit dem Arbeitgeber herbeizuführen …

§ 4 Anrufung des Arbeitsgerichtes.
Will ein Arbeitnehmer geltend machen, dass eine Kündigung sozial ungerechtfertigt ist oder aus anderen Gründen rechtsunwirksam ist, so muss er innerhalb von drei Wochen nach Zugang der Kündigung Klage beim Arbeitsgericht auf Feststellung erheben, dass das Arbeitsverhältnis durch die Kündigung nicht aufgelöst ist …

§ 23 Geltungsbereich.
(1) … Die Vorschriften des Ersten Abschnitts gelten … nicht für Betriebe und Verwaltungen, in denen in der Regel fünf oder weniger Arbeitnehmer … beschäftigt werden. In Betrieben und Verwaltungen, in denen in der Regel zehn oder weniger Arbeitnehmer … beschäftigt werden, gelten die Vorschriften des Ersten Abschnitts … nicht für Arbeitnehmer, deren Arbeitsverhältnis nach dem 31. Dezember 2003 begonnen hat, diese Arbeitnehmer sind bei der Feststellung der Zahl der beschäftigten Arbeitnehmer … bis zur Beschäftigung von in der Regel 10 Arbeitnehmern nicht zu berücksichtigen …

2 Tarifverträge

Welche Forderungen vertreten die Arbeitnehmer auf diesen Bildern?
Welche Einstellung scheinen die Arbeitgeber zu haben?
Wo werden die Ergebnisse einer Einigung vertraglich festgehalten?

2.1 Tarifvertragsparteien

Ein **Tarifvertrag** ist ein Vertrag, in dem einheitliche Arbeitsbedingungen für die Arbeitnehmer ganzer Wirtschaftszweige einer Region festgelegt werden. *Beispiele:* Fleischerhandwerk, Bauindustrie, Metallindustrie.

Tarifverträge werden von den **Tarifpartnern** abgeschlossen. Dies sind auf der Arbeitnehmerseite die **Gewerkschaften** und auf der Unternehmerseite die **Arbeitgeberverbände**. Die Vertragsparteien werden auch **Sozialpartner** genannt.

Gewerkschaften

Die Entstehung der Gewerkschaften geht zurück auf die Notsituation der Arbeitnehmer im 19. Jahrhundert. Durch die industrielle Revolution herrschte ein großes Überangebot an Arbeitskräften. Dies hatte schlechte Arbeitsbedingungen (z. B. Kinderarbeit, niedrige Löhne, lange Arbeitszeiten pro Tag) zur Folge. Da der Staat sich nicht einmischen wollte, waren die Arbeitnehmer gezwungen, sich zu Interessengruppen zusammenzuschließen, um ihre Situation zu verbessern.

Während derartige Zusammenschlüsse damals verboten waren, werden sie heute durch unser **Grundgesetz** (Art. 9 Vereinigungsfreiheit) ausdrücklich garantiert. Auch haben sich inzwischen die Aufgaben der Gewerkschaften gewandelt. So handeln sie heute nicht nur Tarifverträge aus, sondern vertreten ihre Mitglieder bei arbeitsgerichtlichen und sozialgerichtlichen Streitigkeiten, leisten finanzielle Unterstützung in Notfällen oder stellen gewerkschaftliche Bildungseinrichtungen zur Verfügung. Mehr als ein Drittel der Arbeitnehmer sind heute Gewerkschaftsmitglieder.

Grundlagen des Arbeitsrechts

Wie das Schaubild zeigt, können sich die Arbeitnehmer in verschiedenen Gewerkschaften organisieren.
Die größte Vereinigung ist der DGB, der allein acht Einzelgewerkschaften mit 6,4 Millionen Mitgliedern hat.

Arbeitgeberverbände

In Fachverbänden organisieren sich Arbeitgeber gleicher Wirtschaftszweige. So gibt es für jede Branche den entsprechenden Arbeitgeberverband wie zum Beispiel den Verband der Metallindustrie in Baden-Württemberg e. V. Insgesamt sind es 54 Fachverbände, die in der Bundesrepublik Deutschland bei Tarifverhandlungen auftreten. Eine Interessenvertretung der Arbeitgeber ist auf allen Ebenen notwendig. Deshalb schließen sie sich zu Orts- und Bezirksverbänden zusammen, diese vereinigen sich in den einzelnen Bundesländern zu Landesverbänden.

Die Dachorganisation ist die **Bundesvereinigung der Deutschen Arbeitgeberverbände (BDA)**.

Im Handwerk werden die Aufgaben der Arbeitgeberverbände von den **Landesinnungsverbänden** wahrgenommen.

2.2 Grundsätze und Tarifvertragsarten

GG Art 9 (3)

Für Tarifverhandlungen gilt der Grundsatz der **Tarifautonomie:** Die Tarifpartner sind unabhängig vom Staat und haben das Recht, selbstständig Tarifverträge auszuhandeln und abzuschließen.

Grundsätzlich gelten die ausgehandelten Tarifverträge nur für Arbeitnehmer und Arbeitgeber, die den Tarifvertragsparteien angehören. Folglich muss der Arbeitnehmer Mitglied der Gewerkschaft sein und der Arbeitgeber dem Arbeitgeberverband angehören. Andernfalls hat der Arbeitnehmer keinen Anspruch auf die Regelungen des Tarifvertrages.

Durch das Bundesministerium für Arbeit und Soziales können jedoch Tarifverträge auf Antrag der Tarifparteien für **allgemein verbindlich** erklärt werden. Diese binden dann auch diejenigen Arbeitgeber und Arbeitnehmer, die nicht den vertragschließenden Parteien angehören, die also nicht im Arbeitgeberverband oder in der Gewerkschaft sind.

Grundlagen des Arbeitsrechts

Die Arbeitsbedingungen des Einzelarbeitsvertrages können gegenüber dem Tarifvertrag nur verbessert, niemals jedoch verschlechtert werden. So kann z. B. übertariflicher Jahresurlaub gewährt werden, untertariflicher allerdings nicht. Dies wird als die **Unabdingbarkeit** des Tarifvertrages bezeichnet.

Während der Laufzeit eines Tarifvertrages gilt die **Friedenspflicht,** d. h. es dürfen keine Arbeitskampfmaßnahmen wie Streik oder Aussperrung durchgeführt werden.

Man unterscheidet generell drei Arten von Tarifverträgen:

Lohn- und Gehaltstarifvertrag
Er enthält die Lohn- bzw. Gehaltshöhe oder – genauer gesagt – die Höhe der einzelnen Lohn- oder Gehaltsgruppen. Deren Einteilung erfolgt nach Arbeitsschwierigkeit und Vorbildung. Die Laufzeit von Lohn- und Gehaltstarifverträgen beträgt normalerweise ein Jahr.
Ausgangslohn bei Tarifverhandlungen ist der **Ecklohn,** der Normalstundenlohn eines Facharbeiters in einer bestimmten Lohngruppe (z. B. Gruppe 7).
Die Lohnsätze der anderen Lohngruppen ergeben sich je nach Anforderung des Arbeitsplatzes aus prozentualen Zu- oder Abschlägen.

Metallindustrie Nordwürttemberg/Nordbaden
Gehaltstafel für kaufmännische und technische Angestellte
gültig vom 1. April 2007 bis 31. Oktober 2008 (in EURO)

Gehaltsgruppe	K1	T1
im 1. Beschäftigungsjahr	1 614,41	1 876,35
im 2. Beschäftigungsjahr	1 705,39	1 978,32
im 3. Beschäftigungsjahr	1 797,56	2 084,56
im 4. Beschäftigungsjahr	1 898,93	2 192,02
	K2	T2
im 1. Beschäftigungsjahr	1 979,53	2 235,99
im 2. Beschäftigungsjahr	2 085,16	2 360,55
im 3. Beschäftigungsjahr	2 194,45	2 486,32
im 4. Beschäftigungsjahr	2 327,57	2 618,83
Meister		
M1		2 618,83
M2		3 062,72
M3		3 479,75
M4		3 879,08
M5		4 282,67

Manteltarifvertrag für Arbeiter und Angestellte in der Metallindustrie in Nordwürttemberg/Nordbaden

§	Inhalt
§ 1	Geltungsbereich
§ 2	Einstellung und Probezeit
§ 3	Arbeitsplatz, Arbeitsablauf, Arbeitsumgebung und Arbeitszeit
§ 4	Kündigung und Aufhebungsvertrag
§ 5	Zeugnis
§ 6	Alterssicherung
§ 7	Regelmäßige Arbeitszeit
§ 8	Abweichende Arbeitszeit
§ 9	Zuschlagspflichtige Mehr-, Spät-, Nacht-, Sonntags- und Feiertagsarbeit
§10	Höhe der Zuschläge …

Mantel- oder Rahmentarifvertrag
Er enthält Regelungen, die für längere Zeit (ca. 3 bis 5 Jahre) gelten. Inhalte sind Arbeitszeit, Urlaub, Kündigung, Arbeitsbedingungen, Mehrarbeit usw.

Lohn- und Gehaltsrahmentarifverträge
In manchen Wirtschaftszweigen werden Lohn- und Gehaltstarifverträge durch Lohnrahmentarifverträge bzw. Gehaltsrahmentarifverträge ergänzt. Sie regeln Bereiche der Entlohnung, die länger unverändert bleiben. Dazu gehören z. B. die Bezeichnung der Tarifgruppen, die Zuordnung bestimmter Tätigkeiten zu bestimmten Tarifgruppen oder die Grundsätze der Arbeitsbewertung. Die Laufzeit von Lohn- bzw. Gehaltsrahmentarifverträgen beträgt normalerweise mehrere Jahre.

Grundlagen des Arbeitsrechts

Durch diese „Aufspaltung" in zwei bzw. drei Tarifvertragsarten wird erreicht, dass bei der jährlichen Lohnerhöhung die für längere Zeit geltenden Bestimmungen im Manteltarifvertrag nicht jedes Mal neu beschlossen werden müssen. Dies wäre der Fall, wenn alle Regelungen in nur einem Tarifvertrag enthalten wären.

2.3 Bedeutung von Tarifverträgen

Könnten Arbeitgeber nicht auf Tarifverträge zurückgreifen, dann müssten sie bei jeder Einstellung alle Arbeitsbedingungen vom Verdienst über den Urlaub bis zur Arbeitszeit usw. einzeln aushandeln und danach schriftlich festhalten. Dafür müsste sehr viel kostbare Zeit aufgebracht werden. Es ist fraglich, ob dies bei großen Unternehmen überhaupt möglich wäre.

Außerdem würde es dazu führen, dass jeder Arbeitsvertrag andere Verhandlungsergebnisse enthalten würde. Beispielsweise könnten gute Verhandlungspartner mehr Jahresurlaub durchsetzen, ungeschickte Verhandlungspartner müssten einen niedrigeren Verdienst akzeptieren. Während einer Hochkonjunktur müssten Unternehmen Spitzenlöhne bezahlen, wohingegen Arbeitnehmer, die in wirtschaftlich schlechten Zeiten eingestellt wurden, Niedriglöhne bekämen. In den Betrieben wären die Arbeitsbedingungen nicht gleich und der Verdienst verschieden. Die Arbeitnehmer hätten das Gefühl, ungerecht behandelt zu werden. Unzufriedenheit und schlechtes Betriebsklima wären die Folge.

Hinzu kommt, dass beim Aushandeln eines Einzelarbeitsvertrages meist der Arbeitgeber in der stärkeren Verhandlungsposition ist. Anders ist es, wenn Gewerkschaften Tarifverträge aushandeln. Da Gewerkschaften notfalls sogar Arbeitskämpfe führen können, werden sie in ihren Tarifverträgen bessere Verhandlungsergebnisse erzielen. Es wird deutlich:

Tarifverträge
– vereinfachen den Abschluss von Arbeitsverträgen,
– schaffen mehr Gerechtigkeit durch die Gleichstellung mit anderen Arbeitnehmern,
– tragen dazu bei, den Arbeitsfrieden in den Betrieben zu sichern,
– sorgen für mehr Chancengleichheit zwischen Arbeitgebern und Arbeitnehmern,
– begrenzen die Macht der Arbeitgeber.

2.4 Tarifverhandlungen und Schlichtung

Tarifverträge sind zeitlich begrenzt, d. h. sie haben eine vereinbarte Laufzeit. Ist ein Tarifvertrag abgelaufen, so sind neue **Tarifverhandlungen** nötig. Da naturgemäß große Interessengegensätze zwischen den Gewerkschaften und den Arbeitgeberverbänden bestehen, stellen die Ergebnisse von Tarifverhandlungen immer einen Kompromiss dar. Selten wird also eine Seite ihre Vorstellungen ganz verwirklichen können. Allerdings kann die Verhandlungsposition der Partner unterschiedlich stark sein. Beispielsweise

Arbeitgeberverbände wollen z. B.	Tarifvertrag = Kompromiss	Gewerkschaften wollen z. B.
• niedrigere Löhne • weniger Urlaub • längere Arbeitszeit • weniger Sozialleistungen • weniger Mitbestimmung		• höhere Löhne • mehr Urlaub • kürzere Arbeitszeit • mehr Sozialleistungen • mehr Mitbestimmung

sind Gewerkschaften mit wenigen Mitgliedern keine starken Verhandlungspartner und in Zeiten der Vollbeschäftigung haben die Arbeitgeber eine schwächere Verhandlungsposition.

Gewerkschaften und Arbeitgeberverbände bilden jeweils eine Kommission, die **Tarifkommission,** deren Aufgabe die Durchführung von Tarifverhandlungen ist. Verlaufen die Verhandlungen ergebnislos, wird zunächst ein **Schlichtungsverfahren** eingeleitet. Der Schlichtungsausschuss, der wiederum aus Vertretern beider Sozialpartner zusammengesetzt ist, wird von einem unabhängigen Vorsitzenden geleitet. Dieser unabhängige Schlichter muss von beiden Seiten akzeptiert werden. Führt auch das Schlichtungsverfahren zu keiner Einigung, kann es zum Arbeitskampf kommen.

2.5 Der Arbeitskampf

Streik

Der **Streik** ist das Kampfmittel der Arbeitnehmer. Sie legen die Arbeit nieder und hoffen, dass durch die Verluste, die dadurch den Arbeitgebern entstehen können, ihre Forderungen durchzusetzen sind. Wenn in einem Betrieb die Produktion ruht, haben die Arbeitgeber Kosten wie Mieten, Abschreibungen, Kreditzinsen, aber keine Erträge. Voraussetzung für den Streik ist eine **Urabstimmung,** bei der in der Regel 75 % der Gewerkschaftsmitglieder, die ihre Stimme abgeben, einem Streik zustimmen müssen. Die Genehmigung zur Urabstimmung erfolgt durch den Gewerkschaftsvorstand. Soll der Streik abgebrochen werden, müssen in der Regel 25 % der Gewerkschaftsmitglieder zustimmen. Erfolgt ein Streik ohne Genehmigung der Gewerkschaft und ohne Urabstimmung, so spricht man von einem **„wilden Streik".** Die Arbeitgeber sind in diesem Fall berechtigt, die streikenden Arbeitnehmer fristlos zu entlassen.

Weitere Streikarten
– Der **Generalstreik** legt die gesamte Wirtschaft lahm, weil sich alle Arbeitnehmer daran beteiligen. Er ist im Allgemeinen politisch begründet.
– Der **„totale Streik" (Flächenstreik)** schaltet einen ganzen Wirtschaftszweig aus, z. B. die Druckindustrie.

Grundlagen des Arbeitsrechts

Spielregeln für den Arbeitskampf

(Schaubild: Tarifverhandlungen Gewerkschaften/Arbeitgeber oft begleitet von Warnstreiks → Erklärung des Scheiterns → Schlichtungsverfahren möglich* → Erklärung des Scheiterns Ende der Friedenspflicht → Urabstimmung der Gewerkschaftsmitglieder über Streik → STREIK → Gegenmaßnahme der Arbeitgeber: Aussperrung** → Neue Verhandlungen → Urabstimmung über Ergebnis; Streik-Ende → Neuer Tarifvertrag)

*im öffentl. Dienst zwingend, wenn von einer Seite gefordert **im öffentl. Dienst nicht praktiziert

- Der **Schwerpunktstreik** betrifft normalerweise die wichtigsten Betriebe eines Wirtschaftszweiges. *Beispiel:* Die Gewerkschaft ver.di (Vereinigte Dienstleistungsgewerkschaft) lässt „nur" die Beschäftigten der Müllabfuhr streiken, um Streikgeld zu sparen und kann dennoch eine große Wirkung erzielen.
- Beim **Warnstreik** wird die Arbeit nur für kurze Zeit (Minuten oder Stunden) unterbrochen, um die Streikbereitschaft zu zeigen.
- Beim **Sympathiestreik** sollen streikende Arbeitnehmer aus anderen Wirtschaftszweigen indirekt unterstützt werden. Man erklärt sich solidarisch.

Aussperrung

Die **Aussperrung** ist das Kampfmittel der Arbeitgeber. Sie schließen die Arbeitnehmer von der Arbeit aus und zahlen während dieser Zeit keinen Lohn. Besonders hart betroffen von der Aussperrung sind die nichtorganisierten Arbeitnehmer, da für Ausgesperrte kein Arbeitslosengeld gezahlt wird. Die Gewerkschaftsmitglieder hingegen erhalten von ihrer Gewerkschaft Streikgelder. Durch die Aussperrung hoffen die Arbeitgeber, die Gewerkschaften, die Streikunterstützung zahlen müssen, zum Einlenken zu bewegen.

Ruhe vor Deutschlands Werktoren
So viele Arbeitstage gingen im Durchschnitt der Jahre 1994 bis 2003 je 1 000 Arbeitnehmer durch Arbeitskämpfe verloren

Land	Tage
Island	554
Spanien	234
Kanada	186
Dänemark	171
Italien	119
Finnland	118
Frankreich	97
Norwegen	82
Irland	73
Australien	72
USA	44
Österreich	41
Schweden	41
Großbritannien	24
Ungarn	23
Niederlande	21
Polen	9
Deutschland	4
Schweiz	3
Japan	1

Quelle: Institut der deutschen Wirtschaft

Bedeutung von Streik und Aussperrung

Ein Arbeitskampf schwächt nicht nur die betroffenen Parteien, sondern die gesamte **Volkswirtschaft.** Wird beispielsweise ein großer Betrieb bestreikt, wirkt sich dies auch auf **Zulieferer** aus. Für die **Verbraucher** kann sich die Güterversorgung verschlechtern. Produktionsausfall und verlorene Arbeitstage verschlechtern die **Konjunktur,** das Wirtschaftswachstum und das **Bruttoinlandsprodukt** werden beeinträchtigt. Der **Staat** wird geschädigt durch Steuerausfälle, die **Sozialversicherungen** durch die geringen Einnahmen. Die bestreikten **Unternehmen** erleiden Verluste durch Produktionsausfälle, gleichzeitig fallen weiterhin Kosten an. Bei manchen Unternehmen kann sogar die internationale Wettbewerbsfähigkeit leiden, z. B. wenn Kunden durch einen Streik verloren gehen. Auch für die **Gewerkschaften** ist ein Streik kostspielig, da sie Streikgeld zahlen müssen. Selbst der einzelne **Arbeitnehmer** hat dabei Nachteile. Sein Streikgeld ist niedriger als sein Lohn. Nicht organisierte Arbeitnehmer müssen von ihren Ersparnissen leben, falls sie keine haben, sind sie auf Arbeitslosengeld II angewiesen.

Grundlagen des Arbeitsrechts

Zusammenfassung

Sozialpartner
- Gewerkschaft → Tarifvertrag ← Arbeitgeberverband

Tarifvertrag

Lohn- (Gehalts-)tarifvertrag
- **Laufzeit:** ca. 1 Jahr
- **Inhalt:** Höhe der Löhne und Gehälter

Mantel- (Rahmen-)tarifvertrag
- **Laufzeit:** ca. 3 bis 5 Jahre
- **Inhalt:** Allgemeine Arbeitsbedingungen, z. B.
  - Arbeitszeit
  - Mehrarbeit
  - Urlaub
  - Kündigungsfristen

Lohn- (Gehalts-)rahmentarifvertrag
- **Laufzeit:** mehrere Jahre
- **Inhalt:**
  - Einteilung in Tarifgruppen
  - Zuordnung von Tätigkeiten zu den Tarifgruppen
  - Grundsätze der Arbeitsbewertung

Gewerkschaft → Tarifverhandlungen ← Arbeitgeberverband

bei Scheitern → Schlichtung

bei Scheitern → Arbeitskampf

- **Streik** = Arbeitsniederlegung
- **Aussperrung** = Verweigerung von Arbeitsmöglichkeit und Lohn

Auswirkungen auf die Volkswirtschaft

verlorene Arbeitstage vermindern
- Wirtschaftswachstum
- Bruttoinlandsprodukt
- Realeinkommen

Grundlagen des Arbeitsrechts

Arbeitsteil

Auszug aus dem Tarifvertragsgesetz (TVG)

§ 2 Tarifvertragsparteien.
(1) Tarifvertragsparteien sind Gewerkschaften, einzelne Arbeitgeber sowie Vereinigungen von Arbeitgebern.
(2) Zusammenschlüsse von Gewerkschaften und von Vereinigungen von Arbeitgebern (Spitzenorganisationen) können im Namen der ihnen angeschlossenen Verbände Tarifverträge abschließen, wenn sie eine entsprechende Vollmacht haben.

§ 5 Allgemeinverbindlichkeit.
(1) Der Bundesminister für Arbeit und Sozialordnung kann einen Tarifvertrag … auf Antrag einer Tarifvertragspartei für allgemein verbindlich erklären, wenn
1. die tarifgebundenen Arbeitgeber nicht weniger als 50 vom Hundert der unter den Geltungsbereich des Tarifvertrages fallenden Arbeitnehmer beschäftigen und
2. die Allgemeinverbindlichkeitserklärung im öffentlichen Interesse geboten erscheint.

---

1. a) Wer sind die Vertragsparteien beim Tarifvertrag?
   b) Erläutern Sie, was man unter Allgemeinverbindlichkeit versteht und geben Sie an, unter welchen Voraussetzungen ein Tarifvertrag für allgemein verbindlich erklärt werden kann.

2. Erläutern Sie folgende Begriffe aus dem Tarifvertragsrecht:
   a) Friedenspflicht
   b) Tarifautonomie
   c) Unabdingbarkeit des Tarifvertrages

3. a) Welche Tarifvertragsarten werden unterschieden?
   b) Geben Sie die wesentlichen Inhaltspunkte jeder Art an.
   c) Überlegen Sie, weshalb diese Einteilung vorgenommen wurde.
   d) Worin sehen Sie die Bedeutung von Tarifverträgen?

4. Sind beim Abschluss eines Arbeitsvertrages die Tarifbestimmungen verbindlich, wenn der Arbeitgeber im Arbeitgeberverband, der Arbeitnehmer jedoch nicht in der Gewerkschaft ist?

5. a) Nennen Sie drei Streitpunkte bei Tarifverhandlungen.
   b) Welches Hauptziel haben Schlichtungsverfahren?
   c) Wie ist ein Schlichtungsausschuss zusammengesetzt?

6. Nach gescheiterten Tarifverhandlungen sind häufig Arbeitskämpfe die Folge.
   a) Welches sind die äußersten Mittel von Gewerkschaften und Arbeitgebern?
   b) Das Arbeitskampfmittel der Arbeitgeber ist in Deutschland sehr umstritten. Überlegen Sie, welche Argumente aus Sicht der Gewerkschaften gegen dieses Mittel sprechen und welche aus Sicht der Arbeitgeber dafür.

7. a) Wann spricht man von einem wilden Streik? Welche Folgen können sich daraus ergeben?
   b) Unterscheiden Sie zwischen einem Schwerpunktstreik und einem Flächenstreik.
   c) Um politische Forderungen durchzusetzen, haben im Juli 2007 alle Arbeitnehmer in Italien die Arbeit niedergelegt. Welche Streikart liegt vor?

8. Überlegen Sie, weshalb ausgesperrte Arbeitnehmer kein Arbeitslosengeld beziehen.

3 Betriebsvereinbarungen

Auf dem Gang zum Pausenraum entdeckt Helga Müller am schwarzen Brett eine Mitteilung der Geschäftsleitung. Entrüstet stellt sie fest, dass die Vereinbarung über die gleitende Arbeitszeit gekündigt wurde. Aufmerksam geworden, lesen auch Ralf Schmidt und Martina Neubert die Mitteilung:

Helga: Das ist doch der Gipfel, jetzt haben die einfach die Betriebsvereinbarung über die gleitende Arbeitszeit abgeschafft. Dafür sollen wir ab sofort im Wechsel bis 20 Uhr arbeiten.

Martina: Ich kann doch nicht jede zweite Woche abends bis 20 Uhr arbeiten. Wer soll nach den Kindern sehen, wenn mein Mann Spätschicht hat? Nur vormittags, während die Kinder in der Schule sind, war vereinbart. Das geht doch nicht.

Ralf: „Kein Problem für Sie, Sie sind doch ledig und ungebunden", wird es bei mir wieder heißen. Was mach ich dann mit dem Training im Verein oder mit dem Computerkurs? Soll ich vielleicht meine Freunde erst abends um neun oder um zehn Uhr treffen? Was glauben die eigentlich? Wofür haben wir eigentlich einen Betriebsrat gewählt?

Helga: Ich glaube nicht, dass da was zu machen ist. Die da oben sitzen am längeren Hebel, die bestimmen, was gemacht wird, da kann auch der Betriebsrat nichts erreichen.

Wie beurteilen Sie die Rechtslage?

> **DIE GESCHÄFTSLEITUNG INFORMIERT**
>
> **Kündigung der Betriebsvereinbarung über gleitende Arbeitszeit**
>
> Da sich die geltende Regelung zur gleitenden Arbeitszeit als unzweckmäßig erwiesen hat, haben wir diese Betriebsvereinbarung im Sinne einer besseren Kundenorientierung fristgemäß zum Ende des Jahres gekündigt.

Betriebsvereinbarung über gleitende Arbeitszeit

Zwischen der Geschäftsleitung und dem Betriebsrat wird folgende Betriebsvereinbarung geschlossen:
Die gleitende Arbeitszeit bietet die Möglichkeit, innerhalb festgelegter Grenzen (Gleitzeitspannen) Beginn und Ende der täglichen Arbeitszeit zu wählen.
Der **Arbeitsbeginn** kann zwischen 6.45 Uhr und 8.45 Uhr erfolgen.
Das **Arbeitsende** kann zwischen 15.15 Uhr und 18.00 Uhr erfolgen.
Gleitzeitspanne: Der Zeitraum, in dem Arbeitsbeginn bzw. Arbeitsende liegen können, also von 6.45 Uhr bis 8.45 Uhr (Arbeitsbeginn) und 15.15 Uhr bis 18.00 Uhr (Arbeitsende).

Beispiel einer Betriebsvereinbarung

Wann die Arbeitnehmer eines Betriebes zu arbeiten hatten und welche Pausenregelung galt, das bestimmte vor gar nicht allzu langer Zeit ausschließlich der Arbeitgeber. In vielen Betrieben, die keinen Betriebsrat haben, ist dies noch heute so.
1972 trat das Betriebsverfassungsgesetz in Kraft. Seitdem haben Arbeitnehmer durch den Betriebsrat beachtliche Mitbestimmungsrechte. Unter anderem handelt er mit der Unternehmensleitung so genannte Betriebsvereinbarungen aus.

Während Tarifverträge Bestimmungen für ganze Wirtschaftszweige enthalten können, betrifft die **Betriebsvereinbarung** den einzelnen Betrieb. Sie wird zwischen **Betriebsrat** und **Arbeitgeber** eines Betriebes abgeschlossen. Arbeitgeber, Betriebsrat und alle Betriebsangehörigen müssen sich dann daran halten. Betriebsvereinbarungen sind vom Arbeitgeber und vom Betriebsrat zu unterzeichnen und für jeden sichtbar im Betrieb zu veröffentlichen. Wichtige Inhaltspunkte sind Beginn und Ende der täglichen Arbeitszeit und der Pausen, Unfallverhütungsvorschriften, betriebliche Sozialeinrichtungen oder Urlaubspläne.

BetrVG § 77

Grundlagen des Arbeitsrechts

Wichtige arbeitsrechtliche Bestimmungen

einzelner Arbeitgeber	Einzelarbeitsvertrag ↔	einzelner Arbeitnehmer
einzelner Arbeitgeber	Betriebsvereinbarung ↔	Betriebsrat
Arbeitgeberverband	Tarifvertrag ↔	Gewerkschaft
	Arbeitsgesetze Staat	
	Grundgesetz Staat	

(nur verbessernde Änderungen sind möglich)

Die bekannteste Betriebsvereinbarung ist die **Betriebsordnung**. Sie regelt die im Betrieb geltenden Ordnungsvorschriften wie z. B. Rauchverbot, Alkoholgenuss, Arbeitskleidung, Arbeitszeiten, Ruhepausen. Betriebsvereinbarungen sollen also den Bestimmungen des Tarifvertrages nicht entgegenstehen, sondern ihn ergänzen und den Besonderheiten des einzelnen Betriebes anpassen. Dies bedeutet, dass sie die tariflichen Bestimmungen nur verbessern, nicht jedoch verschlechtern dürfen, sofern dies der Tarifvertrag nicht durch so genannte Öffnungsklauseln gestattet. Ebenso darf der Einzelarbeitsvertrag niemals schlechtere Bedingungen enthalten als die Betriebsvereinbarung.

Zusammenfassung

Arbeitgeber → **Betriebsvereinbarung** ← Betriebsrat

Inhalte sind z. B. Betriebsordnung, Arbeitsbeginn, Ende, Pausen, Urlaubspläne, betriebliche Sozialeinrichtungen

Arbeitsteil

Auszug aus dem Betriebsverfassungsgesetz (BetrVfG)

§ 77 Betriebsvereinbarungen.
(2) Betriebsvereinbarungen sind von Betriebsrat und Arbeitgeber gemeinsam zu beschließen und schriftlich niederzulegen …
(4) Betriebsvereinbarungen gelten unmittelbar und zwingend. Werden Arbeitnehmern durch die Betriebsvereinbarung Rechte eingeräumt, so ist ein Verzicht auf sie nur mit Zustimmung des Betriebsrats zulässig …
(5) Betriebsvereinbarungen können, soweit nichts anderes vereinbart ist, mit einer Frist von 3 Monaten gekündigt werden.

Bearbeiten Sie die folgenden Aufgaben, sofern erforderlich, mithilfe des Gesetzestextes.

1. a) Wer sind die Vertragspartner bei einer Betriebsvereinbarung?
   b) In welchem Gesetz ist der Abschluss von Betriebsvereinbarungen geregelt?
   c) Nennen Sie drei Beispiele für Regelungen, die eine Betriebsvereinbarung enthalten kann.
   d) Erkundigen Sie sich bei Kollegen, welche Betriebsvereinbarungen in Ihrem Betrieb bestehen. Geben Sie außerdem an, welche Regelungen darin getroffen worden sind.

2. Ein Arbeitnehmer erhält laut Arbeitsvertrag 26 Werktage Jahresurlaub. Das Bundesurlaubsgesetz jedoch sieht lediglich 24 Werktage vor. Im entsprechenden Tarifvertrag ist von 25 Tagen die Rede. Außerdem liegt eine Betriebsvereinbarung vor, die 27 Tage Jahresurlaub vorsieht.
Wie viele Urlaubstage kann der Arbeitnehmer wirklich beanspruchen?

3. Die Massivmöbel GmbH ist in ernsthafte Absatzschwierigkeiten geraten. Der Geschäftsführer verlangt deshalb von den Beschäftigten, dass sie auf das zusätzlich gewährte Urlaubsgeld verzichten. Um Probleme von vornherein auszuschließen, verzichtet er bei dieser Entscheidung auf die Zustimmung des Betriebsrates. Wie beurteilen Sie die Rechtslage?

4 Interessenvertretung der Arbeitnehmer

Betriebsrat darf bei Überstunden mitbestimmen

Der Betriebsrat hat nach einer Entscheidung des Bundesarbeitsgerichts ein Mitspracherecht darüber, ob Überstunden bezahlt oder durch Freizeit abgegolten werden. In der jetzt veröffentlichten Entscheidung heißt es, die Höhe der Abgeltung müsse sich nach dem Tarifvertrag richten. Das Gericht gab damit dem Betriebsrat einer Speditionsfirma Recht, die sich geweigert hatte, die Arbeitnehmervertretung bei der Abgeltung der Nachtarbeit von Fernfahrern mitbestimmen zu lassen.

Beurteilen Sie anhand des Zeitungsartikels die Mitbestimmungsrechte des Betriebsrates.
Wer wählt den Betriebsrat?
Gibt es noch andere Interessenvertretungen der Arbeitnehmer?

Mehrere Gesetze regeln die Interessenvertretung der Arbeitnehmer im Betrieb:

– Das **Betriebsverfassungsgesetz** regelt die Interessenvertretung der Arbeitnehmer durch den Betriebsrat. Außerdem sind darin die Rechte des einzelnen Arbeitnehmers festgelegt sowie die Aufgaben und die Bildung von weiteren Vertretungsorganen.

– Im **Personalvertretungsgesetz** ist die Mitbestimmung der Beschäftigten des öffentlichen Dienstes festgelegt.

– Das **Mitbestimmungsgesetz** regelt die Mitbestimmung der Arbeitnehmer im Aufsichtsrat und Vorstand von Kapitalgesellschaften, sofern die Unternehmen mehr als 2000 Beschäftigte haben.

– Das **Montanmitbestimmungsgesetz** regelt die Mitbestimmung der Arbeitnehmer im Aufsichtsrat und Vorstand von Unternehmen der Montanindustrie (Bergbau, Eisen- und Stahlerzeugung).

– Das **Arbeitsgerichtsgesetz** bestimmt, dass für gerichtliche Streitigkeiten aus dem Arbeitsleben die Arbeitsgerichte zuständig sind. Des Weiteren ist hier der Verfahrensablauf festgelegt.

Sofern bestimmte Voraussetzungen vorliegen (z. B. Zahl der Beschäftigten, Unternehmensform), dann gestatten diese Gesetze, dass folgende Interessenvertretungen bestellt werden:

Interessenvertretung der Arbeitnehmer
- Betriebsrat
- Jugend- und Auszubildendenvertretung
- Betriebsversammlung
- Wirtschaftsausschuss
- Arbeitnehmervertreter im Aufsichtsrat

4.1 Möglichkeiten der betrieblichen Mitbestimmung durch Auszubildende und Arbeitnehmer

Jeder einzelne Arbeitnehmer ist berechtigt, sich mit Beschwerden persönlich an den Arbeitgeber zu wenden, und zwar unabhängig davon, ob ein Betriebsrat vorhanden ist oder nicht. Darüber hinaus muss der Arbeitgeber ihn über wichtige Vorgänge informieren, wenn sie ihn persönlich betreffen. So muss der Arbeitgeber nach dem Betriebsverfassungsgesetz u. a.
- Beschwerden des Arbeitnehmers entgegennehmen, wenn dieser sich ungerecht behandelt fühlt; sie prüfen und ihn über das Ergebnis informieren,
- den Arbeitnehmer in seine **Personalakten** einsehen lassen,
- ihn zu Angelegenheiten, die ihn betreffen, während der Arbeitszeit **anhören**,
- ihn über seine **Aufgaben** und über Änderungen seines **Aufgabenbereichs** informieren,
- über **Unfall- und Gesundheitsgefahren** am Arbeitsplatz informieren,
- die Zusammensetzung und Berechnung des **Verdienstes** erläutern,
- auf Verlangen Auskunft geben über die **Beurteilung** der Leistung des Arbeitnehmers und über dessen Aufstiegschancen.

Um seine Rechte durchzusetzen oder um Beschwerden vorzubringen, kann sich der Arbeitnehmer aber auch an seine Interessenvertretung wenden, vor allem an den Betriebsrat. Der hat hierzu **Sprechstunden** einzurichten und den Arbeitnehmer zu **beraten**. Beschwerden des Arbeitnehmers muss er beim Arbeitgeber vorbringen.

Des Weiteren hat jeder einzelne Arbeitnehmer auch die Möglichkeit, seine Beschwerden, Anregungen, Anträge usw. auf Betriebsversammlungen vorzubringen. Zuletzt besteht die Möglichkeit, sich in den **Gewerkschaften** zu organisieren und so bei der Gestaltung der Tarifverträge und bei den Tarifverhandlungen aktiv mitzuwirken.

4.2 Interessenvertretung im Betrieb

Der Betriebsrat

Der **Betriebsrat** ist die wichtigste Interessenvertretung der Arbeitnehmer im einzelnen Betrieb. Er wird auf **vier Jahre** gewählt. Betriebsratswahlen finden deshalb alle vier Jahre zwischen dem 1. März und dem 31. Mai statt.

Wahlberechtigt sind alle Arbeitnehmer, die das 18. Lebensjahr vollendet haben. Wählbar sind alle Arbeitnehmer, die dem Betrieb mindestens 6 Monate angehören und das 18. Lebensjahr vollendet haben.

BetrVG § 9

Zahl der Betriebsratmitglieder																
35	33	31	29	27	25	23	21	19	17	15	13	11	9	7	5	3	1*
7001–9000	6001–7000	5001–6000	4501–5000	4001–4500	3501–4000	3001–3500	2501–3000	2001–2500	1501–2000	1001–1500	701–1000	401–700	201–400	101–200	51–100	21–50	5–20
Zahl der wahlberechtigten Arbeitnehmer																

*Betriebsobmann

Betriebsräte können in Betrieben, die mindestens fünf wahlberechtigte Arbeitnehmer haben, gewählt werden. Die Zahl der zu wählenden Betriebsratsmitglieder richtet sich nach der Anzahl der wahlberechtigten Arbeitnehmer.

Der Arbeitgeber muss die Betriebsratsmitglieder für die Durchführung ihrer Betriebsratsaufgaben von der Arbeit freistellen, wobei das Arbeitsentgelt weitergezahlt werden muss. In Betrieben, die mehr als 200 Arbeitnehmer beschäftigen, ist ein Betriebsratsmitglied ganz von der Arbeit freizustellen, in größeren Betrieben mehrere Betriebsratsmitglieder (in Betrieben mit mehr als 9 000 Arbeitnehmern z. B. 12).

BetrVG § 38

Der Betriebsrat wählt aus seiner Mitte einen Vorsitzenden und dessen Stellvertreter. Sie vertreten den Betriebsrat nach außen. Die Sitzungen des Betriebsrates finden normalerweise während der Arbeitszeit statt. Der Arbeitgeber muss die erforderlichen Räume und Mittel unentgeltlich zur Verfügung stellen, die der Betriebsrat für die laufende Arbeit, für Sprechstunden oder Sitzungen benötigt. Er übernimmt auch die Kosten der Betriebsratswahlen.

Der Betriebsrat hat folgende **allgemeine Aufgaben:**

BetrVG § 80

- Er achtet darauf, dass die **Bestimmungen**, die zugunsten der Arbeitnehmer gelten, auch eingehalten werden.
- Er nimmt **Beschwerden** von Arbeitnehmern entgegen und verhandelt mit dem Arbeitgeber darüber, sofern die Beschwerden berechtigt sind.
- Er beantragt beim Arbeitgeber **Maßnahmen**, die dem Betrieb und der Belegschaft dienen.
- **Schutzbedürftigen** Arbeitnehmern wie Schwerbehinderten, ausländischen Arbeitnehmern oder Jugendlichen hilft er besonders bei der Eingliederung in den Betrieb.
- Er schließt mit dem Arbeitgeber **Betriebsvereinbarungen** ab (siehe S. 179 f.).

Der Betriebsrat muss einmal in jedem Kalendervierteljahr eine **Betriebsversammlung** abhalten und einen Bericht über seine Tätigkeit ablegen. Arbeitgeber und Arbeitnehmer, die hierzu eingeladen sind, haben das Recht, auf der Versammlung zu sprechen. Gleiches gilt für Vertreter der Tarifvertragsparteien, also der Gewerkschaften und Arbeitgeberverbände.

BetrVG § 43

In Unternehmen mit mehr als 100 Beschäftigten muss ein **Wirtschaftsausschuss** gebildet werden, der aus mindestens drei und höchstens sieben sachverständigen Betriebsangehörigen besteht, die vom Betriebsrat bestellt werden. Der Wirtschaftsausschuss muss über wirtschaftliche und finanzielle Angelegenheiten informiert werden. Er soll die Unternehmensleitung in wirtschaftlichen Angelegenheiten beraten und den Betriebsrat unterrichten.

BetrVG §§ 106 ff.

Mitbestimmungsrechte des Betriebsrates

Über den Betriebsrat sind die Arbeitnehmer an zahlreichen betrieblichen Entscheidungen beteiligt. Diese Beteiligung erstreckt sich auf den sozialen, den personellen und den wirtschaftlichen Bereich. Das Betriebsverfassungsgesetz gibt dem Betriebsrat in den einzelnen Bereichen unterschiedliche Beteiligungsrechte. Diese sind in ihrer Wirkung unterschiedlich:

- **Mitbestimmungsrechte**: Hier ist der Betriebsrat der gleichberechtigte Verhandlungspartner der Unternehmensleitung. Ohne seine Zustimmung kommt keine betriebliche Einigung zustande. Mitbestimmungsrechte bestehen in **sozialen Angelegenheiten.** *Beispiele:* Betriebsordnung, Urlaubsplanung, Arbeitszeit, Sozialeinrichtungen, Berufsausbildung, Entlohnungsgrundsätze, Unfallverhütung.

BetrVG § 87

Grundlagen des Arbeitsrechts

BetrVG §§ 92 ff.
– Ein **eingeschränktes Mitbestimmungsrecht** hat der Betriebsrat bei **personellen Angelegenheiten**. *Beispiele:* Einstellungen, Versetzungen, Umgruppierungen oder Entlassungen. Der Betriebsrat kann hier seine Zustimmung nur verweigern, wenn er schwerwiegende Gründe anführen kann.

BetrVG §§ 106 ff.
– **Mitwirkungsrechte**: Die Unternehmensleitung muss den Betriebsrat über anstehende Maßnahmen unterrichten und sich mit ihm darüber beraten. Verweigert dieser seine Zustimmung oder erhebt er Widerspruch, bleibt dies ohne Auswirkung auf die Entscheidung des Arbeitgebers. Mitwirkungsrechte haben die Arbeitnehmervertreter vorwiegend in **wirtschaftlichen Angelegenheiten**. *Beispiele:* Stilllegung des Betriebes, Rationalisierung, Produktion, Absatz, Betriebsverlegungen, Investitionen.

Zur Vermeidung von wirtschaftlichen Härten hat der Betriebsrat ein Mitbestimmungsrecht bei der Aufstellung eines Sozialplanes.

Die Jugend- und Auszubildendenvertretung

BetrVG §§ 60 ff.
Jugendliche Arbeitnehmer stehen noch in ihrer körperlichen Entwicklung. Sie haben – ebenso wie die Auszubildenden – beim Eintritt in den Betrieb und in das Arbeitsleben andere Probleme als ihre erwachsenen Kollegen. Das Betriebsverfassungsgesetz sieht deshalb alle **zwei Jahre** die Wahl einer **Jugend- und Auszubildendenvertretung (JAV)** vor.

Gewählt wird in Betrieben mit mindestens fünf Arbeitnehmern unter 18 Jahren und Auszubildenden. Wahlberechtigt sind alle Jugendlichen sowie Auszubildenden, die das 25. Lebensjahr noch nicht vollendet haben.

Wählbar sind alle Arbeitnehmer des Betriebs, die das 25. Lebensjahr noch nicht vollendet haben. Betriebsratsmitglieder können nicht gewählt werden. Die regelmäßigen Wahlen finden im Herbst statt.

Hauptaufgabe der JAV ist es, die besonderen Belange der Jugendlichen und Auszubildenden gegenüber dem Arbeitgeber zu vertreten. Da die JAV nicht in direkte Verhandlungen mit dem Arbeitgeber eintreten kann, muss sie ihre Interessen über den Betriebsrat durchsetzen. Aus diesem Grund kann bei jeder Betriebsratssitzung ein JAV-Mitglied teilnehmen. Behandelt der Betriebsrat Fragen, die überwiegend jugendliche Arbeitnehmer oder Auszubildende betreffen, sind alle JAV-Mitglieder zur Teilnahme und zur Abstimmung berechtigt.

Vor jeder Betriebsversammlung führt die JAV eine Jugend- und Auszubildendenversammlung durch. Ohne den zeitlichen Bezug zur Betriebsversammlung dürfen die Jugendlichen und Auszubildenden nur tagen, wenn im Einvernehmen mit Betriebsrat und Arbeitgeber ein anderer Zeitpunkt vereinbart wird.

Mitbestimmung im Aufsichtsrat

In Kapitalgesellschaften (vorwiegend AG und GmbH) besteht zusätzlich eine gewählte Arbeitnehmervertretung in den Aufsichtsräten. Diese Beteiligung der Arbeitnehmer in den Aufsichtsräten wird auch als **Mitbestimmung** bezeichnet, weil dadurch die Belegschaft an der Kontrolle des Vorstands (Unternehmensleitung) beteiligt ist. Man unterscheidet drei verschiedene Mitbestimmungsformen:

Zahl der Jugendvertreter

Zahl der jugendlichen Arbeitnehmer	Jugendvertreter
über 1000	15
701–1000	13
501–700	11
301–500	9
151–300	7
51–150	5
21–50	3
5–20	1*

Grundlagen des Arbeitsrechts

Mitbestimmung nach dem Betriebsverfassungsgesetz von 1952

Dieses Gesetz ermöglicht eine **Ein-Drittel-Beteiligung** der **Arbeitnehmer** im Aufsichtsrat. Unter das Betriebsverfassungsgesetz fallen Aktiengesellschaften (AG), die **weniger als 2000 Arbeitnehmer** beschäftigen, sowie Gesellschaften mit beschränkter Haftung (GmbH) und Genossenschaften (eG), die jeweils zwischen 500 und 2000 Beschäftigte haben. Wie die Abbildung erkennen lässt, besitzen die Anteilseigner bei betrieblichen Entscheidungen ein deutliches Übergewicht. Außerdem sitzt bei diesen Unternehmen kein Arbeitnehmervertreter im Vorstand.

Mitbestimmung nach dem Mitbestimmungsgesetz von 1976

Unter dieses Gesetz fallen Großunternehmen mit **mehr als 2000 Beschäftigten.** In solchen Unternehmen erhalten die **Arbeitnehmer** und Anteilseigner jeweils die **Hälfte der Aufsichtsratssitze.** Obwohl der Aufsichtsrat paritätisch (gleichberechtigt) zusammengesetzt ist, überwiegt dennoch der Einfluss der Anteilseigner (Kapitalgeber), da sie den Aufsichtsratsvorsitzenden bestimmen können. Bei Stimmengleichheit verfügt dieser über ein **doppeltes Stimmrecht.** Außerdem müssen unter den Arbeitnehmervertretern auch leitende Angestellte sein, und diese stehen häufig den Anteilseignern näher als den Arbeitnehmern. Darüber hinaus verlangt das Gesetz, dass ein **Arbeitsdirektor** im Vorstand sein muss, der vorwiegend für personelle Angelegenheiten zuständig ist.

= Aufsichtratsvorsitzender, er hat in Patt-Situationen doppelte Stimme

Mitbestimmung nach dem Montanmitbestimmungsgesetz von 1951

Bereits 1951 wurde für die **Montanindustrie** (Bergbau, Eisen- und Stahlerzeugung) festgelegt, dass die Aufsichtsräte **paritätisch,** also jeweils zur Hälfte aus Anteilseignern und Arbeitnehmervertretern zusammengesetzt sind. Um Stimmengleichheit zu vermeiden, müssen sich die Vertreter von Anteilseignern und Arbeitnehmern auf ein weiteres – **neutrales Aufsichtsratsmitglied** – einigen. Eine weitere Mitbestimmungsmöglichkeit haben die Arbeitnehmer durch einen **Arbeitsdirektor** im Vorstand. Er hat die gleichen Rechte wie die anderen Direktoren und ist vorwiegend für personelle Aufgaben zuständig.

= neutrales Mitglied

Grundlagen des Arbeitsrechts

Zusammenfassung

Vertretungsorgane der Arbeitnehmer

am Arbeitsplatz
= arbeitsrechtliche Mitbestimmung
↓
Arbeitnehmer wählen
Betriebsrat und Jugend- und Auszubildendenvertretung

in der Unternehmensleitung
= unternehmerische Mitbestimmung
↓
Arbeitnehmer wählen
einen Teil (1/3 bzw. 1/2) des **Aufsichtsrats**

Mitbestimmungsrechte des Betriebsrates

soziale Angelegenheiten	personelle Angelegenheiten	wirtschaftliche Angelegenheiten
Mitbestimmungsrecht, ohne Zustimmung des Betriebsrates sind keine Beschlüsse möglich	**eingeschränktes Mitbestimmungsrecht**, der Betiebsrat kann nur aus wichtigen Gründen die Zustimmung verweigern	**Mitwirkungsrecht** (Unterrichtung), die Maßnahmen müssen vorher dem Betriebsrat mitgeteilt und mit ihm beraten werden

Arbeitsteil

Lösen Sie die Aufgaben, sofern erforderlich, mithilfe des Auszuges aus dem Betriebsverfassungsgesetz auf S. 187.

1. a) Wovon hängt die Zahl der Betriebsratsmitglieder eines Betriebes ab?
   b) Welche Voraussetzungen muss ein Arbeitnehmer erfüllen, damit er bei Betriebsratswahlen kandidieren kann?
   c) Unter welcher Voraussetzung ist ein Arbeitnehmer wahlberechtigt bei Betriebsratswahlen?
   d) Nennen Sie drei allgemeine Aufgaben des Betriebsrates.

2. Erläutern Sie die Aufgabe einer Betriebsversammlung und des Wirtschaftsausschusses.

3. In welchen betrieblichen Bereichen hat der Betriebsrat ein Mitbestimmungsrecht, in welchen hat er ein eingeschränktes Mitbestimmungsrecht und in welchen hat er ein Mitwirkungsrecht?

4. a) Welche Gründe sprechen für eine gesonderte Jugend- und Auszubildendenvertretung (JAV)?
   b) Welche Hauptaufgabe hat die JAV?
   c) Ein Betrieb hat 250 jugendliche Arbeitnehmer und Auszubildende. Wie viele JAV-Mitglieder dürfen gewählt werden?
   d) Erklären Sie anhand der Abbildung, wie die JAV ihre Aufgaben wahrnimmt.

Betriebliche Jugend- und Auszubildendenvertretung

Betriebsrat
◁ Information
◁ Anträge
◁ Stimmrecht in Jugendfragen

Jugend- und Auszubildendenvertretung
1–15 Vertreter
(je nach Anzahl der Jugendlichen und Auszubildenden im Betrieb)

Wahl auf 2 Jahre

Jugend- und Auszubildendenversammlung ← Jugendliche Arbeitnehmer (unter 18 Jahren) und Auszubildende (unter 25 Jahren)

Aufgaben
- Vertretung der Jugendinteressen im Betriebsrat
- Anträge an den Betriebsrat auf Maßnahmen zugunsten der jungen Betriebsangehörigen
- Anträge zur Gleichstellung von Frauen und Männern
- Förderung der Integration junger ausländischer Betriebsangehöriger
- Überwachung der Einhaltung von Vorschriften und Vereinbarungen zugunsten der Jugendlichen
- Weitergabe von Anregungen und Beschwerden an den Betriebsrat

ZAHLENBILDER 243 513 © Erich Schmidt Verlag

Grundlagen des Arbeitsrechts

5. Erklären Sie die folgende betriebliche Situation in Hinsicht auf die Mitbestimmungsrechte.
   a) Einige Mitarbeiter sollen in ein Zweigwerk versetzt werden.
   b) Die Geschäftsleitung verlegt den täglichen Arbeitsbeginn eine Stunde vor.
   c) Die monatliche Lohnzahlung soll auf Anweisung der Geschäftsleitung jeweils 10 Tage später erfolgen.
   d) Eine neu zu besetzende Arbeitsstelle wird nicht im Betrieb ausgeschrieben.
   e) Betriebsrat und Geschäftsleitung einigen sich nicht über die Verwaltung der Betriebskantine.
   f) Der Arbeitgeber hat bei der Auswahl des zu kündigenden Arbeitnehmers soziale Gesichtspunkte nicht ausreichend berücksichtigt.

6. Welche Gesetze regeln die Mitbestimmung in Großunternehmen?

7. a) Erklären Sie den Begriff „Montanbereich".
   b) Wie setzt sich der Aufsichtsrat einer Montanunternehmung zusammen?

8. In welchen Fällen müssen Arbeitnehmervertreter in den Aufsichtsrat gewählt werden?
   a) GmbH mit 800 Beschäftigten
   b) OHG mit 2700 Beschäftigten
   c) AG mit 1800 Beschäftigten
   d) GmbH mit 130 Beschäftigten
   e) eG mit 2500 Beschäftigten

9. Die Gewerkschaften fordern eine Ausweitung der Mitbestimmung. Tragen Sie mögliche Argumente für und gegen eine Ausweitung der Mitbestimmung zusammen.

10. Obwohl nach dem Mitbestimmungsgesetz von 1976 der Aufsichtsrat paritätisch zusammengesetzt ist, haben die Anteilseigner im Aufsichtsrat mehr Einfluss. Begründen Sie, weshalb.

Auszug aus dem Betriebsverfassungsgesetz (BetrVfG)

§ 1 Errichtung von Betriebsräten.
In Betrieben mit in der Regel mindestens fünf ständigen wahlberechtigten Arbeitnehmern, von denen drei wählbar sind, werden Betriebsräte gewählt.

§ 7 Wahlberechtigung.
Wahlberechtigt sind alle Arbeitnehmer, die das 18. Lebensjahr vollendet haben.

§ 8 Wählbarkeit.
Wählbar sind alle Wahlberechtigten, die sechs Monate dem Betrieb angehören ...

§ 87 Mitbestimmungsrechte in sozialen Angelegenheiten.
(1) Der Betriebsrat hat ... in folgenden Angelegenheiten mitzubestimmen:
1. Fragen der Ordnung des Betriebes und des Verhaltens der Arbeitnehmer im Betrieb;
2. Beginn und Ende der täglichen Arbeitszeit einschließlich der Pausen sowie Verteilung der Arbeitszeit auf die einzelnen Wochentage;
3. vorübergehende Verkürzung oder Verlängerung der betriebsüblichen Arbeitszeit;
4. Zeit, Ort und Art der Auszahlung der Arbeitsentgelte;
5. Aufstellung allgemeiner Urlaubsgrundsätze und des Urlaubsplans ...
6. Einführung und Anwendung von technischen Einrichtungen, die dazu bestimmt sind, das Verhalten oder die Leistung der Arbeitnehmer zu überwachen.
7. Regelungen über die Verhütung von Arbeitsunfällen und Berufskrankheiten ...
8. Form, Ausgestaltung und Verwaltung von Sozialeinrichtungen ...
10. Fragen der betrieblichen Lohngestaltung, insbesondere die Aufstellung von Entlohnungsgrundsätzen ...
11. Festsetzung der Akkord- und Prämiensätze ...

§ 95 Auswahlrichtlinien.
(1) Richtlinien über die personelle Auswahl bei Einstellungen, Versetzungen, Umgruppierungen und Kündigungen bedürfen der Zustimmung des Betriebsrats ...

§ 102 Mitbestimmung bei Kündigungen.
(1) Der Betriebsrat ist vor jeder Kündigung zu hören. Der Arbeitgeber hat ihm die Gründe für die Kündigung mitzuteilen. Eine ohne Anhörung des Betriebsrats ausgesprochene Kündigung ist unwirksam ...

5 Arbeitsgericht

Urteil zu Kündigung im Krankheitsfall

Frankfurt (dpa). Ist ein Angestellter bei seinem Arbeitgeber krankgeschrieben, muss sich sein Eifer beim Bau des eigenen Hauses in Grenzen halten. Darauf hat das Arbeitsgericht Frankfurt im Prozess zwischen einem Vertreter und einem Unternehmen für medizinische Geräte hingewiesen. Mithilfe zweier Detektive hatten die Vorgesetzten im Juli vergangenen Jahres herausgefunden, dass der Außendienstmitarbeiter, der bereits mehrere Wochen krankgeschrieben war, eifrig an dem Neubau seines Eigenheims in Bayern zugange war. Die Detektive trafen den Arbeitnehmer im Arbeitskittel auf einem Gerüst vor dem Gebäude an. Das Unternehmen kündigte seinem Mitarbeiter, nachdem die Detektive der Geschäftsleitung von dem Vorgang berichtet hatten. Der Mann hatte zu den Gründen der Krankschreibung angegeben, er könne wegen der Einnahme eines starken Heuschnupfenmedikaments nicht Auto fahren. Der Gerichtsvorsitzende erklärte, das Verhalten des Arbeitnehmers lasse den Schluss zu, dieser wollte eine Krankheit nur vortäuschen.

Welches Gericht hat dieses Urteil erlassen?
Welche Streitigkeiten werden vor diesem Gericht verhandelt?

Arbeitsgerichte sind zuständig für alle Streitigkeiten im Arbeitsleben. Im Einzelnen sind dies Streitigkeiten zwischen
- Arbeitgebern und Arbeitnehmern aus dem Arbeitsvertrag,
- Auszubildenden und Ausbildenden aus dem Berufsausbildungsvertrag,
- den Tarifvertragsparteien aus dem Tarifvertrag,
- Betriebsrat und Arbeitgebern aus dem Betriebsverfassungsrecht.

Instanz	Gericht	Vertretung der Parteien
3. Instanz	Bundesarbeitsgericht	Rechtsanwalt
↑ Revision		
2. Instanz	Landesarbeitsgericht	Rechtsanwalt oder Vertreter aus Verbänden
↑ Berufung		
1. Instanz	Arbeitsgericht	Rechtsanwalt oder Vertreter aus Verbänden oder persönlich

= Vorsitzender (Berufsrichter) = Berufsrichter = ehrenamtlicher Richter (Laienrichter)

Gerichte in erster Instanz sind die Arbeitsgerichte. Gegen deren Urteil kann bei den **Landesarbeitsgerichten Berufung** eingelegt werden. In der Berufung wird das ganze Verfahren noch einmal durchgeführt, neue Beweise können vorgebracht werden. Die Revisionsinstanz ist das **Bundesarbeitsgericht** in Erfurt. Bei der **Revision** jedoch wird nur geprüft, ob in der vorigen Instanz die Gesetze richtig angewendet wurden. In allen Instanzen sind Berufsrichter und ehrenamtliche Richter (Laienrichter) tätig. Um die Praxis des Arbeitslebens ausgewogen zu berücksichtigen, werden die Laienrichter jeweils von Arbeitnehmer- und Arbeitgebervertretern gestellt. Die Parteien können an den Arbeitsgerichten ihren Rechtsstreit selbst führen oder sich durch Gewerkschaften oder Arbeitgeberverbände vertreten lassen. Ebenso ist die Vertretung durch einen Rechtsanwalt möglich. Vor dem Landesarbeitsgericht und dem Bundesarbeitsgericht herrscht Anwaltszwang.

Die Voraussetzung für eine Verhandlung ist die Klage, die beim zuständigen Arbeitsgericht eingereicht oder mündlich zu Protokoll gegeben werden muss.

In einer **Güteverhandlung** wird zunächst versucht, die Streitigkeiten durch einen Vergleich zu schlichten, um Gerichtskosten und unnötige Arbeit zu sparen.

Die Gerichtskosten sind verhältnismäßig gering. Sie richten sich nach dem Streitwert und betragen in der 1. Instanz mindestens 10 €, höchstens jedoch 500 €. Wenn in der Güteverhandlung eine Einigung erzielt wurde, die Klage zurückgezogen wird oder ein Vergleich zustande kommt, fallen überhaupt keine Kosten an.

In der ersten Instanz vor dem Arbeitsgericht trägt jede Partei ihre Kosten selbst, auch wenn sie in dem Verfahren gewinnt. Es gilt also nicht das sonst herrschende Prinzip, dass der Verlierer eines Rechtsstreits die Kosten tragen muss.

Die Fristen für die Bearbeitung eines Rechtsstreits beim Arbeitsgericht sind wesentlich kürzer als bei anderen Zivilprozessen.

Zusammenfassung

Arbeitsgerichtbarkeit

Arbeitsgericht → Berufungsinstanz → Landesarbeitsgericht → Revisionsinstanz → Bundesarbeitsgericht

regeln Streitigkeiten aus:
Arbeitsverhältnissen, Berufsausbildungsverhältnissen, Tarifverträgen, Betriebsverfassungsgesetz

Arbeitsteil

1. Welche Streitigkeiten fallen in den Zuständigkeitsbereich der Arbeitsgerichte?

2. Nennen Sie die Instanzen der Arbeitsgerichtsbarkeit.

3. a) Wie ist ein Arbeitsgericht in der 1. Instanz zusammengesetzt?
   b) Begründen Sie diese Zusammensetzung.

4. Überlegen Sie, weshalb die folgenden Regelungen für das Arbeitsgericht getroffen wurden:
   – Die Gerichtskosten sind sehr niedrig.
   – Die Fristen für die Bearbeitung eines Rechtsstreits sind relativ kurz.

5. Wie unterscheiden sich Berufung und Revision?

Prüfungsaufgabe

Martin Schneider (21) hat vor einem Jahr seine Ausbildung zum Automobilmechaniker abgeschlossen. Seit einem Jahr arbeitet er im Autohaus Rapp. Eines Morgens kommt er wieder mal zu spät in den Betrieb. Verärgert stellt ihn der Chef zur Rede.

Chef: „Wieso kommen Sie schon wieder zu spät? Haben Sie vergessen, dass wir Ihnen erst vor drei Wochen deswegen eine Abmahnung geschickt haben?"

Martin: „Sorry, aber meinem Wecker ging das Benzin aus. Habe ich inzwischen was verpasst?"

Chef: „Jetzt reicht's! Sie sind fristlos entlassen."

Schimpfend packt Martin seine Sachen zusammen und geht. Abends trifft er seine Freundin Sabine und erzählt ihr den Vorfall.

Martin: „So was Blödes, heute hat mich mein Chef entlassen. Jetzt können wir unseren Urlaub auf Mallorca wohl streichen."

Sabine: „Das musst du dir nicht gefallen lassen. Diese Kündigung ist ungültig. Was sagt denn der Betriebsrat?"

Martin: „Keine Ahnung, ich musste ja gleich gehen."

a) Erläutern Sie, welche Bedeutung die Abmahnung für Martin hatte.

b) Weshalb wird Martins Chef dessen häufiges Zuspätkommen nicht zulassen und ein derartiges Verhalten nicht dulden?

c) Prüfen Sie anhand des Betriebsverfassungsgesetzes (BetrVerfG), ob Sabine Recht hat.

d) Welche Rechte räumt das Betriebsverfassungsgesetz in diesem Fall dem Betriebsrat ein?

e) Sabine bedauert, dass Martin nicht zu den Personengruppen gehört, denen fast nicht gekündigt werden kann. Gibt es solche Personengruppen? Wenn ja, nennen Sie diese.

f) Angenommen, Martin würde nicht fristlos gekündigt werden, sondern er einigt sich mit seinem Chef auf eine ordentliche Kündigung. Welche gesetzlichen Kündigungsfristen müssten in diesem Fall eingehalten werden?

g) Martin bewirbt sich inzwischen bei verschiedenen Firmen. Bei jeder Bewerbung wird ein Arbeitszeugnis verlangt. Unterscheiden Sie in diesem Zusammenhang zwischen einem einfachen und einem qualifizierten Zeugnis.

h) Nur auf besonderen Wunsch des Arbeitnehmers muss ein qualifiziertes Zeugnis ausgestellt werden. Aus gutem Grund möchte Martin darauf verzichten; wegen seines Verhaltens rechnet er nämlich mit unklaren und nachteiligen Formulierungen. Halten Sie diesen Entschluss für eine gute Idee? (Begründung)

Auszug aus dem Betriebsverfassungsgesetz (BetrVerfG)

§ 102 Mitbestimmung bei Kündigungen.

(1) Der Betriebsrat ist vor jeder Kündigung zu hören. Der Arbeitgeber hat ihm die Gründe für die Kündigung mitzuteilen. Eine ohne Anhörung des Betriebsrats ausgesprochene Kündigung ist unwirksam.

(2) Hat der Betriebsrat gegen eine ordentliche Kündigung Bedenken, so hat er diese unter Angabe der Gründe dem Arbeitgeber spätestens innerhalb einer Woche schriftlich mitzuteilen. Äußert er sich innerhalb dieser Frist nicht, gilt seine Zustimmung zur Kündigung als erteilt. Hat der Betriebsrat gegen eine außerordentliche Kündigung Bedenken, so hat er diese unter Angabe der Gründe dem Arbeitgeber unverzüglich, spätestens jedoch innerhalb von drei Tagen, schriftlich mitzuteilen …

Eine weitere Prüfungsaufgabe zu diesem Themenbereich befindet sich auf Seite 311.

Entlohnung der Arbeit

Entlohnung der Arbeit

1 Lohnformen

Arbeitsplatz 1

Arbeitsplatz 2

Wie kann ein Arbeitgeber solche Leistungsunterschiede vermeiden?
Wie werden die beiden Arbeitnehmer derzeit wohl entlohnt?

1.1 Der Zeitlohn

Der Zeitlohn ist die älteste und am häufigsten verwendete Lohnform. Maßgebend für die Entlohnung ist die im Betrieb aufgewandte Arbeitszeit und nicht die geleistete Arbeitsmenge. Arbeiter erhalten ihn als Stunden-, Tages-, Wochen- oder Monatslohn. Beamte und Angestellte bekommen monatlich ein festes Gehalt. Der Zeitlohn kann nach folgender Formel leicht berechnet werden:

> **Bruttolohn** = Arbeitsstunden × Stundenlohn
>
> Beispiel: 1377 € = 162 Std. × 8,50 €/Std.

Eine Bezahlung nach Zeitlohn ist üblich, wenn
- Sorgfalt, Gewissenhaftigkeit und Qualität wichtiger sind als die Arbeitsmenge,
- das Arbeitsergebnis nicht oder nur schwer zu messen ist, z. B. bei Bürotätigkeiten oder bei Beratungsberufen,
- unterschiedliche Arbeitsmengen anfallen, z. B. bei Verkäuferinnen oder bei Reparaturarbeiten,
- der Arbeitnehmer das Arbeitstempo nicht beeinflussen kann, z. B. am Fließband.

Vorteile des Zeitlohns	Nachteile des Zeitlohns
• Der Hauptvorteil besteht darin, dass der Zeitdruck im Vergleich zu anderen Lohnarten geringer ist.	• Der Leistungsanreiz ist geringer, denn eine höhere Arbeitsleistung hat keinen höheren Lohn zur Folge.
• Arbeitnehmer werden vor körperlicher Überforderung und Stress bewahrt.	• Die Folge ist Unzufriedenheit bei leistungsfreudigen Arbeitnehmern.
• Die Anzahl der Arbeitsunfälle geht zurück; Maschinen können schonender behandelt und gepflegt werden.	• Zur Überwachung der Leistung werden Kontrollen durchgeführt.
	• Die Lohnkosten sind bei Angebotskalkulationen schwer abzuschätzen.

1.2 Der Leistungslohn

Durch den Leistungslohn wird die tatsächlich geleistete Arbeit bezahlt. Wer mehr leistet, erhält einen höheren Lohn. Zum Leistungslohn gehören:
- der **Akkordlohn**
- der **Prämienlohn**.

Akkordlohn

Beim Akkordlohn erhält der Arbeitnehmer für eine genau festgelegte Einzelleistung (z. B. Löcher stanzen, Schaltungen löten) ein genau bestimmtes Entgelt. Er kann also durch persönlichen Einsatz die Arbeitsmenge steigern und dadurch seinen Lohn erhöhen.

Damit Akkord gearbeitet werden kann, muss ein Arbeitsplatz folgende Voraussetzungen erfüllen:
- Der Arbeitsgang muss exakt festgelegt werden können.
- Die Arbeitsgänge müssen gleich sein und sich ständig wiederholen.
- Der Arbeitnehmer muss das Arbeitstempo beeinflussen können.
- Durch Arbeitszeitstudien muss die für einen Arbeitsgang notwendige Bearbeitungszeit **(Vorgabezeit)** vorher ermittelt werden.

Der Akkordlohn bietet dem Arbeitnehmer die Möglichkeit, durch Mehrleistung seinen Lohn zu steigern. Andererseits kann aus persönlichen Gründen die Leistung sinken. Deshalb ist der Akkordlohn heute durch einen garantierten Mindestlohn (Zeitlohn) nach unten abgesichert. Der Akkordlohn setzt sich wie folgt zusammen:

tariflicher Mindestlohn		Akkordzuschlag ca. 10 – 20 %
z. B. 10 Euro	**+**	z. B. 20 % = 2 Euro

↓ ↓

Grundlohn (auch Akkordlohn genannt)

z. B. 12 Euro = Stundenverdienst bei Normalleistung

Entlohnung der Arbeit

Die **Normalleistung** ist die Leistung, die ein durchschnittlicher Arbeitnehmer ohne besondere körperliche Beanspruchung erbringt. Sie entspricht 100 %.
Auch wenn die Arbeitsleistung erheblich unter der Normalleistung liegt, bekommt der Arbeiter seinen garantierten Mindestlohn, in diesem Fall 10 €, ausbezahlt. Andererseits erhält er eine höhere Vergütung, wenn er die Normalleistung übertrifft.

Stückgeldakkord Beim Stückgeldakkord wird für das Stück bzw. den einzelnen Arbeitsgang bezahlt. Der Bruttolohn wird ermittelt, indem man die produzierte Menge (Stückzahl) mit dem Stückgeldakkord (Lohnsatz je Stück) multipliziert.

> **Bruttolohn = Stückzahl × Stückgeldakkordsatz**
>
> *Beispiel:* 69,30 € = 198 Stück × 0,35 €/Stück

Will man den tatsächlichen Stundenlohn ermitteln, so teilt man den Bruttolohn durch die geleisteten Arbeitsstunden.
Beispiel: 69,30 € : 8 Std. = 8,66 €/Std.
Der Stückgeldakkord verliert heute immer mehr an Bedeutung, da bei Lohnerhöhungen alle Stückgeldakkordsätze eines Betriebes neu berechnet werden müssen, was bei größeren Betrieben einen enormen Aufwand darstellt. Deshalb wird er vorwiegend für Heimarbeit gezahlt. Auch in der Bauindustrie findet er noch Verwendung.

Stückzeitakkord Hier wird für das einzelne Stück bzw. den einzelnen Arbeitsgang eine **Vorgabezeit** festgelegt. Diese Zeit wird jeweils vergütet. *Beispiel:* 2,5 Minuten Vorgabezeit für ein bestimmtes Werkstück.
Der Grundlohn wird in Minutenlohn umgerechnet. Dies ist der **Minutenfaktor.** *Beispiel:* 8,40 € Akkordrichtsatz (Grundlohn) geteilt durch 60 Minuten ergibt einen Minutenfaktor (Minutenlohn) von 0,14 € je Vorgabezeitminute.
Multipliziert man die produzierte Menge von 198 Stück mit der Vorgabezeit (auch Stückzeit genannt), so erhält man die Zeit, die dem Arbeitnehmer vergütet wird. Der Bruttolohn ergibt sich durch Multiplikation der Arbeitszeit mit dem Minutenfaktor (Minutenlohn).

> $$\text{Minutenfaktor} = \frac{\text{Grundlohn}}{60 \text{ min}} \qquad \text{Beispiel: } 0{,}14 \text{ €/min} = \frac{8{,}40 \text{ €}}{60 \text{ min}}$$

> **Bruttolohn = Stückzahl × Stückzeit × Minutenfaktor***
>
> *Beispiel:* 69,30 € = 198 St. × 2,5 min × 0,14 €/min

Gegenüber dem Stückgeldakkord bietet der Stückzeitakkord den Vorteil, dass man bei einer Lohntarifänderung nicht alle Stückgeldakkordsätze neu durchkalkulieren muss. Es genügt, die Minutenfaktoren neu zu berechnen. Die Vorgabezeiten, die durch Arbeitszeitstudien einmal ermittelt worden sind, bleiben unverändert. Dieser Lohn ist vorwiegend in der Industrie und im produzierenden Gewerbe anzutreffen.

---

*Um besser und genauer rechnen zu können, verwenden viele Betriebe so genannte Dezimalstunden (= 100 Minuten) und Dezimalminuten (= 100 Sekunden).

Entlohnung der Arbeit

Vorteile des Akkordlohns	Nachteile des Akkordlohns
• Der Hauptvorteil des Akkords ist der größere Leistungsanreiz, denn eine höhere Arbeitsleistung hat einen höheren Lohn zur Folge.	• Der Arbeitnehmer, der möglichst viel verdienen will, arbeitet mit Höchstleistung. Überanstrengung und Gesundheitsschäden können die Folge sein.
• Arbeitskontrollen sind weitgehend überflüssig.	• Maschinen und Werkzeuge werden nicht so schonend behandelt, weniger gewartet und gepflegt, da hierfür verwendete Zeit den Lohn verringert.
• Die Entlohnung wird leistungsgerecht, da Mehrleistungen berücksichtigt werden.	• Die Qualität der Produkte kann abnehmen und der Materialverbrauch (Ausschuss) wird steigen.
• Einfache Kalkulation, da die Lohnkosten feststehen.	• Arbeitsunfälle nehmen zu, weil unvorsichtig und hastig gearbeitet wird.

Prämienlohn

Beim Prämienlohn wird zusätzlich zum Grundlohn (normalerweise Zeitlohn, manchmal Akkordlohn) für besondere Leistungen eine Prämie gezahlt. Je nach Art der besonderen Leistung unterscheidet man verschiedene Leistungsprämien. Qualitativ gute Arbeit kann z. B. mit einer Qualitätsprämie vergütet werden, die mengenmäßige Mehrleistung mit einer Mengenprämie. Weitere Beispiele sind: Materialeinsparungsprämie, Termineinhaltungsprämie, Vermittlungs- und Umsatzprämie.

Grundlohn (i. d. R. Zeitlohn) **+ Prämie = Prämienlohn**

Der Prämienlohn soll die Leistungsbereitschaft erhöhen und so die Arbeitsproduktivität steigern. Während man den Zeitlohn vorwiegend für Qualitätsarbeiten verwendet und der Akkordlohn für mengenmäßige Leistungen herangezogen wird, versucht man mit dem Prämienlohn, die Nachteile der anderen beiden Lohnarten zu mindern.

Der Arbeitnehmer kann beim Prämienlohn leistungsgerecht entlohnt werden, ohne dass dadurch eine Überanstrengung herausgefordert wird, denn bei Prämienlöhnen sind in der Regel Obergrenzen festgelegt. Das ist anders als beim Akkordlohn. Neben diesem Gesichtspunkt hat die vielfältige Anwendbarkeit den Prämienlohn zu einem beliebten Mittel unternehmerischer Lohngestaltung gemacht.

Entlohnung der Arbeit

1.3 Der Beteiligungslohn

Für seine Arbeitsleistung erhält der einzelne Arbeitnehmer Lohn bzw. Gehalt. Manche Unternehmen beteiligen ihre Beschäftigten zusätzlich noch am Erfolg des Unternehmens. Dieser **Beteiligungslohn** erfolgt als Zuschlag zur normalen Bezahlung. Die häufigsten Varianten sind:

- Die **Kapitalbeteiligung**: Der Beteiligungslohn wird nicht ausbezahlt, sondern verbleibt im Betrieb als Darlehen oder in Form von Belegschaftsaktien.
- Die **Gewinnbeteiligung**: Die Arbeitnehmer erhalten einen Teil des Reingewinns der Unternehmung ausbezahlt. Sie können über den ausgezahlten Betrag frei verfügen.

Der Beteiligungslohn soll das Interesse der Arbeitnehmer am Unternehmenserfolg wecken und somit die Leistung steigern. Der Hauptvorteil des Unternehmens liegt in der Steuerersparnis und unter Umständen in einem erhöhten Investitionskapital, da die gezahlten Lohnbestandteile den steuerpflichtigen Gewinn mindern. Eine Mehrleistung der Arbeitnehmer erhöht den Unternehmenserfolg und somit ihren Beteiligungslohn. Allerdings sind die Gewinne von Unternehmung zu Unternehmung unterschiedlich hoch und somit auch die Beteiligungslöhne. Manche Unternehmen, z. B. öffentliche, erwirtschaften keine Gewinne. Häufig wird auch gefordert, dass die Arbeitnehmer im Falle einer Gewinnbeteiligung an eventuellen Verlusten ebenso beteiligt werden sollten.

Zusammenfassung

Lohnformen

- **Zeitlohn**: Entlohnung nach Arbeitszeit
- **Leistungslohn**:
  - **Prämienlohn**: Grundlohn + Prämie für besondere Leistungen, z. B. Qualitätsprämie
  - **Akkordlohn**:
    - **Stückgeldakkord**: Geld für ein Stück
    - **Stückzeitakkord**: Zeitgutschrift für ein Stück
- **Beteiligungslohn**: Erfolgsbeteiligung durch
  - Gewinnbeteiligung (Auszahlung)
  - Kapitalbeteiligung (z. B. Aktien)

Entlohnung der Arbeit

Arbeitsteil

1. a) Für welche Tätigkeiten bietet sich eine Entlohnung nach Zeitlohn besonders an?
   b) Welchen Hauptnachteil hat der Zeitlohn jeweils für den Arbeitnehmer und den Arbeitgeber?
   c) Welche Vorteile sehen Sie in einer Bezahlung nach Zeitlohn?

2. Unterscheiden Sie zwischen Stückgeld- und Stückzeitakkord.

3. Ein Arbeitnehmer produziert an einem Arbeitstag von 8 Stunden 76 Werkstücke, der Stückgeldakkordsatz beträgt 0,90 €.
   a) Berechnen Sie den Tagesverdienst.
   b) Berechnen Sie den Stundenlohn.
   c) Jedem fertigen Werkstück muss der Arbeiter den abgebildeten Zettel beilegen. Erläutern Sie die Bedeutung dieses Zettels.

   Kontroll-Nr.
   10
   Bei Reklamationen bitte einsenden

4. Max hat in seinem Betrieb einen Auftrag zu fertigen. Folgende Daten liegen vor: Grundlohn 9,60 €, Vorgabezeit 12 min/Stück, Akkordzuschlag 17 %, Auftragsmenge 150 Stück, tatsächliche, für den Auftrag benötigte Zeit 28 Stunden.
   a) Nennen Sie die Voraussetzungen für das Arbeiten im Akkord.
   b) Beschreiben Sie die Vorteile, die der Akkordlohn für den Arbeitnehmer und den Arbeitgeber hat.
   c) Berechnen Sie die Auftragszeit in Minuten und Stunden.
   d) Wie hoch sind der Akkordrichtsatz und der Minutenfaktor?
   e) Ermitteln Sie die Lohnkosten für den Auftrag.
   f) Berechnen Sie den Akkordstundenlohn für die Istleistung (tatsächliche Arbeitsleistung)

5. Ein Akkordarbeiter liegt erheblich unter der Normalleistung. Welchen Lohn erhält er ausbezahlt?

6. a) Geben Sie zwei Beispiele für die Anwendung des Prämienlohnes.
   b) Inwiefern mindert der Prämienlohn die Nachteile von Zeitlohn und Akkordlohn und verbindet deren Vorteile?

7. a) Nennen Sie zwei Möglichkeiten für die Gewährung eines Beteiligungslohnes.
   b) Welche Gründe können einen Arbeitgeber veranlassen, seine Mitarbeiter am Unternehmenserfolg zu beteiligen?
   c) Führen Sie zwei Gründe an, wonach die allgemeine Einführung eines Beteiligungslohnes Probleme bereitet.

Entlohnung der Arbeit

2 Die gerechte Entlohnung

Ihre Arbeit erfordert vor allem Fachkenntnisse!

Seine Arbeit strengt körperlich sehr an!

Seine Arbeit ist nicht ungefährlich!

Seine Arbeit ist besonders verantwortungsvoll!

**Wie können derart unterschiedliche Arbeitsplätze gerecht entlohnt werden?
Wie können so unterschiedliche Anforderungen gerecht berücksichtigt werden?**

2.1 Arbeitsbewertungsverfahren

Ein grundsätzliches Problem aller Lohnsysteme ist die Festsetzung der „gerechten" Lohnhöhe. Voraussetzung dabei ist die Bewertung der Arbeitsleistung. Wer eine höhere Arbeitsleistung erbringt, soll auch einen höheren Lohn erhalten. Für gleiche Leistungen kann man zwar die gleichen Löhne festsetzen – aber wie verfährt man bei unterschiedlichen Leistungen?

Dieses Problem kann nur durch ein Bewertungssystem gelöst werden, das z.B. die Schwierigkeit einer Arbeit, die notwendigen Fachkenntnisse, die Verantwortung und andere Anforderungsarten berücksichtigt. Unter Einbeziehung dieser Anforderungen bildet man verschiedene **Lohngruppen**. Die Lohngruppen werden von den Tarifpartnern ausgehandelt und in Manteltarifverträgen übernommen. Ähnliche Arbeiten oder Arbeitsplätze werden denselben Lohngruppen zugeordnet. Meistens werden die Bedingungen für die Eingruppierung und für die Arbeitsbewertung in den Manteltarifverträgen festgelegt.

Man unterscheidet grundsätzlich zwei Systeme der **Arbeitsbewertung**:
– die **summarische Arbeitsbewertung**
– die **analytische Arbeitsbewertung**.

Die summarische Arbeitsbewertung

Bei der **summarischen Arbeitsbewertung** werden die einzelnen Anforderungsarten einer Arbeit pauschal als Ganzes (summarisch) bewertet. Man fasst Anforderungen zusammen und bringt die so erhaltenen Tätigkeitsbeispiele in eine Rangordnung. In der Praxis erfolgt dies durch die Einteilung in **Lohngruppen,** die den Tarifverträgen zugrunde liegen. Ausschlaggebend für die Zuordnung einzelner Arbeitsplätze zu bestimmten Lohngruppen sind die erforderliche Ausbildung, die Berufserfahrung, das fachliche Können und die Verantwortung. Folglich werden in Lohngruppe 1 Arbeitsplätze eingruppiert, die nur einfache Arbeiten mit geringer Belastung erfordern und die ohne Vorkenntnisse nach kurzer Einweisung erledigt werden können. Da für solche Tätigkeiten der niedrigste Lohn bezahlt wird, bezeichnet man Gruppe 1 auch als Leichtlohngruppe.

Die summarische Arbeitsbewertung wird allerdings als ungenau angesehen, weil sie die besonderen Anforderungen des einzelnen Arbeitsplatzes nicht genügend berücksichtigen kann.

In Tarifverhandlungen wird normalerweise nur über die Höhe des **Ecklohns** verhandelt. Das ist der Lohn eines 21-jährigen Facharbeiters. Diese Lohngruppe wird gleich 100 % gesetzt. Die anderen Lohngruppen werden durch feststehende prozentuale Zu- oder Abschläge ermittelt. Sie betragen z. B. 85 % oder 130 % des Ecklohns.

Auszug aus der Lohngruppeneinteilung eines Tarifvertrages

Gruppe 3
Arbeiten einfacher Art, die ohne vorherige Arbeitskenntnisse nach kurzer Anweisung ausgeführt werden können.

Gruppe 4
Arbeiten, die ein Anlernen von 4 Wochen erfordern.

Gruppe 5
Arbeiten, die ein Anlernen von 3 Monaten erfordern.

Gruppe 6
Arbeiten, die eine abgeschlossene Anlernausbildung in einem anerkannten Anlernberuf oder eine gleichwertige betriebliche Ausbildung erfordern.

Gruppe 7
Arbeiten, deren Ausführung ein Können voraussetzt, das erreicht wird durch eine entsprechende ordnungsgemäße Berufsausbildung (Facharbeiten).
Arbeiten, deren Ausführung Fertigkeiten und Kenntnisse erfordert, die Facharbeiten gleichzusetzen sind.

Gruppe 8
Arbeiten schwieriger Art, deren Ausführung Fertigkeiten und Kenntnisse erfordert, die über jene der Gruppe 7 wegen der notwendigen mehrjährigen Erfahrung hinausgehen.

Die analytische Arbeitsbewertung

Mithilfe der **analytischen Arbeitsbewertung** wird versucht, ein möglichst genaues Bild der Arbeitsanforderungen zu ermitteln, indem man den Arbeitsplatz nach verschiedenen Anforderungen untersucht und bewertet. Die Bewertung erfolgt in etwa wie die Notengebung in der Schule. Für jede Anforderungsart wird durch Vergleich mit dem möglichen Höchstwert eine Wertzahl vergeben. Die Summe der Wertzahlen ergibt den Arbeitsplatzwert. Je höher die Wertzahlensumme, desto höher die Lohngruppe. Selbstverständlich ist es möglich, die einzelnen Anforderungen in anderer Art und Weise zu gewichten (siehe nachfolgendes Beispiel).

Entlohnung der Arbeit

Anforderungsarten		höchstmögliche Wertzahlen	verteilte Wertzahlen
Können	1. Fachkenntnisse, Berufsausbildung, Berufserfahrung	16	6
Belastung	2. Körperliche Geschicklichkeit	13	7
	3. Muskelbelastung	9	4
	4. Aufmerksamkeit, Konzentration	8	3
	5. Nachdenken	10	2
Verantwortung	6. Verantwortung für die eigene Arbeit	6	2
	7. Verantwortung für die Arbeit anderer	6	0
	8. Verantwortung für Arbeitsmittel	4	1
Umgebungs-einflüsse	9. z. B. Temperatur, Feuchtigkeit, Schmutz, Gase, Lärm, Unfallgefahr	8	5
Summe der Teilarbeitswerte		80	30

Lohntafel zum analytischen System				
Arbeitswerte	Lohngruppe	Stundenlohn	in % des tariflichen Grundgehaltes	
0 – 22	I	7,64	80 %	
23 – 30	II	8,12	85 %	
31 – 40	III	8,60	90 %	
41 – 48	IV	9,55	100 %	= Ecklohn
49 – 59	V	10,51	110 %	
60 – 68	VI	10,98	115 %	
69 – 75	VII	12,42	130 %	
76 – 80	VIII	14,33	150 %	

2.2 Soziale Aspekte der Entlohnung

Bei älteren Arbeitnehmern kann die Arbeitsleistung abnehmen, andererseits verfügen gerade diese über ein Höchstmaß an Berufserfahrung. Würde man jedoch nur die Leistung beachten, könnte dies zu Benachteiligungen führen. Eine gerechte Entlohnung berücksichtigt deshalb neben der Leistung auch **soziale Gesichtspunkte:**

- Alter: In Tarifverträgen oder Betriebsvereinbarungen können Alterszuschläge zum Grundlohn oder Grundgehalt vorgesehen werden.
- Familienstand: Verheiratete Arbeitnehmer und Arbeitnehmer mit Kindern erhalten unter Umständen Zuschläge.
- Dauer der Betriebszugehörigkeit: Arbeitnehmer, die länger dem Betrieb angehören, erhalten in der Regel ein höheres Weihnachts- und Urlaubsgeld sowie einen höheren Beteiligungslohn.

Einen wesentlichen Beitrag zum familiengerechten Lohn leistet der Staat, indem er den Familienstand durch die Lohnsteuerklassen bei der Besteuerung berücksichtigt, um Alleinverdiener in der Familie zu unterstützen. Mit der gleichen Zielsetzung zahlt er Kindergeld und Wohngeld, fördert das vermögenswirksame Sparen und gewährt Arbeitnehmersparzulagen. Jüngere Arbeitnehmer, welche die gleiche Arbeitsleistung wie ältere Kollegen erbringen, fühlen sich benachteiligt, wenn der soziale Aspekt der Entlohnung zu stark betont wird. Ein **„gerechter Lohn"** sollte deshalb Leistung und soziale Gesichtspunkte in angemessenem Verhältnis berücksichtigen.

Entlohnung der Arbeit

Zusammenfassung

Arbeitsbewertung

- **Summarisches Verfahren**: Die Arbeitsaufgabe wird pauschal als Ganzes bewertet.
- **Analytisches Verfahren**: Die Arbeitsaufgabe wird nach einzelnen Anforderungen bewertet.

Ziel

leistungsgerechter Lohn (z. B. hohe Stückzahlen, Qualitätsarbeit) **+** **soziale Aspekte** (z. B. Alter, Familienstand)

→ „gerechter Lohn"

Arbeitsteil

1. Unterscheiden Sie zwischen
   a) summarischer Arbeitsbewertung und
   b) analytischer Arbeitsbewertung.

2. Ein Kranführer und ein Packer streiten sich, wem wohl der höhere Lohn zusteht. Mit welchem Verfahren könnte man den anforderungsgerechten Lohn am besten ermitteln?

3. a) Bewerten Sie die vier Arbeitsplätze auf Seite 198, indem Sie für jeden die Summe der Arbeitswerte mithilfe des Schemas auf Seite 200 ermitteln.
   b) Vergleichen Sie das Ergebnis mit dem Ihrer Mitschüler.
   c) Kann man aufgrund Ihrer Vergleiche sagen, dass die analytische Arbeitsbewertung ein vollkommen objektives Verfahren ist?

4. Erläutern Sie, was man unter dem Ecklohn versteht.

5. a) Begründen Sie, warum soziale Gesichtspunkte die Lohnhöhe beeinflussen sollten.
   b) Nennen Sie Beispiele für soziale Bestandteile des Lohns.

3 Grundsätze der Lohnabrechnung

Anton Vogel erhält seine erste Lohnabrechnung als Geselle. Anton ist ledig, hat keine Kinder und hat einen vermögenswirksamen Sparvertrag über 35 € abgeschlossen. Sehr enttäuscht entdeckt Anton nach längerem Suchen, wie viel Euro er netto ausgezahlt bekommt. Am Abend trifft er seine Freundin Karin:

Anton: Eigentlich wollte ich dich groß einladen von meinem ersten richtigen Lohn nach der bestandenen Prüfung. Aber von dem tollen Lohn sind nach den Abzügen nur noch 638,44 € übrig geblieben. Da habe ich als Lehrling fast genauso viel verdient. Wenn ich dann noch die Kreditrate für das neue Auto bezahlt habe, bleibt ja fast nichts mehr übrig

Karin: 638,44 €, das erscheint mir etwas wenig. Du bist doch jetzt als Geselle eingestellt, sogar noch über Tarif. Hast du eigentlich schon mal überprüft, ob dein neuer Chef den Lohn auch richtig berechnet hat?

Anton: Nein, ich war so fertig, dass ich daran noch gar nicht gedacht habe. Aber du hast Recht, so ganz geheuer kommt mir die Abrechnung nicht vor.

Firmen-Nummer	Kostenstelle	Personal-Nummer	Abr.-Monat	Steuerklasse	Zahl der Ki.-Freibetr.	Kinder-Zahl	Konfession	Sozialvers.-Schlüssel	P.V.	Krankenk.	Steuer-Tage	Sozialvers.-Tage
	1234	54321	07/06		0,0	--	ev.	11	1	AOK	30	30

Krankheitstage bezahlt/unbezahlt	Urlaubstage des Monats normal/Schwerb./Sonder	Resturlaub normal/Schwerb.	Steuerfreibetrag (volle DM) monatlich/jährlich	Journal-Pausch.	Std.-Satz	Tarifgruppe	Urlaub Vorjahr	Urlaub lfd. Jahr
		15						

Stunden	Lohnsatz	Prozentsatz	Steuerpflichtig	Sozialvers.-pflichtig	Betrag	Lohnarten-Bezeichnung	L.-Art	Monat
			1.750,--	1.750,--	1.750,--	Gehalt Monatslohn		
			15,--	15,--	15,--	Sonst. Bezüge		
			1.765,--	1.765,--	1.765,--	Bruttolohn		
					194,33	Lohnsteuer		
					10,68	Solidaritätszuschlag		
					15,54	Kirchensteuer		
					721,01	SV-Beiträge AN		
					823,44			
					35,--	Abf. Verm. Leistungen		
					150,--	Vorschuss		
					638,44	Auszahlung		

Arbeitgeberanteile monatlich				
Rentenversicherung	Krankenversicherung	Arbeitslosenvers.	Pflegeversicherung	Vers.-Werk Presse
351,24	277,11	58,24	34,42	

Welche Abzüge haben den Lohn von Anton so vermindert?
Überprüfen Sie überschlägig, ob die Abrechnung fehlerhaft sein könnte.

3.1 Lohnabzüge

Es ist die Pflicht des Arbeitgebers, seinen Beschäftigten schriftliche Lohnabrechnungen auszuhändigen, aus denen Arbeitsentgelt und **Lohnabzüge** ersichtlich sind.
Der in Tarif- oder Arbeitsverträgen festgelegte **Bruttolohn** wird folgendermaßen ermittelt:

Grundlohn	z. B. Zeitlohn, Akkordlohn
+ Zulagen + Zuschläge + sonstige finanzielle Leistungen	z. B. Schmutzzulage (in Euro, z. B. 40 Euro) z. B. Sonntagsarbeit, Überstunden (in %, z. B. 25 %) z. B. Weihnachtsgeld, Urlaubsgeld, vermögenswirksame Leistungen
= Bruttolohn	

Die Arbeitnehmer erhalten nicht den **Bruttolohn** ausgezahlt, sondern den **Nettolohn.** Er ergibt sich, wenn man den Bruttolohn um die **gesetzlichen Abzüge** vermindert.

Bruttolohn − gesetzliche Abzüge = Nettolohn

Häufig ist der **ausgezahlte Lohn** geringer als der Nettolohn, weil von diesem noch **sonstige Abzüge** einbehalten werden.

Gesetzliche Lohnabzüge

Lohnsteuer, Solidaritätszuschlag und **Kirchensteuer** werden anhand der Lohnsteuertabelle ermittelt. Der Solidaritätszuschlag soll helfen, die Vereinigung Deutschlands zu finanzieren. Er wird für die nächsten Jahre erhoben (2008 beträgt er 5,5 % der Lohn- oder Einkommensteuer, bei niedrigen Einkommen sogar weniger). Der Kirchensteuer unterliegen die Mitglieder der einzelnen Religionsgemeinschaften. Der Steuersatz beträgt in Bayern, Baden-Württemberg, Bremen und Hamburg 8 % der Lohn- bzw. Einkommensteuerschuld, in allen anderen Bundesländern 9 %.

Die **Sozialversicherungsbeiträge** werden zur Hälfte vom Arbeitnehmer aufgebracht. Dies sind 2008 in der Rentenversicherung 9,95 % Arbeitnehmeranteil, in der Krankenversicherung ca. 7,4 % (zusätzlich zahlt der Arbeitnehmer einen Sonderbeitrag von 0,9 %), in der Arbeitslosenversicherung 1,65 % und 0,975 % in der Pflegeversicherung. Kinderlose Arbeitnehmer, die älter als 23 Jahre sind, zahlen 1,1 % Beitragssatz für die Pflegeversicherung. Der Arbeitgeber führt die Beiträge an die Krankenkasse ab, die sie an die einzelnen Versicherungsträger weiterleitet. (siehe auch S. 204f. Erstellung der Lohnabrechnung).

Sonstige Abzüge

Sonstige Abzüge werden in der Regel vertraglich vereinbart.
Beispiele: Mietzahlungen für Betriebswohnungen, Sparbeiträge im Rahmen eines Vertrages über vermögenswirksame Leistungen oder die Einbehaltung von ausgezahlten Vorschüssen.
Darüber hinaus können Abzüge auch gerichtlich angeordnet werden infolge einer Lohnpfändung oder eines Vollstreckungsbefehls.

Entlohnung der Arbeit

Zusammenfassung

Gesetzliche Lohnabzüge

- Lohnsteuer,
- Kirchensteuer,
- Solidaritätszuschlag

- Beiträge zur Sozialversicherung

sonstige Abzüge

Bruttolohn → = **Nettolohn** → = **ausbezahlter Lohn**

3.2 Erstellung der Lohnabrechnung

Um die Lohnabrechnung durchzuführen, benötigen die Arbeitgeber Abrechnungsformulare, die Lohnsteuertabelle und die Sozialversicherungssätze. Die meisten Unternehmen setzen spezielle Computerprogramme ein, mit deren Hilfe die Abrechnung erheblich erleichtert wird.

Monat (Euro)

Lohn/Gehalt bis Euro	Steuerklasse	Lohnsteuer	ohne Kinderfreibetrag			mit Zahl der Kinderfreibeträge/Freibeträge für Betreuungs-, Erziehungs- und Ausbildungsbedarf															
						0,5			1,0			1,5			2,0			2,5			3,0	
			SolZ	Kirchensteuer 8%	Kirchensteuer 9%	SolZ	Kirchensteuer 8%	Kirchensteuer 9%	SolZ	Kirchensteuer 8%	Kirchensteuer 9%	SolZ	Kirchensteuer 8%	Kirchensteuer 9%	SolZ	Kirchensteuer 8%	Kirchensteuer 9%	SolZ	Kirchensteuer 8%	Kirchensteuer 9%	SolZ	Kirchensteuer 8%	Kirchensteuer 9%
1712,99	I	180,58	9,93	14,44	16,25	6,54	9,52	10,71	–	4,90	5,51	–	1,13	1,27	–	–	–	–	–	–	–	–	–
	II	152,41	8,38	12,19	13,71	2,25	7,38	8,30	–	3,08	3,46	–	–	–	–	–	–	–	–	–	–	–	–
	III	1,50	–	0,12	0,13	–	–	–	–	–	–	–	–	–	–	–	–	–	–	–	–	–	–
	IV	180,58	9,93	14,44	16,25	8,21	11,94	13,43	6,54	9,52	10,71	1,66	7,14	8,03	–	4,90	5,51	–	2,89	3,25	–	1,13	1,27
	V	443,83	24,41	35,50	39,94																		
	VI	471,83	25,95	37,74	42,46																		
1715,99	I	181,33	9,97	14,50	16,31	6,58	9,57	10,76	–	4,94	5,56	–	1,17	1,31	–	–	–	–	–	–	–	–	–
	II	153,16	8,42	12,25	13,78	2,40	7,44	8,37	–	3,12	3,51	–	–	–	–	–	–	–	–	–	–	–	–
	III	1,83	–	0,14	0,16	–	–	–	–	–	–	–	–	–	–	–	–	–	–	–	–	–	–
	IV	181,33	9,97	14,50	16,31	8,25	12,00	13,50	6,58	9,57	10,76	1,81	7,20	8,10	–	4,94	5,56	–	2,93	3,29	–	1,17	1,31
	V	444,83	24,46	35,58	40,03																		
	VI	473,00	26,01	37,84	42,57																		

Bis auf die Krankenversicherungsbeiträge sind alle anderen Sozialversicherungsbeiträge gesetzlich festgelegt.

Die Krankenversicherungsbeiträge sind von Krankenkasse zu Krankenkasse unterschiedlich hoch. Am 1.7.2008 betrugen sie im Durchschnitt 14,8 %. Die nebenstehende Tabelle enthält die derzeit geltenden Sozialversicherungsbeitragssätze. Davon trägt die Hälfte der Arbeitnehmer. Der Arbeitgeber übernimmt die andere Hälfte und führt die gesamten Beiträge an die Krankenkasse ab, die sie weiterleitet. Abgaben auf so genannte **Minijobs** (siehe S. 42) erhält die Bundesknappschaft.

Eine besondere Regelung gilt für die **Niedriglohnjobs,** d.h. für Einkommen zwischen 400 und 800 €. Hier entrichtet der Arbeitgeber weiterhin die Hälfte des regulären Sozialversicherungsbeitragssatzes. Der Arbeitnehmer da-

Sozialversicherungsbeitragssätze
(Stand 1.7.2008)

Krankenversicherung	14,8 % *
Rentenversicherung	19,9 %
Arbeitslosenversicherung	3,3 %
Pflegeversicherung	1,95 % **

* Der Arbeitnehmer zahlt zusätzlich zu seinem Anteil einen Sonderbeitrag von 0,9 %.

** Kinderlose Arbeitnehmer über 23 Jahre zahlen zusätzlich zu ihrem Anteil 0,25 %.

Entlohnung der Arbeit

gegen zahlt einkommensabhängig einen ermäßigten Beitragssatz zwischen 4 und 22 %. Berechnet wird dieser Beitragssatz anhand einer komplizierten Formel. Jeder Arbeitgeber kann diese Beiträge entweder seinem Computerprogramm entnehmen oder so genannte Gleitzonenrechner nutzen, die von jeder Krankenkasse entweder online oder zum Download zur Verfügung gestellt werden.

Beispiel einer monatlichen Lohn-/Gehaltsabrechnung

Martina Gruber hat Steuerklasse I, sie ist allein stehend ohne Kind und hat ein Alter von 20 Jahren. Ihr Monatslohn beträgt 1684,00 €, von den vermögenswirksamen Leistungen in Höhe von 35,00 € pro Monat übernimmt ihr Arbeitgeber 28,00 €.

Grundgehalt		1684,00 €
+ vermögenswirksame Leistungen des Arbeitgebers		28,00 €
= **Bruttolohn**		**1712,00 €**
− *Lohnsteuer* (siehe Tabelle S. 204)	180,58 €	
− *Solidaritätszuschlag* (siehe Tabelle S. 204)	9,93 €	
− *Kirchensteuer* (siehe Tabelle S. 204)	14,44 €	
− *Sozialversicherungsbeiträge* (siehe Tabelle S. 204)		
Krankenversicherung (Arbeitnehmeranteil 7,4 % + 0,9 %)	142,10 €	
Rentenversicherung (Arbeitnehmeranteil 9,95 %)	170,34 €	
Arbeitslosenversicherung (Arbeitnehmeranteil 1,65 %)	28,25 €	
Pflegeversicherung (Arbeitnehmeranteil 0,975 %)	16,69 €	562,33 €
= **Nettolohn**		**1149,67 €**
− vermögenswirksame Leistungen		35,00 €
= **ausbezahlter Lohn**		**1114,67 €**

Zusammenfassung

Bruttolohn − **gesetzliche Abzüge** = **Nettolohn**

Nettolohn − **sonstige Abzüge** = **ausbezahlter Lohn**

gesetzliche Abzüge:
- Lohnsteuer
- Kirchensteuer
- Solidaritätszuschlag
- Sozialversicherungsbeiträge

sonstige Abzüge z. B.:
- vermögenswirksame Leistungen
- Mietzahlung für Betriebswohnung
- Lohnpfändung

Entlohnung der Arbeit

Arbeitsteil

1. a) Unterscheiden Sie zwischen Bruttolohn und Nettolohn.
   b) Unterscheiden Sie zwischen Nettolohn und ausbezahltem Lohn.
   c) Welche Lohnabzüge sind gesetzlich vorgeschrieben?
   d) Neben den gesetzlichen Abzügen können auch sonstige Abzüge anfallen. Geben Sie hierzu drei Beispiele an.

2. Eine Verkäuferin erzielt einen Grundlohn von 1619,00 €. Außerdem bekommt sie eine monatliche Kassenzulage von 30,00 €.
   a) Berechnen Sie den Bruttolohn.
   b) Berechnen Sie den Nettolohn und berücksichtigen Sie dabei folgende Abzüge: Arbeitnehmeranteile zur Sozialversicherung rund 21 %, Lohnsteuer 164,75 €, Kirchensteuer 8 % der Lohnsteuer, Solidaritätszuschlag 5,5 % der Lohnsteuer.
   c) Wie hoch ist der auszuzahlende Betrag, wenn zusätzlich vermögenswirksame Leistungen in Höhe von 35,00 € zu berücksichtigen sind?

4 Wirtschaftliche Aspekte der Entlohnung

4.1 Lohnzusatzkosten

Standortfaktor Arbeitskosten
Kosten je Arbeiterstunde in der Industrie in Euro

- Direktentgelt
- Personalzusatzkosten

Land	Euro
Norwegen	29,45
Dänemark	28,33
Westdeutschland	27,87
Finnland	25,98
Belgien	25,64
Schweiz	25,56
Niederlande	25,45
Schweden	23,67
Österreich	22,16
Frankreich	21,38
Großbritannien	20,47
Irland	19,47
USA	19,27
Japan	17,90
Italien	17,71
Ostdeutschland	17,37
Spanien	17,25
Griechenland	11,11
Portugal	7,37
Tschechien	5,04
Ungarn	4,88
Slowakei	4,06
Polen	3,80

Stand 2005 Quelle: iw © Globus 0875

Welches Land hat die höchsten Lohnkosten, welches den höchsten Stundenlohn?

Wie können sich diese unterschiedlichen Lohnkosten auf den Wirschaftsstandort Deutschland auswirken?

Eine besondere Stärke im internationalen Wettbewerb waren bisher die Motivation und die Qualifikation der deutschen Arbeitnehmer. Allerdings machen die hohen Lohnkosten zusammen mit den Lohnzusatzkosten die deutschen Arbeitnehmer zu den teuersten Beschäftigten der Welt. Die hohen Lohnkosten beeinträchtigen die Wettbewerbsfähigkeit der Unternehmen, vor allem auf den Weltmärkten. Deutsche Produkte werden teurer, vielfach zu teuer. Sofern dem nicht andere Gründe, wie beispielsweise eine besondere Wertschätzung, entgegenstehen, kann die Nachfrage abnehmen. Wegen des hohen Exportanteils der deutschen Wirtschaft hätte eine derartige Entwicklung schlimme Folgen, unter anderem eine Zunahme der Arbeitslosigkeit. Glücklicherweise werden deutsche Erzeugnisse nach wie vor als Qualitätsprodukte angesehen, die auch bei relativ hohen Preisen ihre Käufer finden.

Aber die Unternehmer und ihre Verbände sind sehr besorgt, denn auch die anderen Kosten wie z. B. die Grundstückspreise sind in Deutschland besonders hoch. Wegen des starken Kostendrucks werden deutsche Produkte vielfach gar nicht mehr in Deutschland hergestellt. Dies könnte auf längere Sicht dazu führen, dass der Absatz unserer Waren zurückgeht, weil sie nicht mehr dieselbe Wertschätzung erfahren. Man erachtet es deshalb als sehr wichtig, die Lohnzusatzkosten in Deutschland zu senken, damit die Unternehmen im internationalen Wettbewerb ihre Produkte zu konkurrenzfähigen Preisen anbieten können.

Zwar hat Deutschland im internationalen Vergleich sehr hohe Lohnkosten, die deutschen Arbeitnehmer jedoch bekommen keineswegs die höchsten Löhne in der Welt. Nicht die Lohnkosten, sondern die **Lohnzusatzkosten** machen unsere Produkte so teuer. Zu diesen **Lohnzusatzkosten** gehören im Einzelnen:

- **Entgeltfortzahlung** für Urlaub, Feiertage und Krankheit
- **Arbeitgeberanteile zur Sozialversicherung**, d. h. der Arbeitgeber trägt die Hälfte der Beiträge zur Kranken-, Renten-, Arbeitslosen- und Pflegeversicherung (die Unfallversicherung bezahlt er zu 100 %)
- **Sonderzahlungen** wie 13. Monatslohn, Urlaubs- und Weihnachtsgeld
- **vermögenswirksame Leistungen,** die von vielen Arbeitgebern ganz oder teilweise übernommen werden.

Oftmals werden die Lohnzusatzkosten auch als **Lohnnebenkosten** oder als **Personalzusatzkosten** bezeichnet.

Arbeitskosten in der Industrie: Was zum Lohn hinzukommt

Von je 100 Euro Bruttolohn/-gehalt* entfielen im Jahr 2006 auf

	West**	Ost
Direktentgelt – Löhne und Gehälter einschl. Boni	75,90	79,30
Vergütung arbeitsfreier Tage – bezahlter Urlaub	9,90	9,80
– bezahlte Feiertage	3,90	3,70
– Entgeltfortzahlung bei Krankheit	2,70	2,70
Sonderzahlungen – Weihnachtsgeld, Urlaubsgeld etc.	7,00	4,20
– Vermögenswirksame Leistungen	0,60	0,40
Personalzusatzkosten – Arbeitgeber-Sozialversicherungsbeiträge	19,40	20,80
– betriebliche Altersversorgung	7,00	2,40
– sonstige Personalzusatzkosten	4,30	4,30
	= 130,70 Euro	= 127,60 Euro

Bruttolohn/-gehalt 100,00 Euro

*Unternehmen mit zehn und mehr Beschäftigten **einschl. Berlin
Quelle: iw, Stat. Bundesamt
© Globus 1638

Der Anteil der Lohnzusatzkosten ist in Deutschland höher als in den meisten anderen Ländern. Die Folge: Aufgrund der höheren Lohnzusatzkosten wird in Deutschland ein geringerer Nettolohn als im Ausland ausbezahlt, gleichzeitig müssen die Unternehmen mit deutlich höheren Lohnkosten kalkulieren.

4.2 Veränderung der Produktivität

Sind die Lohnkosten und damit die Preise zu hoch, dann kann der Absatz darunter leiden. Außerdem führt dies in vielen Unternehmen zu einer geringeren **Arbeitsproduktivität**, vereinfacht gesagt: Die mengenmäßige Produktion pro Arbeitnehmer ist geringer. In der Regel produzieren solche Firmen deshalb teurer als ihre Konkurrenten. Meist bleibt dann nur noch ein Ausweg: umfangreiche Rationalisierungsmaßnahmen und Personaleinsparungen. Wird die Arbeitsproduktivität nicht gesteigert, kann das Unternehmen zugrunde gehen. Besonders deutlich mussten dies viele Bürger in den neuen Bundesländern erleben, als nach der Wiedervereinigung Deutschlands viele „unproduktive" Betriebe geschlossen werden mussten. Flexiblere Arbeitszeiten und bessere Maschinenauslastung, verstärkte Teilzeitarbeit, Verminderung der Lagerkosten durch „Just-in-time-Lieferung", schlankere Produktion oder verstärkter Einsatz von automatisierter Fertigung sind nur ein paar Beispiele, wie viele Unternehmen versuchen, die Arbeitsproduktivität zu erhöhen.

$$\text{Produktivität} = \frac{\text{Erzeugte Menge}}{\text{Material- bzw. Arbeitseinsatz}}$$

Beispiel: 1988 produzierte in der DDR das ehemalige Olympia-Werk in Erfurt mit 6000 Mitarbeitern 250 000 Schreibmaschinen. Im gleichen Jahr produzierte AEG-Olympia in Wilhelmshaven mit 2000 Mitarbeitern ebenfalls 250 000 Schreibmaschinen.

Produktivität Olympia Erfurt:

$$\frac{250\,000 \text{ Maschinen}}{6000 \text{ Mitarbeiter}} \approx 42 \text{ Maschinen / Mitarbeiter}$$

Produktivität AEG-Olympia Wilhelmshaven:

$$\frac{250\,000 \text{ Maschinen}}{2000 \text{ Mitarbeiter}} = 125 \text{ Maschinen / Mitarbeiter}$$

Neuer Maurerroboter: Er soll drei Maurer ersetzen.

„Kollege Computer" liest täglich 4,5 Millionen Adressen.

4.3 Nominal- und Reallohnentwicklung

Erhöht sich der Nettolohn eines Arbeitnehmers in einem Jahr um 3%, so bedeutet das nicht automatisch, dass er sich nun gegenüber dem Vorjahr 3% mehr Waren leisten kann. Hat sich im gleichen Zeitraum das Preisniveau z. B. um 2% erhöht, bleibt dem Arbeitnehmer ein Anstieg seiner Kaufkraft um 1%. Man unterscheidet daher den
- **Nominallohn** als den Betrag, den jemand netto verdient hat, und den
- **Reallohn** als die Größe, mit der die tatsächliche Kaufkraft des Nominallohns ausgedrückt wird.

>   Nominallohnsteigerung
> – Preissteigerungsrate
> = Reallohnsteigerung

Diese Unterscheidung ist wichtig bei der Gegenüberstellung von Lohnsteigerungen und Preissteigerungen. Nur dann, wenn die Nettolohnsteigerungen größer ausfallen als die Preissteigerungen, können die Arbeitnehmer einen Kaufkraftzuwachs und damit eine Steigerung ihres Wohlstands feststellen.

Die Lohn-Preis-Spirale

Jedes Jahr verhandeln die Gewerkschaften und die Arbeitgeberverbände darüber, wie durch Lohnerhöhungen die Preissteigerungen ausgeglichen werden sollen. Hierbei beurteilen beide Seiten den Zusammenhang zwischen Preiserhöhung und Lohnerhöhung vollkommen gegensätzlich.

Die **Arbeitgeber** vertreten die Auffassung, dass die steigenden Lohnkosten in den Unternehmen zu höheren Preisen führen. Sie sprechen deshalb von der **Lohn-Preis-Spirale**.

Die **Gewerkschaften** sind dagegen der Ansicht, dass die steigenden Preise den Anstoß geben für Lohnerhöhungen. Sie sprechen daher von einer **Preis-Lohn-Spirale**.

Lohn-Preis-Spirale
- höhere Preise
- höhere Preise
- höhere Löhne
- höhere Löhne
- und so weiter

Preis-Lohn-Spirale
- höhere Löhne
- höhere Löhne
- höhere Preise
- höhere Preise
- und so weiter

Entlohnung der Arbeit

Zusammenfassung

Wirtschaftliche Aspekte der Entlohnung

- Lohnzusatzkosten
  +
  Bruttolohn
  =
  ↓
  Lohnaufwand des Arbeitgebers

- Veränderung der Produktivität

  Steigende Lohnkosten können geringere Produktivität bewirken und Produkte verteuern.

  ↓
  Folge: Rationalisierungsmaßnahmen

- Nominallohnsteigerung
  −
  Preissteigerungsrate
  =
  ↓
  Reallohnsteigerung
  (= wirklicher Kaufkraftzuwachs)

Arbeitsteil

1. Erläutern Sie, was man unter Lohnzusatzkosten versteht.

2. a) Welche Länder innerhalb der Europäischen Union kommen als „Billiglohnländer" für Investoren infrage?
   b) Überlegen Sie, ob selbst diese „Billiglohnländer" innerhalb von Europa ihre Konkurrenten haben.
   c) Informieren Sie sich darüber, welche bekannten deutschen Hersteller bereits im Ausland produzieren.
   d) Welche Problematik sehen Sie bei einer Senkung der Lohnzusatzkosten?

3. a) Wie können sich hohe Lohnkosten auf die Arbeitsproduktivität auswirken?
   b) Welche Maßnahmen ergreifen viele Unternehmen, deren Arbeitsproduktivität gesunken ist?

4. a) Erklären Sie den Unterschied zwischen Nominallohn und Reallohn.
   b) Erläutern Sie, was eine Reallohnsteigerung bedeutet.
   c) Der Nominallohnzuwachs eines Arbeitnehmers beträgt 5 %, die Preissteigerungsrate der Volkswirtschaft 6 %. Wie wirkt sich dies auf den Reallohn des Arbeitnehmers aus?

Prüfungsaufgaben

Martin Bauer (Auszubildender): „Sobald ich die Lehre hinter mir habe, wird erst mal **Akkord** gearbeitet, damit auch die Kasse stimmt. Ist sicher nicht so schlimm, wie immer behauptet wird." Gabi Gruber (Gesellin): „Da lob ich mir meinen **Zeitlohn**. 18 Jahre alt und 1760 € brutto, da kann man nicht meckern."

a) Erklären Sie die hervorgehobenen Begriffe.

b) Welche Voraussetzungen müssen vorliegen, damit Akkord gearbeitet werden kann?

c) Wie würden Sie sich entscheiden? Was spricht für und was gegen die von Ihnen gewählte Lohnform?

d) Welche Lohnart wird in den folgenden Beispielen angewendet?
– Eine Näherin erhält für geringen Ausschuss einen zusätzlichen Betrag.
– Für jedes produzierte Stück werden einem Heimarbeiter 1,25 € bezahlt.
– Der Lohn eines Monteurs beträgt 13 € in der Stunde.

e) Gabi, die ihre Wohnung renovieren lassen möchte, berichtet entrüstet vom Kostenvoranschlag eines Malers: „Stell dir vor, der verlangt für einen Gesellen 40 € Stundenlohn und für einen Auszubildenden 31 €. Bei dem kostet ein Auszubildender mehr als ich verdiene." Erklären Sie Gabi, weshalb ein Handwerker so hohe Stundensätze verlangt.

f) Berechnen Sie den Bruttostundenlohn von Gabi. Gehen Sie davon aus, dass Gabi durchschnittlich 167 Stunden im Monat arbeitet.

g) Worauf müssen Sie achten, wenn Sie anhand der nebenstehenden Sozialversicherungsbeitragssätze Gabis Sozialversicherungsbeiträge ermitteln wollen?

h) Berechnen Sie mithilfe der neben stehenden Tabelle den Nettostundenlohn, den Gabi bekommt. Gabi ist ledig und hat keine Kinder. Die Kirchensteuer beträgt 8%.

Monat (Euro)

Lohn/Gehalt bis Euro	Steuerklasse	Lohnsteuer	ohne Kinderfreibeträge		
			SolZ 5,5%	Kirchensteuer 8%	Kirchensteuer 9%
1757,99	I	192,00	10,56	15,36	17,28
	II	163,58	8,99	13,08	14,72
	III	7,00	–	0,56	0,63
	IV	192,00	10,56	15,36	17,28
	V	460,16	25,30	36,81	41,41
	VI	488,50	26,86	39,08	43,96
1760,99	I	192,75	10,60	15,42	17,34
	II	164,33	9,03	13,14	14,78
	III	7,33	–	0,58	0,65
	IV	192,75	10,60	15,42	17,34
	V	461,33	25,37	36,90	41,51
	VI	489,66	26,93	39,17	44,06
1763,99	I	193,58	10,64	15,48	17,42
	II	165,08	9,07	13,20	14,85
	III	7,66	–	0,61	0,68
	IV	193,58	10,64	15,48	17,42
	V	462,33	25,42	36,98	41,60
	VI	490,83	26,99	39,26	44,17

Sozialversicherungsbeitragssätze
(Stand 1.7.2008)

Krankenversicherung .... 14,8 % *
Rentenversicherung .... 19,9 %
Arbeitslosenversicherung .... 3,3 %
Pflegeversicherung .... 1,95 % **

* Der Arbeitnehmer zahlt zusätzlich zu seinem Anteil einen Sonderbeitrag von 0,9 %.
** Kinderlose Arbeitnehmer über 23 Jahre zahlen zusätzlich zu ihrem Anteil 0,25 %.

Prüfungsaufgaben

„Grausam, wie der Hase den armen Fuchs hetzt!"

Tarifabschluss im Bäckerhandwerk
3 % Lohnerhöhung ab April

Statistisches Bundesamt meldet 2,1 % Inflationsrate

a) Um welches Ereignis geht es in der Karikatur?

b) Welche Meinung vertritt der Karikaturist?

c) Aus welcher Sicht betrachten die beiden Herren das Problem?

d) Die Unternehmen in Deutschland klagen vor allem über die hohen Lohnzusatzkosten. Erklären Sie diesen Begriff und geben Sie zusätzlich drei Beispiele dazu an.

e) Grundlage für die Festsetzung der Lohnhöhe ist häufig ein Arbeitsbewertungsverfahren. Welche Arbeitsbewertungsverfahren werden grundsätzlich unterschieden?

f) Welche Faktoren werden bei der Arbeitsbewertung berücksichtigt?

g) Welches Problem sprechen die beiden Zeitungsschlagzeilen an?

h) Erklären Sie, was man unter Arbeitsproduktivität versteht und erläutern Sie mithilfe des unten stehenden Schaubilds, wie diese sich in Deutschland in den letzten Jahren verändert hat.

Entwicklung der Produktivität

Personalbedarf, um pro Jahr Waren und Dienstleistungen im Werte von 500 000 € herzustellen

Jahr	Personen
1965	21 Personen
1975	15 Personen
1985	12 Personen
1995	11 Personen

Soziale Marktwirtschaft

Soziale Marktwirtschaft

1 Markt als Koordinator von Angebot und Nachfrage

Willkommen im Team!
Fester Arbeitsvertrag, faire Bezahlung, gute Sozialleistungen, abwechslungsreiche Arbeit und nette Kollegen für
Löterinnen
Rufen Sie uns an:

Industriehelfer/innen für sofort gesucht
Tel.

Putzstelle gesucht.
Tel.

20-jähr. Koch su. dringend WG-Zimmer jd. Wohnung in S-Weilimdorf, Tel. von 18 – 20.30 Uhr

Zur Unterstützung unseres Architekturbüros in Remseck/N. suchen wir eine/n engagierte/n
Bauzeichner/in
mit Berufserfahrung u. CAD-Kenntnissen. Erfahrung in Bauleitung und AVA von Vorteil. Bewerbungen mit Gehaltsvorstellungen erbeten unter Z an den Verlag.

Kippfahrer, Kl. 2, sucht feste Arbeit.
Tel.

C 180 T, JW, 7500 km, Klima, azurit-blau, Extras, VB, Tel.

Fiat Punto, Bj. 98, Radio-Kassette, 98 000 km, regelmäßiger Kundendienst, VB 2600,–
Tel.

Schreinermeister mit Frau u. Kind sucht 4-Zimmer-Wohnung in Stgt.-West
Tel.

S-Heumaden, 31/2-Zi.-DG-Whg., 86 m², 2 Badezi., Balk., Stellpl., KM 490,– + Kt. ✉ erb. unter Z an den Verlag

Schöne 3-ZW, 76 m², Bj. 70, S-Möhringen – gute Wohnlage, KM 580,– + 40,– Garage + NK. ✉ erb. unter Z an den Verlag

Erläutern Sie anhand der Abbildungen, was man unter einem Markt versteht.
Welche gegensätzlichen Zielsetzungen haben Anbieter und Nachfrager auf einem Markt?
Welche Marktarten sind durch die Abbildungen jeweils angesprochen?

Ein **Markt** bildet sich immer dann, wenn **Angebot** und **Nachfrage** nach einem Gut zusammentreffen. Dies kann auf dem Marktplatz sein, am Telefon, im Büro, im Supermarkt oder bei einer Versteigerung.

Anbieter eines Gutes — **Markt** = Treffpunkt von Angebot und Nachfrage — **Nachfrager** eines Gutes

Anbieter und Nachfrager treten auf dem Markt grundsätzlich mit gegensätzlichen Interessen auf. Während die Anbieter möglichst viele Güter zu einem möglichst hohen Preis verkaufen möchten, um so einen maximalen Gewinn zu erzielen, streben die Nachfrager genau das Gegenteil an. Sie wollen möglichst niedrige Preise bezahlen, damit sie mit ihrem Einkommen möglichst viele Güter kaufen können. Im **Marktpreis** ergibt sich schließlich ein Ausgleich der entgegengesetzten Einstellungen; er ist ein Kompromiss aus den Preisvorstellungen der Anbieter und denen der Nachfrager.

1.1 Marktarten

> Großmarkt Wohnungsmarkt
> KAPITALMARKT Getreidemarkt Freizeitmarkt
> Antiquitätenmarkt IMMOBILIENMARKT AKTIENMARKT
> BÜCHERMARKT Wochenmarkt Jahrmarkt
> AUTOMARKT
> Modemarkt Computermarkt Arbeitsmarkt

Nach der **Art der gehandelten Güter** unterscheidet man verschiedene **Marktarten** wie z. B.:

Marktarten	Gegenstand des Marktes
Konsumgütermarkt	Handel mit Gütern für die Endverbraucher, wie z. B. Nahrungsmittel oder Fernsehgeräte
Investitionsgütermarkt	Handel mit Gütern, die zur Herstellung von anderen Gütern verwendet werden, wie z. B. Maschinen
Geldmarkt	Bereitstellung von kurzfristigen Krediten durch Banken, Sparkassen und Privatpersonen
Kapitalmarkt	Bereitstellung von langfristigen Krediten durch Banken, Sparkassen und Privatpersonen
Arbeitsmarkt	menschliche Arbeitskraft wird angeboten bzw. nachgefragt
Immobilienmarkt	Handel mit Grundstücken und Gebäuden
Devisenmarkt	Handel mit ausländischen Währungen (Devisen)
Sonstige Märkte	Handel mit Rohstoffen, Gebrauchtwagen, Kunstgegenständen usw.

Diese Märkte gliedern sich wiederum in eine Vielzahl weiterer **Teilmärkte.** So lässt sich beispielsweise der Konsumgütermarkt in einen Gebrauchsgütermarkt und einen Verbrauchsgütermarkt unterteilen. Innerhalb des Gebrauchsgütermarktes gibt es unter anderem einen Pkw-Markt. Selbst den Pkw-Markt müsste man weiter in einen Markt für Kleinwagen, Mittelklassewagen, Luxuswagen, aber auch für Neu- und Gebrauchtwagen einteilen.

Märkte werden nicht nur nach den gehandelten Gütern eingeteilt, sondern auch nach räumlichen Gesichtspunkten wie dem Markt einer Gemeinde, der EU oder der Welt.

Auch nach Funktionen kann eingeteilt werden. Man unterscheidet hierbei den Beschaffungsmarkt und den Absatzmarkt.

Des Weiteren kennt man organisierte Märkte wie Wochenmärkte, Messen oder Börsen und nichtorganisierte Märkte wie beispielsweise das zufällige Zusammentreffen von Käufern und Verkäufern im Ladengeschäft. Nichtorganisierte Märkte sind die häufigste Form.

Soziale Marktwirtschaft

Gliederung der Märkte		
Beispiel Automarkt		
sachlich	räumlich	nach Funktionen
• Pkw	• Welt	• Beschaffungsmärkte – Importmarkt – Binnenmarkt
• Lkw	• EU	
• Mittelklassewagen	• Bundesrepublik	• Absatzmärkte: – Exportmarkt – Binnenmarkt
• Gebrauchtwagen	• Bezirk	
• Sportwagen	• Gemeinde	

1.2 Marktformen – Verhalten der Marktteilnehmer

Das Verhalten der Marktteilnehmer auf einem Markt hängt entscheidend davon ab, wie viele Anbieter und Nachfrager es für ein Gut gibt. Je nachdem, wie viele Anbieter und wie viele Nachfrager teilnehmen, werden drei verschiedene **Marktformen** unterschieden: **Polypol**, **Oligopol** und **Monopol**.

Polypol

Wenn auf einem Markt viele Nachfrager auf viele Anbieter treffen, so spricht man von einem **Polypol**. Dieser Zustand wird auch als „**vollständige Konkurrenz**" bezeichnet, da keiner der Marktteilnehmer groß genug ist, um den Marktpreis zu beeinflussen. Verlangt zum Beispiel ein Anbieter einen höheren Preis, so wechseln sofort alle Nachfrager zur Konkurrenz über. Fordert er dagegen einen niedrigeren Preis, dann könnte er die gesamte Nachfrage, die bei ihm entstehen würde, in keinem Falle befriedigen. Hierzu wäre sein Marktanteil zu klein. Das Gleiche gilt für den Nachfrager. Polypole, also vollständige Konkurrenz, findet man vor allem an den Wertpapierbörsen.

Oligopol

Eine Marktform, die in den Industriegesellschaften besonders häufig vorkommt, ist das **Angebotsoligopol.** Hier stehen sich wenige Anbieter und viele Nachfrager gegenüber.
Beispiele: Automarkt, Zigarettenmarkt oder Benzinmarkt.
Wenn jedoch vielen Anbietern nur wenige Nachfrager gegenübertreten, bezeichnet man dies als **Nachfrageoligopol.**
Beispiele: Vielen Landwirten stehen wenige Molkereien gegenüber. Bürger, die Polizisten werden wollen, können nur zwischen dem Bund und den Ländern wählen.
Bei Angebotsoligopolen herrscht oft eine starke gegenseitige Abhängigkeit unter Oligopolisten. Dies sieht man z. B. sehr deutlich auf dem Benzinmarkt. Erhöht oder senkt

Soziale Marktwirtschaft

Angebotsoligopol	Nachfrageoligopol
wenige Anbieter — Markt — viele Nachfrager	viele Anbieter — Markt — wenige Nachfrager

ein Anbieter seine Preise, so werden die anderen Oligopolisten ebenfalls entsprechend reagieren. Im Extremfall kann ein äußerst scharfer Wettbewerb entstehen mit dem Ziel, den Mitbewerber auszuschalten oder die Marktführerschaft zu erreichen. Andererseits besteht auch die Gefahr, dass die Anbieter sich absprechen und so den Wettbewerb ausschalten. Derartige Abmachungen sind aber nach dem Gesetz gegen Wettbewerbsbeschränkungen verboten.

Monopol

Bei einem **Monopol** gibt es für eine Ware entweder nur einen Anbieter oder nur einen Nachfrager auf dem Markt. Dementsprechend unterscheidet man das **Angebotsmonopol** und das **Nachfragemonopol.** So hatte in der Vergangenheit die Deutsche Bahn AG als Nachfrager nach Lokomotiven oder Eisenbahnwagen die seltene Stellung eines Nachfragemonopolisten. Das Gleiche gilt für die Bundeswehr als Nachfrager nach Schützenpanzern.

Auf der Angebotsseite sind z. B. die Wasserwerke konkurrenzlos. Ein weiteres bekanntes Angebotsmonopol hatte die Deutsche Post AG bis 2007 im überregionalen Briefverkehr. Aber auch private Unternehmer, die eine patentierte Erfindung vermarkten, sind in diesem Bereich Angebotsmonopolisten.

Besitzt ein Anbieter eine Monopolstellung, dann muss er auf keinen Konkurrenten Rücksicht nehmen, d. h. er kann die Preishöhe weitgehend selbst festlegen. Aber auch der Monopolist wird feststellen, dass bei höheren Preisen die Nachfrage zurückgeht, während sie bei einem niedrigeren Preis sehr groß sein wird. Setzt er den Preis zu hoch an, riskiert er, dass die Nachfrager sich einschränken oder auf Ersatzgüter umsteigen. Ein privater Monopolbetrieb wird danach streben, den größtmöglichen Gewinn zu erzielen. Dies wird bei dem Preis der Fall sein, wo der Unterschied zwischen Einnahmen und Kosten am größten ist.

Angebotsmonopol	Nachfragemonopol
ein Anbieter — Markt — viele Nachfrager	viele Anbieter — Markt — ein Nachfrager

Soziale Marktwirtschaft

1.3 Preisbildung unter Wettbewerb

Die Preisbildung bei vollständiger Konkurrenz

Auf einem Markt treffen die gegensätzlichen Interessen von Anbietern und Nachfragern zusammen. Der Anbieter möchte einen hohen Preis erzielen, der Nachfrager so wenig wie möglich bezahlen. Können sich beide auf einen gemeinsamen Preis einigen, so spricht man von Preisbildung.

Jedes Frühjahr kann man beobachten, dass die Erdbeerpreise zunächst sehr hoch sind, während der Haupterntezeit sinken und schließlich wieder ansteigen. Diese Schwankungen hängen offensichtlich mit der angebotenen Menge zusammen. In der Haupterntezeit ist das Angebot an Erdbeeren so groß, dass die Anbieter ihre Preise senken müssen, wenn sie hierfür genügend Käufer finden wollen. Andererseits ist außerhalb der Saison das Erdbeerangebot gering. Da die Nachfrage aber auch in dieser Zeit unvermindert hoch ist, können die Verkäufer ihre Preise heraufsetzen. Sie werden dies so weit tun, dass es gerade noch genügend Nachfrager für ihre Produkte gibt. Aus diesen Verhaltensweisen lässt sich folgende Erkenntnis gewinnen: Angebot und Nachfrage bestimmen den Preis eines Gutes.

Der Preis wirkt sich jedoch auf Angebot und Nachfrage aus. Können die Anbieter einen hohen Preis erzielen, dann wird das Angebot zunehmen. In unserem Fall werden die Erzeuger, die durch den Erdbeeranbau Gewinne erzielt haben, ihre Produktion steigern. Andere Produzenten werden nun ebenfalls Erdbeeren anbauen und somit das Angebot vergrößern. Das nunmehr gestiegene Angebot wird den Marktpreis sinken lassen.

Angebot und Nachfrage bestimmen den Preis

großes Angebot	geringe Nachfrage		geringes Angebot	große Nachfrage
Preise sinken			**Preise steigen**	

Den niedrigeren Preis können zwar immer mehr Nachfrager bezahlen, aber andererseits werden immer weniger Anbieter bereit sein, zu diesem Preis zu verkaufen. Das Angebot wird wieder zurückgehen, die Preise werden wieder steigen. So verändert sich der Preis für ein Gut fortlaufend, bis annähernd gleich viele Anbieter und Nachfrager vorhanden sind, die sich auf einen gemeinsamen Preis einigen können. Diesen Preis nennt man **Gleichgewichtspreis.** Zum Gleichgewichtspreis verkaufen fast alle Anbieter ihre Ware, und fast alle Nachfrager werden bei diesem Preis zufrieden gestellt, d. h. bei diesem Preis wird der größte Umsatz erzielt. Man sagt: „Der Markt ist geräumt."

Anhand von Angebot und Nachfrage nach Erdbeeren einer bestimmten Güteklasse soll dieser Zusammenhang verdeutlicht werden.

Das Schaubild auf S. 219 zeigt, dass sich der Marktpreis bei 3 € einpendelt. Hier sind die angebotene und die nachgefragte Menge gleich groß. Nur bei diesem Preis, dem Gleichgewichtspreis, wird der größte Umsatz erzielt. Wäre die Ware billiger, dann müssten viele Nachfrager leer ausgehen: So würde beim Preis von 2 € eine Nachfrage von 320 kg nicht befriedigt werden. Wenn die Anbieter da-

Soziale Marktwirtschaft

gegen mehr als 3 € verlangen würden, dann könnten sie einen Teil ihrer Erzeugnisse nicht mehr absetzen. Allerdings haben alle Anbieter eine so genannte **Preisuntergrenze,** die sich aus ihren Selbstkosten ergibt. Ohne Insolvenzrisiko kann kein Betrieb diese Grenze für längere Zeit unterschreiten.

Preis in € je kg	Angebot in kg	Nachfrage in kg	Differenz	
1,00	250	1000	750	Nachfrageüberschuss
2,00	430	750	320	
3,00	570	570	–	Gleichgewichtspreis
4,00	680	470	210	
5,00	770	380	390	
6,00	850	310	540	Angebotsüberschuss
7,00	920	250	670	
8,00	1000	190	810	
9,00	1070	150	920	

Zusammenfassend lassen sich folgende Erkenntnisse gewinnen:

- Der Preis eines Gutes wird bestimmt durch Angebot und Nachfrage.
- Wenn die Nachfrage größer ist als das Angebot, steigt der Preis.
- Wenn das Angebot größer ist als die Nachfrage, sinkt der Preis.
- Beim Gleichgewichtspreis wird der maximale Umsatz erzielt, Angebot und Nachfrage sind ausgeglichen.
- Bei einem hohen Preis wird mehr produziert, bei einem niedrigen Preis vermindern die Hersteller ihre Produktion.
- Die Selbstkosten sind die langfristige Preisuntergrenze einer Unternehmung.

Die bisher geschilderte Preisbildung ist modellhaft, d. h. sie kommt so in der Praxis nicht vor. Unser bisheriges Modell geht davon aus, dass jeder Anbieter, der mit seinem Preis über dem Gleichgewichtspreis liegt, auf seinen Waren sitzen bleibt. Ein Nachfrager, der weniger bezahlen möchte, würde leer ausgehen. In Wirklichkeit jedoch werden unterschiedliche Preise verlangt und auch bezahlt. Dies kann daran liegen, dass die Waren eine unterschiedliche Qualität haben (nicht alle Erdbeeren haben die gleiche Güte) oder dass aufgrund persönlicher Beziehungen manche Kunden immer beim gleichen Erzeuger kaufen. Vielfach besitzen die Marktteilnehmer einfach keine Übersicht über die unterschiedlichen Preise und Eigenschaften der angebotenen Produkte.

Nur die **Börsen** kommen dem Modell der Preisbildung nahe. Neben der erforderlichen Marktform, dem Polypol, sind auch die anderen Voraussetzungen gegeben. So werden gleichartige Güter, z. B. Aktien, gehandelt, alle Marktteilnehmer können schnell reagieren und niemand wird bevorzugt – weder zeitlich noch räumlich oder persönlich.

Soziale Marktwirtschaft

Preisbildung bei eingeschränkter Konkurrenz (beim Angebotsoligopol)
Aufgrund der zunehmenden Unternehmenskonzentration entstehen **Angebotsoligopole** immer häufiger. Hier werden die Absatzmöglichkeiten nicht nur vom Verhalten der Nachfrager, sondern auch von den Aktionen und Reaktionen der anderen Oligopolisten bestimmt. Bei der Preisbildung können die Anbieter folgende Strategien anwenden:

- Durch so genannte **„ruinöse Konkurrenz"** versucht ein Anbieter, die anderen vom Markt zu verdrängen, indem er die Preise seiner Mitbewerber unterbietet. Dadurch will er die Verbraucher dazu bewegen, bei ihm und nicht bei der Konkurrenz zu kaufen. Dies lassen die Mitanbieter nicht zu und senken ebenfalls ihre Preise, oft sogar unter die Selbstkosten. In diesem Falle haben die Nachfrager den Vorteil billiger Preise. Allerdings besteht die Gefahr, dass durch den Konkurrenzkampf ein Teil der Anbieter vom Markt ausscheiden muss und ein Monopol entsteht, bei dem danach die Preise wieder angehoben werden.

- Häufig erfolgen **Preisabsprachen** unter den wenigen Anbietern, um möglichst hohe Preise zu erzielen. Benachteiligt sind hier die Nachfrager. Allerdings können die Anbieter ihre Preise nicht beliebig erhöhen. Sonst versuchen die Verbraucher, sich so weit wie möglich einzuschränken, oder sie steigen um auf Ersatzgüter (Tee statt Kaffee, Margarine statt Butter). Da Preisabsprachen den Wettbewerb ausschalten, sind sie in der Bundesrepublik Deutschland nach dem Gesetz gegen Wettbewerbsbeschränkungen grundsätzlich verboten.

- Oftmals übernimmt auch ein Anbieter die **Preisführung.** Wenn z. B. in einer Stadt mit 3 Großbetrieben der Betrieb A ¾ des Marktes beliefert und B und C zusammen nur einen Marktanteil von ¼ haben, so liegt es nahe, dass A die Preise bestimmt und die anderen ihm folgen. Würden B oder C versuchen, sein Verhalten zu behindern, so müssten sie mit existenzbedrohenden Maßnahmen von A rechnen. Deshalb verzichten sie darauf.

- Vielfach verlagern die Konkurrenten den Wettbewerb auf die **Qualität,** die Werbung und die Aufmachung ihrer Erzeugnisse und vermeiden so eine gegenseitige Herausforderung durch die Preise.

Bei uns ohne Mehrpreis: 12 Monate 48 Stunden Vor-Ort-Service!

Soziale Marktwirtschaft

Zusammenfassung

```
              Angebot  →  Markt  ←  Nachfrage
                       = Treffpunkt von
                            |
              ┌─────────────┴─────────────┐
          Marktformen                  Marktarten
              |                         z.B.
    ┌─────────┼──────────┐              • Arbeitsmarkt
  Monopol  Oligopol   Polypol           • Immobilien-
                     viele Anbieter       markt
                         ↕              • Devisenmarkt
                     viele Nachfrager   • Kapitalmarkt
```

Monopol:
- Angebotsmonopol: ein Anbieter ↕ viele Nachfrager
- Nachfragemonopol: ein Nachfrager ↕ viele Anbieter

Oligopol:
- Angebotsoligopol: wenige Anbieter ↕ viele Nachfrager
- Nachfrageoligopol: wenige Nachfrager ↕ viele Anbieter

Preisbildung

bei vollständiger Konkurrenz
- Preis steigt: große Nachfrage, geringes Angebot
- Preis sinkt: geringe Nachfrage, großes Angebot

bei eingeschränkter Konkurrenz (Oligopol)

Möglichkeiten:
- ruinöse Konkurrenz
- Preisabsprachen
- Preisführerschaft
- Qualitätswettbewerb
- polypolähnlicher Wettbewerb

Arbeitsteil

1. Erklären Sie den Begriff „Markt".

2. Zeigen Sie am Beispiel des Fahrradmarktes, wie Märkte räumlich, sachlich und funktional gegliedert werden können.

3. Um welche Märkte (Marktarten) handelt es sich bei den folgenden Beispielen?
   a) Ein Tourist benötigt für seinen Urlaub ausländisches Geld.
   b) Frau Weller erhält im Haarstudio Löckle eine neue Dauerwelle.
   c) Für Investitionen möchte eine Unternehmung einen langfristigen Kredit aufnehmen.
   d) Das Modehaus Schicki stellt seine neue Sommerkollektion vor.

4. Nennen Sie zwei Beispiele für nichtorganisierte Märkte.

Soziale Marktwirtschaft

5. a) Welche Marktform liegt bei den oben stehenden Abbildungen vor?
b) Nennen Sie zwei weitere Beispiele für diese Marktform.
c) Begründen Sie anhand von zwei Beispielen, dass man beim Automarkt von einer eingeschränkten Konkurrenz sprechen kann.

6. Nennen Sie das wesentliche Merkmal eines
a) Angebotsmonopols und geben Sie zusätzlich zwei Beispiele an.
b) Polypols und geben Sie ebenfalls zusätzlich zwei Beispiele an.

7. Welche Gefahren können durch Monopole und Oligopole für die Verbraucher entstehen?

8. a) Kann der Monopolist die Preise beliebig festsetzen? Begründen Sie.
b) Überlegen Sie, weshalb sich der Staat in manchen Bereichen ein Monopol vorbehält.

9. An der Stuttgarter Aktienbörse werden täglich die Aktienkurse ermittelt. Für den heutigen Börsentag liegen die untenstehenden Aufträge vor.
a) Stellen Sie den Verlauf von Angebot und Nachfrage in einem Koordinatensystem dar. Verwenden Sie folgenden Maßstab:
x-Achse: 500 Stück = 1 cm, y-Achse: 5 € = 1 cm.
b) Ermitteln Sie den Gleichgewichtspreis.

Kurs in €	Verkaufsaufträge in Stück	Kaufaufträge in Stück
120	1150	5000
125	2150	3750
130	2850	2850
135	3400	2350
140	3850	1900
145	4250	1550
150	4600	1250
155	5000	900

c) Erläutern Sie, was man unter dem Gleichgewichtspreis versteht.
d) Beschreiben Sie die Marktsituation bei einem Preis von 145 €.
e) Welcher Zusammenhang besteht zwischen dem Preis und der Höhe von Angebot und Nachfrage?

Preiskrieg der Chip-Hersteller
Der Computermarkt ist wieder in Bewegung geraten. Nachdem der Chip-Hersteller Intel für seinen neuen Pentium-IV-Prozessor erhebliche Preissenkungen ankündigte, haben Cyrix und AMD ebenfalls ihre Prozessoren im Preis reduziert. Experten gehen davon aus, dass Computer dadurch bis zu 30 % billiger werden.

10. a) Für welche Marktform sind Preiskriege, wie sie dieser Zeitungsausschnitt schildert, typisch?
b) Welches Ziel versuchen die Anbieter durch derartige Preisnachlässe zu erreichen?
c) Hat dieses Verhalten der Anbieter nur Vorteile für die Verbraucher oder sehen Sie auch Gefahren darin?
d) Neben einem Preiskrieg sind für diese Marktform bei der Preisbildung noch andere Verhaltensweisen der Anbieter typisch. Beschreiben Sie diese.

11. Beim Polypol (vollständige Konkurrenz) versuchen die Hersteller eines gleichartigen Gutes häufig, die Marktübersicht der Verbraucher zu beeinträchtigen.
a) Weshalb sind Hersteller an dieser Situation interessiert?
b) Wie können solche Versuche erfolgen?
c) Nennen Sie Beispiele für solche Märkte.

12. In unserer sozialen Marktwirtschaft richtet sich der Preis nicht immer nach Angebot und Nachfrage. Suchen Sie hierzu zwei Beispiele und begründen Sie Ihre Überlegungen.

Soziale Marktwirtschaft

2 Wettbewerbsstörungen

Das Bundeskartellamt untersagt Übernahme von 6 Breitbandkabel-Regionalgesellschaften durch US-Medienkonzern Liberty Media.

Tchibo übernimmt Eduscho

Fusionen in Deutschland
Beim Bundeskartellamt angezeigte Zusammenschlüsse

Jahr	Anzahl
1990	1548
1991	2007
1992	1743
1993	1514
1994	1564
1995	1530
1996	1434
1997	1751
1998	1888
1999	1182
2000	1429
2001	1138
2002	1317
2003	1132
2004	1206
2005	1604
2006	1829
2007	2231

Quelle: Bundeskartellamt

Beschreiben Sie die Entwicklung bei den Unternehmenszusammenschlüssen.
Weshalb schließen sich Unternehmen zusammen?
Wie beurteilen Sie diese Entwicklung?

2.1 Kartelle

Kartelle entstehen durch vertragliche Abmachungen von Unternehmungen der gleichen Branche, die auf diese Weise den **Wettbewerb** untereinander ausschließen oder zumindest **einschränken** wollen. Hierbei bleiben die Kartellmitglieder rechtlich vollkommen selbstständig, ihre wirtschaftliche Selbstständigkeit jedoch wird durch die Zusammenarbeit der beteiligten Firmen erheblich eingeschränkt.

Die Kartellabsprachen, die mündlich oder schriftlich festgelegt werden können, enthalten beispielsweise Vereinbarungen über Preise, Marktaufteilung oder Lieferbedingungen. Da Kartelle den Wettbewerb unter den Anbietern einschränken, können die Verbraucher durch solche Absprachen benachteiligt werden. Deshalb verbietet das **Gesetz gegen Wettbewerbsbeschränkungen (Kartellgesetz)** grundsätzlich die Bildung von Kartellen. Dieses Verbot gilt unter anderem für Kartellarten in der Übersicht auf der folgenden Seite.

§ 1 GWB

Kartell
Unternehmen – Unternehmen – Unternehmen – Unternehmen – Unternehmen
Vertrag über eine Zusammenarbeit

In bestimmten Fällen sind Ausnahmen vom Kartellverbot möglich, z. B. **bei mangelnder Spürbarkeit.** Da das Verbot nicht jede unbedeutende Bagatellbeschränkung erfassen soll, betrachtet man Vereinbarungen zwischen Wettbewerbern

223

Soziale Marktwirtschaft

Verbotenene Kartellarten – eine Auswahl	
Preiskartell	Die Mitglieder vereinbaren die gleichen Preise.
Quotenkartell	Jedem Unternehmen wird eine bestimmte Produktionsmenge zugeteilt, um über die Angebotsmenge den Preis zu beeinflussen.
Kalkulationskartell	Die beteiligten Firmen vereinbaren den gleichen Aufbau ihrer Kalkulation, um zu gleichen Preisen zu gelangen.
Gebietskartell	Jedem Unternehmen wird ein bestimmtes Absatzgebiet zugeteilt, um in diesen Gebieten den Wettbewerb auszuschließen.
Rabattkartell	Die Mitglieder legen eine einheitliche Rabattgewährung fest.
Konditionenkartell	Einheitliche Lieferungs-, Zahlungs- und Geschäftsbedingungen wie Öffnungszeiten werden vereinbart.

GWB § 2 als nicht spürbar, wenn deren gemeinsamer Marktanteil 10 % nicht übersteigt. Ebenso werden Absprachen zwischen kleinen und mittleren Unternehmen als nicht spürbar angesehen.

Ausnahmeise sind auch wettbewerbsbeschränkende Vereinbarungen vom Kartellverbot freigestellt, sofern sie die Warenerzeugung oder Warenverteilung der Mitglieder verbessern oder wenn sie den technischen oder wirtschaftlichen Fortschritt fördern. Allerdings darf dies nicht dazu führen, dass der Wettbewerb für einen wesentlichen Teil des Marktes ausgeschaltet wird.

GWB § 3 Ausdrücklich erleichtert ist die Zusammenarbeit im Bereich des Mittelstands (**Mittelstandskartelle**). Kleineren und mittleren Unternehmen gestattet dies viele Formen der Kooperation, um zum Zweck der Rationalisierung zusammenzuarbeiten, sofern dies deren Wettbewerbsfähigkeit verbessert und den Wettbewerb nicht wesentlich beeinträchtigt.

Alle **freigestellten Kartelle** unterliegen der **Missbrauchaufsicht**. Zuständig hierfür sind die Landesbehörden betroffener Bundesländer, länderübergreifend das **Bundeskartellamt in Bonn**. Verstöße gegen das Kartellgesetz gelten als Ordnungswidrigkeit und können mit erheblichen Bußgeldern belegt werden.

Freigestellte Kartellarten – eine Auswahl	
Rationalisierungskartell	Es wird rationalisiert, indem die Produktion auf bestimmte Typen beschränkt wird.
Normen- und Typenkartell	Die Mitglieder beschließen die einheitliche Anwendung von Normen und Typen.
Mittelstandskartell	Zusammenarbeit kleiner und mittelständiger Unternehmen zum Zweck der Rationalisierung, um die Wettbewerbsfähigkeit zu verbessern.
Sonstige Kartelle	Zusammenarbeit von Unternehmen z. B. zur Verbesserung der Entwicklung, Forschung, Erzeugung, Verteilung, Beschaffung, Rücknahme oder Entsorgung von Waren.

Syndikat

Eine besondere Kartellform ist das Syndikat. Hier vertreiben oder beschaffen die Kartellmitglieder Produkte über eine gemeinsame Einkaufs- oder Verkaufsgesellschaft, die meist die Rechtsform einer GmbH, Genossenschaft oder AG hat. Syndikate sind unter bestimmten Voraussetzungen vom Kartellverbot freigestellt.

2.2 Unternehmenskonzentration

Konzern
Im Vergleich zu Kartellen sind **Konzerne** eine wesentlich engere Form des Zusammenschlusses. Hier werden rechtlich selbstständige Unternehmen unter einer einheitlichen Leitung wirtschaftlich zusammengefasst. Die Konzernbildung erfolgt meist über kapitalmäßige Beteiligungen. Besitzt ein Unternehmen die Aktienmehrheit eines anderen, so kann es damit einen entscheidenden Einfluss ausüben. Unternehmen, welche andere beherrschen, werden als **Muttergesellschaften** bezeichnet, die abhängigen als Tochtergesellschaften.

Von **Schwestergesellschaften** spricht man, wenn Unternehmungen gegenseitig maßgeblich an ihrem Kapital beteiligt sind. Schwestergesellschaften bleiben rechtlich selbstständig, ihre wirtschaftliche Unabhängigkeit wird jedoch dadurch eingeschränkt, dass jede Unternehmung durch ihre Kapitalbeteiligung auf die andere Einfluss ausüben kann.

Häufig steht an der Spitze eines Konzerns eine Dachgesellschaft, eine so genannte **Holding-Gesellschaft**, die alle Konzernunternehmungen kapitalmäßig beherrscht. Die Holding-Gesellschaft selbst produziert nicht, vielmehr ist sie eine reine Verwaltungs- und Finanzierungsgesellschaft.

Konzerne, die in mehreren Ländern Tochtergesellschaften besitzen, werden als multinationale Konzerne (**Multis**) bezeichnet.

Je nach Art der Konzernunternehmung unterscheidet man:
- **horizontale Konzerne,** eine Verbindung von Unternehmen, die sich auf der gleichen Produktionsstufe befinden. *Beispiel:* verschiedene Brauereien
- **vertikale Konzerne,** wenn sich Unternehmungen vorgelagerter und nachgelagerter Produktionsstufen zusammenschließen. *Beispiel:* Erzgrube – Stahlwerk – Stahlhändler
- **anorganische Konzerne,** ein Zusammenschluss von Unternehmen aus völlig verschiedenen Wirtschaftszweigen. *Beispiel:* zum Oetker-Konzern gehören Puddingpulverfabriken, Eiskremfabriken, Konservenfabriken, Brauereien, Banken, eine Hochseeflotte u. a.

Soziale Marktwirtschaft

```
                          Konzerne
        ┌────────────────────┼────────────────────┐
horizontaler Konzern    vertikaler Konzern    anorganischer Konzern

 Stahlwerk 1  Stahlwerk 2    Erzgrube              Stahlwerk
                             Stahlwerk
                             Stahlhändler    Chem. Betrieb   Brauerei

         Zweck                                      Zweck
Erzielen von Kostenvorteilen, Ausschöpfung von   Risikostreuung
Rationalisierungsmöglichkeiten, Sicherung von Absatz-
         und Beschaffungsmöglichkeiten
```

Trust
Diese Form des Zusammenschlusses ist vorwiegend in den USA verbreitet. Hier verlieren die beteiligten Unternehmen sowohl ihre rechtliche als auch ihre wirtschaftliche Selbstständigkeit, sie werden zu einer neuen Firma verschmolzen. Man bezeichnet diesen Vorgang auch als **Fusion.**

Ein **Trust** kann entstehen, indem ein Unternehmen die anderen aufnimmt (Aufnahme) oder es wird eine neue Gesellschaft gegründet, in der alle aufgehen (Neugründung).

```
  B̶  →   Aufnahme           A̶  →
            A                B̶  →   Neugründung
            B                C̶  →        D
```

Ursachen und Auswirkungen der Unternehmenskonzentration
Unternehmenszusammenschlüsse können die wirtschaftliche und technische Entwicklung fördern. Andererseits können durch Kartelle, Konzerne oder Trusts marktbeherrschende Positionen oder sogar Monopole entstehen.

Schließen sich Unternehmen zu Kartellen, Konzernen oder Trusts zusammen, kann dies dazu führen, dass einzelne Firmen eine marktbeherrschende Stellung erreichen, dass der Wettbewerb gestört wird oder dass manche Waren nur noch von wenigen Unternehmen angeboten werden. Um derart nachteilige Folgen zu verhindern, wurde das **Gesetz gegen Wettbewerbsbeschränkungen (Kartellgesetz)** geschaffen. Zuständig für seine Einhaltung ist das **Bundeskartellamt** in Bonn. Seine Aufgaben:

- **Missbrauchsaufsicht:** Marktbeherrschende Unternehmen werden überwacht. Missbrauchen sie ihre Stellung, indem sie z. B. Konditionen vorschreiben oder überhöhte Preise verlangen, kann das Kartellamt dies untersagen.
- **Kartellaufsicht:** Das Bundeskartellamt achtet darauf, dass keine verbotenen Kartelle entstehen oder dass bei freigestellten Kartellen kein Missbrauch vorliegt.
- **Fusionskontrolle:** Ab bestimmten Größenordnungen müssen beabsichtigte Fusionen angemeldet werden. Führen Zusammenschlüsse zu einer Marktbeherrschung, kann das Bundeskartellamt sie untersagen.

Bundeskartellamt verhängt Rekordbußgeld

Wegen verbotener Absprachen sollen 69 Unternehmen und 51 Geschäftsführer der Transportbetonbranche insgesamt 189 Millionen € zahlen.
Stuttgarter Zeitung

Vorteile	Nachteile
• Kostenersparnis in der Produktion. Preissenkungen, wenn die Unternehmen ihre Kostenersparnis im Preis weitergeben. • Eine größere Kapitalkraft ermöglicht umfangreichere Forschungs- und Entwicklungsvorhaben. • Durch eine größere Marktmacht können sich die Unternehmen im internationalen Wettbewerb besser behaupten. • Durch Normung und Typisierung ist der Einsatz von Kosten senkender Massenproduktion möglich.	• Überhöhte Preise, wenn kein ausreichender Wettbewerb stattfindet. • Der Schutz rückständiger Betriebe hemmt technischen Fortschritt. • Unwirtschaftliche Produktionsweisen werden beibehalten und führen zu überhöhten Preisen. • Konzern- bzw. Trustbildung kann marktbeherrschende Unternehmen oder Monopole entstehen lassen, was den Wettbewerb ausschalten würde. • Fehlentscheidungen solcher Unternehmen können die gesamte Wirtschaft stören.

Das Kartellgesetz verbietet auch die „Preisbindung der zweiten Hand", d. h. der Hersteller darf dem Handel den Endverkaufspreis nicht vorschreiben. Eine Ausnahme besteht nur bei Verlagserzeugnissen (Buchpreisbindung).
Bei Verstößen gegen das Kartellgesetz kann das Bundeskartellamt Bußgelder in Millionenhöhe verhängen.
Schließen sich Unternehmen innerhalb der EU zusammen, unterliegen sie der Aufsicht des EU-Kartellausschusses in Brüssel. Er achtet darauf, dass auf europäischer Ebene der Wettbewerb nicht beeinträchtigt wird.

2.3 Betriebliche und gesamtwirtschaftliche Arbeitsteilung

Die Entwicklung der Arbeitsteilung

Schon sehr früh erkannten die ersten Menschen, dass sie bei der notwendigen Güterversorgung eine unterschiedliche Geschicklichkeit besaßen. Der eine war vielleicht besonders geschickt im Herstellen von Jagdwerkzeugen, dafür war er ein schlechter Jäger. Ein anderer wiederum, der ein guter Jäger war, eignete sich nicht so sehr zur Herstellung von Töpfen oder Häusern.
Aus dieser Erkenntnis heraus begannen die Menschen, sich entsprechend ihrer Fähigkeiten zu spezialisieren und den Lebensunterhalt durch den Tausch ihrer Erzeugnisse zu sichern. Aus der **Selbstversorgung** in der **geschlossenen Hauswirtschaft** entstanden die ersten **Grundberufe**, die allmählich weiter spezialisiert wurden. So wurde z. B. aus dem einstigen Händler ein Einzelhändler, ein Großhändler, ein Importeur oder ein Exporteur.

Selbstversorgung	**Berufsbildung** (Grundberufe)	**Berufsspaltung**
geschlossene **Hauswirtschaft**	z. B. Bäcker	z. B. Hufschmied
	Jäger	Waffenschmied
Erzeugnisse werden	Händler	Goldschmied
selbst hergestellt	Bauer	Nagelschmied
und verbraucht	Schmied	Silberschmied
		Kupferschmied

Soziale Marktwirtschaft

Erhöhung der Arbeitsproduktivität durch Arbeitszerlegung

Trotz erfolgter Berufsbildung und Berufsspaltung fallen innerhalb eines Berufes bzw. Betriebes Arbeiten an, für die der einzelne Arbeitnehmer eine unterschiedliche Geschicklichkeit besitzt. Ein anschauliches Beispiel, das hier gekürzt angeführt werden soll, lieferte der Schotte Adam Smith bereits im 18. Jahrhundert.

> Wenn auch aus der Herstellung von Stecknadeln ein eigener Beruf entstanden ist, so kann ein einzelner Arbeiter am Tag 2–3, höchstens 20 Stück davon herstellen. Teilt man diese Arbeit jedoch in einzelne Verrichtungen auf, so dass ein Arbeiter den Draht abspult, ein zweiter ihn geradebiegt, ein dritter ihn zurechtschneidet usw. ..., so können 10 Arbeiter ca. 48 000 Stecknadeln produzieren, also rund 4800 pro Arbeiter.

In dem Beispiel von Adam Smith wird die menschliche Arbeitskraft sehr viel „produktiver" eingesetzt, d. h., mit gleichem Aufwand wird wesentlich mehr produziert. Man sagt: Die Arbeitsproduktivität hat sich erhöht.

Die betriebliche Arbeitsteilung oder Arbeitszerlegung ermöglicht also eine sinnvollere und wirtschaftlichere Gestaltung von Arbeitsabläufen und erhöht somit die Arbeitsleistung, d. h., die Arbeitsteilung dient der **Rationalisierung** des Betriebes. Durch Untersuchung der einzelnen Arbeitsabläufe und Arbeitsplätze wollte der amerikanische Unternehmer Taylor beides praktischer gestalten und dadurch Höchstleistungen erzielen. Der nach ihm benannte **Taylorismus** wird heute in der Bundesrepublik Deutschland durch die REFA (Verband für Arbeitsgestaltung, Betriebsorganisation und Unternehmensentwicklung) weiterentwickelt. Ihr Ziel: Rationalisierung und gerechte Entlohnung.

Die Arbeitszerlegung bietet den Arbeitnehmern den großen Vorteil der Spezialisierung.

Vorteile	Nachteile
• Durch die ständige Wiederholung des gleichen Arbeitsganges erlangen die Arbeitnehmer eine *höhere Produktivität*. Ein Arbeitnehmer, der beispielsweise immer das gleiche Teil zuschneidet, kann dies schneller und besser als seine Kollegen.	• Da ständig dieselben Tätigkeiten ausgeführt werden, müssen die Arbeiter ihren Körper einseitig beanspruchen. *Gesundheitsschäden* können die Folge sein.
• Aufgrund der höheren Fertigkeit und des rationelleren Arbeitsablaufes entsteht eine beachtliche *Zeitersparnis* (z. B. entfällt das Umdenken auf andere Handgriffe nach einer Arbeit oder der Gang zu anderen Maschinen und das Holen anderer Arbeitsmittel).	• Gleichbleibende, eintönige Arbeit führt zu *rascher Ermüdung* und *Langeweile*.
	• Durch die Spezialisierung werden die Fähigkeiten der Beschäftigten nur einseitig gefordert und entwickelt. *Geistige und seelische Fähigkeiten können verkümmern*.
• Die *Ausbildungszeiten verkürzen sich* erheblich, da meist eine kurze Einarbeitung reicht.	• Die Arbeitnehmer *verlieren die Übersicht über den gesamten Herstellungsgang*, viele kennen nicht einmal die Bedeutung ihrer Tätigkeit, d. h., sie sehen nie das Endprodukt.
• Es werden weniger Fachkräfte benötigt, *Hilfskräfte* können eingesetzt werden.	
• Die Arbeitnehmer können durch die starke Aufteilung der Verrichtungen die Arbeit übernehmen, die am besten zu ihnen passt.	• Bei speziellen Tätigkeiten können die Arbeitnehmer vom Betrieb abhängig werden.

Soziale Marktwirtschaft

Andererseits können die Nachteile der Arbeitsteilung auch einen Rückgang der Arbeitsleistung bewirken. Viele Unternehmen versuchen, diesem Problem zu begegnen, indem sie die Arbeitsaufgaben wechseln, erweitern oder Arbeitsgruppen bilden, die gemeinsam Arbeitsaufgaben bewältigen.

Zunehmende Rationalisierung und Spezialisierung führen zu einer immer weiter zunehmenden betrieblichen und gesamtwirtschaftlichen Arbeitsteilung. Die Arbeitsteilung entwickelte sich aus den zunehmenden menschlichen Bedürfnissen und den damit verbundenen Arbeiten, die immer differenziertere Kenntnisse von den Menschen erfordern. Die gesparte Zeit war ein riesiger Gewinn. Der technische Fortschritt führte zu einer weiteren Spezialisierung der Anforderungen an die einzelnen Berufe. Durch die Arbeitsteilung werden die einzelnen Produktionszweige stärker voneinander abhängig, was ein hohes Maß an Planung und Absprache erfordert. In einer sozialen Marktwirtschaft übernimmt der Preis dann die Steuerung dieser Prozesse. Im Rahmen der globalen Prozesse ist es möglich, dass ein Autoteil in Amerika oder Asien produziert wird, in Deutschland zu einem Auto montiert wird, das dann wieder nach Amerika oder Asien exportiert wird.

1. Welcher Unterschied besteht zwischen der Berufsspaltung und der Arbeitszerlegung?
2. Welche Vorteile bietet die Arbeitszerlegung für die Arbeitnehmer und für den Betrieb?
3. Welche Vorteile und welche Gefahren sehen Sie in einer zunehmenden gesamtwirtschaftlichen und internationalen Arbeitsteilung?

2.4 Staatliche Eingriffe

Der Staat greift vielfach in das Wirtschaftsgeschehen ein, meistens um den Wettbewerb zu fördern, oft aber auch wettbewerbsstörend. Störend wirkt z. B. die Erhebung von **Einfuhrzöllen**, um die einheimische Wirtschaft vor ausländischer Konkurrenz zu schützen.

Zuschüsse (Subventionen) wie Wohngeld sollen z. B. die Mietbelastung der Haushalte senken und sicherstellen, dass Vermieter marktgerechte Mieten erzielen und neue Wohnungen bauen. Aus ähnlich verständlichen Gründen werden unter anderem die Landwirtschaft, der Bergbau oder der Schiffbau unterstützt. Staatlich verordnete **Monopole**, wie das Leitungsmonopol der Wasserwerke, sollen eine gleichmäßige Versorgung der Bevölkerung sichern. Schließlich kann der Staat direkt in das Marktgeschehen eingreifen, indem er **Höchstpreise** oder **Mindestpreise** festsetzt. Höchstpreise sollen die Verbraucher vor überhöhten Preisen schützen, vor allem bei lebensnotwendigen Gütern. Da Höchstpreise unter dem Gleichgewichtspreis liegen, werden mehr Waren nachgefragt als angeboten. Viele Käufer sind jedoch bereit, mehr zu zahlen. Die Folge: Es entstehen Schwarzmärkte. Der Staat muss reagieren, er muss die Waren rationieren und die Märkte überwachen. Genauso problematisch ist es, wenn Mindestpreise festgesetzt werden. Dies zeigt sich besonders deutlich am Agrarmarkt der Europäischen Union.

Schwarzmarkt
mit Zigaretten, Alkohol, Waffen und vielem mehr ...
... schädigt uns alle!
Anonymes Telefon
0800 – 9966399
Zollfahndungsamt Stuttgart

EU-Agrarmarkt

Soziale Marktwirtschaft

Um die Lebensmittelversorgung der Bevölkerung sicherzustellen und den Landwirten ein angemessenes Einkommen zu ermöglichen, subventioniert (unterstützt) die EU die Landwirtschaft. Denn in Krisenzeiten verzichtet man leicht auf Videorekorder aus Korea, nicht jedoch auf Grundnahrungsmittel. Die Anbaubedingungen in den EU-Ländern sind allerdings sehr unterschiedlich. Beispielsweise kann in Italien und Frankreich wesentlich günstiger Wein angebaut werden als in Deutschland. Diese Länder könnten den deutschen Markt mit billigem Wein überschwemmen; die deutschen Winzer würden leer ausgehen. Das Gleiche gilt für die meisten landwirtschaftlichen Weltmarktpreise, die zum Teil erheblich unter den Produktionskosten der EU-Landwirte liegen. Deshalb wurde der Agrarmarkt einer gemeinsamen Marktordnung unterstellt. Deren wesentlichste Merkmale sind:

- Alle wichtigen Erzeugnisse wie Getreide, Milch, Rindfleisch werden den Landwirten zu **garantierten Preisen** abgekauft; es besteht eine **Abnahmegarantie.**
- Dazu wird ein **Richtpreis** festgelegt. Er soll den Landwirten ein angemessenes Einkommen sichern und die Verbraucherpreise in vernünftigen Grenzen halten. Von der Erntemenge hängt es letztendlich ab, wie sich der **Marktpreis** entwickelt. Wegen des großen Angebots sinkt er häufig unter den Richtpreis. Erreicht der Preisrückgang einen bestimmten Punkt, den **Interventionspreis,** dann greift die EU-Behörde ein. Sie kauft sämtliche Überschussmengen zu diesem Preis auf.
- Meist liegen die Richtpreise erheblich über den Weltmarktpreisen. Deshalb besteht **Außenschutz** gegenüber Nicht-EU-Ländern. Ist der Weltmarktpreis niedriger, verbilligt die EU die Ausfuhr (Export) landwirtschaftlicher Erzeugnisse, indem sie den Unterschied zwischen dem billigeren Weltmarkt und den höheren EU-Preisen erstattet. Umgekehrt verhindert sie, dass die EU auf Kosten der Landwirte mit billigen Importen (Einfuhren) überflutet wird. Importe werden deshalb durch einen Zuschlag, die so genannte Abschöpfung, künstlich verteuert, bis sie die Höhe des Richtpreises erreichen.

Die Eingriffe in den Agrarmarkt werden wegen ihrer Folgen heftig kritisiert, denn die Bauern der EU produzieren enorme Überschüsse, z. B. bei Milch, Wein oder Getreide. Da Abnahme und Preis garantiert werden, steigen die Produktionsmengen immer mehr. Überschüsse müssen aufgekauft und eingelagert, zum Teil aber auch vernichtet werden (z. B. Obst). Hierzu muss die EU große Geldsummen aufbringen. Zurzeit entfallen deshalb rund 50 % aller EU-Ausgaben auf den Agrarbereich.

Trotz dieser enormen Zuschüsse reichen die Einkommen vor allem der kleineren und mittleren Betriebe nicht aus. Großbetriebe dagegen können durch stärkere Rationalisierung und bessere Maschinenauslastung billiger erzeugen. Sie wurden bisher am meisten von der Landwirtschaftspolitik begünstigt. Um weitere Überschüsse zu vermeiden, wurde 1992 ein **Flächenstilllegungsprogramm** erneuert. Landwirte, die einzelne Flächen nicht mehr bewirtschaften, erhalten einen Einkommensausgleich. Obergrenzen für die Milcherzeugung **(Milch-Quoten)** und **Produktions-**

aufgaberenten sollen ebenfalls die Produktion einschränken. All diese Maßnahmen haben jetzt endlich dazu geführt, dass die enormen Überschüsse abgebaut wurden. Das Beispiel des Agrarmarktes zeigt jedoch deutlich, welche Folgemaßnahmen die staatlichen Eingriffe in das Marktgeschehen erfordern.

Zusammenfassung

Wettbewerbsstörungen

Kartelle
- vertragliche Abmachungen
- rechtliche Selbständigkeit bleibt, wirtschaftlich wird teilweise aufgegeben

Unternehmenskonzentration

Konzerne
- einheitliche Leitung
- rechtliche Selbständigkeit bleibt, wirtschaftliche wird aufgegeben

Trusts
- rechtliche und wirtschaftliche Selbständigkeit gehen verloren
- Verschmelzung

Auswirkungen

Vorteile
- Förderung des technischen Fortschritts
- stärker im internationalen Wettbewerb
- kostengünstigere Herstellung kann zu niedrigeren Preisen führen

Nachteile
- evtl. überhöhte Preise
- Schutz rückständiger Betriebe kann Fortschritt hemmen
- evtl. Einschränkung des Wettbewerbs

Bundeskartellamt
Überwacht die Einhaltung des Kartellgesetzes, das Unternehmenszusammenschlüsse regelt und den Wettbewerb sichert.

Staatliche Eingriffe in den Wettbewerb

z. B.
- staatliche Monopole
- Einfuhrzölle
- Subventionen
- Höchst- und Mindestpreise

Agrarmarkt EU
- Abnahmegarantie
- feste Preise
- Schutz durch Einfuhrzölle

Soziale Marktwirtschaft

Arbeitsteil

1. Erläutern Sie, was man unter folgenden Unternehmenszusammenschlüssen versteht.
   a) horizontal b) vertikal c) anorganisch

2. a) Nennen Sie fünf verschiedene Kartellarten. Geben Sie dabei an, ob diese verboten oder freigestellt sind.
   b) Welche Kartellart liegt im nachfolgenden Zeitungsartikel vor? Wie wirkt sich dieses Kartell aus?
   c) Die Erdöl exportierenden Länder haben sich in einem Kartell (OPEC) zusammengeschlossen. Welche Kartellart liegt bei diesem Zusammenschluss vor? Begründen Sie Ihre Meinung.
   d) Welcher Unterschied besteht zwischen Konzernen und Kartellen?

Kaffeestaaten halten an Ausfuhrbeschränkung fest

LONDON (rtr). Die Organisation der Kaffee exportierenden Staaten (ACPC) hat ihre Quotenregelung für die Begrenzung der Kaffeeausfuhr um ein weiteres Jahr verlängert. Die 14 Staaten würden in den zwölf Monaten ab Juli die Ausfuhr auf 52,75 Millionen Sack (je 60 Kilogramm) beschränken, teilte die ACPC mit. Ziel sei, die Preise auf dem derzeitigen Niveau zu halten. Die Preise für ungeröstete Kaffeebohnen waren seit Januar um 80 bis 100 Prozent gestiegen. Händler erklären dies mit leeren Lagern und knapper Versorgung mit Arabica-Kaffee aus Lateinamerika.

3. Geben Sie an, welcher Unternehmenszusammenschluss in der untenstehenden Mitteilung vorliegt.

EnBW

Die frühere Neckarwerke Stuttgart AG (NWS) hat mit der Energie Baden-Württemberg AG (EnBW) fusioniert – aus NWS wurde EnBW. Die EnBW erzeugen Strom, verteilen Gas, Wasser und Fernwärme – und knüpfen Telekommunikationsnetze. Die Mitarbeiter sorgen dafür, dass Lichter strahlen, die Maschinen laufen, dass Heizungen wohltuende Wärme spenden und aus Hähnen bestes Trinkwasser sprudelt.

4. Erläutern Sie, was man unter Muttergesellschaften, Schwestergesellschaften und Tochtergesellschaften versteht.

5. Bei welchen Unternehmenszusammenschlüssen
   a) bleiben die beteiligten Unternehmen nur rechtlich selbstständig,
   b) verlieren die beteiligten Unternehmen ihre rechtliche und wirtschaftliche Selbstständigkeit?

6. a) Welche Ziele strebt die EU durch ihre Agrarpolitik an und wodurch sollen sie erreicht werden?
   b) Welche Hauptaufgabe haben im Agrarmarkt der EU der Richtpreis und der Interventionspreis?
   c) Die Weltmarktpreise für landwirtschaftliche Produkte unterscheiden sich zum Teil erheblich von dem EU-Preisniveau. Wie gleicht die EU derartige Preisunterschiede aus?
   d) Schildern Sie die gegenwärtigen Probleme der Agrarpolitik und entwickeln Sie eigene Lösungsvorschläge.

7. a) Beurteilen Sie die Entwicklung der Unternehmenszusammenschlüsse am Beispiel des Lebensmittelhandels.
   b) Welche Vorteile und welche Gefahren bringen solche Zusammenschlüsse?

Lebensmittelhandel in Deutschland
Kleine Händler sterben aus

Marktanteile der Top-5-Unternehmen in %, gerundet
- 1980: 26
- 1990: 45
- 2000: 63
- 2010 (Prognose): 82

Branchenumsatz insgesamt in Mrd. Euro, gerundet
- 74
- 136
- 185
- 225

Quelle: M+M EUROdATA

8. a) Welche Behörde sichert den Wettbewerb, indem sie Unternehmenszusammenschlüsse überwacht?
   b) Unter welchen Voraussetzungen kann sie die Fusion zweier Unternehmungen verbieten?
   c) Nennen Sie weitere Aufgaben dieser Behörde.

3 Bedeutung des Staates in der sozialen Marktwirtschaft

Wähler sehen Ungleichgewicht

Das Verhältnis von Markt und Sozialem in Deutschland — Angaben in Prozent

- Markt zu sehr im Vordergrund: 49
- Soziales zu sehr im Vordergrund: 17
- Beides ausgewogen: 24
- weiß nicht: 10

(Infratest)

Wie hätten Sie auf die Umfrage über die soziale Marktwirtschaft geantwortet? Begründen Sie Ihre Antwort.

Die Wirtschaft der Bundesrepublik Deutschland funktioniert anders als die der Volksrepublik China. In Guatemala herrschen andere wirtschaftliche Rahmenbedingungen als in Schweden. Obwohl zwischen den verschiedenen Volkswirtschaften zahlreiche Unterschiede bestehen, lassen sich alle auf zwei verschiedene Wirtschaftsordnungen zurückführen. Entweder kann der Staat keinerlei Einfluss auf den Wirtschaftsablauf nehmen oder er kann alles bis ins Detail regeln. Dementsprechend unterscheidet man zwei völlig gegensätzliche Modelle:
- die **freie Marktwirtschaft**
- die **Zentralverwaltungswirtschaft**.

Die freie Marktwirtschaft

Die **freie Marktwirtschaft** war die Wirtschaftsordnung der Industriestaaten des 19. Jahrhunderts. In reiner Form kommt sie heute nicht mehr vor. Zu ihren bekanntesten Vertretern zählte der Schotte Adam Smith. Er ging davon aus, dass alle Menschen nur ihren Vorteil suchen. Darum wollen Unternehmer möglichst hohe Gewinne, Arbeitnehmer hohe Löhne und Käufer preiswerte Waren. Deshalb müssen Unternehmer immer kostengünstiger produzieren, wenn sie im Wettbewerb bestehen wollen. Durch Angebot und Nachfrage soll sich die Wirtschaft selbst steuern, denn wer Waren anbietet, die zu teuer sind

Adam Smith (1723–1790)

Soziale Marktwirtschaft

oder die von den Kunden nicht geschätzt werden, scheidet aus. Deshalb verzichtet der Staat auf jegliche Eingriffe in den Wirtschaftsablauf. Er sichert lediglich die **Vertragsfreiheit,** garantiert das **Privateigentum,** sorgt für den persönlichen Schutz, regelt das Geldwesen, ermöglicht die Bildung und übernimmt die Rechtspflege. Sämtliche wirtschaftlichen Entscheidungen überlässt er dem einzelnen Bürger.

Probleme der freien Marktwirtschaft Zum Nachteil der Schwächeren wurde die wirtschaftliche Macht missbraucht. Die Vertragsfreiheit ermöglichte Preisabsprachen, ruinöse Konkurrenz führte zu Monopolbetrieben. Die Verbraucher waren stark benachteiligt. Menschliche Arbeit wurde gehandelt wie eine Ware. Lange Arbeitszeiten, Kinderarbeit, unmenschliche Arbeitsbedingungen, Hunger und Krankheit beherrschten den Alltag, soziale Sicherung gab es nicht. Da der Staat das Wirtschaftsgeschehen nicht beeinflusste, ergaben sich starke Konjunkturschwankungen mit großer Arbeitslosigkeit und Elend.

Die Zentralverwaltungswirtschaft

Die freie Marktwirtschaft brachte den Arbeitnehmern große Not und soziales Elend. Diese Missstände veranlassten Karl Marx und Friedrich Engels, eine neue Wirtschaftsordnung zu fordern. Sie verlangten die **Sozialisierung** (d. h. **die Verstaatlichung der Produktionsmittel**) sowie eine zentrale Planung und Steuerung der Wirtschaft durch den Staat. Die Lenkung der gesamten Volkswirtschaft erfolgte dabei so, als wäre sie nur ein einziges riesiges Unternehmen. Ebenso mussten auch Arbeitsplätze und Berufswahl zentral gesteuert werden. Staatliche Planbehörden bestimmten:

Karl Marx (1818–1883)

- welche Güter jeder Betrieb zu produzieren hat
- welche Rohstoffe verwendet werden
- wem die Waren geliefert werden
- welche Löhne die Beschäftigten erhalten
- wieviel ein Betrieb herstellen muss
- woher diese Rohstoffe bezogen werden müssen
- welche Preise dafür verlangt werden
- was ein- und ausgeführt werden darf

Nachteile der Zentralverwaltungswirtschaft Eine abgewandelte Form der Zentralverwaltungswirtschaft war die Wirtschaftsordnung der sozialistischen Staaten. Dort hat sich gezeigt, dass auch diese Wirtschaftsordnung erhebliche Mängel aufwies. Denn je umfangreicher eine Wirtschaft geplant wird, desto häufiger treten Planungsfehler auf. Dabei konnten kleine Fehler ein großes Gefüge zum Stillstand bringen. Betriebe, die starr an Planvorgaben gebunden waren, ein riesiger Verwaltungsapparat und mangelnde Versorgung gehörten zum Alltag der Bevölkerung. Ebenso hat sich gezeigt, dass auch in der Planwirtschaft die Arbeitnehmer nur dann zu Höchstleistungen bereit sind, wenn sie einen persönlichen Gewinn erzielen. Die Einsatzbereitschaft für das Gemeinwohl hält sich dagegen in Grenzen. Orden und Ehrenzeichen wie „Held der Arbeit" waren ein zu geringer Leistungsanreiz.

Die soziale Marktwirtschaft

Die freie Marktwirtschaft und die Zentralverwaltungswirtschaft kommen in reiner Form nicht vor. Überall dort, wo sie in abgewandelter Form anzutreffen sind, lassen sie schwerwiegende Mängel erkennen. Nach dem Zweiten Weltkrieg wurde deshalb heftig über die zukünftige Wirtschaftsordnung diskutiert. Letztlich entschieden jedoch die Siegermächte darüber. So wurde in der späteren DDR die Zentralverwaltungswirtschaft eingeführt. Im Westen drängten vor allem die USA auf die Einführung der Marktwirtschaft. Allerdings war die Rolle des Staates zunächst umstritten. Aufgrund der Erfahrungen der Weltwirtschaftskrise (1929–1933) forderten viele einen stärkeren Einfluss des Staates. Andererseits waren die Folgen des starken Staatseinflusses während der Hitlerzeit nicht vergessen.

Aus diesen gegensätzlichen Haltungen entwickelte der damalige Wirtschaftsminister Ludwig Erhard eine neue Wirtschaftsordnung, die **soziale Marktwirtschaft.** Sie sollte die Vorteile der Marktwirtschaft ermöglichen, gleichzeitig aber deren Nachteile vermeiden. So wird versucht, auf der einen Seite ein hohes Maß an persönlicher Freiheit zu ermöglichen, andererseits sollen die sozialen Missstände der freien Marktwirtschaft abgewendet werden. Um dies zu erreichen, greift der Staat zugunsten der wirtschaftlich Schwachen in den Wirtschaftsablauf ein.

Ludwig Erhard (1897–1977)
Bundesminister für Wirtschaft 1949–1963;
Bundeskanzler 1963–1966

In der sozialen Marktwirtschaft laufen die wirtschaftlichen Aktivitäten wie in der freien Marktwirtschaft ab; z. B. regeln Angebot und Nachfrage den Wirtschaftsablauf, sind Produktionsmittel Privateigentum oder können sich alle Wirtschaftsteilnehmer frei betätigen. Es herrscht Gewerbefreiheit, Vertragsfreiheit, freie Arbeitsplatzwahl, freie Berufswahl, freier Handel usw. Allerdings werden einige Rechte eingeschränkt, wie die folgenden Beispiele zeigen:
– Der Staat unterstützt das Privateigentum; es soll aber zugleich dem „Wohl der Allgemeinheit dienen". Dies schließt eine vollständig freie Verfügbarkeit aus, da beispielsweise Vorschriften für Lärmschutz, Arbeitszeiten oder Umweltschutz bestehen.
– Die Vertragsfreiheit ist eingeschränkt, wenn Unternehmen Preisabsprachen treffen wollen.
– Um Handwerksbetriebe zu eröffnen, sind Meisterprüfung bzw. Berufspraxis erforderlich.

Soziale Marktwirtschaft

Grundgesetz Art. 14
(1) Das Eigentum und das Erbrecht werden gewährleistet. Inhalt und Schranken werden durch die Gesetze bestimmt.
(2) Eigentum verpflichtet. Sein Gebrauch soll zugleich dem Wohle der Allgemeinheit dienen.
(3) Eine Enteignung ist nur zum Wohle der Allgemeinheit zulässig. Sie darf nur durch Gesetz oder aufgrund eines Gesetzes erfolgen, das Art und Ausmaß der Entschädigung regelt. Die Entschädigung ist unter gerechter Abwägung der Interessen der Allgemeinheit und der Beteiligten zu bestimmen. Wegen der Höhe der Entschädigung steht im Streitfalle der Rechtsweg vor den ordentlichen Gerichten offen.

Grundgesetz Art. 20
(1) Die Bundesrepublik Deutschland ist ein demokratischer und sozialer Bundesstaat.

Das soziale Netz
Sozialleistungen in Deutschland 2006 in Milliarden Euro (Schätzung)

- 240,0 Mrd. Euro – Rentenversicherung
- 146,8 – Krankenversicherung
- 83,2 – Arbeitsmarkt
- 35,7 – Beamtenpensionen
- 25,3 – Lohn- und Gehaltsfortzahlung
- 21,9 – Sozialhilfe
- 19,1 – Betriebl. Altersversorgung
- 19,0 – Kinder- u. Jugendhilfe
- 18,0 – Pflegeversicherung
- 11,2 – Beihilfen für Beamte
- 11,2 – Unfallversicherung
- 9,5 – Zusatzvers. im öffentl. Dienst
- 3,6 – Versorgungswerke
- 3,4 – Soziale Entschädigung (KOV)
- 3,1 – Alterssicherung der Landwirte
- 3,1 – Erziehungsgeld
- 3,0 – Familienzuschläge für Beamte
- 2,7 – sonstige Arbeitgeberleistungen
- 1,8 – Ausbildungsförderung
- 1,7 – Wohngeld
- 0,8 – Vermögensbildung
- 0,7 – Wiedergutmachung
- 0,2 – Kindergeld
- 0,1 – Lastenausgleich u.a. Entschädigungen

außerdem indirekte Leistungen:
Familienleistungsausgleich (Kindergeld) 36,7
Ehegattensplitting 35,7

Quelle: BMAS

Artikel 20 des Grundgesetzes verpflichtet den Staat auf demokratische und soziale Prinzipien. Um diesen Anspruch zu verwirklichen, bedient er sich vorwiegend der folgenden **Instrumente**:

Sozialpolitik Wer in Not gerät, kann auf die Hilfe der Gemeinschaft zählen. Das System der **Sozialversicherungen** hilft bei Krankheit, Arbeitsunfällen, Arbeitslosigkeit und abnehmender Schaffenskraft. Reichen die Leistungen der Sozialversicherung nicht aus, dann springt das Sozialgeld (früher Sozialhilfe) ein. Damit auch wirtschaftlich Schwache sozial geschützt und gesichert sind, unterstützt sie der Staat durch Kindergeld, Wohngeld, Sozialwohnungsbau, Ausbildungsförderung usw. **Arbeitsschutzbestimmungen** sollen menschenunwürdige und gesundheitsschädigende Arbeitsbedingungen verhindern.
Beispiele: Kündigungsschutzgesetz, Arbeitszeitgesetz, Mutterschutzgesetz, Jugendarbeitsschutzgesetz, Schwerbehindertengesetz, Gewerbeordnung.

Einkommens- und Vermögenspolitik Damit eine gerechte Einkommens- und Vermögensverteilung erreicht wird, zahlt derjenige, der mehr verdient, sowohl absolut (in Euro) als auch prozentual mehr Steuern (**Steuerprogression**). Die Einteilung in Steuerklassen soll die besonderen Verhältnisse der einzelnen Steuerpflichtigen berücksichtigen. Zusätzlich werden innerhalb bestimmter Einkommensgrenzen verschiedene soziale Leistungen gewährt, z. B. die **Spar- und Bausparförderung**.

Wettbewerbspolitik Unternehmen versuchen häufig, den Wettbewerb einzuschränken, indem sie beispielsweise vereinbaren, gleiche Preise zu verlangen. Vielfach schließen sie sich auch zu Großunternehmen zusammen und schränken dadurch den Wettbewerb ein. Dies führt fast immer zu Nachteilen für die Verbraucher. Durch das Gesetz gegen Wettbewerbsbeschränkungen (Kartellgesetz) verbietet der Staat Kartelle, kontrolliert und überwacht Unternehmenszusammenschlüsse. Des Weiteren kontrolliert er die Preisgestaltung marktbeherrschender Unternehmen. Weitere Gesetze zur Ordnung des Wettbewerbs und zum Schutze des Verbrauchers sind z. B. das Produkthaftungsgesetz, das Lebensmittelgesetz, das Eichgesetz und die Preisangabenverordnung.

Soziale Marktwirtschaft

Strukturpolitik Nicht alle Gebiete unseres Landes haben den gleichen Lebensstandard und die gleichen Beschäftigungsbedingungen. Um allen Bürgern gleiche Entwicklungschancen zu ermöglichen, fördert der Staat wirtschaftlich schwache Regionen, indem er Zuschüsse und günstige Kredite für die Neugründung und Erweiterung von Betrieben zur Verfügung stellt. Auch bestehende oder existenzgefährdete Betriebe werden unterstützt, wenn dadurch Arbeitsplätze gesichert werden können oder wenn der Staat wichtige Wirtschaftszweige erhalten möchte. So erhalten z. B. die Landwirtschaft, der Bergbau und die Eisen- und Stahlindustrie staatliche Unterstützungen **(Subventionen)**.

Konjunkturpolitik Wirtschaftskrisen können zu Konkursen und großer Arbeitslosigkeit führen. Um dies zu verhindern, beeinflusst der Staat die wirtschaftliche Lage (Konjunktur), indem er seine **Steuern und Staatsausgaben** erhöht oder senkt (siehe auch Seite 253).

Subventionsempfänger Landwirtschaft

Öffentliche Unternehmen Damit die Bevölkerung gleichmäßig mit wichtigen Gütern und Dienstleistungen versorgt wird, werden diese häufig von öffentlichen Unternehmen angeboten. Dazu zählen Wasserwerke, Schulen, Hochschulen, Theater, Krankenhäuser und andere wichtige öffentliche Einrichtungen. Beispielsweise würde ein privater Verkehrsbetrieb jede unrentable Strecke im Personennahverkehr sofort einstellen.

Zusammenfassung

Soziale Marktwirtschaft

Selbstlenkung der Wirtschaft durch Angebot und Nachfrage
• Gewerbefreiheit • Vertragsfreiheit • freie Preisbildung • Privateigentum

jedoch

Staatliche Eingriffe in den Wirtschaftskreislauf

Sozialpolitik	Wettbewerbspolitik	Einkommenspolitik	Strukturpolitik	Konjunkturpolitik	öffentliche Unternehmen
z.B. Sozialversicherungen	z.B. Kartellgesetz	z.B. Steuerprogression	z.B. Subventionen	z.B. öffentliche Ausgaben	z.B. Verkehrsbetrieb
Ziel	Ziel	Ziel	Ziel	Ziel	Ziel
Unterstützung Bedürftiger	Sicherung des Wettbewerbs	Gerechte Verteilung von Vermögen	Unterstützung schwacher Gebiete und Wirtschaftszweige	Beeinflussung der Konjunktur	Sicherstellung der Versorgung der Bevölkerung

Die wirtschaftlich Schwachen sollen geschützt werden.

Soziale Marktwirtschaft

Arbeitsteil

Blech-Lob
für 25 Jahre Plankommission

Edelstahl
für verdiente Eisenbahner

Die goldene Kuh
für Milchviehproduzenten

1. Geben Sie an, für welche Wirtschaftsordnung die Abbildungen jeweils typisch sind.

2. Welche Probleme waren charakteristisch für die freie Marktwirtschaft, welche für die Zentralverwaltungswirtschaft?

3. Erläutern Sie, wie es nach dem Zweiten Weltkrieg zur Einführung der sozialen Marktwirtschaft in Westdeutschland kam.

4. a) Wie unterscheidet sich die soziale Marktwirtschaft von der freien Marktwirtschaft?
   b) Zeigen Sie Gemeinsamkeiten zwischen der freien Marktwirtschaft und der sozialen Marktwirtschaft.

5. Nennen Sie einen Grundsatz der sozialen Marktwirtschaft, der
   a) aus der freien Marktwirtschaft,
   b) aus der Zentralverwaltungswirtschaft stammt.

6. Auf welche Bereiche erstrecken sich in unserer sozialen Marktwirtschaft die Maßnahmen des Staates?

7. Welche staatlichen Maßnahmen dienen der sozialen Sicherung?

8. Nennen Sie zwei Gründe, weshalb der Staat die Wirtschaftsstruktur fördert.

9. Welche Aufgabe haben die öffentlichen Unternehmungen in einer sozialen Marktwirtschaft?

10. Die Gemeinden klagen über eine explosionsartige Kostenerhöhung für soziale Bereiche.
    a) Wie erklären Sie sich diese Entwicklung? Nennen Sie mögliche Gründe.
    b) Nehmen Sie Stellung zu der Aussage: „Unser soziales Netz ist zur sozialen Hängematte geworden!"
    c) Nennen Sie drei Beispiele für den Missbrauch sozialer Leistungen und suchen Sie nach Lösungen zur Verhinderung dieses Missbrauchs.
    d) Welche Auswirkungen hätte die Abschaffung des Sozialgeldes?
    e) Wie erklären Sie sich die zunehmende Armut in Deutschland bei gleichzeitiger Erhöhung der „Anzahl der Reichen"?

Soziale Marktwirtschaft

4 Sozialprodukt als gesamtwirtschaftliche Messgröße

Wenn früh am Morgen die Werksirene dröhnt,
und die Stechuhr beim Stechen lustvoll stöhnt,
in der Montagehalle die Neonsonne strahlt,
und der Gabelstapelführer mit der Stapelgabel prahlt.

Refrain:
Ja dann wird wieder in die Hände gespuckt,
wir steigern das Bruttosozialprodukt,
jajaja jetzt wird wieder in die Hände gespuckt.

Die Krankenschwester kriegt 'nen Riesenschreck:
schon wieder ist ein Kranker weg.
Sie amputierten ihm sein letztes Bein,
und jetzt kniet er sich wieder mächtig rein. ... *Refrain*

Wenn sich Opa am Sonntag auf sein Fahrrad schwingt,
und heimlich in die Fabrik eindringt,
dann hat Oma Angst, dass er zusammenbricht,
denn Opa macht heut wieder Sonderschicht. ... *Refrain*

A-A-A-An Weihnachten liegen alle rum und sagen Buhuhuu.
Der Abfalleimer geht schon wieder nicht mehr zuhuhu.
Die Gabentische werden immer bunter,
und am Mittwoch kommt die Müllabfuhr und holt den ganzen Plunder.

Worüber informiert das Bruttosozialprodukt?
Weshalb wird die Steigerung des Bruttosozialproduktes für so wichtig erachtet?
Wie stehen die Verfasser dieses Textes dazu?

Geier Sturzflug

4.1 Das Sozialprodukt

Die Leistung unserer Wirtschaft verändert sich jedes Jahr. Um die Wirtschaftskraft eines Staates zu messen, rechnet man alle Sachgüter und Dienstleistungen zusammen, die innerhalb eines Jahres erzeugt wurden. Als einheitlicher Maßstab wird hierfür der Marktpreis verwendet. Das Ergebnis dieser Addition nennt man **Sozialprodukt**.
Für das Sozialprodukt werden verschieden ermittelte Werte verwendet: Zum einen gibt es das **Bruttoinlandsprodukt (BIP),** das den Wert aller Dienstleistungen und Sachgüter einer Volkswirtschaft kennzeichnet, der innerhalb der **Landesgrenzen** in einem Jahr entstanden ist. Diese können auch von Ausländern erbracht worden sein. Davon wird das **Bruttosozialprodukt (BSP)** unterschieden, das den Wert der Dienstleistungen und Sachgüter zusammenfasst, der von **Inländern** in einem Jahr erwirtschaftet worden ist, gleichgültig, ob die Werte im In- oder Ausland entstanden sind. Die beiden Maßstäbe unterscheiden sich in ihrer Höhe nicht stark. Als Gradmesser für den Wohlstand einer Nation wird, vor allem wegen der internationalen Vergleichbarkeit, in letzter Zeit in Deutschland das BIP verwendet.

Soziale Marktwirtschaft

Die Leistung unserer Wirtschaft
Bruttoinlandsprodukt (BIP) in Deutschland in Milliarden Euro

1997	1998	1999	2000	2001	2002	2003	2004	2005	2006	2007
1 916	1 965	2 012	2 063	2 113	2 143	2 164	2 211	2 245	2 322	2 423

Veränderungen in %

nominal / real* (Preisanstieg abgerechnet):
- 1997: +2,1 / +1,8
- 1998: +2,6 / +2,0
- 1999: +2,4 / +2,0
- 2000: +3,2 / +2,5
- 2001: +2,5 / +1,2
- 2002: +1,4 / ±0
- 2003: +1,0 / -0,2
- 2004: +2,2 / +1,1
- 2005: +1,5 / +0,8
- 2006: +3,5 / +2,9
- 2007: +4,3 / +2,5

aus Globus 1861

nominales Bruttoinlandsprodukt ← Preissteigerungen → reales Bruttoinlandsprodukt

Aus dem Schaubild ist zu ersehen, dass das Bruttoinlandsprodukt der Bundesrepublik Deutschland jährlich angestiegen ist. Allerdings muss dies nicht unbedingt bedeuten, dass die Güterproduktion entsprechend zugenommen hat.

Ein Anstieg kann u. a. auf Preissteigerungen zurückzuführen sein, denn wenn die Preise steigen, so steigt auch das so genannte **nominale Bruttoinlandsprodukt** (nominal = betragsmäßig), obwohl nicht mehr Güter produziert worden sind. Vermindert man das nominale Bruttoinlandsprodukt um die Inflationsrate, so erhält man das **reale Bruttoinlandsprodukt** (real = tatsächlich). Erst dieses ermöglicht eine klare Aussage über die Wirtschaftsleistung eines Landes und deren Veränderungen.

In der Bundesrepublik Deutschland hat es jedes Jahr einen nominalen Anstieg des Bruttoinlandsproduktes gegeben. Real betrachtet war diese Zunahme jedoch wesentlich geringer. Teilweise ist das reale Bruttoinlandsprodukt im Vergleich zum Vorjahr etwas zurückgegangen.

Aussagekraft des Bruttoinlandsproduktes

Der Lebensstandard einer Bevölkerung wird meist an der Höhe des Bruttoinlandsproduktes gemessen. Allerdings ist dies sehr umstritten. So bringt eine Zunahme des realen Bruttoinlandsproduktes nicht automatisch einen höheren Lebensstandard mit sich. Nur wenn das reale **Bruttoinlandsprodukt pro Kopf der Bevölkerung** steigt, führt dies auch zu einem wachsenden Wohlstand. Denn nur dann stehen jedem Einwohner mehr Güter und Dienstleistungen zur Verfügung. Wächst dagegen die Bevölkerung schneller als das Bruttoinlandsprodukt, so hat das eine Verschlechterung des Lebensstandards zur Folge; ein Problem, das sich bei vielen Entwicklungsländern beobachten lässt.

Weitere Schwächen in der Aussagekraft des Bruttoinlandsproduktes:
- Sehr viele Leistungen sind nicht enthalten, z. B. die unbezahlte Arbeit der **Hausfrauen**, Heimarbeiter, Hobbygärtner oder die ehrenamtliche Vereinstätigkeit. 2001 betrug der Wert dieser Leistungen mehr als 820 Mrd. €.
- Auch **Schwarzarbeit** ist nicht genau erfasst; allein sie wird im Jahr 2005 auf 346 Mrd. Euro geschätzt.
- Das Bruttoinlandsprodukt enthält auch Leistungen, die den Lebensstandard vermindern. Enorme Beträge werden für die **Beseitigung von Schäden** verwendet (Umweltschäden, Unfallschäden usw.). So beschäftigt z. B. ein Verkehrsunfall Ärzte, Krankenhäuser,

Versicherungen, Werkstätten, Autohersteller usw. Dadurch wird das Sozialprodukt erhöht, aber der Wohlstand vermindert.
- Der **Staat** kann einen großen Teil des Sozialproduktes verbrauchen, z. B. für die Verwaltung oder die Rüstung.
- Über die **ungleiche Verteilung** des Wohlstands gibt das Bruttoinlandsprodukt ebenfalls keine Auskunft.

4.2 Entstehung, Verwendung und Verteilung des Bruttoinlandsproduktes

Das Bruttoinlandsprodukt (und auch das Sozialprodukt) wird auf drei verschiedene Arten ermittelt. Man kann errechnen, wo es entstand, wie es verwendet wurde und wie es verteilt wurde. Dementsprechend unterscheidet man:
- die **Entstehungsrechnung**
- die **Verwendungsrechnung**
- die **Verteilungsrechnung.**

Die Entstehungsrechnung

An der Entstehung des Bruttoinlandsproduktes sind alle Wirtschaftsbereiche beteiligt. Um es zu berechnen, wird von allen Bereichen der Wert der erbrachten Güter und Dienstleistungen zusammengezählt. Die Entstehungsrechnung gibt also Auskunft darüber, wo das Bruttoinlandsprodukt erarbeitet wurde. Den größten Beitrag leistet der Dienstleistungsbereich, dessen Anteil in den letzten Jahren immer mehr zugenommen hat. An zweiter Stelle folgt das produzierende Gewerbe (Industrie und Handwerk). Der landwirtschaftliche Anteil beträgt hingegen nur noch 0,9 %.

Dort erarbeitet
- Finanzierung, Vermietung, Unternehmensdienstleister 29,4
- Produzierendes Gewerbe 25,9
- Öffentl. u. private Dienstleister 21,9
- Handel, Gastgewerbe, Verkehr 17,8
- Baugewerbe 4,1
- Land- u. Forstwirtschaft 0,9

Dafür verwendet
- Privater Konsum (einschl. Organisationen) 56,8
- Bruttoinvestitionen 18,3
- Staatsausgaben 18,0
- Außenbeitrag 6,9

aus Globus 1861

Die Verwendungsrechnung

Verbraucht werden die produzierten Güter und Dienstleistungen von den privaten Haushalten, vom Staat sowie von den Unternehmen. Die Verwendung des Bruttoinlandsproduktes ist von großer Bedeutung für den Lebensstandard einer Bevölkerung. *Beispiele:* Ist der private Verbrauch besonders hoch, so werden die Investitionen entsprechend verringert, ein weiteres Wirtschaftswachstum und zukünftiger Lebensstandard sind gefährdet. Verbraucht der Staat selbst einen großen Anteil für zivile oder militärische Zwecke, dann können die Unternehmen entsprechend weniger investieren und die privaten Haushalte entsprechend weniger verbrauchen. Werden der private Verbrauch, der Staatsverbrauch und die Investitionen zusammengezählt, erhält man den Teil des Sozialproduktes, der im Inland verwendet wird. Da das Bruttoinlandsprodukt die im Inland erzeugten Werte enthält, müssen die Güter, die ins Ausland ausgeführt werden (Export), hinzugezählt und die Güter, die aus dem Ausland eingeführt werden (Import), abgezogen werden. Die Differenz zwischen Export und Import bezeichnet man als **Außenbeitrag.**

Soziale Marktwirtschaft

So verteilt
- Löhne und Gehälter: 64,6
- Gewinne und Vermögenserträge: 35,4

aus Globus 1861

Die Verteilungsrechnung

Die erzeugten Güter und Dienstleistungen wurden mit Geld bezahlt. Durch die Verteilungsrechnung erfährt man, wer dieses Geld erhalten hat, also ob es in Form von Löhnen und Gehältern an die Arbeitnehmer ausbezahlt wurde oder ob es als Gewinne und Zinsen den Unternehmern bzw. Kapitalanlegern zugeflossen ist.

Allerdings kann nicht das ganze Geld verteilt werden. Ein Teil davon muss für Ersatzinvestitionen **(Abschreibungen)** verwendet werden. Dies sind Aufwendungen, um jene Güter zu ersetzen, die wegen der Produktion abgenutzt wurden. Des Weiteren müssen die Unternehmen indirekte Steuern wie die Mehrwertsteuer an den Staat abführen. Der verbleibende Betrag, das **Volkseinkommen,** wird zwischen Unternehmern und Arbeitnehmern aufgeteilt. Das Volkseinkommen ist also geringer als das Bruttoinlandsprodukt.

Der Anteil der Arbeitnehmer am Volkseinkommen wird als **Lohnquote** (64,6 %) bezeichnet. **Gewinnquote** (35,4 %) nennt man den Anteil der Unternehmer und Kapitalgeber. Die Verteilung des Volkseinkommens, also die Höhe von Lohnquote und Gewinnquote, ist ein häufiger Streitpunkt in Tarifverhandlungen.

Zusammenfassung

Bruttoinlandsprodukt
= Wert aller erbrachten Güter und Dienstleistungen einer Volkswirtschaft innerhalb eines Jahres

nominales Bruttoinlandsprodukt
= Sozialprodukt zu bestehenden Preisen

reales Bruttoinlandsprodukt
= nominales Sozialprodukt, vermindert um Preissteigerungen

Entstehungsrechnung
Wo entstanden?
- Dienstleistungsbereich
- Produzierendes Gewerbe
- Handel
- Landwirtschaft

Verwendungsrechnung
Wofür verwendet?
- Privatverbrauch
- Staatsverbrauch
- Investitionen
- Außenbeitrag

Verteilungsrechnung
Wie verteilt?
- Löhne (Lohnquote)
- Gewinne und Zinsen (Gewinnquote)

Soziale Marktwirtschaft

Arbeitsteil

1. Erläutern Sie, was man unter dem Bruttoinlandsprodukt versteht.

2. Unterscheiden Sie zwischen nominalem und realem Bruttoinlandsprodukt.

3. a) Gibt das reale Bruttoinlandsprodukt allein eine verlässliche Auskunft darüber, ob der Lebensstandard einer Bevölkerung gestiegen ist? Begründen Sie.
   b) Ein Arbeiter fährt mit dem Auto 30 km zur Arbeit. Wie wirkt es sich aus, für ihn und das Bruttoinlandsprodukt, wenn er in drei Minuten zu Fuß zur Arbeit könnte?

4. Welche Aussage über das Wirtschaftswachstum eines Landes ist möglich, wenn
   a) das nominale Bruttoinlandsprodukt steigt, das reale stagniert?
   b) das nominale Bruttoinlandsprodukt steigt, das reale zurückgeht?

5. Weshalb ist das Volkseinkommen geringer als das Bruttoinlandsprodukt?

6. a) Nennen Sie die wichtigsten Bereiche, in denen das Sozialprodukt entsteht.
   b) Wofür wird das Sozialprodukt verwendet?

7. Erklären Sie folgende Begriffe:
   a) Volkseinkommen
   b) Lohnquote
   c) Gewinnquote.

8. Welche Gefahr sehen Sie in einer erheblichen Steigerung der Lohnquote?

9. Erläutern Sie, was man unter dem Außenbeitrag versteht.

10. Welchen Zusammenhang sehen Sie zwischen dem Wachstum des Sozialproduktes einerseits und einer lebenswerten Umwelt andererseits?

11. Die Handwerksorganisationen schätzen, dass allein im Handwerk rund 600 000 Arbeitsplätze durch Schwarzarbeit verloren gehen.
    a) Ermitteln Sie für diese 600 000 Arbeitsplätze anhand der nebenstehenden Zahlen den jährlichen Einnahmeausfall durch Schwarzarbeit für:
       – die Rentenversicherung
       – die Krankenversicherung
       – die Arbeitslosenversicherung
       – die Unfallversicherung
       – den Staat (wegen der Lohnsteuer).
    b) Weshalb wird Ihrer Meinung nach so viel „schwarz" gearbeitet?
    c) Wie könnte Ihrer Meinung nach die Schwarzarbeit eingedämmt werden?
    d) Neben der Schwarzarbeit gibt es weitere Tätigkeiten, die nicht vom Sozialprodukt erfasst werden. Nennen Sie zwei solcher Tätigkeiten.

TEURE SCHWARZARBEIT

Jährliche Beitrags- und Steuerausfälle für 10 000 Arbeitsplätze (Westdeutschland), die durch Schwarzarbeit verloren gehen (in €):

Rentenversicherung	51 Mio.
Krankenversicherung	36 Mio.
Arbeitslosenversicherung	17 Mio.
Pflegeversicherung	4 Mio.
Unfallversicherung	4 Mio.
Lohnsteuer	46 Mio.

Soziale Marktwirtschaft

5 Probleme der sozialen Marktwirtschaft

Welche Probleme deuten die Abbildungen an?

5.1 Soziale Sicherungssysteme

Das soziale Netz erstreckt sich nahezu auf alle Lebensbereiche. Finanziert wird dieses Netz durch Steuern und Sozialversicherungsbeiträge von Arbeitnehmern und Arbeitgebern, deren Abgabenbelastung zunehmend steigt. So müssen in der **Rentenversicherung** immer weniger Arbeitnehmer immer mehr Rentner versorgen. Schätzungen gehen davon aus, dass es im Jahr 2040 erstmals mehr Rentner als Beitragszahler geben wird. Deshalb werden allen Beteiligten Opfer abverlangt. Unter anderem musste deshalb das **Rentenalter** (Lebensarbeitszeit) **erhöht** werden. Gleichzeitig fielen Rentenerhöhungen geringer aus, **wurden höhere Staatszuschüsse** gezahlt und wurde das zukünftige **Rentenniveau gesenkt**. Inzwischen beträgt der Beitragssatz der Rentenversicherung 19,9 % des Bruttoverdienstes, dass er weiter steigen wird, ist abzusehen. Ebenso ist ersichtlich, dass in Zukunft die **Renten** wohl noch stärker **gesenkt** werden müssen.

Die gesetzliche Rente reicht künftig als Alterssicherung nicht mehr aus. Durch

244

Soziale Marktwirtschaft

die letzte **Rentenreform** soll seit dem Jahr **2002** eine zusätzliche kapitalgedeckte Altersvorsorge diese Lücke schließen (sog. Riester-Rente). Der Staat fördert hierbei mit Zulagen und Steuervergünstigungen die eigenverantwortliche Altersvorsorge der Arbeitnehmer. Die **private Vorsorge** ist **freiwillig,** die Förderung ist abhängig von Kinderzahl, Familienstand und Einkommenshöhe (siehe auch S. 50).

Ein späterer Rentenbeginn wirkt sich jedoch negativ auf den Arbeitsmarkt aus. Die Folge: Die Belastung der **Arbeitslosenversicherung** nimmt zu.

Auch die **Krankenversicherung** hat in den letzten Jahren eine wahre Kostenexplosion erlebt. Neben steigenden Beiträgen hat dies unter anderem zur Folge, dass ständig Leistungen gekürzt werden müssen (z. B. Eigenanteil bei Zahnersatz).

Durch die Überalterung der Bevölkerung sind weitere Kostensteigerungen zu erwarten, sowohl in der Krankenversicherung als auch in der **Pflegeversicherung.**

Wegen der Massenarbeitslosigkeit sinken Steuereinnahmen des Staates und Beitragseinnahmen der Sozialversicherungen. Gleichzeitig steigt die Zahl derjenigen, die Sozialgeld oder Arbeitslosenunterstützung erhalten. Arbeitslosenversicherung, Gemeinden und Bundeshaushalt geraten in starke Finanznöte. Denn **staatliche Leistungen** wie Kindergeld, Arbeitslosengeld II bzw. Sozialgeld (2005 erhielten 5,6 Mio. Bürger in Deutschland Sozialhilfe), Wohngeld oder Ausbildungsförderung setzen entsprechend hohe Staatseinnahmen voraus. Da diese nicht ausreichen, müssen andauernd Leistungen gekürzt werden. Trotzdem können zahlreiche Leistungen nur noch durch eine erhebliche Staatsverschuldung finanziert werden.

Es wird deutlich: Sozialversicherungen und Staat erreichen bald die Grenzen ihrer Leistungsfähigkeit; weitere schmerzliche Einschnitte im „Sozialen Netz" sind zu erwarten. Zwar wird es auch in Zukunft eine soziale Sicherung geben, allerdings auf einem deutlich niedrigeren Niveau, deshalb muss die **Eigenverantwortung** der Bürger zunehmen.

5.2 Subventionen – Staatsquote – Privatisierung

Subventionen

Jede Tonne Steinkohle, die an Ruhr und Saar gefördert wird, kostet rund 160 €. Auf dem Weltmarkt wäre sie für gut 40 € zu haben. Damit deutsche Kohle überhaupt noch Abnehmer findet, wird sie durch **Subventionen** „wettbewerbsfähig" gemacht. Subventionen sind finanzielle Hilfen ohne Gegenleistungen, die der Staat aus unterschiedlichen Gründen an private Unternehmen gewährt. Derartige Finanzhilfen erhalten z. B. die Landwirtschaft oder die Werftindustrie.

Manche dieser Branchen sind nur mithilfe dieser Zuschüsse überlebensfähig oder haben sich dauerhaft auf ihren Bezug eingestellt. Um die Staatsquote zu senken, wurde seit einiger Zeit begonnen, Subventionen abzubauen, ein weiterer Abbau ist vorgesehen.

Subventionen des Bundes
in Milliarden Euro

Jahr	Betrag
2005	23,5
2006	23,0
2007	22,4
2008 (Schätzung)	21,5

Aufteilung 2008

Bereich	Mrd. Euro
Industrie	10,0
Wohnungswesen	3,8
Bergbau	2,0
Verkehr	1,4
Vermögensbildung	1,3
Verbraucherschutz und Landwirtschaft	0,9
sonstige Subventionen	2,0

rundungsbedingte Differenz   Quelle: Subventionsbericht der Bundesregierung

Staatsquote

Die **Staatsquote** gibt an, welchen Anteil die Staatsausgaben an der Wirtschaftsleistung ausmachen, genauer gesagt: am Bruttoinlandsprodukt. In den letzten Jahren ist sie Besorgnis erregend hoch, 2006 betrug sie 45,4 % (1960: 32,9 %). Alle gesellschaftlichen Gruppen sind sich einig, dass die Quote gesenkt werden muss. In anderen Län-

Soziale Marktwirtschaft

Staatsausgaben in Mrd. Euro

(bis 1990 nur Westdeutschland)
Quelle: Statistisches Bundesamt

Jahr	1975	1980	1985	1990	1995	2000	2005
Mrd. Euro	270	379	464	585	951	961	1050

dern wie den USA oder Japan liegt sie zwischen 30 und 40 %. Die Folgen unserer hohen Staatsquote spürt jeder Arbeitnehmer bei seiner Lohnabrechnung: Die Durchschnittsbelastung mit Sozialabgaben und Steuern nimmt seit Jahren zu.

Auch die Unternehmer klagen seit Jahren über die Auswirkungen der hohen Staatsquote, die sie in Form hoher Steuerbelastung und hoher Lohnzusatzkosten spüren. Vielfach wird sogar die Ansicht vertreten, die hohe Staatsquote gefährde den Unternehmensstandort Deutschland (siehe Seite 207 Lohnzusatzkosten).

Gemeinden zahlen zu

Alle Angaben in Prozent

Bereich	Prozent
Büchereien	96
Museen	93
Kindertagesstätten	88
Theater	87
Bäder	76
Volkshochschulen	71
Musikschulen	68
Schlachthöfe	34
Straßenreinigung	27
Friedhöfe	25
Abwasser	0
Abfallbeseitigung	0

So viel Prozent der Kosten sind nicht durch Gebüreneinnahmen gedeckt

Privatisierung

Öffentliche Unternehmen sollen die Bevölkerung gleichmäßig und kostengünstig mit wichtigen Gütern und Dienstleistungen versorgen. Allerdings arbeiten die meisten Unternehmen sehr unrentabel. Viele der angebotenen Güter sind nicht kostengünstig, sondern teuer. Trotzdem benötigen die meisten öffentlichen Unternehmen erhebliche Staatszuschüsse. Dies liegt häufig daran, dass diese Betriebe eine Monopolstellung haben. Fehlender Wettbewerb lässt Unternehmen gleichgültig reagieren. Neuerungen werden als unwichtig erachtet. Wegen der Gewissheit, dass Verluste vom Steuerzahler getragen werden, ist der Wille sie zu verhindern gering. Viele Staatsunternehmen arbeiten deshalb unproduktiv, vielfach mit überhöhtem Kapital- und Personaleinsatz. Nachdem immer größere Staatszuschüsse benötigt wurden, begann man vor einigen Jahren, öffentliche Unternehmen zu privatisieren.

Die **Privatisierung** spart Staat und Steuerzahlern Geld und der Verkauf bringt zusätzliche Staatseinnahmen. Privatunternehmen wollen Gewinne erzielen, darum müssen sie produktiv arbeiten und kostengünstig anbieten. Durch die Privatisierung kommen die Verbraucher deshalb in den Genuss fallender Preise, wie z.B. der Verkauf der Telekom gezeigt hat. Bahn und Post wurden bereits zum Teil privatisiert, auch die Lufthansa und zahlreiche Energieversorgungsmonopole sollen in private Hände übergehen. Zunehmend mehr Gemeinden lassen Müllabfuhr, Straßenreinigung und Abwasserbeseitigung von Privatfirmen erledigen.

5.3 Harmonisierung in der EU

Inzwischen ist die EU auf 27 Mitgliedstaaten angewachsen. Mit dem Europäischen Binnenmarkt hat dieses Europa ohne Grenzen einen gemeinsamen Markt für 500 Millionen Menschen geschaffen. Der EU-Binnenmarkt ist aber noch nicht vollständig verwirklicht, in verschiedenen Bereichen gelten für manche Staaten noch Übergangsregelungen. Wichtige Unterschiede und Behinderungen müssen noch beseitigt werden:

– So müssen z. B. die Steuersysteme angeglichen werden, vor allem die unterschiedlichen Umsatzsteuersätze. Derzeit bewegen sie sich zwischen 15 und 25 %. Auch bei den Verbrauchssteuersätzen bestehen erhebliche Unterschiede. Deshalb gibt es nach wie vor Beschränkungen im Handel mit Genussmitteln zwischen den EU-Staaten. Wein, Spirituosen, Tabak usw., die zu gewerblichen Zwecken verwendet werden, müssen deshalb immer noch im Einfuhrland angemeldet und nachversteuert werden. Nur wenn die Waren der privaten Verwendung dienen, bleiben sie steuerfrei, sofern bestimmte Höchstmengen nicht überschritten werden.

– Letzte Handelshemmnisse müssen abgebaut werden, d. h. zahlreiche nationale Vorschriften und Normen waren und sind anzupassen. Allein in Deutschland unterschied man mehr als 20 000 Industrienormen, in anderen Ländern noch viel mehr. *Beispiel:* Ein Elektrounternehmen, das seine Produkte innerhalb der gesamten EU vertreiben wollte, musste bis zu 35 verschiedene Elektrostecker herstellen. Erst der „Eurostecker" sorgte für Einheitlichkeit. Mit Beginn der Währungsunion am 1. Januar 1999 wurden weitere Handelshemmnisse beseitigt, vor allem die vielen Industrie-, Sicherheits-, Gesundheits- und Lebensmittelvorschriften.

– Innerhalb der gesamten EU besteht Freizügigkeit für Arbeitnehmer und Niederlassungsfreiheit für Unternehmer. Unterschiedliche Ausbildungsgänge müssen deshalb gegenseitig anerkannt werden. Mindestvorschriften sollen sicherstellen, dass Qualifikationen nicht zu große Unterschiede aufweisen.

Im Dezember 1991 wurde in Maastricht der Vertrag über die **Europäische Union (EU)** abgeschlossen; die Einführung einer Währungsunion sowie die Entwicklung einer **Wirtschafts- und Sozialunion** wurde beschlossen. In einer europäischen Wirtschafts- und Sozialunion werden die Arbeitsmärkte offen sein. Deshalb müssen nationale Unterschiede für gleiche Arbeiten aufgehoben werden. Ist dies nicht der Fall, wandern viele Arbeitnehmer in die Länder ab, in denen die höchsten Löhne gezahlt werden.

Dasselbe gilt für die enormen Unterschiede bei den **Sozialversicherungen,**

Soziale Marktwirtschaft

im Bereich des **Arbeitsschutzes,** des **Arbeitsrechts** und des **Umweltschutzes.** Zwar wurden EU-weit Mindeststandards festgeschrieben. Aber nur wenige Länder wie Frankreich oder Dänemark haben einen ähnlich hohen Standard wie Deutschland. Um die Wettbewerbsfähigkeit ihrer Industrie nicht zu schmälern, wollen viele EU-Länder (z. B. Großbritannien), dass die EU sich an ihrem niedrigeren Niveau orientiert. Gelingt keine Angleichung **(Harmonisierung),** dann reagieren auch die Unternehmen, sie werden in Regionen mit niedrigen Sozialstandards abwandern (siehe auch Lohnzusatzkosten S. 207).

5.4 Ziele der Wirtschaftspolitik und Zielkonflikte

Wirtschaftskrisen können zu großer Not für weite Teile der Bevölkerung führen. Um dies zu verhindern, beeinflusst der Staat das Wirtschaftsgeschehen. Die Hauptziele der staatlichen Wirtschaftspolitik wurden 1967 im **Stabilitätsgesetz** festgelegt (genauer: im „Gesetz zur Förderung der Stabilität und des Wachstums der Wirtschaft"). Im Einzelnen sind dies: **Preisstabilität, Vollbeschäftigung, angemessenes Wirtschaftswachstum** und **außenwirtschaftliches Gleichgewicht.**

In der wirtschaftlichen Praxis ist es jedoch sehr schwierig, alle vier Ziele gleichzeitig zu erfüllen. Vielfach behindern Maßnahmen, die der Erfüllung des einen Zieles dienen sollen, das Erreichen eines anderen. Da es nahezu magische Kräfte erfordert, sie gleichzeitig zu erreichen, spricht man bei der staatlichen Wirtschaftspolitik vom **magischen Viereck.**

Nach: Erich Schmidt Verlag, Zahlenbilder 200 510

Preisstabilität

Preisstabilität

Die Preissteigerungsrate beträgt höchstens 2 %.

Durch Inflationen nach dem Ersten und Zweiten Weltkrieg verloren Millionen von Sparern ihr Vermögen. Größere Preissteigerungen verteuern unsere Produkte auf dem Weltmarkt und verschlechtern dadurch unsere internationale Wettbewerbsfähigkeit. Stabile Preise sind daher eine wichtige Voraussetzung für Vollbeschäftigung und angemessenes Wirtschaftswachstum. Absolut stabile Preise gibt es in einem marktwirtschaftlichen System nicht. Man spricht von **Preisstabilität,** wenn die Preissteigerungsrate 2 % nicht übersteigt.

Soziale Marktwirtschaft

Vollbeschäftigung

Arbeitslosigkeit führt bei den betroffenen Arbeitnehmern zu verminderten Einkommen und zu einer Einschränkung des Lebensstandards. Für den Staat bedeuten hohe Arbeitslosenzahlen geringere Staatseinnahmen bei gleichzeitig zusätzlichen Ausgaben durch Unterstützungszahlungen (z. B. Sozialgeld). Vollbeschäftigung ist daher ein wichtiges Ziel staatlicher Wirtschaftspolitik.

Absolute Vollbeschäftigung gibt es in einer Volkswirtschaft nicht. Denn aus unterschiedlichen Gründen wird immer eine bestimmte Anzahl von Personen ohne Arbeit sein.

Beispiele: körperliche Behinderung, Kündigung, Arbeitsunwilligkeit, Wohnortwechsel, saisonale Arbeitslosigkeit (z. B. Bauwirtschaft im Winter). Die Vollbeschäftigung gilt als erreicht, wenn die Arbeitslosenquote 2 % nicht übersteigt. Beträgt sie mehr als 2 %, spricht man von Unterbeschäftigung, von Überbeschäftigung, wenn sie unter 1 % liegt.

> **Vollbeschäftigung**
>
> Die Arbeitslosenquote beträgt höchstens 2 %.

Angemessenes Wirtschaftswachstum

Nur durch eine zunehmende Güterproduktion steigt auch der Lebensstandard eines Staates. Dieses Wirtschaftswachstum wird u. a. auch benötigt, damit Arbeitnehmer, die durch den technischen Fortschritt freigesetzt wurden, an anderer Stelle wieder eingesetzt werden können.

Das Wachstum einer Volkswirtschaft wird gemessen am Anstieg des realen Bruttoinlandsproduktes. Ein **angemessenes Wirtschaftswachstum** gilt als erreicht, wenn das Bruttoinlandsprodukt um 3 bis 4 % steigt.

> **Angemessenes Wirtschaftswachstum**
>
> Die Bruttoinlandsprodukt steigt um 3 bis 4 %.

Außenwirtschaftliches Gleichgewicht

Die Wirtschaft der Bundesrepublik Deutschland ist in besonderem Maße von anderen Ländern abhängig, da sie die meisten Rohstoffe vom Ausland beziehen muss. Sie ist daher gezwungen, einen großen Teil der daraus erzeugten Waren wieder in andere Länder zu verkaufen, um diese Rohstoffe bezahlen zu können.

Werden deutsche Produkte vom Ausland verstärkt gekauft, so lässt der höhere Export die inländische Gütermenge abnehmen, gleichzeitig steigt durch die Verkaufserlöse die Geldmenge an. Dies führt zu Preissteigerungen und Inflation. Bietet das Ausland seine Waren günstiger an, so wird in Deutschland die Nachfrage nach diesen Produkten steigen. Die Einfuhren (Importe) nehmen zu, gleichzeitig vermindern sich die Ausfuhren (Exporte). Der Absatz der deutschen Hersteller geht zurück. Betriebsstilllegungen und große Arbeitslosigkeit können die Folge sein. Der Wert von Ausfuhren und Einfuhren sollte daher möglichst gleich groß sein. Ist dieser Idealzustand erreicht, so spricht man **von außenwirtschaftlichem Gleichgewicht.** Genauer gesagt: Ein außenwirtschaftliches Gleichgewicht liegt vor, wenn die **Leistungsbilanz** ausgeglichen ist. Die Leistungsbilanz erfasst vor allem die Importe und Exporte von Gütern. Sie enthält aber auch so genannte Übertragungen zwischen In- und Ausland, denen kein Güterverkehr zugrunde liegt, z. B. Überweisungen von Gastarbeitern in ihre Heimatländer, den Auslandsurlaub vieler Deutschen oder die Entwicklungshilfe.

> **Außenwirtschaftliches Gleichgewicht**
>
> Die Leistungsbilanz ist ausgeglichen …

Soziale Marktwirtschaft

Weitere Ziele der Wirtschaftspolitik

Umweltschutz Vollbeschäftigung und Wirtschaftswachstum belasten unsere Umwelt erheblich. Ein wichtiges Ziel jeder Wirtschaftspolitik muss deshalb sein, Wirtschaftswachstum und Vollbeschäftigung nur noch durch solche Maßnahmen zu fördern, die unsere ohnehin stark gefährdete Umwelt nicht noch zusätzlich belasten.
Beispiele: Manche bisherigen Produktionsverfahren verursachen Luftverschmutzung und Waldsterben. In vielen Bereichen ist die Beseitigung gefährlicher Abfälle nur unbefriedigend gelöst.

Gerechte Einkommens- und Vermögensverteilung Derzeit bestehen in der Bundesrepublik Deutschland teilweise noch große Unterschiede bei den Einkommens- und Vermögensverhältnissen. Durch eine Vielzahl von Maßnahmen versucht der Staat, eine Besserung zu erreichen.
Beispiele: höhere Steuersätze für Spitzenverdiener, Förderung der vermögenswirksamen Leistungen, Wohngeld, Sozialwohnungen, Ausbildungsförderung usw.
Um die Ziele Umweltschutz und gerechte Einkommens- und Vermögensverteilung gebührend zu berücksichtigen, hat man das magische Viereck zum **magischen Sechseck** erweitert.

```
    Preisstabilität              außenwirtschaftliches
                                    Gleichgewicht

  Vollbeschäftigung    Magisches        angemessenes
                       Sechseck     Wirtschaftswachstum

   + Umweltschutz              + gerechte Einkommens- und
                                   Vermögensverwaltung
```

Zielkonflikte

Zwischen den einzelnen Zielen der Wirtschaftspolitik bestehen verschiedenartige Beziehungen. So können diese Ziele sich gegenseitig ergänzen.
Beispiel: Maßnahmen, die das Wirtschaftswachstum fördern, kommen auch der Vollbeschäftigung zugute, da zum Wirtschaftswachstum Arbeitskräfte benötigt werden.

Meistens jedoch behindert das Erreichen des einen Zieles die Erfüllung eines anderen. Man spricht dann von einem **Zielkonflikt,** da die gleichzeitige Verwirklichung beider Vorstellungen Probleme bereitet:
- Maßnahmen, die der Vollbeschäftigung dienen, gefährden die Preisstabilität.
- Stabile Preise erfordern preisdämpfende Maßnahmen, die wiederum Vollbeschäftigung und Wirtschaftswachstum infrage stellen können.
- Ein starkes Wirtschaftswachstum kann Probleme beim Umweltschutz verursachen. Da alle Hauptziele der staatlichen Wirtschaftspolitik (magisches Viereck bzw. Sechseck) nicht gleichzeitig zu erreichen sind, versucht man sie zumindest in Einklang zu bringen. In der Praxis bedeutet dies: Man wird zunächst die Ziele anstreben, die aktuell am wenigsten erreicht sind.

Soziale Marktwirtschaft

```
                    Ziel → Vollbeschäftigung ← Ziel
                              erfordert
                                 ↓
    erfordert        Wirtschafts-        erfordert
hohe Nachfrage ←──── wachstum ────→ hohe Nachfrage
  im Ausland                              im Inland
       ↓                 ↓                    ↓
bewirkt Zunahme                         bewirkt Preis-
 des Exports                             erhöhungen
       ↓                 ↓                    ↓
   gefährdet         gefährdet            gefährdet
       ↯                 ↯                    ↯
außenwirtschaft-     Umweltschutz       Preisstabilität
liches Gleichgewicht                          ↓
       │                                  gefährdet
       └──────────────────────────────────→
```

Konjunkturzyklen

Die wirtschaftliche Lage eines Landes verändert sich laufend. Es gibt Zeiten, in denen Produktion, Nachfrage und Beschäftigung ansteigen, und Zeiten, in denen sie zurückgehen. Diese ständige Veränderung der Wirtschaftslage bezeichnet man als **Konjunktur**. Untersuchungen haben ergeben, dass sich bestimmte Phasen des Wirtschaftsablaufes andauernd wiederholen, d.h. es gibt einen typischen **Konjunkturverlauf**. Dieser erfolgt wellenförmig und wiederholt sich in der Regel alle 4 bis 11 Jahre. Vier Konjunkturphasen können unterschieden werden:

- **Tiefstand (Depression)**
- **Hochkonjunktur (Boom)**
- **Aufschwung (Expansion)**
- **Abschwung (Rezession)**

Konjunkturphasen

Der Konjunkturverlauf

- Abschwung (Rezession): Entlassung, zunehmende Arbeitslosigkeit, Aktienkurse fallen
- Tiefstand (Depression): Löhne und Preise sinken
- Aufschwung (Expansion): Einstellung, abnehmende Arbeitslosigkeit
- Hochkonjunktur (Boom): Aktienkurse steigen, Löhne und Preise steigen
- neuer Abschwung (Rezession)

1 Konjunkturzyklus ca. 5 Jahre

251

Soziale Marktwirtschaft

Depression

Während des **Tiefstandes (Depression)** haben die Unternehmer aufgrund mangelnder Nachfrage große Absatzschwierigkeiten. Die Produktion erreicht ihren Tiefstand. Daher ist die Investitionsbereitschaft gering. Preise und Aktienkurse sinken. Dies hat zur Folge, dass statt Gewinnen vorwiegend Verluste erwirtschaftet werden. Produktionskapazitäten werden verringert, die Arbeitslosigkeit erreicht ihren Höchststand, Einkommen und Löhne gehen zurück.

Expansion

Ein **Aufschwung (Expansion)** setzt ein, wenn die Nachfrage zunimmt. Denn dadurch erhöht sich die Produktion, wodurch wiederum mehr Arbeitskräfte benötigt werden. Dieser größere Bedarf an Arbeitnehmern lässt die Löhne steigen. Höhere Löhne bewirken eine größere Nachfrage, die ihrerseits die Preise ansteigen lässt. Da nun die Gewinne der Unternehmungen wachsen, lohnen sich Investitionen wieder. Die Aktienkurse steigen in dieser Phase.

Boom

Diese Entwicklung setzt sich fort bis zur **Hochkonjunktur (Boom).** Hier erreichen die Lohnsteigerungen und die Nachfrage ihren Höhepunkt. Die Kapazitäten der Unternehmen sind voll ausgelastet. An den Aktienbörsen erklimmen die Aktien Höchststände. Die Arbeitslosigkeit nimmt ab. Wegen fehlender Fachkräfte und um Kosten zu sparen, rationalisieren viele Betriebe, was wiederum über Kredite finanziert wird. Die Zinsen steigen. Gestiegene Kosten werden auf die Preise abgewälzt.

Rezession

Viele Unternehmen wollen das Risiko zu hoher Kosten für Produktionserweiterungen nicht eingehen, die Investitionen verringern sich. Andere Betriebe können die gestiegenen Kosten nicht mehr tragen und müssen ihre Tätigkeit einstellen. Arbeitskräfte werden entlassen. Die Nachfrage nimmt weiterhin ab. Der **Abschwung (Rezession)** setzt ein. Die Produktion wird weiterhin verringert. Betriebsschließungen mehren sich, große Arbeitslosigkeit entsteht. Die ersten Anzeichen einer erneuten Depression sind in Sicht, ein Konjunkturzyklus ist beendet, ein neuer beginnt.

5.5 Instrumente zur Beeinflussung der Wirtschaft

Durch staatliche Konjunkturpolitik soll starken **Konjunkturschwankungen** entgegengewirkt werden. So kann der Staat bei einer beginnenden Rezession (Abschwungphase) konjunkturbelebende Maßnahmen ergreifen, um ein Abgleiten in die Depression (Tiefstand) zu verhindern. Während der Hochkonjunktur hingegen wird er versuchen, durch seine Eingriffe die Konjunktur zu dämpfen: Die staatlichen Maßnahmen wirken dem Konjunkturzyklus entgegen; daher spricht man auch von **antizyklischem Verhalten.** Die Konjunkturpolitik des Staates kann grundsätzlich auf zwei Arten erfolgen, nämlich über seine **Einnahmen** oder seine Ausgaben. Beide sollen nach dem Stabilitätsgesetz antizyklisch sein, d. h. in der Hochkonjunktur soll der Staat konjunkturdämpfend handeln,

_____ Konjunkturverlauf ohne staatliche Maßnahmen
.... Konjunkturverlauf beeinflusst durch staatliche Maßnahmen

indem er seine Einnahmen durch Steueranhebungen erhöht und somit Kaufkraft abschöpft; während der Rezession hingegen wird er konjunkturbelebend einwirken und seine Ausgaben ausweiten. Im Einzelnen betrifft dies die Steuerpolitik, die Geldpolitik und die Sozialpolitik.

Konjunkturbelebende Maßnahmen des Staates
Während einer **Rezession (Abschwungphase)** versucht der Staat, die Konjunktur durch geeignete Mittel zu fördern („anzukurbeln"). Im Einzelnen:
- Die Regierung erhöht die Staatsaufträge.
  Beispiel: Der Staat lässt Straßen und Brücken bauen. Damit sinkt die Arbeitslosigkeit in der Bauindustrie und bei den Zulieferern.
- Die Verringerung der Sparförderung (Sparprämien) soll die Verbraucher dazu bewegen, ihr Geld auszugeben und so die Wirtschaft zu beleben.
- Verbesserte Abschreibungsmöglichkeiten vermindern den steuerpflichtigen Gewinn der Unternehmen. Diese Steuerersparnisse sollen die Investitionsbereitschaft anregen.
- Steuersenkungen sollen das verfügbare Einkommen vergrößern, dadurch die private Nachfrage erhöhen und die Unternehmen zu Investitionen veranlassen.
- Gezielte Wirtschaftshilfen (Subventionen) für private Haushalte und bestimmte Wirtschaftszweige sollen die Wirtschaft beleben.
Beispiele: Landwirtschaft, Wohnungsbau.

Staatsaufträge zur Konjunkturbelebung

Konjunkturdämpfende Maßnahmen des Staates
In der **Hochkonjunktur** wird der Staat versuchen, die bereits bekannten Maßnahmen gegenteilig einzusetzen, um die Konjunktur zu dämpfen („bremsen"). Im Einzelnen:
- Bereits beschlossene Staatsaufträge werden vermindert.
- Die Sparförderung wird erhöht, um Geld abzuschöpfen.
- Abschreibungsmöglichkeiten werden gekürzt, um die Investitionsbereitschaft der Unternehmer zu verringern.
- Steuererhöhungen sollen die private Nachfrage und Investitionsneigung dämpfen.
- Subventionen werden gekürzt oder abgebaut.

Probleme der staatlichen Konjunktursteuerung
Die staatliche Konjunkturbeeinflussung ist in der Praxis häufig sehr problematisch. So soll der Staat z. B. während des Konjunkturabschwunges zusätzliche Ausgaben vornehmen und Steuern senken; andererseits sind gerade in dieser Phase die Staatseinnahmen durch rückgehende Steuereinnahmen ohnehin schon gering. Die gewünschten zusätzlichen Staatsausgaben können jetzt nur durch zusätzliche Verschuldung finanziert werden.
Auch die Verminderung von Staatsausgaben während einer Expansion ist nur in beschränktem Umfang möglich, denn ein erheblicher Teil dieser Ausgaben sind Personalkosten oder ist gesetzlich vorgeschrieben. Außerdem leidet die Bevölkerung unter einer Einschränkung der öffentlichen Leistungen.

Instrumente der Geldpolitik
Seit dem 1. Januar 1999 wird die Geldpolitik nicht mehr von der Deutschen Bundesbank wahrgenommen, sondern von der **Europäischen Zentralbank (EZB).** Während die staatliche Wirtschaftspolitik versucht, durch konjunkturdämpfende und konjunkturbeleben-

Soziale Marktwirtschaft

de Maßnahmen die Konjunkturschwankungen möglichst gering zu halten, verfolgt die **EZB** vorrangig ein anderes Ziel: Sie will die Preisstabilität erhalten. Um die Preisstabilität zu sichern, versucht sie die **Geldmenge** im **Eurowährungsraum** zu steuern. So wird die EZB z. B. bei hohen Preissteigerungen die Geldmenge verringern, um den Geldwert zu stabilisieren. Zur Beeinflussung der Geldmenge wendet sie vorwiegend folgende Maßnahmen an:

Europäisches System der Zentralbanken (ESZB)
- Europäische Zentralbank (EZB)
- Nationale Zentralbanken

Refinanzierungsgeschäfte (Offenmarktgeschäfte) Durch Refinanzierungsgeschäfte (Offenmarktgeschäfte) versorgt die Europäische Zentralbank die Privatbanken mit zusätzlichem Geld. Gegen die Verpfändung von Sicherheiten wie festverzinsliche Wertpapiere oder Wechsel können sie sich im Europäischen Zentralbankensystem Geld besorgen. Durch die Veränderung des Zinssatzes für diese Kredite kann die EZB die Geldmenge beeinflussen. Je höher der Zins ist, desto uninteressanter ist es für die Banken, sich bei der EZB Geld zu besorgen. Verpfänden die Banken wegen einer Zinserhöhung weniger Wertpapiere und Wechsel, so ist die Geldmenge insgesamt geringer. Umgekehrt kann die EZB den Zinssatz auch senken, sodass die Geldmenge steigen wird. Mittlerweile gilt der **Refinanzierungssatz** – ähnlich wie früher der Diskontsatz der Bundesbank – als **Leitzinssatz** für andere Zinsen. Steigt er, so erhöhen sich in der Regel auch die Zinsen für Sparguthaben und für Kredite. Dadurch verändert sich das Sparverhalten und die Neigung, Kredite aufzunehmen. Damit wird wiederum auch die Geldmenge beeinflusst.

Mindestreserven Die Europäische Zentralbank kann von den Privatbanken verlangen, dass diese einen bestimmten Prozentsatz ihrer Kundeneinlagen als verzinste Mindestreserven bei den nationalen Zentralbanken hinterlegen (in Deutschland bei der Bundesbank). Erhöht die EZB diesen Satz, dann können die Banken weniger Kredite vergeben, die Geldversorgung der Wirtschaft wird eingeschränkt und Kredite werden entsprechend verteuert, die Wirtschaft wird gedämpft. Das Umgekehrte passiert bei einer Verminderung des Mindestreservesatzes.

Bekämpfung der Inflation	Refinanzierungsgeschäfte	Ankurbelung der Wirtschaft
Geldmenge sinkt ↓ Zinsen steigen ↓ Kreditnachfrage sinkt ↓ Güternachfrage sinkt ↓ Bekämpfung der Inflation	**EZB erhöht** Refinanzierungssatz ← → **EZB senkt** Refinanzierungssatz	Geldmenge steigt ↓ Zinsen sinken ↓ Kreditnachfrage steigt ↓ Güternachfrage steigt ↓ Ankurbelung der Wirtschaft
	Mindestreservenpolitik	
	EZB erhöht Mindestreservesatz ← → **EZB senkt** Mindestreservesatz	

Soziale Marktwirtschaft

Zusammenfassung

Probleme der sozialen Marktwirtschaft
- Soziale Sicherungssysteme
- Subvention und Privatisierung
- Harmonisierung in der EU
- Wirtschaftspolitische Ziele und Zielkonflikte
- Konjunkturzyklen
- Instrumente zur Beeinflussung der Wirtschaft

Ziele staatlicher Wirtschaftspolitik (festgelegt im Stabilitätsgesetz)
- Preisstabilität
- Vollbeschäftigung
- Angemessenes Wirtschaftswachstum
- Außenwirtschaftliches Gleichgewicht

Staatliche Konjunkturpolitik = antizyklische Wirtschaftspolitik

konjunkturdämpfend
- Staatsaufträge kürzen
- Steuern erhöhen
- Subventionen kürzen
- Abschreibung senken
- Sparprämien gewähren

Konjunkturphasen: Expansion (Aufschwung) – Boom (Hochkonjunktur) – Rezession (Abschwung) – Depression (Tiefstand) – Expansion (Aufschwung)

- Staatsaufträge erhöhen
- Steuern senken
- Subventionen gewähren
- Abschreibung erhöhen
- Sparprämien verringern

konjunkturfördernd

Arbeitsteil

1. a) Welches Problem kennzeichnet die Zukunft der Rentenversicherung?
   b) Welche Lösungsvorschläge werden hierzu diskutiert?

2. a) In der sozialen Marktwirtschaft greift der Staat zugunsten der wirtschaftlich Schwächeren in das Marktgeschehen ein. Zeigen Sie an einem Beispiel, dass die Verwirklichung dieser Absicht zunehmend an ihre Grenzen stößt.

   b) Häufig wird behauptet, dass das soziale Netz von vielen missbraucht würde. Überlegen Sie hierzu drei Beispiele.

3. Zunehmend wird eine stärkere Eigenbeteiligung bei der Krankenversicherung gefordert. Überlegen Sie, welche Vorteile und welche Nachteile diese Regelung bringen würde.

Soziale Marktwirtschaft

Arbeitsteil

4. a) Erläutern Sie folgende Begriffe: Subventionen, Staatsquote, Privatisierung.
b) Beurteilen Sie die Entwicklung der Staatsquote in der Bundesrepublik Deutschland.
c) Weshalb wird in der Bundesrepublik Deutschland zunehmend privatisiert?

5. a) Nennen Sie zwei Probleme, die gelöst werden müssen, damit die europäische Wirtschafts- und Sozialunion ein Erfolg wird.
b) Die Währungsunion soll ein wichtiger Schritt in Richtung Wirtschafts- und Sozialunion sein. Wie steht der Karikaturist zur Währungsunion? Wie stehen Sie dazu?

6. a) Entnehmen Sie dem Schaubild (unten), welche wirtschaftspolitischen Ziele der Staat nach dem Stabilitätsgesetz anstreben muss.
b) Welche Ziele wurden 2008 nach dieser Schätzung erreicht, welche nicht?
c) Welche weiteren Ziele versucht die Wirtschaftspolitik zu erreichen?
d) Weshalb spricht man bei der staatlichen Wirtschaftspolitik auch vom magischen Viereck?

7. Geben Sie an, wie sich die folgenden Vorgänge auf die Leistungsbilanz auswirken:
a) Geldüberweisungen von ausländischen Arbeitnehmern in ihr Heimatland.
b) Ein Betrieb exportiert einen Großteil seiner Produktion nach Frankreich.
c) Deutschland bezieht Erdgas aus Russland.

8. Beschreiben Sie das Verhalten folgender wirtschaftspolitischer Ziele zueinander:
a) Preisstabilität und außenwirtschaftliches Gleichgewicht.
b) Vollbeschäftigung und Preisstabilität.
c) Wirtschaftswachstum und Umweltschutz.

9. Weshalb muss Vollbeschäftigung ein wichtiges Ziel staatlicher Wirtschaftspolitik sein? Denken Sie dabei an die Folgen der Arbeitslosigkeit für Arbeitnehmer und Gesellschaft.

10. Inwieweit sind Umweltschutz und Wirtschaftswachstum miteinander vereinbar? Begründen Sie Ihre Meinung anhand eines Beispieles.

11. a) Aus welchen Phasen besteht ein Konjunkturzyklus?
b) Welche Konjunkturphase ist gekennzeichnet durch besonders große Arbeitslosigkeit?
c) Durch welche Verhaltensweisen wird eine Rezession verursacht?
d) Nennen Sie drei wichtige Merkmale der Hochkonjunktur.
e) Wie lange dauert in der Regel ein Konjunkturzyklus?

12. Welche Maßnahmen kann der Staat anwenden um die Wirtschaft in einer
a) Hochkonjunktur zu „bremsen"?
b) Rezession „anzukurbeln"?

13. Wie kann die Europäische Zentralbank (EZB) die Wirtschaftspolitik beeinflussen?

14. Wie können Unternehmen und Haushalte in einer Depression antizyklisch handeln?

6 Finanzierung der staatlichen Aufgaben

Anlässlich ihres Geburtstages hat Dennis seine Freundin Bianca zum Abendessen eingeladen. Im Lokal fällt ihnen sofort die nebenstehend abgebildete Serviette auf. Neugierig geworden, lesen sie den Text.

Bianca: „Ist das nicht unverschämt, was man heutzutage alles zahlen muss? Kein Wunder, dass von meinem Bruttolohn so wenig übrig bleibt."

Dennis: „So darfst du das nicht sehen, der Staat braucht das Geld."

Bianca: „Wofür denn? Außerdem kassiert der Staat noch viel mehr, als auf dieser Serviette steht."

Dennis: „Trotzdem, du siehst das etwas einseitig."

Weshalb erhebt der Staat die öffentlichen Abgaben?
Welche Arten von öffentlichen Abgaben sind Ihnen bekannt?

Nachdem wir die Schankerlaubnis-, Getränke-, Vergnügungs-, Mehrwert-, Einkommen-, Grund-, Gewerbe-, Lohn-, Kirchen-, Hunde- und Kapitalertragssteuer bezahlt, Beiträge zur Krankenkasse, Berufsgenossenschaft, Familienausgleichskasse, Renten-, Arbeitslosen-, Pflege-, Lebens-, Feuer-, Einbruchs-, Unfall- und Haftpflichtversicherung, die Gebühren für Gas, Wasser, Elektrizität, Heizung, Müllabfuhr, Schornsteinfeger, Telefon, Zeitungen, Zeitschriften, Radio, Fernsehen, GEMA usw. entrichtet haben, bleibt uns diesen Monat nur das Geld für diese Reklame übrig und Sie zu bitten, unser Unternehmen durch regen Besuch zu unterstützen. Für Ihren Besuch danken Ihnen das zuständige Finanzamt sowie

Ihre Gaststätte

6.1 Notwendigkeit und Verwendung der Staatseinnahmen

Finanzierung öffentlicher Aufgaben
Die öffentliche Hand (Bund, Länder, Gemeinden) kann ihre umfassenden Aufgaben nur erfüllen, wenn sie über entsprechende Gelder verfügt. Ohne öffentliche Abgaben wären viele staatliche Leistungen nicht möglich.
Die größten Ausgabenbereiche des **Bundes** sind die soziale Sicherung, die Verteidigung und das Verkehrswesen. Die Hauptaufgaben der **Länder** erstrecken sich auf das Bildungswesen, die Polizei und die Justiz. Wichtige Aufgaben der **Gemeinden** sind u. a. der Straßenbau, der Bau und Unterhalt von Schulen und Krankenhäusern, die Müllabfuhr und die Wasserversorgung.

Der Bundeshaushalt 2007

Haushaltsangaben in Milliarden Euro

	2005 (Ist)	2006 (Soll)	2007 (Entwurf)
Ausgaben	259,8	261,6	267,6
Investitionen	22,9	23,2	23,5
Einnahmen Steuereinnahmen	190,1	194,0	214,5
sonstige Einnahmen	38,5	29,4	31,1
Nettokreditaufnahme	31,2	38,2	22,0

Ausgaben 2007 in Mrd. Euro

Arbeit und Soziales	122,16
Bundesschuld	40,46
Verteidigung	28,39
Verkehr/Bau	24,04
Forschung/Bildung	8,52
Wirtschaft	6,00
Familie	5,25
Verbraucher/Agrar	5,17
Finanzen	4,71
Entwicklungshilfe	4,50
Innen	4,44
Auswärtiges Amt	2,53
Gesundheit	1,92
Umwelt	0,79
Justiz	0,45
sonstige	8,27

dpa Grafik 2662

257

Beeinflussung der Konjunktur

Steuererhöhungen verkleinern das verfügbare Einkommen von Unternehmern und Verbrauchern und dämpfen somit die Nachfrage. Diese Maßnahme wird vorwiegend in der Hochkonjunktur angewendet. Steuersenkungen werden hingegen in wirtschaftlich schlechter Lage (z. B. Rezession) vorgenommen, da sie den gegenteiligen Effekt bewirken sollen, also eine Erhöhung der Nachfrage.

Beeinflussung des Konsumverhaltens

Durch manche Steuererhöhung will der Staat das Verbraucherverhalten beeinflussen. Die Branntwein- und die Tabaksteuer werden z.B. erhöht, um den Verbraucher vom Kauf abzuhalten und so seine Gesundheit zu sichern. Durch eine Erhöhung der Mineralölsteuer soll die Bevölkerung zu sparsamem Energieverbrauch angeregt werden.

Umverteilung von Einkommen und Vermögen

Wer ein höheres Einkommen bezieht, zahlt überdurchschnittlich viel Steuern. Dies wird erreicht durch die so genannte **Steuerprogression.** In Extremfällen zahlen Kleinverdiener 0 % und Großverdiener bis zu 42 % Steuern bei der Lohn- und Einkommensteuer. Weitere Beispiele der Umverteilung sind Wohnungsbauprämien und die Berücksichtigung des Familienstandes und Alters bei der Steuerhöhe. Auf diese Art versucht der Staat, innerhalb gewisser Grenzen eine Umschichtung des Vermögens zu erreichen.

6.2 Arten der Staatseinnahmen

Damit der Staat seine Aufgaben erfüllen kann, benötigt er (Bund, Länder, Gemeinden) erhebliche Finanzmittel. Eine wichtige Einnahmequelle des Staates sind die Gewinne der Bundesbank und die Gewinne von Unternehmen, die ihm gehören oder an denen er beteiligt ist.

Obwohl hier erhebliche Gewinne erwirtschaftet werden, decken diese nur einen geringen Teil der Staatsausgaben ab. Deshalb ist die öffentliche Hand gezwungen, den Großteil ihrer Aufgaben durch **öffentliche Abgaben** zu finanzieren. Es werden drei große Gruppen öffentlicher Abgaben unterschieden:
- **Gebühren** und **Beiträge**
- **Zölle**
- **Steuern.**

Gebühren und Beiträge

Gebühren und Beiträge werden für spezielle Gegenleistungen erhoben. Eine **Gebühr** ist eine Abgabe, die ein einzelner Bürger zu entrichten hat, wenn er eine bestimmte staatliche Leistung in Anspruch nimmt.
Beispiele: Führerscheingebühr, Passgebühr, Rundfunkgebühr, Parkgebühr.
Ein **Beitrag** liegt vor, wenn der Staat eine bestimmte Abgabe für eine ganz spezielle Gegenleistung fordert, auch wenn diese Leistung gar nicht gewünscht oder in Anspruch genommen wird. *Beispiele:* Sozialversicherungsbeiträge, Grundstückserschließungsbeiträge, Anliegerbeiträge für Kanalisation, Stromversorgung oder Trinkwasser.

Soziale Marktwirtschaft

Zölle
Zölle sind Abgaben, die erhoben werden, wenn Waren über die Staatsgrenzen gebracht werden.
- **Ausfuhrzölle** fallen an, wenn Waren ausgeführt werden. Die Bundesrepublik Deutschland, die an einer Förderung des Exports interessiert ist, erhebt keine Ausfuhrzölle.
- **Einfuhrzölle** sind die übliche Zollart. Sie werden erhoben, wenn Waren eingeführt werden. Die importierten Produkte werden dadurch verteuert.
- **Finanzzölle** sollen dem Staat zusätzliche Einnahmen verschaffen. Sie werden meist auf begehrte Waren erhoben, die im Inland nicht hergestellt oder angebaut werden wie z. B. Tee oder Kaffee.
- **Schutzzölle** sollen die inländische Wirtschaft vor ausländischer Konkurrenz schützen. Die niedrigen Weltmarktpreise werden auf das höhere heimische Niveau angehoben, um dadurch Wirtschaftszweige zu erhalten, an denen der Staat ein wirtschaftliches Interesse hat, z. B. die Landwirtschaft, die Textilindustrie oder die Stahlindustrie.

Die Bedeutung der Zölle geht allerdings immer mehr zurück. Innerhalb der EU herrscht Zollfreiheit. Zwar erhebt die Europäische Union gemeinsame Außenzölle, deren Aufkommen in den EU-Haushalt fließt, aber auch diese Zölle sollen weiter abgebaut werden. Die Welthandelsorganisation (WTO) strebt einen weltweiten Zollabbau an, da Zölle den freien Welthandel beeinträchtigen.

Steuern
Steuern sind mit ca. 80 % die Haupteinnahmequelle des Staates. Sie sind Einnahmen ohne spezielle Gegenleistung und werden zwangsweise erhoben.

Bund, Länder und Gemeinden decken ihren Finanzbedarf durch ca. 50 verschiedene Steuern. Um angesichts dieser Steuervielfalt eine bessere Übersicht zu erhalten, werden Steuern folgendermaßen eingeteilt:

Steuerspirale 2006
Steuereinnahmen* von Bund, Ländern und Gemeinden
insgesamt 488 444 Millionen Euro

davon entfielen auf:
- Umsatz-, Mehrwertsteuer 146 688 Mio. Euro
- Lohnsteuer 122 612
- Energiesteuer 39 916
- Gewerbesteuer 38 369
- Körperschaftsteuer 22 898
- Einkommensteuer 17 566
- Tabaksteuer 14 387
- Kapitalertragsteuer 11 904
- Solidaritätszuschlag 11 277
- Grundsteuer 10 399
- Kfz-Steuer 8 937
- Versicherungsteuer 8 775
- Zinsabschlag 7 633
- Stromsteuer 6 273
- Grunderwerbsteuer 6 125
- Zölle 3 880
- Erbschaftsteuer 3 763
- Branntweinsteuer 2 166
- Lotteriesteuer 1 759
- Kaffeesteuer 973
- Biersteuer 779
- Schaumweinsteuer 421
- Feuerschutzsteuer 322
- Hundesteuer 237
- Vergnügungsteuer 204
- Zweitwohnungsteuer 81
- Vermögensteuer 27
- Zwischenerzeugnissteuer 26
- Jagd- u. Fischereisteuer 23
- Totalisator- u. Rennwettsteuer 16
- Getränkesteuer 1
- Schankerlaubnissteuer 1

Quelle: BMF *vor der Steuerverteilung zuzüglich weiterer, nicht aufgeschlüsselter Steuern i.H.v. 6 Mio. Euro

Soziale Marktwirtschaft

Einteilung nach der Erhebungsart Bei **direkten Steuern** wird der Steuerzahler unmittelbar besteuert. Derjenige, der die Steuer bezahlen soll, trägt auch die Steuerbelastung. Er kennt die Steuerhöhe und führt die Steuerschuld an das Finanzamt ab. *Beispiele:* Einkommensteuer, Kfz-Steuer.

Bei **indirekten Steuern** wälzt der Steuerpflichtige die Steuerlast auf den Endverbraucher ab, der sie also indirekt zahlt. Der Unternehmer, der die Steuer abführen muss, gibt sie über den Warenpreis an den Kunden weiter, der sie letztendlich zu tragen hat. Die genaue Steuerbelastung kennt der Kunde selten. Bei Genussmitteln beträgt sie z. B. mehr als 50 %. *Beispiele:* Kaffeesteuer, Mineralölsteuer, Mehrwertsteuer, Versicherungssteuer.

Einteilung nach dem Steuergegenstand Besitzsteuern knüpfen an das Vermögen bzw. das Einkommen an. *Beispiele:* Lohnsteuer, Grundsteuer, Gewerbesteuer, Erbschaftsteuer, Körperschaftsteuer. **Verkehrssteuern** belasten bestimmte rechtliche und wirtschaftliche Vorgänge. So unterliegt z. B. der Erwerb von Grundstücken der Grunderwerbsteuer. *Weitere Beispiele:* Mehrwertsteuer, Kfz-Steuer. **Verbrauchssteuern** werden auf bestimmte Verbrauchsgüter erhoben. *Beispiele:* Tabaksteuer, Kaffeesteuer, Mineralölsteuer, Biersteuer, Schaumweinsteuer.

GG Art. 106

Einteilung nach dem Steuerempfänger Zu den **Bundessteuern** zählen vor allem die Verbrauchssteuer und einige Verkehrssteuern. Die wichtigsten **Ländersteuern** sind die Kfz-Steuer, die Grunderwerbsteuer, die Erbschaftsteuer und die Biersteuer.

Wichtige **Gemeindesteuern** sind die Grundsteuer, die Hundesteuer, die Schankerlaubnissteuer und die Vergnügungssteuer. Die wichtigsten Steuern sind **Gemeinschaftssteuern**, d. h. sie werden zwischen Bund, Ländern und Gemeinden aufgeteilt; vor allem Lohnsteuer, Mehrwertsteuer, Gewerbesteuer und Einkommensteuer. Die **Kirchensteuer** beträgt je nach Bundesland 8 oder 9 % der Lohn- bzw. Einkommensteuerschuld.

Einteilung der Steuern

nach

Erhebungsart
- **direkte Steuern**
  z. B. Einkommensteuer, Grundsteuer, Kfz-Steuer
- **indirekte Steuern**
  z. B. Mehrwertsteuer, Kaffeesteuer, Mineralölsteuer

Steuergegenstand
- **Besitzsteuern**
  z. B. Grundsteuer, Hundesteuer, Lohnsteuer
- **Verkehrssteuern**
  z. B. Mehrwertsteuer, Kfz-Steuer, Grunderwerbssteuer
- **Verbrauchssteuern**
  z. B. Tabaksteuer, Kaffeesteuer, Mineralölsteuer

Empfänger
- **Bundessteuern**
  z. B. Mineralölsteuer, Kaffeesteuer, Teesteuer
- **Ländersteuern**
  z. B. Biersteuer, Kfz-Steuer, Erbschaftssteuer
- **Gemeindesteuern**
  z. B. Getränkesteuer, Hundesteuer, Grundsteuer
- **Kirchensteuer**

↓ ↓ ↓

Gemeinschaftssteuern
z. B. Lohn- und Einkommensteuer, Gewerbesteuer, Mehrwertsteuer

6.3 Besteuerung des Einkommens

Wer Einkünfte erzielt, muss **Einkommensteuer** bezahlen. Die meisten Berufstätigen zahlen die Einkommensteuer als **Lohnsteuer.** Obwohl die Lohnsteuer die wichtigste Einnahmequelle des Staates bildet, ist sie keine selbstständige Steuerart, sondern eine besondere Erhebungsform der Einkommensteuer bei Arbeitnehmern. Der Arbeitgeber ist verpflichtet, die Lohnsteuer vom Arbeitslohn einzubehalten und an das Finanzamt abzuführen. Die Einkommensteuer dagegen muss vom Steuerpflichtigen selbst an das Finanzamt abgeführt werden. Außerdem müssen Einkommensteuerpflichtige spätestens am 31. Mai für das abgelaufene Kalenderjahr eine **Einkommensteuererklärung** abgeben. Das Einkommensteuergesetz kennt sieben Einkunftsarten, die besteuert werden:

Einkünfte aus	Beispiele
1. Land- und Forstwirtschaft	Weinbauern, Gärtnereien, Forstbetriebe
2. Gewerbebetrieb	Handwerks-, Handels- und Industriebetriebe
3. selbstständiger Arbeit	Ärzte, Rechtsanwälte, Steuerberater, Architekten
4. nichtselbstständiger Arbeit	Löhne, Gehälter, Ausbildungsvergütungen
5. Kapitalvermögen	Zinsen, Dividenden
6. Vermietung und Verpachtung	Mieteinnahmen, Pachteinnahmen
7. sonstigen Einkünften	Rentenbezüge, Spekulationsgewinne

Einkünfte, die nicht unter diese sieben Einkunftsarten fallen wie z. B. Arbeitslosengeld I, Arbeitslosengeld II, Sozialgeld oder Lotteriegewinne sind einkommensteuerfrei. Dasselbe gilt für Einkünfte, die den Grundfreibetrag nicht übersteigen, wie z. B. niedrige Ausbildungsgebühren. Werden Einkünfte aus mehreren Einkunftsarten bezogen, so werden diese addiert.

Steuerklassen

Grundlage für die Berechnung der Lohnsteuer sind die **Steuerklassen,** in die alle Arbeitnehmer eingeteilt werden. Dadurch sollen persönliche Verhältnisse wie z. B. Familienstand, Verdienstsituation oder Kinderzahl beim Lohnsteuerabzug berücksichtigt werden. In den einzelnen Lohnsteuerklassen ist die Besteuerung deshalb unterschiedlich hoch, obwohl die Höhe des Einkommens gleich ist.

Steuerklasse I	für ledige, geschiedene, verwitwete Arbeitnehmer, sowie für verheiratete Arbeitnehmer, die dauernd getrennt leben.
Steuerklasse II	für die zu Steuerklasse I genannten Arbeitnehmer, wenn bei Ihnen der Entlastungsbetrag für Alleinerziehende zu berücksichtigen ist.
Steuerklasse III	für verheiratete Arbeitnehmer, deren Ehegatte keinen Arbeitslohn bezieht oder der nach Steuerklasse V besteuert wird.
Steuerklasse IV	für verheiratete Arbeitnehmer, wenn beide Ehegatten Arbeitslohn beziehen.
Steuerklasse V	für Verheiratete, die beide Arbeitslohn beziehen. Wenn ein Ehegatte die Steuerklasse III gewählt hat, erhält der andere die Klasse V.
Steuerklasse VI	für die zweite oder die weiteren Lohnsteuerkarten, die ein Arbeitnehmer benötigt, wenn er nebeneinander von mehreren Arbeitgebern Arbeitslohn bezieht.

Damit die Lohnsteuer in richtiger Höhe einbehalten wird, muss jeder Arbeitnehmer am Jahresanfang eine **Lohnsteuerkarte** vorlegen. Ihr entnimmt der Arbeitgeber die Steuerklasse und die Anzahl der Kinderfreibeträge. Die Lohnsteuerkarte wird dem Arbeitnehmer von der zuständigen Gemeindeverwaltung zugeschickt. **Ehegatten** können ihre **Steuerklassen wählen,** entweder die Steuerklassen III/V oder IV/IV. Die Kombination IV/IV ist sinnvoll, wenn beide etwa gleich viel verdienen. III/V empfiehlt sich, wenn ein Ehepartner deutlich mehr Einkommen bezieht. Allerdings kann es bei dieser Kombination am Jahresende zu einer Steuernachzahlung kommen.

Soziale Marktwirtschaft

Der **Lohnsteuerkarte** entnimmt der Arbeitgeber u. a. Steuerklasse, Kinderfreibeträge, Konfession. Änderungen auf der Lohnsteuerkarte dürfen nur von der Gemeindeverwaltung oder vom Finanzamt vorgenommen werden. Von der Art des Eintrages hängt ab, wer zuständig ist.

pro Monat in €

Lohn/Gehalt bis Euro	Steuerklasse	Lohn-steuer	ohne Kinderfreibetrag			mit Zahl der Kinderfreibeträge/Freibeträge für Betreuungs-, Erziehungs- und Ausbildungsbedarf															
			SolZ 8%	Kirchensteuer 8%	Kirchensteuer 9%	0,5 SolZ	Kirchensteuer 8%	Kirchensteuer 9%	1,0 SolZ	Kirchensteuer 8%	Kirchensteuer 9%	1,5 SolZ	Kirchensteuer 8%	Kirchensteuer 9%	2,0 SolZ	Kirchensteuer 8%	Kirchensteuer 9%	2,5 SolZ	Kirchensteuer 8%	Kirchensteuer 9%	3,0 SolZ	Kirchensteuer 8%	Kirchensteuer 9%
1622,99	I	158,00	8,69	12,64	14,22	3,31	7,80	8,78	–	3,42	3,85	–	0,02	0,02	–	–	–	–	–	–	–	–	–
	II	130,41	7,17	10,43	11,73	–	5,72	6,44	–	1,76	1,98	–	–	–	–	–	–	–	–	–	–	–	–
	III	–	–	–	–	–	–	–	–	–	–	–	–	–	–	–	–	–	–	–	–	–	–
	IV	158,00	8,69	12,64	14,22	7,00	10,19	11,46	3,31	7,80	8,78	–	5,50	6,19	–	3,42	3,85	–	1,60	1,80	–	0,02	0,02
	V	411,83	22,65	32,94	37,06																		
	VI	439,00	24,14	35,12	39,51																		
1625,99	I	158,75	8,73	12,70	14,28	3,45	7,86	8,84	–	3,47	3,90	–	0,05	0,05	–	–	–	–	–	–	–	–	–
	II	131,08	7,20	10,48	11,79	–	5,78	6,50	–	1,81	2,03	–	–	–	–	–	–	–	–	–	–	–	–
	III	–	–	–	–	–	–	–	–	–	–	–	–	–	–	–	–	–	–	–	–	–	–
	IV	158,75	8,73	12,70	14,28	7,04	10,24	11,52	3,45	7,86	8,84	–	5,56	6,25	–	3,47	3,90	–	1,64	1,84	–	0,05	0,05
	V	412,83	22,70	33,02	37,15																		
	VI	440,00	24,20	35,20	39,60																		

Wie viel Lohnsteuer einbehalten werden muss, kann aus der **Lohnsteuertabelle** abgelesen werden.

Der Steuertarif

Durch den **Steuertarif** wird die Steuerschuld ermittelt, die sich aus dem zu versteuernden Einkommen ergibt. Die Steuersätze sind unterschiedlich hoch. Grundsätzlich gilt:

Je höher das Einkommen, desto höher die Steuerschuld.

Der Steuertarif unterscheidet 3 Zonen:
- Am Anfang steht der Grundfreibetrag, auch **Nullzone (= steuerfreies Existenzminimum)** genannt. Ledige müssen bis zu einem jährlichen Einkommen von 7664 € (Verheiratete: 15 328 €) keine Steuern zahlen.
- Danach beginnt die **Progressionszone**. Einkommen, die über der Nullzone liegen, werden mit einem ansteigenden Steuersatz belastet. Der Steuersatz dieser Tarifzone beginnt bei 15 % und erhöht sich ständig, bis er bei einem zu versteuernden Einkommen von 52 152 € (Verheiratete: 104 304 €) den Spitzensteuersatz von 42 % erreicht.
- Der Steuertarif endet mit der **Proportionalzone**. Jeder Euro, der über einem zu versteuernden Einkommen von 52 152 € liegt (Verheiratete: 104 304 €), wird gleich bleibend mit 42 % besteuert.

Einkommensteuertarif 2008

Steuerfreies Existenzminimum (Grundfreibetrag) bis 7664 €	Einkommen bis 52 152 €*	Einkommen über 52 152 €*
Steuersatz: 0 %	Steuersatz: 15 % bis 42 %	Steuersatz: 42 % **
Nullzone	**Progressionszone**	**Proportionalzone**

* Die genannten Beträge sind gerundet und gelten für Ledige, für zusammenveranlagte Ehepaare gelten die doppelten Summen.
** Für private Einkommen über 250 000 € bei Ledigen, 500 000 € bei Verheirateten wird seit dem 01.01.2007 ein Zuschlag von 3 Prozentpunkten auf den Spitzensteuersatz von 42 % erhoben. Für diese Einkommen gilt ein Spitzensteuersatz von 45 %.

6.4 Grundzüge der Einkommensteuererklärung

Wer als Unternehmer Einkünfte erzielt, muss für das abgelaufene Kalenderjahr beim Finanzamt eine **Einkommensteuererklärung** abgeben. Dasselbe gilt für Arbeitnehmer, die neben ihrem Verdienst weitere Einkünfte über 410 € bezogen haben. Auch zusammenveranlagte Ehegatten, die sich für die Steuerklassenkombination III/V entschieden haben, müssen eine Steuererklärung einreichen. Wer einen Freibetrag auf der Lohnsteuerkarte eintragen lässt, muss ebenfalls eine Steuererklärung abgeben.

Termin für die Abgabe der Einkommensteuererklärung ist der 31. Mai des folgenden Kalenderjahres; auf Antrag kann die Frist verlängert werden. Arbeitnehmer, die nur ihren Arbeitsverdienst beziehen, brauchen keine Steuererklärung abzugeben. Sie erhalten dann aber auch keine zu viel bezahlten Steuern vom Finanzamt zurück.

Das Formular für die Einkommensteuererklärung besteht aus einem **Mantelbogen** und mehreren **Anlagebögen,** z. B. Anlage N für Einkünfte aus nichtselbstständiger Arbeit oder Anlage KAP für Kapitaleinkünfte. Wichtige Daten wie Arbeitslohn, einbehaltene

Soziale Marktwirtschaft

Lohn- und Kirchensteuer können der **Lohnsteuerbescheinigung** entnommen werden. Sie wird am Jahresende sowie beim Ausscheiden aus dem Betrieb vom Arbeitgeber anhand der Lohnsteuerkarte ausgestellt. Da die Lohnsteuerbescheinigung vom Arbeitgeber bereits elektronisch an das Finanzamt übermittelt wurde, muss der Arbeitnehmer nur noch die ausgefüllten Formulare und erforderliche Belege beim Finanzamt einreichen.

Grundlage für die Berechnung der Steuerschuld ist das zu **versteuernde Einkommen.** Bei Arbeitnehmern (= Einkünfte aus nichtselbstständiger Arbeit) wird es ermittelt, indem man folgende Beträge vom Jahresbruttoverdienst abzieht:

Jahresbruttoverdienst
− Werbungskosten
− Sonderausgaben
− Außergewöhnliche Belastungen
− Freibeträge
= Zu versteuerndes Einkommen

Werbungskosten sind Ausgaben, die entstehen, um die Einnahmen zu erhalten oder zu sichern. Bei Einkünften aus nichtselbstständiger Arbeit sind dies die Kosten der Berufskleidung, Fahrtkosten zum Arbeitsplatz (2007: 0,30 € ab dem 21. Entfernungskilometer), Beiträge zu Berufsverbänden, Fachliteratur und sonstige Arbeitsmittel. Für Werbungskosten gibt es derzeit (2007) einen *Arbeitnehmer-Pauschbetrag* von 920 €. Dieser Pauschbetrag ist in die Steuertabellen eingearbeitet, d. h. er wird bereits bei der monatlichen Lohnsteuerberechnung berücksichtigt. Sind höhere Werbungskosten entstanden, können diese in der Steuererklärung geltend gemacht werden, sofern sie durch Belege nachgewiesen werden.

Sonderausgaben sind private Ausgaben, an denen der Staat ein Interesse hat und die er deshalb steuerlich begünstigt. Man unterscheidet:

− *Vorsorgeaufwendungen:* Sie gliedern sich in *Aufwendungen für eine Basisversorgung im Alter*, z. B. Beiträge zur gesetzlichen Rentenversicherung sowie in *übrige Vorsorgeaufwendungen*, z. B. Beiträge zu Unfall-, Kranken- oder Haftpflichtversicherungen. Vorsorgeaufwendungen werden je nach Art nur bis zu bestimmten Höchstbeträgen anerkannt. Eine Vorsorgepauschale, die von der Einkommenshöhe abhängig ist, wird vom Finanzamt automatisch berücksichtigt, da sie in die Steuertabellen eingearbeitet ist.

Da die Berechnung der Höchstbeträge für die Vorsorgeaufwendungen sehr kompliziert ist, empfiehlt es sich bei der Einkommensteuererklärung immer die gesamten Vorsorgeaufwendungen anzugeben.

Soziale Marktwirtschaft

- **übrige Sonderausgaben** wie beispielsweise Spenden, Kosten für die eigene Berufsausbildung oder gezahlte Kirchensteuer. Für die übrigen Sonderausgaben gilt ein Sonderausgabenpauschalbetrag von 36 €, bei Ehepaaren 72 €. Höhere Ausgaben können teils voll, teils beschränkt abgezogen werden. So ist z. B. die gezahlte Kirchensteuer unbeschränkt abzugsfähig, Spenden für kirchliche und gemeinnützige Zwecke werden bis zu 5 % der Einkünfte anerkannt, Spenden für wissenschaftliche oder kulturelle Zwecke bis zu 10 %.

Zeile	Sonderausgaben	Kennz.	Stpfl. / Ehemann EUR	Kennz.	Ehefrau EUR
	Beiträge zu				52
61	- gesetzlichen Rentenversicherungen u. zu berufsständischen Versorgungseinrichtungen lt. Nr. 23 d. Lohnsteuerbescheinigung (Arbeitnehmeranteil)	30	1825,—	31	,—
62	- landwirtschaftl. Alterskassen sowie zu berufsständischen Versorgungseinrichtungen bei Nichtarbeitnehmern, die den gesetzlichen Rentenversicherungen vergleichbare Leistungen erbringen	32	,—	33	,—
63	- freiwilligen Versicherungen in den gesetzlichen Rentenversicherungen und zu berufsständischen Versorgungseinrichtungen sowie Pflichtbeiträge von Nichtarbeitnehmern zu den gesetzlichen Rentenversicherungen	35	,—	36	,—
64	- eigenen kapitalgedeckten Rentenversicherungen (§ 10 Abs. 1 Nr. 2 Buchstabe b EStG) mit Laufzeitbeginn nach dem 31.12.2004 – ohne Altersvorsorgebeiträge, die in Zeile 75 geltend gemacht werden –	37	,—	38	,—
65	Arbeitgeberanteil zu gesetzlichen Rentenversicherungen, Zuschüsse zu berufsständischen Versorgungseinrichtungen lt. Nr. 22 der Lohnsteuerbescheinigung	47	,—	48	,—
66	Arbeitgeberanteil zu gesetzlichen Rentenversicherungen im Rahmen einer pauschal besteuerten geringfügigen Beschäftigung	62	1825,—	63	,—
67	Bei Zusammenveranlagung ist die Eintragung für jeden Ehegatten vorzunehmen: Haben Sie zu Ihrer Krankenversicherung oder Ihren Krankheitskosten Anspruch auf - steuerfreie Zuschüsse (z. B. Rentner aus der Rentenversicherung) oder - steuerfreie Arbeitgeberbeiträge (z. B. sozialversicherungspfl. Arbeitnehmer) oder - steuerfreie Beihilfen (z. B. Beamte, Versorgungsempfänger)?	49	1 = Ja 2 = Nein	50	1 = Ja 2 = Nein
68	Nur bei steuerpflichtigen Personen, die nach dem 31.12.1957 geboren sind: Beiträge zu einer zusätzlichen freiwilligen Pflegeversicherung (nicht in Zeile 71 enthalten)	82	EUR ,—	87	EUR ,—
69	Beiträge (abzüglich erstatteter Beiträge und steuerfreier Zuschüsse) zu - gesetzlichen Versicherungen gegen Arbeitslosigkeit, Kranken- und Pflegeversicherung lt. Nr. 25 der Lohnsteuerbescheinigung	53	EUR 2600,—	54	EUR ,—
70	- gesetzlichen Kranken- und Pflegeversicherungen bei Nichtarbeitnehmern (z. B. bei Rentnern)	84	,—	85	,—
71	- freiwilligen Versicherungen gegen Arbeitslosigkeit, Erwerbs- und Berufsunfähigkeitsversicherungen, Kranken- und Pflegeversicherungen – ohne Beiträge zu freiwilligen zusätzlichen Pflegeversicherungen in Zeile 68 –		55		Stpfl. / Ehegatten EUR 330,—
72	- Unfall- und Haftpflichtversicherungen sowie zu Risikoversicherungen, die nur für den Todesfall eine Leistung vorsehen		42		675,—

Außergewöhnliche Belastungen sind z. B. Aufwendungen wegen Körperbehinderung, Kinderbetreuungskosten, Unterstützung bedürftiger Personen, Eigenbeteiligung bei Zahnersatz. Es handelt sich hierbei um Aufwendungen, die nicht jeder Steuerpflichtige hat.
Freibeträge werden nach unterschiedlichen Voraussetzungen gewährt.
Beispiele: Sparerfreibetrag, Kinderfreibetrag, Altersentlastungsbetrag.

Gründe für eine „freiwillige Einkommensteuererklärung" (Antragsveranlagung)

In der Bundesrepublik Deutschland wurden im Jahre 2005 rund 192 Mrd. € Lohn- und Einkommensteuer erhoben bzw. veranlagt. Im selben Jahr wurden ca. 18 Mrd. € zu viel bezahlte Steuern zurückerstattet. Die Lohnsteuer ist eine Jahressteuer, die monatlich erhoben wird, der Arbeitgeber behält die auf den monatlichen Arbeitslohn entfallende Steuer ein und führt sie an das Finanzamt ab.
Eine schwankende Höhe des Arbeitslohnes während des Jahres, z. B. durch Gehaltserhöhung, Überstunden oder Arbeitslosigkeit, führt zu unterschiedlichen monatlichen Lohnsteuerbeträgen. Ein Arbeitnehmer wird beispielsweise nach einer Gehaltserhöhung so besteuert, als ob er dieses Gehalt das ganze Jahr bezogen hätte. Diese Benachteiligung wird durch eine „freiwillige Einkommensteuererklärung" (genauer: **Antrag auf Einkommensteuerveranlagung**) nach Ablauf des Kalenderjahres beseitigt. Hier wird die wirkliche Jahreslohnsteuer mit den bereits gezahlten und auf der Lohnsteuerkarte bescheinigten Steuerbeträgen verglichen. Zu viel gezahlte Steuer wird zurückerstattet.
Weitere Gründe für eine „Antragsveranlagung" können sein:
- Werbungskosten und Sonderausgaben übersteigen die Pauschalbeträge.
- Außergewöhnliche Belastungen sind entstanden.

Soziale Marktwirtschaft

- Die Heirat des Steuerpflichtigen und eine dadurch erfolgte Änderung der Steuerklasse können die Steuerbelastung mindern.
- Vorsorgeaufwendungen übersteigen die in die Tabellen eingearbeiteten Pauschalen.
- Eine Arbeitnehmersparzulage wird beantragt.

Der Antrag auf Durchführung einer Einkommensteuerveranlagung ist zusammen mit der Lohnsteuerkarte bis spätestens 31. Dezember des siebten Jahres beim Finanzamt einzureichen. Hier können auch die nötigen Formulare angefordert werden.

Zusammenfassung

Notwendigkeit der Besteuerung
- Finanzierung öffentlicher Aufgaben
- Beeinflussung der Konjunktur
- Umverteilung von Einkommen und Vermögen
- Beeinflussung des Konsumentenverhaltens

Einnahmen des Staates

Gewinne
- staatliche Unternehmungen
- Bundesbank

öffentliche Abgaben
- **Gebühren**: Abgaben (Preise) für bestimmte staatliche Leistungen → an den Einzelnen, z. B. Pass
- **Beiträge**: an die Gemeinschaft, z. B. Kanalisation
- **Zölle**: Abgaben beim grenzüberschreitenden Warenverkehr
- **Steuern**: Abgaben ohne direkte Gegenleistung

Einkommensteuer

- **Einkunftsarten**: Einkommensteuerpflichtig sind die Einkünfte aus den 7 Einkunftsarten.
- **Lohnsteuer**: Sie ist eine besondere Erhebungsform der Einkommensteuer bei Arbeitnehmern.
- **Lohnsteuerkarte**: Sie berücksichtigt die persönlichen Verhältnisse beim Steuerabzug.
- **Steuertarif**: Er bestimmt, wie viel Einkommensteuer zu zahlen ist.

Soziale Marktwirtschaft

Einkommensteuerberechnung

zu versteuerndes Einkommen	Einkommensteuerveranlagung
Grundlage für die Berechnung der Einkommensteuer. Es ergibt sich nach Abzug von Werbungskosten, Sonderausgaben und außergewöhnlichen Belastungen.	Sie dient der Festsetzung der Steuerschuld durch das Finanzamt.

Gründe für eine „freiwillige" Einkommensteuererklärung

vom Arbeitgeber einbehaltene Lohnsteuer

- Überzahlung wegen **schwankender Einkommenshöhe**
- Die **tatsächlichen Werbungskosten** übersteigen den Arbeitnehmerpauschalbetrag.
- Die **tatsächlichen Sonderausgaben** übersteigen die Pauschalbeträge.
- **Außergewöhnliche Belastungen** sind entstanden.

→ zu erstattende Lohnsteuer | wirklich zu zahlende Lohnsteuer

Arbeitsteil

(Abbildung: Steuerbanderole „17 ZIGARETTEN 3,85 €", E362F)

1. Der Staat versucht durch die Besteuerung verschiedene Ziele zu erreichen.
   a) Auf welches Ziel weist die oben stehende Abbildung hin?
   b) Welche weiteren Ziele verfolgt der Staat mit der Steuererhebung?

2. Wie wirken sich Steuererhöhungen auf die wirtschaftliche Lage (Konjunktur) aus, welche Auswirkungen haben Steuersenkungen?

3. Über welche Einnahmequellen verfügt der Staat?

4. Unterscheiden Sie zwischen direkten und indirekten Steuern.

5. Nennen Sie jeweils zwei wichtige
   a) Bundessteuern,
   b) Ländersteuern,
   c) Gemeindesteuern.

6. a) Welche Zollarten werden unterschieden?
   b) Welche Vorteile und welche Nachteile sehen Sie in der Erhebung von Schutzzöllen?

Soziale Marktwirtschaft

7. Einkommensteuer, Tabaksteuer, Kfz-Steuer, Mineralölsteuer, Mehrwertsteuer, Kaffeesteuer, Grundsteuer, Erbschaftsteuer, Biersteuer:
   a) Welche der oben genannten Steuern sind Besitz-, Verbrauchs- oder Verkehrssteuern?
   b) Welche der oben genannten Steuern sind direkte, welche sind indirekte Steuern?

8. Welche Einkünfte unterliegen der Einkommensteuer?

9. Unterscheiden Sie Einkommensteuer und Lohnsteuer.

10. Weshalb werden bei der Lohnsteuererhebung einzelne Steuerklassen gebildet?

11. Teilen Sie die folgenden Arbeitnehmer den entsprechenden Steuerklassen zu:
    a) ein verheirateter Arbeitnehmer, dessen Frau nicht arbeitet.
    b) ein lediger Arbeitnehmer.

12. Sofort nach der bestandenen Gesellenprüfung haben Ingo und Anja geheiratet. Sie arbeiten in derselben Firma und beziehen jeweils einen Bruttolohn von rund 1620 €.
    a) Welche Steuerklassen können beide wählen?
    b) Ermitteln Sie mithilfe des Auszugs aus der Steuertabelle von S. 262 die sinnvollste Wahlmöglichkeit.
    c) Wie viel Euro „spart" die richtige Wahl der Steuerklasse jeden Monat? Gehen Sie bei der Berechnung von 8 % Kirchensteuer aus.

13. a) Der Steuertarif setzt sich aus verschiedenen Zonen zusammen. Nennen Sie diese und geben Sie die entsprechenden Steuersätze dieser Zonen an.
    b) Begründen Sie, weshalb es im Steuertarif eine Nullzone gibt.
    c) Preissteigerungen werden durch Lohnsteigerungen aufgefangen. Der Arbeitnehmer erleidet also keinen Einkommensverlust. Stimmt diese Aussage auch unter Berücksichtigung des Steuertarifs?

14. Erläutern Sie den Begriff „zu versteuerndes Einkommen".

15. a) Erläutern Sie, was man unter Werbungskosten versteht und geben Sie zusätzlich zwei Beispiele dafür an.
    b) Einem Arbeitnehmer sind im vergangenen Jahr 800 € Werbungskosten entstanden. Wie wirkt sich dieser Betrag in seiner Einkommensteuererklärung aus?
    c) Einem Arbeitnehmer sind im vergangenen Jahr 1500 € Werbungskosten entstanden. Welchen Betrag erhält er hierfür bei seiner Einkommensteuererklärung zurückerstattet, wenn sein durchschnittlicher Steuersatz 28 % beträgt?

16. Überlegen Sie, weshalb der Staat entstandene Sonderausgaben steuerlich begünstigt, und nennen Sie vier Beispiele für Sonderausgaben.

17. Nennen Sie Beispiele für außergewöhnliche Belastungen.

18. a) Weshalb wird von vielen Arbeitnehmern eine „freiwillige" Einkommensteuererklärung (= Antragsveranlagung) durchgeführt?
    b) Nennen Sie drei Fälle, in denen eine „freiwillige" Einkommensteuererklärung sinnvoll ist.
    c) Das deutsche Steuersystem wird von vielen Seiten kritisiert. Erläutern Sie in diesem Zusammenhang die unten stehende Karikatur.

"Mal sehen... das sind die 18 Bände 'Einkommensteuer leicht gemacht'..."

Prüfungsaufgabe

a) In der sozialen Marktwirtschaft greift der Staat in das Wirtschaftsgeschehen ein. Erläutern Sie in diesem Zusammenhang die Karikatur.

b) Zeichnen Sie einen Konjunkturzyklus und beschriften Sie die einzelnen Phasen. Ordnen Sie anschließend die beiden Bildteile den entsprechenden Phasen zu.

c) Nennen Sie zwei Möglichkeiten, wie der Staat in der rechten Bildhälfte eingreifen kann. Geben Sie zusätzlich die beabsichtigte Wirkung dieser Maßnahmen an.

d) Im Stabilitätsgesetz sind die Ziele festgelegt, die der Staat bei seiner Wirtschaftspolitik erreichen soll. Nennen Sie diese Ziele.

e) Erklären Sie die Bedeutung des Grundfreibetrages am Beispiel eines Auszubildenden, der 6000 € im Jahr verdient.

f) Berechnen Sie mithilfe des Schaubildes für das Jahr 2007, wie viel Steuer die ledige Tina Brendle zu zahlen hat, wenn sie ein zu versteuerndes Jahreseinkommen von 30 000 € hat.

g) Welchen Familienstand und wie viele Kinder hat Tinas Kollege Martin Zöllner, wenn er Lohnsteuerklasse III/1 hat?

h) Tina Brendle will bei ihrer Einkommensteuererklärung folgende Ausgaben geltend machen:

1. Spende an die Welthungerhilfe,
2. Beiträge für private Rentenversicherung,
3. Fahrkosten für die Fahrt zwischen Wohnung und Arbeitsstelle,
4. Kosten der Arbeitskleidung,
5. Gewerkschaftsbeitrag.

Ordnen Sie die Ausgaben den Begriffen „Werbungskosten" bzw. „Sonderausgaben" zu.

i) Weshalb gewährt der Staat z. B. für die Beiträge zu einer privaten Unfallversicherung Steuervorteile?

Prüfungsaufgabe

Der nächste Winter kommt bestimmt!!!
Nutzen Sie unsere Sommerpreise, ergänzen Sie Ihren Heizölvorrat.

Sommerzeit – Pelzmantelzeit
Clevere Kundinnen kaufen ihren Pelzmantel jetzt. Im Winter könnte es teuer werden …

Markisen zu Winterpreisen!!!

a) Erläutern Sie anhand der Werbeanzeigen, wovon der Preis einer Ware beeinflusst wird.

b) In den Lebensmittelgeschäften einer Großstadt wird der Liter Frischmilch zwischen 0,49 € und 0,89 € verkauft. Nennen Sie drei Gründe, weshalb nicht alle Kunden ihre Milch in dem Geschäft kaufen, in dem sie am billigsten angeboten wird.

c) In der Europäischen Union werden den Landwirten für viele Erzeugnisse verbindliche Mindestpreise garantiert. Welche Vorteile und welche Nachteile ergeben sich daraus?

d) Beschreiben Sie am Beispiel des Bäckerhandwerks die Entwicklung bei der Unternehmenskonzentration.

e) Welche Gründe können Unternehmen veranlassen sich zusammenzuschließen?

f) Behreiben Sie zwei Formen von Zusammenschlüssen.

g) Zeigen Sie drei Gefahren auf, die sich aus den von Ihnen beschriebenen Zusammenschlüssen ergeben können.

h) Begründen Sie, weshalb Unternehmenszusammenschlüsse durch das Bundeskartellamt überwacht werden.

Bäcker und Großbäcker

Brot- und Backwarenumsatz 1997 **ca. 13 Mrd. €**

Brot- und Brötchenverbrauch **84,4 kg pro Kopf**

	Marktanteil
22 000 Einzelbäckereien	36 %
800 Bäckerei-Filialketten	28 %
107 Liefer-Großbäckereien	36 %

Die beliebtesten Brotsorten

Sorte	%
Mischbrot	52
Roggenbrot	18
Mehrkornbrot	12
Weizenbrot	7
Toastbrot	9
sonstige Brotsorten	2

Die fünf Größten (Jahresumsatz)

Wendeln-Gruppe	920 Mio. €
Harry-Brot	235
Kamps AG	230
Müller-Brot (inkl. Österreich)	230
Kronenbrot	153

INDEX FUNK 8561

Quelle: Verband Deutscher Großbäckereien

Simulation einer Unternehmensgründung

Simulation einer Unternehmensgründung

1 Unternehmensziele

Unternehmer müsste man sein!!!

Welche Gründe wären für Sie maßgebend, sich selbstständig zu machen?

1.1 Ziele erwerbswirtschaftlicher Unternehmen

Privatunternehmen arbeiten nach dem erwerbswirtschaftlichen Prinzip, d. h. es sind Betriebe, die den Markt mit Gütern versorgen, weil sie einen Gewinn anstreben. Der Gewinn fließt dem Inhaber des Unternehmens zu. In der Regel sind die Unternehmungen in einer Marktwirtschaft darauf aus, den möglichst maximalen Gewinn zu erzielen. Allerdings gilt diese Aussage nur mit Einschränkungen, denn wichtig für einen Unternehmer ist nicht die Erhöhung des absoluten Gewinns ohne Rücksicht auf den notwendigen Kapitaleinsatz, sondern ein möglichst günstiges Verhältnis zum eingesetzten Kapital (= Rentabilität). Beispielsweise wäre ein verdoppelter Gewinn bei verzehnfachtem Kapitaleinsatz kein wirtschaftlicher Erfolg.

Um langfristig dieses Ziel der **Gewinnmaximierung** umsetzen zu können, bedarf es der Verwirklichung einer Reihe unterstützender Ziele wie z. B.:
- ständige Verbesserung von Produktivität und Rentabilität
- hohe Qualität von Produkten und Dienstleistungen
- Beachtung und Umsetzung von technischen Neuerungen (Innovationen)
- optimale Gestaltung der Betriebsorganisation und der betrieblichen Abläufe
- Arbeitsplatzsicherheit, vor allem in Großbetrieben, in denen die Arbeitnehmer nach dem Betriebsverfassungsgesetz an der Unternehmensleitung beteiligt sind
- gutes Firmenimage (guter Name des Unternehmens).

1.2 Ziele öffentlicher Unternehmen

Die meisten öffentlichen Unternehmen gehören den Gemeinden, den Ländern oder dem Bund und arbeiten nach dem **Bedarfsdeckungsprinzip:** Ihr Hauptziel ist es, die bestmögliche Deckung des Bedarfs der Bevölkerung sicherzustellen. Dies gilt vor allem für Güter und Dienstleistungen, an denen private Anbieter kein Interesse haben, z. B. weil hier kein Gewinn erzielt werden kann. Andererseits gibt es Versorgungsbereiche, an denen ein starkes öffentliches Interesse besteht. Diese Bereiche will man nicht dem privaten Gewinnstreben überlassen. Öffentliche Unternehmen verfolgen dabei unterschiedliche Teilziele:

Bedarfsdeckung	Verlustminimierung	Kostendeckung	angemessener Gewinn
Diese Unternehmen sollen sicherstellen, dass die Bevölkerung mit wichtigen Gütern und Dienstleistungen versorgt wird. *Beispiele:* Gas-, Wasserwerke, Verkehrsbetriebe	Diese Unternehmen können ihre Leistungen nicht zu einem Kosten deckenden Preis anbieten. Die entstehenden Verluste werden durch die öffentliche Hand gedeckt. *Beispiele:* Theater, Museen, öffentlicher Personennahverkehr	Die Kosten der betrieblichen Tätigkeit sollen durch den Gegenwert der Leistung, den Preis, gedeckt werden. Ein Gewinn wird nicht erwirtschaftet. *Beispiele:* Müllbeseitigung, Wasserwerke	Diese Unternehmen wollen einen angemessenen Gewinn erzielen. So erwirtschaften Energieversorgungsunternehmen häufig Gewinne, die zum Verlustausgleich bei den örtlichen Verkehrsbetrieben herangezogen werden.

1.3 Ziele von Genossenschaften

Die Zielsetzung einer Genossenschaft besteht nicht darin, einen möglichst hohen Gewinn zu erwirtschaften. Vielmehr will sie durch einen gemeinschaftlichen Geschäftsbetrieb für ihre Mitglieder wirtschaftliche Vorteile schaffen. Manche Genossenschaften bieten z. B. günstigere Einkaufsmöglichkeiten, andere übernehmen den Verkauf der erzeugten Waren.

Die Entstehung der Genossenschaften geht zurück ins 19. Jahrhundert. Während der „industriellen Revolution" schlossen sich die wirtschaftlich schwachen Handwerker und Landwirte zusammen, um sich durch gemeinsame Einrichtungen gegenüber den Großbetrieben zu behaupten. Als **Selbsthilfeorganisation** gründete 1847 Friedrich Wilhelm Raiffeisen die erste landwirtschaftliche Genossenschaft. Hermann Schulze-Delitzsch gründete 1849 die erste gewerbliche Genossenschaft, deren Zweck der gemeinsame Rohstoffeinkauf für Tischler und Schuster war.

Wie die Kapitalgesellschaften sind auch die Genossenschaften (eG = eingetragene Genossenschaft) juristische Personen. Eine Genossenschaft kann von mindestens drei Personen (Genossen) gegründet werden, nach oben ist die Mitgliederzahl unbegrenzt. Die Gründungsmitglieder legen auch das Statut (die Satzung) fest. Darin wird unter anderem die Haftung der Genossen geregelt. Normalerweise beschränkt sich die Haftung auf den Geschäftsanteil, wie man die Kapitaleinlage der Genossen nennt. Allerdings kann auch vereinbart werden, dass die Mitglieder im Konkursfall beschränkte oder unbeschränkte Nachschusszahlungen leisten müssen (so genannte Nachschusspflicht).

Der **Vorstand,** der aus mindestens zwei Mitgliedern besteht und von der Generalversammlung gewählt wird, ist das leitende Organ. Er führt die Geschäfte und vertritt die Genossenschaft nach außen.

Friedrich Wilhelm Raiffeisen

Simulation einer Unternehmensgründung

Der **Aufsichtsrat** besteht aus mindestens drei Mitgliedern. Er wird ebenfalls von der Generalversammlung gewählt. Als überwachendes Organ kontrolliert er die Tätigkeit des Vorstandes, prüft den Jahresabschluss und berichtet darüber in der Generalversammlung. Die **Generalversammlung** ist das beschließende Organ. Sie wird von den Mitgliedern der Genossenschaft gebildet. Beschlüsse werden durch Abstimmung gefasst, wobei allerdings nicht nach Geschäftsanteilen, sondern nach Köpfen abgestimmt wird.

Arten von Genossenschaften

Art	Aufgabe	Beispiele
Kreditgenossenschaft	Gewährung günstiger Kredite	Volksbanken, Raiffeisenbanken
Baugenossenschaft	Bau von günstigen Wohnungen	örtliche Bauunternehmen
Konsumgenossenschaft	durch Großeinkauf günstiger Weiterverkauf an die Mitglieder	Edeka, Coop
Betriebsgenossenschaft	gemeinsame Anschaffung und Nutzung von Maschinen	Mähdrescher
Absatzgenossenschaft	Verkauf der von Mitgliedern erzeugten Produkte	Obsterzeuger
Einkaufsgenossenschaft	preisgünstiger Großeinkauf von Rohstoffen, Maschinen, Waren	Schreiner, Friseure
Produktionsgenossenschaft	Verarbeitung der von den Mitgliedern erzeugten Produkte	Molkereien, Winzergenossenschaften

Zusammenfassung

Unternehmensziele

- **erwerbswirtschaftliche Unternehmen**
  - Gewinnmaximierung
  - Rentabilität
  - hoher Marktanteil

- **öffentliche Unternehmen**
  - Bedarfsdeckung
  - Kostendeckung
  - Verlustminimierung
  - angemessener Gewinn

- **Genossenschaften**
  - wirtschaftliche Vorteile für Mitglieder
  - gemeinsamer Einkauf
  - gemeinsame Produktion

Arbeitsteil

1. Nennen Sie wichtige Ziele der erwerbswirtschaftlichen Unternehmung.
2. Nennen Sie drei Ziele, welche die Gewinnmaximierung langfristig unterstützen.
3. Welche Ziele sind für öffentliche Unternehmen von Bedeutung? Warum?
4. Nach dem verfolgten Zweck unterscheidet man verschiedene Genossenschaften. Nennen Sie vier Beispiele.
5. Welcher Gedanke war ausschlaggebend für die Gründung von Genossenschaften?
6. a) Wie stehen Sie zu der Aussage: „Als Selbstständiger hat man ausgesorgt!"
   b) Stellen Sie die Vor- und Nachteile der Selbstständigkeit gegenüber.

Simulation einer Unternehmensgründung

2 Standort und Gründung

Welche Überlegungen müssen angestellt werden, bevor jemand ein neues Unternehmen gründet?

Beurteilen Sie diese Unterhaltung.

Ein Arbeitnehmer hat eine Idee, wie er als Selbstständiger erfolgreicher sein könnte. Damit dieser Erfolg auch eintritt, bedarf es eines klaren und überzeugenden Konzeptes **(Businessplan).** Die nachfolgende Checkliste soll dem Existenzgründer helfen, seine Geschäftsidee zu überdenken und zum Konzept reifen zu lassen:

1. **Die Geschäftsidee**
   - Was ist Ihre Geschäftsidee?
   - Welchen Nutzen hat Ihre Arbeit?
   - Welchen zusätzlichen Nutzen, welche zusätzliche Leistung und Attraktivität bieten Sie im Unterschied zur Konkurrenz an?
   - Wie bekannt ist Ihr Produkt/Ihre Dienstleistung?
   - Was kostet Ihr Produkt/Ihre Dienstleistung?

2. **Markteinschätzung**
   - Welche Kunden kommen in Frage?
   - Was sind die Wünsche dieser Kunden?
   - Wie groß ist das Marktvolumen dieser Kunden?
   - Wie mit welcher Werbung erreichen Sie Ihre Kunden?
   - Sind Sie eventuell von wenigen Großkunden abhängig?

3. **Konkurrenzanalyse**
   - Wer sind Ihre Konkurrenten?
   - Was kostet Ihr Produkt/Ihre Dienstleistung bei der Konkurrenz?
   - Können Sie preisgünstiger sein als die Konkurrenz?
   - Wie könnten die Konkurrenten reagieren? Und wie reagieren Sie auf die Konkurrenz?
   - Welchen Service bietet die Konkurrenz?

4. **Standort**
   - Wo also haben Sie für Ihr Produkt/Ihre Dienstleistungen einen Erfolg versprechenden Markt und keine (übermächtige) Konkurrenz?

5. **Geschäftsverbindungen**
   - Mit wem wollen Sie Ihr Unternehmen starten? Allein? Partner? Angestellte? Lieferanten, Hersteller, Großhändler?

6. **Zukunftsaussichten**
   - Wie könnte die Entwicklung in Ihrer Branche aussehen?
   - Wie wird sich die Nachfrage nach Ihrem Angebot entwickeln? Ist es jetzt in Mode, bald nicht mehr?
   - Wie lange können Sie einen Vorsprung durch zusätzlichen Nutzen oder eine zusätzliche Leistung halten?
   - Gibt es vergleichbare Branchen, an denen Sie sich orientieren können?

Quelle: Bundesministerium für Wirtschaft Broschüre „Starthilfe – der erfolgreiche Weg in die Selbstständigkeit"

Simulation einer Unternehmensgründung

2.1 Wahl des Standortes

Der Standort ist von entscheidender Bedeutung für die Zukunft eines Betriebes. Er beeinflusst die Umsatzhöhe, die erzielbaren Preise, ebenso die Kosten und somit den Gewinn. Jedes Unternehmen wird versuchen, den „günstigsten Standort" zu ermitteln. Es wird ihn dort wählen, wo die Kosten am geringsten sind und der erwartete Nutzen am größten ist. Für die Wahl des richtigen Unternehmensstandortes sind eine ganze Reihe von Faktoren zu berücksichtigen wie:

- **Kundennähe**
  Gibt es genügend Kundschaft?
- **Konkurrenz**
  Wie stark sind Zahl, Größe und Anziehungskraft der Konkurrenten?
- **Kosten**
  Wie hoch sind Mieten, Energiekosten und Steuern?
- **Verkehrsanbindung**
  Können Kunden und Lieferanten problemlos den geplanten Standort erreichen?
- **Arbeitskräfte**
  Bietet der Arbeitsmarkt vor Ort geeignete Mitarbeiter? Wie ist das Lohnniveau?
- **Behördliche Auflagen**
  Gibt es Umwelt- und Bauvorschriften?

Wodurch wird die Standortwahl beeinflusst?

Kosten, Behördliche Auflagen, Kundennähe, Standortwahl als Kompromiss, Verkehrsanbindung, Konkurrenz, Arbeitskräfte

Für ein Unternehmen ist es sehr schwierig, alle diese Faktoren angemessen zu berücksichtigen. Es wird deshalb bei der Wahl seines Standortes Kompromisse schließen.

2.2 Berufsbezogene Voraussetzungen

Nach Artikel 12 Absatz 1 Grundgesetz haben alle Deutschen das Recht, sich selbstständig zu machen und einen Betrieb zu gründen **(Gewerbefreiheit).** Auch für andere EU-Staatsbürger gelten in der Regel die gleichen Bedingungen.
Die Ausübung eines Gewerbes ist an bestimmte **persönliche Voraussetzungen** gebun-

> **Einzelhandel:**
> Das Gewerbe ist grundsätzlich erlaubnisfrei. Beim Handel mit Arzneimitteln und Milch etc. ist ein Sachkenntnisnachweis erforderlich.
> **Hotel- und Gaststättengewerbe:**
> Eine Gaststättenerlaubnis wird erteilt, wenn der zukünftige Wirt persönlich zuverlässig ist und an einer Unterweisung der zuständigen Kammer teilgenommen hat. Die vorgesehenen Betriebsräume müssen der Gaststättenverordnung und den amtlichen Hygiene- und Feuerschutzvorschriften genügen.
> **Handwerk:**
> Handwerksbetriebe bedürfen nach der Handwerksordnung des Eintrags in die Handwerksrolle. In 41 von 94 Handwerksberufen ist die Meisterprüfung Voraussetzung für den Eintrag. Auch in 35 Berufen mit „Meisterzwang" werden Gesellen ohne Meisterprüfung eingetragen, wenn sie 6 Jahre Berufspraxis besitzen und 4 davon in leitender Funktion tätig waren (Stand 2007).

den, z. B. volle Geschäftsfähigkeit des Gründers oder geordnete Lebensverhältnisse. Für einige Gewerbezweige ist eine besondere Genehmigung erforderlich (Vorlage bei der Gewerbeanmeldung). Viele andere sind nicht erlaubnispflichtig.

2.3 Gründungshilfen

Wer auch immer ein eigenes Unternehmen gründen möchte, sollte sich beraten lassen. Beratung ist keine Nachhilfe, sondern **Entscheidungshilfe.** Dies sollte übrigens auch in den ersten Jahren nach der Firmengründung gelten. Eine erste Beratung sollte folgende Fragen klären:

- Reichen meine persönlichen und fachlichen Kenntnisse aus?
- Stimmen meine Markteinschätzungen?
- Sind meine finanziellen Vorstellungen realistisch?
- Sind meine Pläne realisierbar?
- Lohnt es sich für mich, das Risiko der Selbstständigkeit einzugehen?

Erste Informationen für Existenzgründer bieten berufsständische Organisationen wie die **Industrie- und Handelskammern** (IHK) sowie die **Handwerkskammern.** Weitere Beratungsstellen sind die **Fachverbände** der einzelnen Branchen sowie die **Institute der Wirtschaft.** Neben Informations- und Schulungsveranstaltungen für Existenzgründer bieten Kammern und Verbände eine kostenlose, persönliche Existenzgründerberatung oder Existenzaufbauberatung.
Staatliche Stellen wie z. B. das **Bundesministerium für Wirtschaft** oder die entsprechenden Stellen bei den Landeswirtschaftsministerien bieten kostenloses Informationsmaterial an.

Neben den genannten Einrichtungen erhält man Beratungen bei den folgenden Stellen. Dabei sollte beachtet werden, dass für bestimmte Beratungen staatliche Zuschüsse erhältlich sind:
- **Steuerberater** unterstützen bei den Gründungsvorbereitungen, bei der Einrichtung einer Buchhaltung und beraten bei allen Steuerfragen.
- **Kreditinstitute** beraten vorwiegend in Finanzierungsfragen, liefern jedoch auch bei Bedarf Informationen für Branchen und Märkte.
- **Freie Unternehmensberater** führen Marktanalysen durch, erarbeiten Unternehmensplanungen, erstellen Finanzierungskonzepte.
- **Rechtsanwälte und Notare** sollten vor allem beim Erstellen von Verträgen zu Rate gezogen werden, um unliebsame Überraschungen zu ersparen.

2.4 Finanzielle Förderung und Wirtschaftsförderung

Der Start in die unternehmerische Selbstständigkeit wird durch **finanzielle Hilfen** von EU, Bund, Ländern und Gemeinden unterstützt. Diese Förderprogramme bieten vor allem günstige Kredite an. Manche verlangen ermäßigte Zinssätze, andere bieten tilgungsfreie Jahre oder verzichten auf Sicherheiten. Aufgrund der großen Anzahl verschiedener Programme ist es sehr schwierig, die optimale Kombination zu finden. Ohne Rat kann man viel Geld verschenken. Deshalb sollte unbedingt die Betriebsberatungsstelle der zuständigen Kammer in Anspruch genommen werden. Wichtige Existenzgründungshilfen sind z. B.:
- **ERP-Existenzgründungs-Darlehen** bei der Deutschen Ausgleichsbank in Bonn
- **Eigenkapitalhilfe-Darlehen** bei der Deutschen Ausgleichsbank in Bonn
- **Existenzgründungs-Darlehen** der Landesbanken

Das Bundesministerium für Wirtschaft und Arbeit hat eine Förderberatung für Fragen der Existenzgründung eingerichtet.

Tel: 01805/615001
E-Mail:
info@bmwa.bund.der
Förderdatenbank
www.bmwa.bund.de

> Simulation einer Unternehmensgründung

- **Ausfallbürgschaften** durch Kreditgemeinschaften, die in allen Bundesländern eingerichtet wurden. Sie übernehmen Bürgschaften für Handwerker, die für Bankkredite keine ausreichenden Sicherheiten besitzen. Solche Bürgschaften sichern bis zu 80 % des benötigten Kredits.
- **Innovationsförderungsprogramme** beinhalten Zuschüsse, Kredite, Risikobeteiligungen und Bürgschaften für Gründer von technologieorientierten Unternehmen.

Ziel der Wirtschaftsförderung ist es, Unternehmen in einer bestimmten Region neu anzusiedeln oder ihr Fortbestehen zu sichern. Den Unternehmen werden durch reduzierte Steuersätze oder Bauland Anreize gesetzt, sich in diesem Gebiet niederzulassen. Staatliche Fördermaßnahmen sind z. B. Vorzugskredite, finanzielle Unterstützung für Unternehmensgründungen, die Schaffung von Technologieparks und deren Bestandspflege. Wirtschaftsförderung wird durch landeseigene Institutionen, durch Landkreise oder durch Gemeinden betrieben. Das Bundesministerium für Wirtschaft unterstützt den Aufbau Ost mit speziellen Absatzförderungs- und Vermarktungshilfeprogrammen.

Das Land Baden-Württemberg hat eine spezielle Internetseite zur schnellen Informationsbeschaffung eingerichtet: www.wpunkt.de

2.5 Franchising

Ein Betriebsgründer kann sich viele Probleme und Risiken ersparen, wenn er sich ein fertiges Konzept kauft. Das System heißt **Franchising** und wird heute in vielen Branchen praktiziert.

Informationen zum Franchising finden Sie unter: www.franchise-net.de

Franchise-Typen

Vertriebsfranchising Der Franchise-Nehmer verkauft bestimmte Waren in seinem Geschäft. Das Geschäft trägt den Namen des Franchise-Gebers. *Beispiel:* Eismann, McDonald's

Dienstleistungsfranchising Der Franchise-Nehmer bietet Dienstleistungen unter der Geschäftsbezeichnung des Gebers an und verpflichtet sich, bestimmte Richtlinien und Vorgaben einzuhalten. *Beispiele:* Musikschule, Hotelkette

Produktionsfranchising Nach Anweisungen des Franchise-Gebers stellt der Nehmer eine bestimmte Ware selbst her. Er verkauft die Produkte unter dem Warenzeichen des Franchise-Gebers. *Beispiel:* Getränkeabfüllbetrieb wie z. B. Cola

Beim **Franchise-Verfahren** liefert ein Unternehmer – der **Franchise-Geber** – Name, Marke, Know-how und Marketing. Gegen Gebühr räumt er dem **Franchise-Nehmer** das Recht ein, seine Waren und Dienstleistungen zu verkaufen. Er bietet dafür die Gewähr, dass kein anderer Franchise-Nehmer in seinem Gebiet einen Betrieb eröffnet.

Weitere Leistungen des Franchise-Gebers:
- Durchführung von Markttests
- Kalkulationshilfen
- laufende geschäftliche Betreuung und Beratung
- Werbung für alle Franchise-Nehmer
- Ausbildung und Fortbildung des Franchise-Nehmers und seiner Mitarbeiter.

Der Entscheidungsspielraum des Franchise-Nehmers wird zwar eingeschränkt (z. B. bei der Auswahl der anzubietenden Produkte), dafür erhält er aber eine relative Sicherheit geboten, weil der Franchise-Geber eine große Anzahl von überbetrieblichen Leistungen für ihn übernimmt. Je nach Art des Unternehmens kann Franchising mit hohen Kosten verbunden sein, so wird z. B. bei McDonald's neben den laufenden Gebühren eine Mindestinvestition von 600 000 € verlangt. Des Weiteren müssen strenge Regeln beachtet werden; so ist bei manchen Franchise-Gebern die Teilnahme an mehrmonatigen Lehrgängen eine zwingende Grundvoraussetzung.

2.6 Anmeldung der Unternehmensgründung

Die Gründung eines eigenen Betriebes macht eine Vielzahl von Anmeldeformalitäten sowie die Beachtung von zahlreichen gesetzlichen Vorschriften notwendig. So muss jeder Gewerbebetrieb beim zuständigen **Gewerbeamt** (der Gemeindeverwaltung) angemeldet werden. Notwendig hierzu sind ein Personalausweis (Pass) und evtl. besondere Genehmigungen und Nachweise (z. B. Handwerkskarte, Konzession usw.). Das Gewerbeamt leitet eine Kopie des Anmeldeformulars automatisch an die wichtigsten Stellen weiter.

Checkliste zur Anmeldung eines Kleinbetriebes des Handwerks:	
1. Eintragung in die **Handwerksrolle** vor der **Handwerkskammer** → Ausstellung einer Handwerkskarte	✓
2. Je nach Rechtsform Eintragung des Unternehmens in das **Handelsregister** (es wird beim zuständigen Amtsgericht geführt)	✓
3. Meldung über Beginn des Gewerbes an das gemeindliche **Gewerberegister** → Ausstellung einer Gewerbeanmeldungsbestätigung	✓
4. Anmeldung beim **Finanzamt** nach der Steuergesetzgebung → Zuteilung einer **Steuernummer**	✓
5. Mitteilung an die zuständige **Berufsgenossenschaft** → Sicherung der Unfallversicherung	✓
6. Information der Agentur für Arbeit → u. U. Fördermittel für Mitarbeiter, Zuteilung einer **Betriebsnummer**	✓
7. Anmeldung von Arbeitnehmern innerhalb von 7 Tagen bei den zuständigen **Krankenkassen** → Sozialversicherung	✓
8. Aushandeln der Bezugsbedingungen **bei Versorgungsunternehmen** für Strom, Gas, Wasser und Müllabfuhr	✓
9. Einholung der **Betriebsgenehmigung** bei überwachungspflichtigen Anlagen	✓
10. Besorgung von u. U. notwendigen **Sondergenehmigungen** (Information durch Behörden oder Kammern)	✓

Simulation einer Unternehmensgründung

Zusammenfassung

Standort und Gründungshilfen

Standortwahl Faktoren
- Kundennähe
- Konkurrenz
- Kosten
- Verkehrsanbindung
- Arbeitskräfte
- behördliche Auflagen

Berufsbezogene Voraussetzungen
- persönliche Voraussetzungen
- spezielle Voraussetzungen, z. B.
  - Meisterprüfung
  - evtl. behördliche Genehmigungspflicht

Gründungsförderung
- **Beratung**
  - IHK
  - Handwerkskammer
  - Fachverbände
  - Institute der Wirtschaft
  - staatliche Stellen
  - Steuerberater
  - Kreditinstitute
  - Unternehmensberater
  - Rechtsanwälte und Notare
- **Finanzielle Förderung**
  - Bund
  - Länder
  - EU
  - Sonstige

Anmeldung
- Gewerbeamt
- Handwerkskammer
- Finanzamt
- Berufsgenossenschaft
- Arbeitsamt
- Krankenkasse
- Versorgungsunternehmen

Franchising
- Produktfranchising
- Vertriebsfranchising
- Dienstleistungsfranchising

Arbeitsteil

1. Nennen Sie fünf Standortfaktoren.

2. Nennen Sie die berufsbezogenen Voraussetzungen für die Gründung eines Handwerksbetriebes.

3. Welche Einrichtungen bieten erste Informationen für Betriebsgründer?

4. Nennen Sie fünf mögliche finanzielle Existenzgründerhilfen.

5. Erklären Sie das Franchise-Verfahren.

6. Nennen Sie Vorteile und Nachteile des Franchising für den Franchise-Nehmer.

7. Wen müssen Sie bei einer Betriebsgründung informieren? Nennen Sie drei Stellen und begründen Sie, warum Sie diese Stellen informieren müssen.

8. Untersuchen Sie am Beispiel Ihres Ausbildungsbetriebes die Wahl des Standortes. (Warum gerade dieser Standort?)

9. a) Überlegen Sie, welche Gründe für den Abkehrwillen vom Standort Deutschland ausschlaggebend sind.
   b) Welche Vorteile bietet der Standort Deutschland Ihrer Meinung nach?

10. Ines möchte zusammen mit ihrem Freund Kai ein Fitnessstudio eröffnen.
    a) Erstellen Sie ein schlüssiges Konzept nach der Checkliste Seite 279.
    b) Welche Fragen sollten bei der Unternehmensgründung geklärt werden? Warum?

3 Wahl der Rechtsform eines Unternehmens

„Ganz schön schwierig, sich für die richtige Rechtsform zu entscheiden."

Muss diese Entscheidung wirklich so schwierig sein?
Worin liegen Ihrer Meinung nach die Probleme bei der Wahl der richtigen Rechtsform?

Bei der Gründung eines Unternehmens wird vieles überlegt, z.B. ob man die richtige Unternehmerpersönlichkeit ist, ob eine Marktlücke vorhanden ist, welche Geschäftsausstattung man braucht und wie diese finanziert werden kann. Über die Wahl der besten, der richtigen Unternehmensform macht man sich weniger Gedanken. Dies ist jedoch falsch! Ein Fehler in diesem Bereich kann früher oder später alles, was in mühsamer Arbeit aufgebaut wurde, zunichte machen.

Ein wichtiges Merkmal einer Unternehmung ist ihre Rechtsform. Sie gibt unter anderem Auskunft über folgende Fragen:
– Wer bringt das erforderliche Kapital auf?
– Wer haftet für die Schulden?
– In welchem Umfang wird gehaftet?
– Wer ist berechtigt die Unternehmung zu leiten und nach außen zu vertreten?
– Wer erhält den erwirtschafteten Gewinn?

Übersicht über Rechtsformen der Unternehmung

Unternehmungsformen (Rechtsformen der Unternehmung)
- Einzelunternehmung
- Gesellschaftsunternehmungen
  - Personengesellschaften
    - z.B.
    - Offene Handelsgesellschaft (OHG)
    - Kommanditgesellschaft (KG)
  - Kapitalgesellschaften
    - z.B.
    - Aktiengesellschaft (AG)
    - Gesellschaft mit beschränkter Haftung (GmbH)
  - Genossenschaften (eG)

Simulation einer Unternehmensgründung

3.1 Die Einzelunternehmung

Die Einzelunternehmung ist die Rechtsform, die in der Bundesrepublik am weitesten verbreitet ist. Typische Einzelunternehmungen, die im Übrigen rund 70 % aller Unternehmungen ausmachen, sind z. B. die kleineren Handwerksbetriebe, die landwirtschaftlichen Betriebe oder die Einzelhandelsbetriebe.

Im Mittelpunkt der Einzelunternehmung steht ein einzelner Unternehmer, der das Kapital aufbringt, die Unternehmung leitet und für die Schulden unbeschränkt haftet, also auch mit seinem Privatvermögen. Er allein hat die gesamte Entscheidungsgewalt und übernimmt auch allein die Verantwortung und das gesamte Risiko. Dafür hat er den vollen Anspruch auf den Unternehmensgewinn. Geeignet ist die Einzelunternehmung besonders für Existenzgründer und Kleingewerbetreibende. Die Geschäftsbezeichnung, unter der ein Einzelunternehmer seine Unternehmung betreibt, muss mindestens seinen Vornamen und Familiennamen enthalten. Kleingewerbebetreibenden (Nichtkaufleuten) ist der Eintrag ins Handelsregister freigestellt. Sofern sie sich eintragen lassen, werden sie zum Kaufmann und unterliegen den Kaufmannsregeln des HGB (Handelsgesetzbuch). So können sie beispielsweise einen Firmennamen führen, höhere Verzugszinsen berechnen, formfrei Bürgschaften eingehen oder bei anderen Kaufleuten die Gewährleistung begrenzen. Dem stehen u. a. die Buchführungspflicht oder eine strengere Prüfungs- und Rügepflicht beim Handelskauf gegenüber. Erreicht das Unternehmen eine bestimmte Größe, dann **muss** der Einzelunternehmer sogar als **Kaufmann** (Istkaufmann) im **Handelsregister** eingetragen werden. In beiden Fällen schreibt das HGB vor, dass der Firmenname **(Firma)** einen **Rechtsformzusatz** erhält, nämlich „eingetragener Kaufmann" oder eine verständliche Abkürzung wie „e. K.", „e. Kfm." oder „e. Kfr.". So wird beispielsweise die Einzelunternehmung Max Bauer durch den Eintrag zu „Max Bauer e. K.".

HGB § 1

Firma nennt man den Namen, unter dem ein eingetragener Kaufmann seine Unternehmung betreibt. Im Gegensatz zur Geschäftsführung von Nichtkaufleuten muss diese nicht mehr den Namen des Unternehmers enthalten. Max Bauer e. K. könnte seine Firma beispielsweise auch „Gigabyte Computerhandel e. K." nennen. Er kann seinen Firmennamen auch vererben und verkaufen.

Arbeitslose, die sich als Einzelunternehmer selbstständig machen, werden staatlich gefördert. Für die **Existenzgründung** erhalten sie von der Agentur für Arbeit zusätzlich zum Arbeitslosengeld neun Monate lang einen steuerfreien **Gründungszuschuss** von 300 € monatlich. Trägt das Geschäftskonzept, dann gibt es den Zuschuss weitere sechs Monate. Sofern der Jahresgewinn 30 000 € nicht übersteigt, sind die Mini-Unternehmer nach dem Kleinunternehmerförderungsgesetz sogar von der Buchführungspflicht befreit. Die Umsatzsteuerbefreiung kann das Geschäft ankurbeln, denn der Gründer kann seine Leistungen steuerfrei und somit preiswerter anbieten. Existenzgründer dürfen auch Mitarbeiter einstellen.

Vorteile	Nachteile
• Der Unternehmer verfügt allein über den Gewinn. • Der Unternehmer kann alleine und schnell entscheiden. • Ein einzelner Unternehmer kann sich schnell an wirtschaftliche Veränderungen anpassen. • Es besteht große Unabhängigkeit gegenüber anderen Meinungen.	• Der Unternehmer haftet unbeschränkt mit seinem Geschäfts- und Privatvermögen. • Der Unternehmer trägt das Risiko alleine. • Die Kapitalkraft und Geldbeschaffungsmöglichkeiten sind begrenzt. • Die Nachfolge des Inhabers kann Probleme bereiten.

3.2 Personengesellschaften

Schließen sich zwei oder mehr Personen zusammen, um gemeinsam eine Unternehmung zu betreiben, so bilden sie eine Personengesellschaft, wenn mindestens eine Person unbeschränkt mit ihrem gesamten Geschäfts- und Privatvermögen haftet.
Vielfach entstehen Personengesellschaften aus umgewandelten Einzelunternehmungen, die so ihre Kreditwürdigkeit erhöhen wollen oder die wegen eines gestiegenen Kapitalbedarfs Gesellschafter aufnehmen müssen.
Ein anderer Grund kann zum Beispiel in der Absicht liegen, die Haftung, das Risiko oder die Arbeitsbelastung auf mehrere Personen zu verteilen. Oft wird auch versucht, auf diese Weise Fachkräfte für ein Unternehmen zu gewinnen. Selbst steuerliche Vorteile können eine solche Umwandlung ratsam erscheinen lassen. Häufig wollen Unternehmer Verwandte an der Unternehmung beteiligen. Auch machen persönliche Gründe (z. B. Alter, Erbfall) die Gründung einer Personengesellschaft erforderlich.

Wichtige Personengesellschaften sind die **Gesellschaft des bürgerlichen Rechts** (GbR), die **Offene Handelsgesellschaft** (OHG) und die **Kommanditgesellschaft** (KG).

Die Gesellschaft des bürgerlichen Rechts (GbR)

Sie stellt die einfachste und unkomplizierteste Rechtsform dar. Rechtsgrundlage ist das BGB, deshalb wird die GbR auch BGB-Gesellschaft genannt. Durch eine vertragliche Vereinbarung, die sowohl zwischen natürlichen als auch juristischen Personen getroffen werden kann, wird ein gemeinsames Ziel bestimmt. Auch mündliche Abmachungen können als Vertrag gelten (z. B. Fahrgemeinschaft, Lottogemeinschaft). Bei der Gründung wird zwar die Schriftform empfohlen, sie ist aber nicht zwingend nötig. Die GbR hat eine **eingeschränkte Rechtspersönlichkeit** und kann deshalb auch nicht ins Handelsregister eingetragen werden, sonst wäre sie eine OHG oder KG. Gemessen am Einzelunternehmen, entstehen keine steuerlichen Nachteile.
Werden keine besonderen Absprachen im Gesellschaftsvertrag getroffen, dann gelten folgende gesetzliche Regelungen:

BGB §§ 705 ff.

– Für jedes abzuschließende Geschäft müssen alle Gesellschafter zustimmen, d. h. sie führen die Geschäfte gemeinschaftlich.
– Ebenso wie die Geschäftsführung steht die Vertretung der Gesellschaft nach außen allen Gesellschaftern gemeinsam zu. Allerdings gilt es hier als sinnvoll, die **Vertretungsbefugnis** und die **Geschäftsführung** einem Geschäftsführer zu übertragen.
– Jedem Gesellschafter steht der gleiche Gewinnanspruch zu.

Offene Handelsgesellschaft (OHG)

Die OHG ist ein Zusammenschluss von mindestens zwei Gesellschaftern, die gemeinsam ein Unternehmen betreiben. Im Firmennamen muss die Bezeichnung „offene Handelsgesellschaft" enthalten sein oder eine verständliche Abkürzung wie z. B. Hecht OHG, Wal & Hecht OHG, Wal OHG.
Zur Gründung der OHG schließen die beteiligten Personen einen Vertrag, den so genannten **Gesellschaftsvertrag.** Werden darin keine abweichenden Regelungen getroffen, so gelten immer die gesetzlichen Bestimmungen (HGB). So ist zunächst jeder Mitinhaber zur **Geschäftsführung** und **Vertretung** der Firma berechtigt und verpflichtet. Das heißt, alle Gesellschafter haben demnach das Recht, die Firma nach außen zu vertreten und Geschäfte abzuschließen, die auch die anderen Gesellschafter binden.
Nach dem Gesetz erhält jeder Gesellschafter bei der **Gewinnverteilung** zunächst 4 % auf seine Kapitaleinlage; der Rest wird nach Köpfen verteilt. Ein eventueller Verlust wird ebenfalls pro Kopf aufgeteilt.

HGB §§ 105 ff.

Für die Kapitaleinlage ist keine Mindesthöhe vorgesehen, sodass es vorkommen kann, dass z. B. ein Gesellschafter das ganze Kapital einbringt, der andere hingegen vor allem kaufmännische oder technische Fähigkeiten beisteuert.

Von besonderer Bedeutung bei der OHG ist die **Haftung** aller Gesellschafter. Sie haften nämlich unbeschränkt, also auch mit ihrem Privatvermögen. Jeder Gesellschafter muss für die Geschäfte der anderen Gesellschafter einstehen, er haftet also auch solidarisch. Da alle Gesellschafter unmittelbar, also persönlich haften, kann ein Gläubiger auswählen, welchen Gesellschafter er zur Haftung heranziehen möchte. Aufgrund der unbeschränkten Haftung besitzt die OHG eine sehr gute Kreditwürdigkeit.

Vorteile	Nachteile
• Unterschiedliche Kenntnisse und Fähigkeiten können genutzt werden. • Risiko, Haftung und Arbeitsbelastung werden verteilt. • Zusätzliche Gesellschafter können neues Kapital hinzuführen. • Hohe Kreditwürdigkeit.	• Uneingeschränkte Haftung. • Meinungsverschiedenheiten zwischen den Gesellschaftern können dem Unternehmen schaden. • Im Vergleich zu Kapitalgesellschaften ist die Kapitalaufnahme beschränkt.

Kommanditgesellschaft (KG)

HGB §§ 161 ff.

Die **Kommanditgesellschaft** ist eine Personengesellschaft, die der OHG sehr ähnlich ist. Der wesentliche Unterschied besteht darin, dass es zwei Arten von Gesellschaftern gibt, nämlich den **Komplementär**, auch Vollhafter genannt, und den **Kommanditisten**, den so genannten Teilhafter.

Die Komplementäre sind die persönlich haftenden Gesellschafter. Sie haben grund-

Komplementär (Vollhafter)	Gesellschafter der KG	Kommanditist (Teilhafter)
Er haftet mit seiner Kapitaleinlage und mit seinem Privatvermögen.		Er haftet nur mit seiner Kapitaleinlage.

sätzlich die gleichen Rechte und Pflichten wie die OHG-Gesellschafter, d. h. sie haften nicht nur mit ihrer Kapitaleinlage, sondern auch mit ihrem Privatvermögen. Dagegen beschränkt sich die Haftung eines Kommanditisten nur auf seine Kapitaleinlage. Dafür ist er allerdings auch nicht zur Geschäftsführung und Vertretung der Gesellschaft berechtigt.

Die KG wird von den Komplementären geleitet und geführt. Allerdings besitzen die Kommanditisten ein Kontrollrecht, d. h. sie können beispielsweise Einsicht in die Bücher nehmen oder eine Bilanzabschrift verlangen. Bei außergewöhnlichen Geschäften besitzen sie ein Widerspruchsrecht.

Vom Gewinn erhalten alle Gesellschafter zunächst 4 % ihrer Kapitalanlage. Der Rest ist in angemessenem Verhältnis zu verteilen, ebenso ein eventueller Verlust. Um Streitigkeiten vorzubeugen, wird das angemessene Verhältnis normalerweise im Gesellschaftsvertrag festgelegt.

Im Firmennamen einer KG dürfen nur die Namen von Vollhaftern enthalten sein. Ebenso wie bei der OHG muss der Firmenname den Zusatz „Kommanditgesellschaft" enthalten oder eine verständliche Abkürzung. *Beispiele:* Hecht KG, Wal & Hecht KG, Wal KG.

3.3 Kapitalgesellschaften

Eine besondere Form der Gesellschaftsunternehmungen sind die Kapitalgesellschaften. Im Vordergrund steht die Aufbringung größerer Kapitalbeträge durch die Gesellschafter und nicht deren Mitarbeit in der Unternehmung. Die Gesellschafter haften nicht mit ihrem Privatvermögen, sondern nur mit ihrer Kapitaleinlage. Kapitalgesellschaften sind **juristische Personen,** d.h. sie haben eine eigene Rechtspersönlichkeit. Deshalb werden sie vom Gesetz wie Menschen behandelt und können beispielsweise Verträge schließen und vor Gericht verklagt werden. Kapitalgesellschaften entstehen durch die Eintragung ins **Handelsregister**. Werden die Geschäfte schon vor der Eintragung aufgenommen, dann haften die Gründer dafür unbeschränkt. Zu den wichtigsten Kapitalgesellschaften gehören:
- die **Aktiengesellschaft** (AG)
- die **Gesellschaft mit beschränkter Haftung** (GmbH).

Gesellschaft mit beschränkter Haftung (GmbH)

Die Gesellschaft mit beschränkter Haftung (GmbH) ist eine juristische Person. Zur Gründung einer GmbH sind als Mindestkapital (Stammkapital) 25 000 € notwendig. Dabei ist es gleichgültig, ob dieses Stammkapital von einer Person (Ein-Mann-GmbH) oder von mehreren aufgebracht wird. Die Gesellschafter sind mit bestimmten Anteilen, so genannten Stammeinlagen, am Stammkapital der Gesellschaft beteiligt. Die Mindeststammeinlage beträgt 100 €. Die **Haftung** der Gesellschaft erstreckt sich auf das Gesellschaftsvermögen. Die Gesellschafter haften nur mit ihrer Stammeinlage, nicht jedoch mit ihrem Privatvermögen. Die **Gewinnverteilung** erfolgt entsprechend den Anteilen am Stammkapital. Der **Firmenname** muss die Bezeichnung „Gesellschaft mit beschränkter Haftung" enthalten.

GmbH-Gesetz

Organe der GmbH		
Die **Geschäftsführung** ist das leitende Organ. Sie besteht aus einem oder mehreren Personen, die von der Gesellschafterversammlung bestellt werden.	Die **Gesellschafterversammlung** kontrolliert die Geschäftsführung und entscheidet u. a. über die Verwendung des Jahresgewinns.	Ein **Aufsichtsrat** ist wie bei der AG das kontrollierende Organ. Er muss gebildet werden, wenn das Unternehmen mehr als 500 Beschäftigte hat.

Da eine GmbH nur beschränkt haftet, ist bei der Kreditaufnahme natürlich zu erwarten, dass die Kreditgeber keinen sehr hohen Kreditrahmen einräumen. Andererseits wird gerade wegen der beschränkten Haftung diese Rechtsform sehr gerne gewählt. Der Trend zum geringen Risiko nimmt ständig zu. Im Jahr 2001 waren fast 40 % der neu gegründeten Unternehmen eine GmbH (ca. 47 000 Neugründungen). Neben der Einzelunternehmung (ca. 50 000 Neugründungen) ist die GmbH deshalb die am häufigsten anzutreffende Unternehmensform.

Die GmbH & Co. KG

KG	GmbH
Vollhafter	← Vollhafter der KG
Teilhafter	

Die Teilhafter sind in der Regel Gesellschafter der GmbH.

Simulation einer Unternehmensgründung

Eine beliebte Unternehmensform ist die **GmbH & Co KG.** Dies ist eine Kommanditgesellschaft, deren Vollhafter eine GmbH ist. Die Kommanditisten der KG sind in der Regel auch Gesellschafter der GmbH. Neben steuerlichen Vorteilen bietet die GmbH & Co KG die Möglichkeit, das Privatvermögen aus der Haftung herauszuhalten.

Aktiengesetz

Aktiengesellschaft (AG)

Die Aktiengesellschaft, eine **juristische Person,** ist die wirtschaftlich bedeutendste Kapitalgesellschaft. Ihre Gesellschafter, die **Aktionäre,** sind mit Anteilen **(Aktien)** am Grundkapital der Gesellschaft beteiligt und haften nur mit ihrer Aktie.

Das Mindestkapital **(Grundkapital)** beträgt 50 000 €. Die AG kann von einer oder mehreren Personen gegründet werden. Dazu ist eine Satzung anzufertigen, die notariell beurkundet werden muss. Für ihre Einlagen erhalten die Gesellschafter Aktien.

Der Mindestbetrag einer Aktie beträgt 1 €, jedoch sind seit 1998 auch Stückaktien möglich. Sie verkörpern wie Nennbetragsaktien einen Anteil am Grundkapital der AG. Allerdings lauten sie nicht auf einen Nennbetrag, sondern auf „Stück". Die Gesamtzahl der ausgegebenen Stückaktien ist nur in der Satzung und nicht auf der Aktie vermerkt. Die Aktien der großen Aktiengesellschaften werden an den Wertpapierbörsen gehandelt, wo fünfmal wöchentlich ein Preis **(Kurs)** ermittelt wird. In der Regel ist der **Kurswert,** der sich an den Börsen bildet, erheblich höher als der auf den Aktien aufgedruckte **Nennwert.**

Die **Dividende** ist ein Teil des Gewinns einer AG, der an die Aktionäre ausbezahlt wird. Sie wird in Euro je Aktie angegeben.

Im Vergleich zu den anderen Unternehmensformen ist die Zahl der Aktiengesellschaften verhältnismäßig gering. Dennoch hat diese Rechtsform eine große Bedeutung, da sich durch die Ausgabe von Aktien leicht große Kapitalmengen aufbringen lassen. Deshalb und wegen der beschränkten Haftung wird diese Unternehmensform von fast allen Großunternehmen verwendet. Aktiengesellschaften, die viele Aktionäre haben, bezeichnet man als Publikumsgesellschaften. Manche davon haben mehrere hunderttausend Aktionäre.

Der Firmenname der AG muss den Zusatz Aktiengesellschaft enthalten.
Beispiele: Deutsche Bank AG, Volkswagenwerk AG.

leitendes Organ	**Vorstand**	
	↑ bestellt	wählt ⅓ bzw. ½ des Aufsichtsrats
überwachendes Organ	**Aufsichtsrat** ←	
	↑ wählt	
beschließendes Organ	**Hauptversammlung**	Belegschaft

Der Vorstand, der meist aus mehreren Personen besteht, leitet die Geschäfte der Aktiengesellschaft. Er wird vom Aufsichtsrat auf höchstens fünf Jahre bestellt, eine Wiederwahl ist zulässig.

Der Aufsichtsrat besteht aus mindestens drei Mitgliedern. Sie werden auf vier Jahre von den Aktionären und den Arbeitnehmern der AG (Belegschaft) gewählt. Auch die Aufsichtsratsmitglieder können wieder gewählt werden. Der Aufsichtsrat bestellt den Vorstand und überwacht seine Geschäftsführung. Des Weiteren prüft er dessen Geschäftsbericht sowie den Jahresabschluss und berichtet darüber in der Hauptversammlung.

Simulation einer Unternehmensgründung

Die Hauptversammlung ist das beschlussfassende Organ der Aktiengesellschaft. Einmal jährlich treten die Aktionäre zusammen und bilden die Hauptversammlung, in der jeder Aktionär ein Stimmrecht pro Aktie hat. Die Hauptversammlung wählt die Aktionärsvertreter für den Aufsichtsrat. Darüber hinaus entlastet sie den Vorstand und den Aufsichtsrat für die geleistete Arbeit, beschließt über die Gewinnverteilung, ist zuständig für Satzungsänderungen und wählt die Wirtschaftsprüfer für die Abschlussprüfung.

Da nicht alle Aktionäre zur Hauptversammlung kommen, ist im Aktiengesetz vorgesehen, dass die Aktionäre sich vertreten lassen können. Dies besorgen in der Regel die Kreditinstitute, die auch die Aktien im **Depot** (Wertpapierkonto) verwalten.

Wird eine AG aufgelöst, so hat ein Aktionär einen Anspruch auf einen Teil des Liquidationserlöses. Wenn eine Aktiengesellschaft ihr Grundkapital erhöht und „junge Aktien" ausgibt, besitzen die alten Aktionäre ein Vorrecht auf den Bezug dieser Aktien (Bezugsrecht). Sie können dieses Bezugsrecht ausüben oder verkaufen.

Zusammenfassung

Merkmale / Rechtsform	Gründung	Haftung	Geschäftsführung und Vertretung	Wichtige Gesellschaftsorgane	Gewinnverteilung
Einzelunternehmung	allein durch Einzelunternehmer	allein und unbeschränkt	allein durch Einzelunternehmer	–	allein an Einzelunternehmer
GbR (Gesellschaft des bürgerlichen Rechts)	mindestens zwei natürliche oder jurist. Personen mit gemeinsamem Ziel	Gesellschafter haften für alle Verpflichtungen als Gesamtschuldner mit dem Privatvermögen	alle Gesellschafter gemeinschaftlich oder nach Vertrag	Gesellschafterversammlung, Geschäftsführer	Anteil gleich für jeden Gesellschafter
OHG (Offene Handelsgesellschaft)	mindestens zwei Personen	jeder Gesellschafter unbeschränkt	jeder Gesellschafter	Gesellschafterversammlung	4% auf die Kapitaleinlage; Rest nach Köpfen
KG (Kommanditgesellschaft)	mindestens ein Vollhafter; mindestens ein Teilhafter	Komplementäre unbeschränkt; Kommanditisten nur mit ihrer Kapitaleinlage	nur durch die Komplementäre	Gesellschafterversammlung	4% auf die Kapitaleinlage; Rest in angemessenem Verhältnis
AG (Aktiengesellschaft)	mindestens 1 Person; mindestens 50 000 € Grundkapital	Aktionäre haften nur mit der Aktie	Vorstand	Hauptversammlung, Aufsichtsrat	Dividende je nach Aktiennennwert bzw. Anteil bei Stückaktien
GmbH (Gesellschaft mit beschränkter Haftung)	mindestens 1 Person; mindestens 25 000 € Stammkapital	Gesellschafter haften nur mit den Stammeinlagen	Geschäftsführer	Gesellschafterversammlung, Geschäftsführer (je nach Umfang der Gesellschaft: Aufsichtsrat)	nach Stammeinlagen

Simulation einer Unternehmensgründung

Arbeitsteil

1. Nennen Sie zwei wichtige Personengesellschaften.

2. a) Nennen Sie drei wichtige Merkmale einer Einzelunternehmung.
   b) Welche Vorteile bzw. Nachteile ergeben sich aus dieser Unternehmensform?
   c) Welche Gründe können zur Umwandlung einer Einzelunternehmung in eine Personengesellschaft führen?

3. Nennen Sie die wichtigsten Merkmale einer GmbH.

4. Erklären Sie, warum die GbR die einfachste Unternehmensform darstellt.

5. Nennen Sie die Besonderheiten der GmbH & Co KG.

6. Im Jahre 2001 wurden in Deutschland ca. 135.000 neue Unternehmen gegründet, davon alleine fast 40% als GmbH. Begründen Sie die große Beliebtheit dieser Rechtsform.

7. Ingo Häcker (19 Jahre) und sein Freund Timo Netzer (17 Jahre) wollen ein Internet-Café gründen. Ein Freund hat ihnen empfohlen, die Rechtsform einer GmbH zu wählen. Die beiden setzen in ihrer Stammkneipe einen handschriftlichen Vertrag mit folgendem Inhalt auf:

> **Vertrag**
>
> Wir, Ingo Häcker und Timo Netzer, betreiben gemeinsam das Internet-Café „Globus". Wir wollen alles gemeinsam erledigen.
>
> Ingo Häcker   Timo Netzer

   a) Wäre der Vertrag so gültig? Begründen Sie Ihre Aussagen mit dem Gesetz.
   b) Welche formellen Anforderungen werden an den Gesellschaftsvertrag einer GmbH gestellt?
   c) Wie müsste dieser Vertrag inhaltlich aussehen? Machen Sie einen Vorschlag.
   d) Wie könnte der Name der GmbH lauten?
   e) Welche Probleme könnten sich für Ingo und Timo bei einer Bankkreditaufnahme ergeben?

8. a) Bei der KG gibt es zwei Arten von Gesellschaftern. Erläutern Sie den Unterschied.
   b) Welche Vorteile und welche Nachteile sehen Sie in der Gründung einer OHG?

Auszug aus dem GmbH-Gesetz

§ 1 Gesetzlich zulässiger Zweck
Gesellschaften mit beschränkter Haftung können nach Maßgabe der Bestimmungen dieses Gesetzes zu jedem gesetzlich zulässigen Zweck durch eine oder mehrere Personen errichtet werden.

§ 2 Gesellschaftervertrag
(1) Der Gesellschaftsvertrag bedarf notarieller Form. Er ist von sämtlichen Gesellschaftern zu unterzeichnen.

§ 3 Inhalt
(1) Der Gesellschaftsvertrag muss enthalten:
1. die Firma und den Sitz der Gesellschaft,
2. den Gegenstand des Unternehmens,
3. den Betrag des Stammkapitals,
4. den Betrag der von jedem Gesellschafter auf das Stammkapital zu leistenden Einlage (Stammeinlage).

§ 4 Firma
(1) Die Firma der Gesellschaft muss, auch wenn sie nach §22 des Handelsgesetzbuchs oder nach anderen gesetzlichen Vorschriften fortgeführt wird, die Bezeichnung „Gesellschaft mit beschränkter Haftung" oder eine allgemein verständliche Abkürzung dieser Bezeichnung enthalten.

§ 5 Stammkapital; Stammeinlagen
(1) Das Stammkapital der Gesellschaft muss mindestens fünfundzwanzigtausend Euro, die Stammeinlage jedes Gesellschafters muss mindestens hundert Euro betragen.

4 Finanzierung

Wie erklären Sie sich die abgebildeten Ursachen für Konkurse?

4.1 Kapitalbedarf

Bei jeder Unternehmensgründung ist eine entscheidende Frage zu klären:
Wie hoch ist der Kapitalbedarf des Unternehmens?
Daran knüpft eine weitere Frage an:
Wie ist der Kapitalbedarf zu finanzieren?

Typische Fehler bei der Finanzierung eines Unternehmens sind:
- zu wenig Eigenkapital
- keine rechtzeitigen Verhandlungen mit der Hausbank
- Verwendung des Kontokorrentkredits zur Finanzierung von Investitionen
- hohe Schulden bei Lieferanten
- keine öffentlichen Finanzierungshilfen beantragt
- mangelhafte Planung des Kapitalbedarfs
- finanzielle Überbelastung durch scheinbar günstige Kreditangebote.

Weil von einer soliden Finanzierung die Überlebenschance des Unternehmens abhängt, sind die Vorarbeiten, besonders die genaue Kapitalbedarfsermittlung von entscheidender Bedeutung. Außerdem sollte für alle Fälle eine Reserve für Unvorhergesehenes eingeplant werden.

Kapitalbedarfsplan	Euro
Gründungskosten	
Beratungen	
Anmeldungen/Genehmigungen	
Eintrag ins Handelsregister	
Notar	
Sonstige	
Gesamt	
Kosten für Anlaufphase (Ausgaben bis zum ersten Geldeingang aus Umsatz für bestimmten Zeitraum, z. B. 3 Monate)	
Personalkosten, inkl. eigenes Geschäftsführergehalt bei Kapitalgesellschaften (alle Kosten inkl. Lohnnebenkosten)	
Beratung	
Leasingraten	
Miete/Pacht	
Werbung	
Vertrieb	
Betriebliche Steuern	
Versicherungen	
Reserve für Startphase, Folgeinvestitionen und Unvorhergesehenes	
Sonstige	
Gesamt	
Unternehmerlohn (Bei Einzelunternehmen und Personengesellschaften zur Sicherstellung der privaten Lebenshaltungskosten)	
Anlagevermögen	
Patent-, Lizenz-, Franchisegebühren u. ä.	
Grundstücke/Immobilien einschl. Nebenkosten	
Produktionsanlagen, Maschinen, Werkzeuge	
Betriebs-, Geschäftsausstattung	
Fahrzeuge	
Gesamt	
Umlaufvermögen	
Material- u. Warenlager	
Kapitaldienst	
Zinsen für Existenzgründungsdarlehen/Bankkredite	
Tilgung	
= Kapitalbedarf	

Quelle: BMWI-Broschüre, Starthilfe. Der erfolgreiche Weg in die Selbstständigkeit, 30. Aufl. 2007

4.2 Finanzierungsgrundsätze

Ist nun geklärt, wie viel Kapital gebraucht wird, gilt es, Geldquellen zur Finanzierung zu finden. Dabei sind grundsätzlich zwei Quellen zu unterscheiden:

Eigenkapital:	**Fremdkapital:**
das eigene Geld des Gründers und/oder Beteiligungskapital von anderen Gesellschaftern	Darlehen oder Kredite von Banken und Sparkassen sowie Förderkredite/-darlehen

Dabei gilt es, nachfolgende **Finanzierungsgrundsätze** zu beachten:

- Das **Anlagevermögen** (z. B. Grundstücke, Betriebsgebäude, Maschinen, Fahrzeuge) verlangt eine längerfristige Kapitalbindung und sollte möglichst durch Eigenkapital finanziert werden. Ist dies nicht ausreichend vorhanden, sollte der restliche Teil zumindest durch langfristiges Fremdkapital finanziert werden.

- Das **Umlaufvermögen** (z. B. Rohstoffe, unfertige Waren, Fertigwaren) kann durch kurzfristiges Fremdkapital finanziert werden (z. B. Lieferantenkredite, Kontokorrentkredit).

4.3 Finanzierung durch Eigenkapital

Es gilt der Grundsatz: **Je mehr Eigenkapital, desto sicherer.** Eigenkapital dient als:
- Sicherheits- und Risikopolster, um finanzielle Engpässe zu überbrücken
- als Zeichen der Kreditwürdigkeit gegenüber Geldgebern

Als Faustregel gilt: Der Anteil des Eigenkapitals am Gesamtkapital sollte nicht unter 20 Prozent liegen, eher höher. Deswegen sollte unter anderem geprüft werden:
- Wie hoch sind die Ersparnisse?
- Können bis zur geplanten Existenzgründung weitere Beträge angespart werden?
- Welche Sachmittel können in das Unternehmen eingebracht werden?
- Können Verwandte Geld zu günstigen Konditionen zur Verfügung stellen?
- Können Partner/Teilhaber, die Kapital haben, aufgenommen werden?

Kreditarten im Überblick

Beim **Kontokorrentkredit** (Überziehungskredit, Kosten 12–15 % pro Jahr) wird das Geschäftskonto überzogen, um laufende Zahlungen abzuwickeln. Grundlage ist eine vertragliche Vereinbarung mit der Hausbank, die Überziehungen bis zu einer vereinbarten Höhe akzeptiert. Kontokorrentkredite sind relativ teuer.	Der **Lieferantenkredit** entsteht dadurch, dass der Unternehmer ein eingeräumtes Zahlungsziel des Lieferanten (zumeist 30 Tage) ausnutzt. Dabei wird meist auf Skontoabzug verzichtet. Vielfach ist es günstiger, Skonto auszunutzen, evtl. sogar unter Kreditaufnahme durch die Bank.	Das **Darlehen** ist ein Kreditvertrag mit vereinbarter Auszahlungssumme. Das Darlehen kann in Raten während der vereinbarten Laufzeit oder als Gesamtsumme am Ende der Laufzeit zurückgezahlt werden.

4.4 Finanzierung durch Fremdkapital

Für den Kreditnehmer stellt sich aufgrund der unterschiedlichen Zinsen und Kosten der einzelnen Kreditinstitute das Problem des Preisvergleichs. Hilfe bietet hier der **Effektivzinssatz.**
Die Effektivverzinsung gibt Auskunft über den tatsächlich zu zahlenden Zins einschließlich aller Gebühren und sonstigen Kosten. Der nach einer komplizierten Formel errechnete Effektivzinssatz wird in Tabellen gefasst. Anhand dieser Tabellen lässt sich bei verschiedenen Zinssätzen und Laufzeiten der jeweilige effektive Jahreszins ableiten (siehe auch S. 150f. Kredite).

4.5 Kreditsicherung

Kreditinstitute verleihen Spareinlagen von Kunden in Form von Krediten an andere Kunden. Dies erfordert ein Höchstmaß an Absicherung. Das Risiko einer Kreditgewährung im Rahmen von Existenzgründungen ist naturgemäß größer als bei „etablierten" Firmen. Außerdem liegen noch keine Vergangenheitsdaten vor. Neben der persönlichen Zuverlässigkeit des Kreditnehmers verlangen die Kreditinstitute deshalb meist zusätzliche Sicherheiten:

Bürgschaften
Bei einer Bürgschaft verpflichtet sich eine dritte Person gegenüber dem Kreditgeber, das Darlehen zurückzuzahlen, wenn der Kreditnehmer nicht mehr dazu in der Lage ist. Üblich ist eine selbstschuldnerische Bürgschaft. Dies bedeutet, dass der Gläubiger (Bank) vom Bürgen sofort Zahlung verlangen kann, wenn der Schuldner seinen Verpflichtungen nicht vertragsgemäß nachkommt.

Verpfändung von Wertpapieren, Waren und sonstigen Vermögenswerten
Bei einer Verpfändung von Gegenständen geht das Pfandobjekt (meist Schmuck oder Wertpapiere) in den Besitz des Gläubigers (Bank) über.

Sicherungsübereignung von beweglichen Sachen
Bei einer Sicherungsübereignung wird das Eigentum an dem sicherungsübereigneten Gegenstand an den Kreditgeber übertragen. Der Schuldner kann jedoch diesen Gegenstand nutzen (er bleibt also Besitzer). *Beispiel:* Wird ein über Kredit finanziertes Auto sicherungsübereignet, kann der Fahrzeughalter das Auto zwar nutzen, muss aber den Kfz-Brief dem Kreditgeber aushändigen, damit eine unberechtigte Veräußerung (Verkauf) des Autos unmöglich gemacht wird.

Grundschuld oder Hypothek
Eine Grundschuld oder Hypothek ist ein Pfandrecht an Grundstücken oder Gebäuden. Dieses Pfandrecht wird beim Grundbuchamt in das Grundbuch eingetragen. Kann der Schuldner sein Darlehen nicht vereinbarungsgemäß zurückzahlen, so hat die darlehensgebende Bank die Möglichkeit, diese Hypothek zu verwerten, d. h. die Bank kann das Gebäude im Wege der Zwangsversteigerung verwerten.

```
              Sachen zum Gebrauch
         ┌─────────────────────────────┐
         │                             ▼
   ┌──────────┐   ┌──────────┐   ┌──────────┐
   │ Leasing- │   │ Leasing- │   │ Leasing- │
   │  geber   │   │ vertrag  │   │  nehmer  │
   └──────────┘   └──────────┘   └──────────┘
         ▲                             │
         └─────────────────────────────┘
              Rückgabe derselben Sache
              + Leasingrate
```

4.6 Leasing

Der **Leasingvertrag** hat eine große Ähnlichkeit mit dem Mietvertrag und dem Pachtvertrag. Ein Leasingnehmer zahlt an den Leasinggeber die Leasingrate. Dafür wird ihm der langfristige Gebrauch einer Sache gestattet. Am Ende der vereinbarten Laufzeit muss der Leasingnehmer die Sache zurückgeben, eventuell kann er sie auch kaufen.

Leasen kann man grundsätzlich alles, z. B. Lagergebäude, Maschinen, Autos, EDV-Anlagen, Krankenhäuser oder Theater. Auch ungewöhnliche Objekte können leasingfähig sein. So wurden schon einmal Löwen für einen Safaripark geleast. In den letzten Jahren hat diese Finanzierungsform immer mehr an Bedeutung gewonnen. Während Leasing ursprünglich nur im gewerblichen Bereich Anwendung fand, hat es inzwischen auch im privaten Bereich Einzug gehalten.

Leasinggeber können sein
– die Hersteller der Gegenstände (häufig bei EDV-Anlagen),
– Leasing-Gesellschaften, die nach Vertragsabschluss aufgrund von speziellen Kundenwünschen beim Hersteller den entsprechenden Gegenstand erwerben und dann an den Kunden verleasen.

Die **Leasingzeit** beträgt für bewegliche Wirtschaftsgüter in der Regel mindestens drei Jahre, meist jedoch vier bis sechs Jahre. Für Gebäude wird normalerweise eine Leasingdauer von 20 bis 30 Jahren vereinbart.

Die **Leasingraten** richten sich nach der Vertragsdauer. Da sie unter anderem den Abschreibungsbetrag, die Zinsen des eingesetzten Kapitals, den anteiligen Verwaltungsaufwand sowie die Risikoprämie der Leasinggesellschaft decken müssen, betragen die monatlichen Leasingraten je nach Vertragsdauer zwischen 2 und 3 % des Anschaffungspreises.

Aufgrund der großen Vielfalt von Leasingmöglichkeiten ist ein genereller Vergleich zwischen Barkauf, Ratenkauf und Leasing schlecht möglich. Allgemein jedoch bietet es u. a. folgende Vorteile:
– Der Leasingnehmer kann seine Produktionsanlagen immer auf dem neuesten Stand der Technik halten.
– Durch die Leasinggesellschaft erhält er in der Regel eine andauernde Betreuung und Beratung.
– Je nach Art des Leasingvertrages können sich steuerliche Vorteile ergeben.
– Es besteht ein geringerer Kapitalbedarf für Investitionen, da die Anlagen nicht gekauft werden müssen.

Simulation einer Unternehmensgründung

Zusammenfassung

Finanzierung

- **Eigenkapital**
  - als Sicherheits- und Risikopolster
  - als Zeichen der Kreditwürdigkeit
  - zur Finanzierung des langfristigen Anlagevermögens

- **Fremdkapital**
  - Kontokorrentkredit (auf dem laufenden Konto)
  - Lieferantenkredit (Warenschulden)
  - Darlehen (langfristiger Kredit)

- **Leasing**
  - „Miete" über Leasinggeber (Leasinggesellschaft)

Kreditsicherung
- Bürgschaft
- Verpfändung
- Sicherheitsübereignung
- Grundschuld oder Hypothek
- Kapital- oder Risikolebensversicherung

Arbeitsteil

1. Beschreiben Sie, welche Fehler bei der Finanzierung eines Unternehmens häufig gemacht werden.

2. Nennen Sie die beiden möglichen Finanzierungsquellen.

3. Welche Finanzierungsgrundsätze gilt es zu berücksichtigen bei der Finanzierung des
   a) Anlagevermögens?
   b) Umlaufvermögens?

4. Warum sollte die Laufzeit der Fremdkapitalaufnahme die Nutzungsdauer der damit finanzierten Maschinen nicht übersteigen?

5. Welche Bedeutung hat Eigenkapital bei einer Unternehmensgründung?

6. Erklären Sie Funktionsweise und Bedeutung des Lieferantenkredits.

7. Erklären Sie den Unterschied zwischen einem Kontokorrentkredit und einem Bankdarlehen.

8. Was versteht man unter der Effektivverzinsung?

9. Beschreiben Sie drei Arten von Kreditsicherheiten.

10. a) Erklären Sie die Besonderheiten eines Leasingvertrages.
    b) Nennen Sie drei Vorteile des Leasingvertrages.

11. Auch rentabel arbeitende Betriebe können zahlungsunfähig (illiquide) werden, wenn z. B. die monatlichen Ausgaben die Einnahmen übersteigen.
    a) Welche Gründe kann es für eine Zahlungsunfähigkeit geben?
    b) Was kann dagegen getan werden?

5 Betriebliche Kosten

Kiefer kostet nur die Hälfte ...

Franz Müller hat sich als Schreinermeister selbstständig gemacht. Ein Kunde möchte ein Angebot über die Anfertigung und den Einbau eines neuen Einbauschrankes haben. Da dies für Franz Müller der erste Auftrag ist, überlegt er.

Welche Überlegungen zur Erstellung des Angebots muss Franz Müller anstellen und welche Daten benötigt er, um dem Kunden einen Preis zu nennen?

Unternehmen erzeugen unterschiedliche **Leistungen.** Sie können Sachgüter produzieren wie Autos, Radiogeräte und Bücher, oder sie erbringen Dienstleistungen wie beispielsweise einen Haarschnitt oder eine Steuerberatung.

Damit eine Unternehmung diese Leistungen erstellen kann, muss sie andere Güter und Dienstleistungen einsetzen, die bezahlt werden müssen.
Beispiele: Maschinen, Rohstoffe, Werkzeuge, Arbeitskräfte.
Dieser in Geld ausgedrückte „Werteverzehr" wird als **Kosten** bezeichnet.

Kosten	Betrieb	Leistungen
z. B.: • Rohstoffe • Löhne • Maschinen • Abschreibungen	Produktion	z. B.: • Bücher • Radiogeräte • Versicherungen • Kredite

Da eine Unternehmung bestrebt ist Gewinne zu erzielen, wird sie versuchen, ihre betrieblichen Leistungen mit möglichst geringen Kosten zu erstellen. Die genaue Erfassung der Kosten ist für die Unternehmer von großer Bedeutung, denn sie bildet unter anderem die Grundlage für die Preisermittlung (Kalkulation).

Auch die Planung, ob beispielsweise eine Produktion aufgenommen oder ein Betrieb gekauft wird, orientiert sich an der zu erwartenden Kostenhöhe. Häufig führen Unternehmer Betriebsvergleiche durch, d. h. sie vergleichen die Kosten des eigenen Betriebes mit den Kosten branchengleicher, aber fremder Betriebe. Auch hierzu ist eine exakte Kostenerfassung die Voraussetzung.

5.1 Fixe und variable Kosten

Erhöht oder senkt ein Betrieb seine Produktion, so steigen oder sinken in der Regel auch die Kosten. Dies gilt allerdings nur für einen Teil der Kosten. Man unterscheidet deshalb feste (fixe) und veränderliche (variable) Kosten.

Fixe Kosten

Sie fallen unabhängig von der Produktionsmenge immer in der gleichen Höhe an und werden daher als fix (fest) bezeichnet. Fixe Kosten entstehen selbst dann, wenn überhaupt nicht produziert wird.
Beispiele: Mieten, Versicherungsprämien, Steuern, Kreditkosten, Personalkosten der Verwaltung, Abschreibungen

Variable Kosten

Sie verändern sich gleichmäßig mit der hergestellten Menge. Nimmt die Produktion zu, so steigen entsprechend die variablen Kosten an, bei rückläufiger Produktion vermindern sie sich.
Beispiele: Rohstoffverbrauch, Fertigungslöhne, Energieverbrauch, Verpackungskosten

Gesamtkosten

Zählt man die fixen und variablen Kosten zusammen, so erhält man die Gesamtkosten. Jeder Unternehmer ist nun bestrebt, den Anteil der fixen Kosten so gering wie möglich zu halten, um dadurch vom Produktionsumfang unabhängiger zu werden. Denn Betriebe, die einen hohen Fixkostenanteil aufweisen, müssen bei einem Produktionsrückgang mit ansteigenden Stückkosten rechnen.

Je mehr die Produktionsmenge zunimmt, umso mehr vermindert sich der Anteil der fixen Kosten an den Gesamtkosten, folglich sinken die Stückkosten. Man bezeichnet diesen Zusammenhang als das **Gesetz der industriellen Massenfertigung**. Beispielhaft ist dieser Zusammenhang in der nachfolgenden Tabelle ersichtlich.

Produzierte Menge (Stück)	Fixe Kosten (€)	Variable Kosten (€)	Gesamtkosten (€)	Stückkosten (€)
0	200 000,00	0,00	200 000,00	–
50 000	200 000,00	50 000,00	250 000,00	5,00
100 000	200 000,00	100 000,00	300 000,00	3,00
200 000	200 000,00	200 000,00	400 000,00	2,00
400 000	200 000,00	400 000,00	600 000,00	1,50

Simulation einer Unternehmensgründung

Einzelkosten

lassen sich dem einzelnen Erzeugnis direkt zurechnen

Gemeinkosten

lassen sich über Verteilungsschlüssel dem einzelnen Erzeugnis direkt zurechnen

5.2 Einzel- und Gemeinkosten

Damit man den Verkaufspreis einer Ware exakt kalkulieren kann, muss man wissen, welche Kosten die Herstellung eines Produktes verursacht hat. Dabei zeigt sich, dass nicht alle Kosten einem Erzeugnis direkt zugerechnet werden können. Deshalb unterscheidet man Einzelkosten (= direkte Kosten) und Gemeinkosten (= indirekte Kosten).

Einzelkosten können einer betrieblichen Leistung (z. B. einem Produkt) direkt zugeordnet werden, weil sie für jedes einzelne Erzeugnis exakt feststellbar sind.
Beispiele: Fertigungslöhne, Fertigungsmaterial, Spezialwerkzeug für ein Produkt. Wegen der direkten Zurechnungsmöglichkeit spricht man auch von direkten Kosten.

Gemeinkosten können einer betrieblichen Leistung nicht direkt zugerechnet werden, da sie für alle oder für mehrere Produkte anfallen.
Beispiele: Gehälter der Verwaltung, Mietkosten, Hilfs- und Betriebsstoffe, Abschreibungen, Energiekosten, Kreditkosten, Steuern, Wartungs- und Instandhaltungskosten. Die Gemeinkosten werden dem einzelnen Produkt indirekt zugerechnet, und zwar prozentual mithilfe eines Verteilungsschlüssels.

5.3 Kostenarten-, Kostenstellen- und Kostenträgerrechnung

Kostenartenrechnung	Kostenstellenrechnung	Kostenträgerrechnung
Welche Kosten sind entstanden?	Wo sind die Kosten entstanden?	Welches Produkt bzw. welcher Auftrag hat Kosten zu tragen?
Gemeinkosten z. B. Strom, Miete →	Betriebsabrechnungsbogen (BAB)	= Kalkulation
Einzelkosten z. B. Ferigungsmaterial	Fertigung, Vertrieb, Verwaltung, Material	Produkt 1, Produkt 2

Die **Einzelkosten** (z. B. Materialeinzelkosten) gehen direkt in die **Kalkulation** (Kostenträgerrechnung) ein, da sie für das Produkt oder den Auftrag genau berechenbar sind. Die **Gemeinkosten** müssen mittels **Verteilerschlüssel** (Hilfsmittel Betriebsabrechnungsbogen BAB) auf die Kostenstellen verteilt werden. Die Kostenstellen werden durch Zuschlagsätze (z. B. Vertriebsgemeinkostenzuschlagssatz) in der Kalkulation berücksichtigt.

5.4 Kalkulation der Selbstkosten

Kalkulieren bedeutet, eine verlässliche Grundlage für die Preisgestaltung zu erstellen. Zu diesem Zweck muss der Unternehmer zunächst seine **Selbstkosten** ermitteln. Eine Kalkulation kann über verschiedene **Kalkulationsmethoden** erstellt werden.

Divisionskalkulation

Sie wird dort angewandt, wo nur ein Erzeugnis hergestellt wird, d.h. bei einfacher Massenproduktion wie z.B. in Zementfabriken oder Elektrizitätswerken. Man erhält die Kosten eines einzelnen Erzeugnisses, wenn man die Gesamtkosten eines Zeitraumes durch die Anzahl der in dieser Zeit hergestellten Produkte dividiert.

Beispiel: Ein Elektrizitätswerk hat in einem Monat 8.906.000 kWh Strom erzeugt. Dabei entstanden Gesamtkosten in Höhe von 534.360,– Euro.

$$\text{Selbstkosten je kWh} = \frac{\text{Gesamtkosten}}{\text{erzeugte Menge}} = \frac{534.360,- \text{ Euro}}{8.906.000 \text{ kWh}} = 0{,}06 \text{ Euro/kWh}$$

Einfache Zuschlagskalkulation

In vielen Handwerksbetrieben werden die Gemeinkosten in einer Summe erfasst und meist auf die Lohnkosten bezogen. Der Vorteil dieser vereinfachten Zuschlagskalkulation ist, dass Gemeinkosten nicht über BAB getrennt erfasst und berechnet werden müssen.

$$\text{Gemeinkostenzuschlag in \%} = \frac{\text{Gemeinkosten pro Periode} \times 100\%}{\text{Lohnkosten pro Periode}}$$

Beispiel: Ein Handwerksbetrieb hat im vergangenen Jahr folgende Kosten ermittelt:

Fertigungskosten 150.000,– Euro
Gemeinkosten 262.500,– Euro

$$\frac{262.500,- \text{ Euro} \times 100\%}{150.000,- \text{ Euro}} = 175\%$$

Beispiel: Der Handwerksbetrieb hat einen Auftrag abgewickelt, für den Material im Wert von 160,00 € verbraucht wurde. Ein Mitarbeiter hat 20,5 Std. daran gearbeitet. Er erhält einen Stundenlohn von 9,80 €.

Materialkosten lt. Entnahmeschein			160,00 €
Fertigungslohn lt. Stundenzettel	= 20,5 Std x	9,80 €	= 200,90 €
Gemeinkostenzuschlag	= 175 % von	200,90 €	= 351,58 €
Selbstkosten des Auftrages			**712,48 €**

Der Nachteil dieser Kalkulationsmethode liegt darin, dass die Gemeinkosten auf den Fertigungslohn bezogen werden. Hier ist zu prüfen, ob die Gemeinkosten wirklich proportional (im gleichen Verhältnis) zu dem Fertigungslohn steigen.

Simulation einer Unternehmensgründung

Zuschlagskalkulation

Bei der Zuschlagskalkulation werden ebenfalls Einzel- und Gemeinkosten unterschieden, aber getrennt nach den so genannten **Hauptkostenstellen** Material-, Fertigungs-, Verwaltungs- und Vertriebsstelle. Die Zurechnung erfolgt nach den im BAB ermittelten Gemeinkostenzuschlagssätzen.

Beispiel: Für einen Auftrag fallen folgende Einzelkosten an: 54,6 m² Material/Preis pro m² = 12,25 €; Stundenlohn 10,90 €; benötigte Zeit für den Auftrag 16,3 Std.; Gemeinkostenzuschlagssätze: Materialgemeinkostenzuschlag 10 %, Fertigungsgemeinkostenzuschlag 201 %, Verwaltungsgemeinkostenzuschlag 8 %, Vertriebsgemeinkostenzuschlag 6 %.

Kalkulationsschema		Beispiel
Fertigungsmaterial		668,85 €
+ Materialgemeinkosten (in % des Fertigungsmaterials)	(10 %)	66,89 €
= Materialkosten (MK)		735,74 €
+ Fertigungslohn		177,67 €
+ Fertigungsgemeinkosten (in % des Fertigungsmaterials)	(201 %)	357,12 €
= Herstellungskosten (HK)		1 270,53 €
+ Verwaltungsgemeinkosten (in % der Herstellungskosten)	(8 %)	101,64 €
+ Vertriebsgemeinkosten (in % der Herstellungskosten)	(6 %)	76,23 €
= **Selbstkosten**		**1 448,40 €**

5.5 Kalkulation des Verkaufspreises

Kein Unternehmer kann sich damit zufrieden geben, eine erzeugten Leistungen zum Selbstkostenpreis zu verkaufen. Er wird einen angemessenen **Gewinnzuschlag,** abhängig von der Marktsituation (Welchen Preis gibt der Markt her?), kalkulieren. Außerdem müssen **Rabatt** (Preisnachlass, z. B. bei großen Abnahmemengen) und **Skonto** (Abzug, wenn Zahlung innerhalb einer bestimmten Frist erfolgt) in der Kalkulation berücksichtigt werden.

Beispiel: Die Selbstkosten eines Auftrages betragen 1 448,40 € (siehe oben). Im Betrieb wird mit folgenden Sätzen kalkuliert: Gewinn 12 %; Kundenrabatt 10 %; Skonto 3 %.

Selbstkosten	1 448,40 €		
+ Gewinn, bezogen auf Selbstkosten	173,81 €		
= Barverkaufspreis	1 622,21 €	97 %	
+ Kundenskonto 3 % i. H.	50,17 €	3 %	
= Listenverkaufspreis	1 672,38 €	100 %	90 %
+ Kundenrabatt 10 % i. H.	185,82 €		10 %
= **Listenverkaufspreis**	**1 858,20 €**		100 %

Beim Verkauf fällt noch die **Mehrwertsteuer** an (2008: 19 %). Die Folge: Der Listenpreis wird um diesen Betrag erhöht.

Simulation einer Unternehmensgründung

Zusammenfassung

Kosten
= Verbrauch von Gütern und Dienstleistungen zur Leistungserstellung

verrechenbar als

- **Einzelkosten**: können einem Produkt direkt zugeordnet werden, z. B. Rohstoffverbrauch
- **Gemeinkosten**: können einem Produkt nicht direkt zugeordnet werden, z. B. Mietkosten

Veränderung hinsichtlich der produzierten Menge

- **Fixe Kosten**: bleiben unabhängig von der produzierten Menge gleich, z. B. Abschreibungen
- **Variable Kosten**: verändern sich entsprechend der produzierten Menge. z. B. Rohstoffverbrauch

Ermittlung der Selbstkosten

Divisionskalkulation

$$\frac{\text{Gesamtkosten}}{\text{Produktionsmenge}}$$

= Selbstkosten je Stück

Einfache Zuschlagskalkulation

Fertigungsmaterial
+ Fertigungslöhne
+ Gemeinkosten
= Selbstkosten

Genaue Zuschlagskalkulation

Fertigungsmaterial
+ Fertigungslöhne
+ Gemeinkosten
+ Fertigungsgemeinkosten
= Herstellungskosten
+ Verwaltungsgemeinkosten
+ Vertriebsgemeinkosten
= Selbstkosten

Arbeitsteil

1. Unterscheiden Sie zwischen fixen und variablen Kosten.

2. Erklären Sie das Gesetz der industriellen Massenproduktion.

3. Welche Kosten eines betrieblich genutzten Lkw sind fixe, welche variable Kosten?

4. Prüfen Sie, ob Einzel- oder Gemeinkosten vorliegen:
   a) Bezahlung des monatlichen Gehaltes von 1400 € an den Pförtner,
   b) Rohstoffentnahme gemäß Materialentnahmeschein über 2500 €,
   c) Frachtkosten für 500 kg des Produktes A in Höhe von 60 €.

5. Welche Aufgaben haben Kostenartenrechnung, Kostenstellenrechnung und Kostenträgerrechnung?

6. Ein Zementwerk stellt in einer Abrechnungsperiode 16 500 Tonnen Zement her. An Kosten hierfür werden 727 500 € festgestellt. Wie hoch sind die Selbstkosten für einen Sack Zement mit 25 kg?

7. Ein Schreiner kalkuliert für einen Auftrag: Materialkosten 160 €, Lohn Meister 6 Std. je 20 €; Lohn Geselle 14,5 Std. je 13,50 €; Lohn Auszubildender 5,3 Std. je 5,80 €; Gemeinkosten 145 % der Lohnkosten. Kalkulieren Sie die Selbstkosten.

8. In einem Friseursalon soll ein Damenhaarschnitt kalkuliert werden. Folgende Daten liegen vor: Arbeitszeit 40 Minuten; Lohnkosten 9,90 €/Std.; Gemeinkosten 125 % (bezogen auf die Lohnkosten); Gewinnzuschlag 18 %; Mehrwertsteuer 19 %. Wie viel Euro kostet der Haarschnitt?

6 Marketing

„Liebeserklärungen" jährlich in Deutschland an „Seine Majestät", den Kunden:
- ♥ 30 000 000 000,– € Werbekosten
- ♥ 8 851,25 Std. Werbespots im Fernsehen
- ♥ 584 000 Anzeigenseiten in Zeitungen und Zeitschriften
- ♥ 1 642 500 Rundfunkwerbespots

Wie erklären Sie sich die massive Werbung um Kunden?

Marketing ist mehr als nur Werbung. In unserer modernen Form der Wirtschaft ist es praktisch unmöglich, ein Unternehmen zum wirtschaftlichen Erfolg zu führen, ohne ein gut funktionierendes Marketing. Die Hauptfrage lautet:

> Wo, wie, an wen und zu welchen Bedingungen können wir welche Produkte „vermarkten"?

Es genügt nicht, ein gutes Produkt herzustellen oder anzubieten. Weit wichtiger ist es, einen Markt dafür aufzubauen, zu halten, auszubauen und immer wieder neue Märkte zu erschließen. Komplexe Märkte und immer zahlreichere Anbieter machen immer wieder neue und umfangreiche Maßnahmen und Methoden zur Gewinnung von Käufern notwendig.

Die **Marktforschung** beschäftigt sich mit der Untersuchung von **Absatzmärkten,** dem **Verhalten** von **Marktkonkurrenten** sowie dem **Verbraucherverhalten.**
Ergebnisse solcher Untersuchungen bieten den Unternehmen Entscheidungsgrundlagen über **Marketingmaßnahmen.** Ein Unternehmen kann eine ganze Reihe von Einflussmöglichkeiten nutzen um seine gesetzten Ziele zu erreichen – es kann sich dabei verschiedener **Marketinginstrumente** bedienen.

Marketinginstrumente

| Produkt- und Sortimentgestaltung | Preise und Konditionen | Werbung und Verkaufsförderung | Vertriebsform und -wege | Serviceleistungen |

Marketing-Mix
= zielgerichteter Einsatz und Kombination der verschiedenen Marketinginstrumente

6.1 Produktpolitik und Sortimentspolitik

Produktmodifikation	**Produktvariation**	**Produktselektion**
Die ständige Anpassung des Produktes an neue Trends, technische Entwicklungen und Kundenbedürfnisse (Produktverbesserung).	Das Angebot verschiedener Produktvarianten desselben Produktes, um unterschiedliche Zielgruppen anzusprechen.	Die bewusste Förderung oder Rücknahme von Produkten aus einem kompletten Programm, je nach Erfolg am Markt.

Bei der **Produktpolitik** geht es um die marktgerechte Gestaltung des Produktangebotes. Dabei stehen drei Probleme im Vordergrund:
Die **Sortimentspolitik** soll klären, wie umfassend das Waren- oder Dienstleistungsangebot sein soll **(Sortimentsgestaltung)**, welche **Produktlinien** besonders interessant sind und welche nicht **(Sortimentsbereinigung bzw. Sortimentserweiterung)**.

6.2 Preisgestaltung

Der Preis ist für viele Kunden ein wichtiges Kaufargument. Entscheidend dabei ist, welchen Nutzen der Käufer sich von dem Produkt verspricht und welchen Preis er dafür zu zahlen bereit ist. Die Absatzentwicklung eines Unternehmens wird deshalb wesentlich von seiner Preispolitik beeinflusst. Für die Gestaltung einer optimalen Preispolitik sind grundsätzlich folgende Faktoren ausschlaggebend:
– **Verhalten der Nachfrager (Kunden)** Welchen Preis akzeptieren Kunden? Wie reagieren sie auf Preisveränderungen?
– **Eigene Produktionskosten** Was kostet mein Produkt in der Herstellung?
– **Konkurrenten und Ersatzprodukte** Welche Konkurrenten habe ich? Welche Preise verlangen sie? Was kosten mögliche Ersatzprodukte und bei welchem Preis kaufen Kunden Ersatzprodukte?

Konditionen
Die Konditionenpolitik umfasst die Gestaltung von Kreditbedingungen, Rabatten sowie Liefer- und Zahlungsbedingungen. Im Einzelnen sind folgende Konditionen denkbar:

Lieferungsbedingungen	**Finanzierungshilfen**
• Übernahme der Transportkosten • Übernahme der Verpackungskosten	• direkte Kredititerung des Auftrages • Vermittlung von Finanzierungen • Leasingangebote
Lieferungsbedingungen • Gewährung von Zahlungszielen • Gewährung von Skonto • Gewährung von Rabatten	**Garantieleistungen** • Werksgarantien über die gesetzlichen Fristen hinaus

Überquellende Briefkästen, Werbeunterbrechungen im Fernsehen und fast endlos erscheinende Vorfilme im Kino führen dazu, dass die Bürger sich zunehmend von der Werbung belästigt fühlen. Inzwischen würde fast jeder vierte Deutsche die Werbung ganz verbieten. Dennoch gehört die Werbebranche zu den wenigen Wirtschaftszweigen, die munter weiter wachsen. 2005 wurden in Deutschland rund 30 Milliarden Euro für erfassbare Werbung ausgegeben. Besonders in konjunkturschwachen Zeiten wollen viele Unternehmen die Kaufbereitschaft stimulieren.

Ich würde die Werbung grundsätzlich …
- verbieten: 22,4 %
- einschränken: 45,2 %
- so weiterlaufen lassen wie bisher: 32,4 %

6.3 Werbung

Werbung soll den Verbraucher durch den Einsatz von Werbemitteln zum Kauf eines Produktes anregen oder eine positive Einstellung zum Unternehmen und seinen Erzeugnissen herstellen. Entsprechend der Werbeabsicht unterscheidet man deshalb in **Absatzwerbung** und **Öffentlichkeitsarbeit (Public Relations)**.

Aufgaben der Werbung

- alte Kunden erhalten und neue Kunden gewinnen
- neue Produkte (Dienstleistungen) am Markt einführen
- den Verbraucher informieren
- Aufbau eines Marken- oder Firmenimages
- psychologische Anreize bieten, ein bestimmtes Produkt zu kaufen

Absatzwerbung Grundlage jeder erfolgreichen Werbeaktion ist der **Werbeplan**. Er beginnt mit der Festlegung der **Werbeziele**, z. B. Neueinführung eines Erzeugnisses oder Absatzsteigerung. Danach muss das **Werbebudget** bestimmt werden. Seine Höhe hängt vor allem davon ab, welche Werbemittel eingesetzt werden und wie viele Personen angesprochen werden sollen. Als nächster Schritt muss die **Zielgruppe** ausgewählt werden, z. B. Jugendliche, Hausfrauen, Handwerker.

Werbeplan
- **Werbeziel** – Wofür wird geworben?
- **Werbebudget** – Für welchen Betrag wird geworben?
- **Zielgruppe** – Wer wird umworben?
- **Werbebotschaft** – Welche Aussage?
- **Werbemittel/Werbeträger** – Womit wird geworben?
- **Werbezeit** – Wann wird geworben?
- **Werbegebiet** – Wo wird geworben?

Simulation einer Unternehmensgründung

Steht die Zielgruppe fest, kann die **Werbebotschaft** formuliert werden, d. h. die Werbeziele werden zu treffenden Aussagen. Als Nächstes müssen die passenden Werbemittel und Werbeträger ausgewählt werden. **Werbemittel** sind z. B. Zeitungsanzeigen, TV-Spots, Plakate, gezielte Werbebriefe, Prospekte, Kataloge, Flugblätter. **Werbeträger** wie Tageszeitungen, Fachzeitschriften, Rundfunksender bringen die Werbemittel an die Umworbenen. Zuletzt müssen noch das **Werbegebiet** und die **Werbezeit** bestimmt werden.

Am Ende einer Werbeaktion steht die **Werbeerfolgskontrolle.** Die einfachste Kontrollmöglichkeit besteht darin, den Umsatz vor der Werbung mit dem Umsatz nach der Werbung zu vergleichen. Da oft mehrere Werbemittel gleichzeitig eingesetzt werden, wendet man zusätzlich weitere Kontrollmöglichkeiten an, z. B. Meinungsumfragen oder Bestellformulare, die sich auf das Werbemittel beziehen.

Öffentlichkeitsarbeit (Public Relations)

Genießt ein Unternehmen in der Öffentlichkeit Ansehen und vertraut man ihm, dann werden auch seine Werbemaßnahmen wirksamer sein. Da folglich auch der Absatz dadurch steigt, sollte die Öffentlichkeitsarbeit (Public Relations) nicht vernachlässigt werden. Hierzu bieten sich vielfältige Möglichkeiten, z. B. Zeitungsberichte, Sponsorentätigkeit, Ausstellungen, Tage der offenen Tür, Betriebsbesichtigungen, Unterstützung von sozialen Einrichtungen oder Sportvereinen usw.

Was Werbung kostet

Aktuelle Preise verschiedener Werbeträger in Deutschland (jeweils die teuerste Variante)

Preis in €

Tageszeitung
eine ganze Seite, 4-farbig
in „Bild"   bis 257 386

Fernsehen
30-Sekunden-Spot in
„ran" (Sat. 1)
am Samstag   bis 65 788

Zeitschrift
eine Seite, vierfarbig
in ADAC
Motorwelt   bis 96 940

Plakat
eine Großfläche in
1a-Lage in Groß-   bis
stadt bei Deutsche   14
Städte-Reklame   pro Tag

Radio
30-Sekunden-Spot,
morgens bei den
Privatsendern   bis 24 910

6.4 Kundenbetreuung

Bei vielen Produkten und Dienstleistungen sind die Beschaffenheit und der Preis gut vergleichbar. Ziel eines Unternehmens muss daher sein, sich und die eigenen Produkte von der Konkurrenz abzuheben. Ein guter Service sowie fachkundige Beratung sind gute Ansatzmöglichkeiten dafür. Welche Zusatzleistungen können geboten werden?

Kundendienst	Garantieleistungen	Beratung und Finanzierung
Lieferung frei Haus, Betreuung und Installation; Wartung, Überprüfung und Reparatur	Garantiezusagen (über die gesetzliche Gewährleistung hinaus); Kulanzleistungen, z. B. großzügige Behandlung von Reklamationen und Änderungswünschen	Einsatzberatung (z. B. bei technischen Geräten); Kreditgewährung, z. B. Einräumung von Zahlungszielen, Skonto, Rabatt

6.5 Ökomarketing

Wachsende Umweltverschmutzung hat das Verbraucherverhalten sehr verändert. Zunehmend verhalten sich Verbraucher umweltbewusst. Sie achten beim Einkauf darauf, dass Produkte umweltfreundlich hergestellt wurden und dass sie umweltverträglich sind. Diese veränderten Verbrauchergewohnheiten dürfen von den Unternehmen nicht vernachlässigt werden. Denn wenn einem Unternehmen ein umweltschädliches Produktionsverfahren nachgewiesen wird oder wenn seine Erzeugnisse der Umwelt schaden, leidet der Absatz.
Werden die eigenen Produkte dagegen mit Umweltzeichen ausgezeichnet, dann fördert dies den Verkauf dieser Erzeugnisse.

Umweltschutz
- verbessert das Unternehmensimage,
- erschließt neue Märkte und Verbrauchergruppen,
- sichert langfristig die Wettbewerbsfähigkeit.

6.6 Qualitätssicherung

Eine gute Möglichkeit, sich im Wettbewerb von der Konkurrenz abzuheben, besteht darin, dem Kunden qualitativ hochwertige Produkte und Dienstleistungen anzubieten. Eine gute Qualität spricht sich herum, was kostenlose Werbung bedeutet.
Weitere Vorteile von Qualitätskontrollen sind z. B.:
- Kosten für Ausschuss entfallen.
- Gewährleistungen und Nachbesserungen werden eingespart.
- Das Firmenimage verbessert sich.
- Hohe Kosten aus dem Produkthaftungsgesetz können vermieden werden.

> **Nr. 352**
> Dieser aus besten Garnen hergestellte Qualitätsstrumpf wurde vor dem Verpacken eingehend geprüft. Sollten Sie dennoch irgendeine Beanstandung haben, senden Sie uns bitte zur Kontrolle diesen Zettel mit ein.

Wichtigstes Ziel der **Qualitätssicherung** ist daher die Vermeidung von Fehlern und nicht deren Beseitigung. Fehler lassen sich nur dort vermeiden, wo sie verursacht werden. Die Qualitätssicherung ist deshalb als Prozess zu betrachten. Dieser beginnt bei der Produktionsplanung, setzt sich fort bei der Konstruktion, schließt die Fertigung mit ein bis zur Abnahme der Erzeugnisse durch den Kunden.
Allerdings verursachen auch Qualitätskontrollen Kosten. Deshalb muss darauf geachtet werden, dass die Kontrollkosten nicht die Kostenvorteile und Absatzsteigerungen übersteigen.
Viele Betriebe lassen sich die Qualität ihrer Produkte zusätzlich bestätigen, z. B. durch **Gütezeichen** (siehe auch S. 96).
In Deutschland gibt es rund 50 000 zertifizierte Unternehmen. Die **Zertifizierung** ist zwar keine Pflicht, es gibt allerdings Branchen, in denen sie durch Ansprüche der Abnehmer praktische Pflicht geworden ist, beispielsweise bei Automobilzulieferern. Auch in anderen Branchen steigt der Druck, sich zertifizieren zu lassen. Denn bei einem nach ISO 9001 zertifizierten Betrieb kann der Kunde davon ausgehen, dass die betrieblichen Prozesse und Strukturen funktionieren und auf ständige Qualitätssteigerung ausgerichtet sind. **ISO (International Organization for Standardization)** heißt die weltwei-

Folgen schlechter Qualität

schlechte Qualität durch Eigen- und/oder Fremdverschulden
↓
höhere Prüf- und Folgekosten
↓
höhere Herstellkosten
↓
schlechtes Betriebsergebnis
↓
höherer Fehlerdurchschlupf
↓
Kundenreklamation
↓
Verlust von Marktanteilen
↓
Verlust von Arbeitsplätzen

te Dachorganisation der nationalen Normungsinstitute. Aufgrund der Globalisierung der Märkte (internationale Verflechtung) werden die Normen dieser Organisation immer wichtiger, insbesondere die **ISO-Normen 9000 bis 9004**. Unabhängig von Produkten und Branchen regeln sie die Einführung und Überprüfung innerbetrieblicher Qualitätssicherungssysteme. Fehler und Mängel sollen nicht erst nach der Leistungserstellung vermieden werden, sondern von Anfang an. Die Erfüllung der ISO-Normen kann sich ein Unternehmen durch das **Zertifikat** eines unabhängigen und anerkannten Prüfers bestätigen lassen (sogenannte **Zertifizierung**), z. B. durch Technische Überwachungsvereine (TÜV).

Zusammenfassung

Marketing
Wie, wo, an wen und zu welchen Bedingungen werden Produkte vermarktet?

- Marktforschung
- Preisgestaltung
- Werbung
- Kundenservice und -beratung
- Ökomarketing

- Produkt- und Sortimentsgestaltung
- Konditionenpolitik
- Qualitätssicherung

Marketing-Mix: abgestimmter Einsatz der Marketinginstrumente

Arbeitsteil

1. Nennen Sie die Aufgaben der Marktforschung.

2. Was versteht man unter „Marketing-Mix"?

3. Die wichtigsten Problemfelder der Produktpolitik sind die Produktmodifikation, die Produktvariation und die Produktselektion. Was versteht man darunter? Nennen Sie Beispiele.

4. Welche Faktoren sind maßgebend für die Preisgestaltung eines Unternehmens?

5. Ein Jungunternehmer legt seine Verkaufskonditionen fest. Nennen Sie mögliche Konditionen und begründen Sie deren sinnvolle Einsatzmöglichkeiten.

6. Erläutern Sie den Begriff Werbung.

7. Nennen Sie fünf Aufgaben der Werbung.

8. Nehmen Sie Stellung zu folgenden Zitaten von Oliviero Toscani und Abraham Lincoln:
   a) „Aufgrund folgender Untaten erkläre ich hiermit den Prozess gegen die Werbung für eröffnet:
   – Verschwendung von Unsummen
   – Verbrechen gegen die Intelligenz
   – soziale Nutzlosigkeit
   – heimliche Verführung
   – Lüge
   – Verherrlichung der Dummheit."
   b) „Man kann zwar alle Leute einige Zeit zum Narren halten und einige Leute allezeit. Aber alle Leute allezeit zum Narren halten, das kann man nicht." (Abraham Lincoln)

Simulation einer Unternehmensgründung

9. Welche Werbemittel würden Sie einsetzen bei
   a) einem Fahrzeuglackierbetrieb (Handwerk),
   b) einer Elektronikfirma für ein neues Handy,
   c) einem Friseursalon,
   d) einem Schreinerbetrieb,
   e) einer Metallbaufirma (Garagentore aus Metall).
   Begründen Sie Ihre Entscheidung.

10. Sie planen eine Werbeaktion für Ihren Ausbildungsbetrieb. Erstellen Sie einen Maßnahmenkatalog.

11. Nennen Sie die Aufgaben des Vertriebs.

12. Warum sind Kundenservice und -beratung für ein Unternehmen heute unverzichtbar?

13. Erklären Sie den Unterschied zwischen einer Garantie- und einer Kulanzleistung.

14. Worin sehen Sie die Bedeutung des Umweltschutzes für Betriebe?

15. Nennen Sie mögliche Folgen für einen Betrieb, wenn schlechte Qualität produziert und verkauft wird.

Prüfungsaufgabe

Die Simulation einer Unternehmensgründung

Die Sportprofi Maier e. K. ist ein mittelständisches Unternehmen mit 10 Mitarbeitern. Das Unternehmen verkauft vor allem Sportartikel aus den USA. Zum Angebot gehören u. a. Sportschuhe, Sportbekleidung und Golfschläger.

a) Um welche Unternehmensform (Rechtsform) handelt es sich bei Sportprofi Maier e. K.?

b) Nennen Sie drei Vorteile dieser Rechtsform für den Unternehmer Maier.

c) Welche Gründe könnten Herrn Maier dazu veranlassen, sein Unternehmen in eine GmbH umzuwandeln?

d) Welche Vorteile bringen Serviceleistungen dem Kunden und dem Geschäft?

e) Unternehmer Maier will im Sportbekleidungs- und Sportgerätebereich die Marketinginstrumente
   – Produkt- und Sortimentgestaltung,
   – Preis- und Konditionengestaltung sowie die
   – Werbung und Verkaufsförderung neu gestalten.
   Wie könnte dies Ihrer Meinung nach aussehen? Worauf würden Sie achten?

f) Welche Werbemittel sollte Unternehmer Maier sinnvollerweise einsetzen?

g) Gestalten Sie für Ihren Ausbildungsbetrieb ein Marketing-Mix.

h) Nehmen Sie Stellung zu der Aussage: „In Deutschland vermindern gesetzlich vorgeschriebene betriebliche Umweltschutzmaßnahmen die internationale Wettbewerbsfähigkeit."

Eine weitere Prüfungsaufgabe zum Kapitel „Simulation einer Unternehmensgründung" finden Sie auf S. 311.

Simulation einer Unternehmensgründung

a) Nennen Sie drei wichtige Ziele erwerbswirtschaftlicher Unternehmen.

b) Immer wieder gibt es neue Unternehmen, die sich aufgrund ihrer guten Geschäftsidee auf dem Markt platzieren können und Erfolg haben. Erklären Sie, weshalb eine gute Geschäftsidee für eine Unternehmensgründung besonders wichtig ist. Zeigen Sie dies an einem selbst gewähltem Beispiel.

c) Bei der Wahl der Unternehmensform kommen für Jungunternehmer u. a. die GbR bzw. die GmbH in Frage. Nennen Sie für beide Gesellschaftsformen jeweils einen Vorteil und einen Nachteil.

d) Die Standortwahl ist für Unternehmen eine wichtige Entscheidung. Erläutern Sie jeweils zwei Standortfaktoren, die besonders wichtig sind für einen Frisör und für einen Industriebetrieb.

e) Unternehmen, die im Ausland investieren, versprechen sich bei der Wahl des Landes erhebliche Standortvorteile. Formulieren Sie drei Argumente für Standortvorteile Chinas.

Ein junger Handwerksmeister erstellt ein Kundenangebot und erhält den Auftrag. Nach Abwicklung des Auftrages stellt er fest, dass die Kosten um 10 % höher liegen als der angebotene Preis.

f) Welche Ursachen könnte die „Fehlkalkulation" haben?

g) Welche Probleme könnten durch solche „Fehlkalkulationen" in diesem Betrieb entstehen?

h) Ein großes Problem für Betriebe ist die steigende Fixkostenbelastung. – Wie erklären Sie sich diese Entwicklung? – Was lässt sich dagegen unternehmen?

i) Zur Ermittlung des Angebotspreises für einen Kühlschrank liegen bei einer Firma folgende Daten vor: Verbrauch von Fertigungsmaterial 134,85 €, Fertigungslöhne 205,20 €, Gemeinkostenzuschlagssätze: Materialgemeinkosten 20 %, Fertigungsgemeinkosten 90 %, Verwaltungsgemeinkosten 15 %, Vertriebsgemeinkosten 8 %. Der Gewinnzuschlag wird mit 20 % angesetzt. Außerdem sollen noch 10 % Rabatt und 2 % Skonto gewährt werden. Ermitteln Sie den Listenverkaufspreis.

Prüfungsaufgabe

Grundlagen des Vetragsrechts

Zündelnde Kinder entfachen Großbrand

nat. Hausach, Ortenaukreis. Zündelnde Kinder verursachten einen Großbrand, bei dem ein Bauernhof in Hausach fast völlig zerstört wurde. Der Schaden, der dabei an Ställen und Wohnhaus entstand, wird auf rund eine Million € geschätzt. Die Polizei hat in der Nähe des Anwesens Streichhölzer und eine Dose mit Feuerzeugbenzin gefunden. Zwei Elfjährige, die in der Nähe gezeltet hatten, haben inzwischen zugegeben, in dem Heuschuppen gezündelt zu haben. Sie waren es auch, die sofort die Feuerwehr verständigten, als sie die Flammen nicht mehr löschen konnten.

Auszug aus dem BGB

§ 828 (1) Wer nicht das siebente Lebensjahr vollendet hat, ist für einen Schaden, den er einem anderen zufügt, nicht verantwortlich.
(2) Wer das siebente, aber nicht das achtzehnte Lebensjahr vollendet hat, ist für einen Schaden, den er einem anderen zufügt, nicht verantwortlich, wenn er bei der Begehung der schädigenden Handlung nicht die zur Erkenntnis der Verantwortlichkeit erforderliche Einsicht hat …

a) Wie haften die beiden Kinder für den verursachten Schaden? Lesen Sie hierzu den oben stehenden Auszug aus dem BGB.

b) Wann haften Eltern für Schäden, die ihre minderjährigen Kinder verursacht haben?

c) Wie können sich Eltern vor hohen Schadenersatzansprüchen schützen?

Bearbeiten Sie die restlichen Fragen unter Verwendung der nebenstehenden Gesetzesauszüge.

d) Ingo, einer der beiden „Brandstifter", hatte zuvor 250 € von seinem Sparbuch abgehoben und damit die Campingausrüstung gekauft. Der Vater, der Ingo immer verboten hatte zu zelten, bringt dem Verkäufer die bereits benutzte Campingausrüstung zurück und verlangt die Rückgabe des Kaufpreises. Zu Recht? Begründen Sie die Antwort.

e) Zwei Wochen später ist Ingos Onkel Kurt zu Besuch. Er schenkt Ingo und seinem 5-jährigen Bruder Paul jeweils 10 €. Die Eltern sind der Ansicht, dass Ingo keine Belohnung verdient. Sie verbieten, dass er das Geld annimmt. Zu Recht?

f) Paul rennt mit seinen 10 € sofort zum nächsten Supermarkt und kauft für den gesamten Betrag Süßigkeiten. Prüfen Sie, ob ein gültiger Kaufvertrag zustande gekommen ist.

g) Ingo ist inzwischen 17 Jahre alt. Mit seiner Ausbildungsvergütung will er ein Trekkingrad kaufen. Auch seinen Vater hat er überredet. Der begleitet ihn zum Fahrradhändler und stimmt dem Kauf durch Ingo zu. Ist ein gültiger Kaufvertrag entstanden?

Auszug aus dem Bürgerlichen Gesetzbuch (BGB)

§ 104 (1) Geschäftsunfähig ist, wer nicht das siebente Lebensjahr vollendet hat.
§ 105 (1) Die Willenserklärung eines Geschäftsunfähigen ist nichtig.
§ 106 Ein Minderjähriger, der das siebente Lebensjahr vollendet hat, ist … in der Geschäftsfähigkeit beschränkt.
§ 107 Der Minderjährige bedarf zu einer Willenserklärung, durch die er nicht lediglich einen rechtlichen Vorteil erlangt, der Einwilligung seines gesetzlichen Vertreters.
§ 108 (1) Schließt der Minderjährige einen Vertrag ohne die erforderliche Einwilligung des gesetzlichen Vertreters, so hängt die Wirksamkeit des Vertrages von der Genehmigung des Vertreters ab.
§ 110 Ein von dem Minderjährigen ohne Zustimmung des gesetzlichen Vertreters geschlossener Vertrag gilt als von Anfang an wirksam, wenn der Minderjährige die vertragsmäßige Leistung mit Mitteln bewirkt, die ihm zu diesem Zwecke oder zu freier Verfügung von dem Vertreter oder mit dessen Zustimmung von einem Dritten überlassen worden sind.

Verbraucherbewusstes Verhalten

Ingo Nick (Geselle): „Hallo, Manuela, wie geht's, auch beim Einkaufsbummel?"
Manuela Lutz (Auszubildende): „Wenn du wüsstest; ich bin total geschafft. Eigentlich wollte ich heute eine Waschmaschine kaufen, weil ich jetzt eine eigene Wohnung habe. Glaubst du, ich hätte eine gekauft?"
Ingo Nick: „Sie war dir wohl zu teuer?"
Manuela Lutz: „Nein, das nicht, aber ich bin den ganzen Nachmittag durch alle möglichen Geschäfte gelaufen, nur um festzustellen, dass es unheimlich viele Geräte von allen möglichen Herstellern zu ganz unterschiedlichen Preisen gibt. Ich weiß jetzt noch weniger als vorher. Soll ich eine billige Maschine kaufen oder sind teure Geräte vielleicht doch besser?"
Ingo Nick: „Also heutzutage gibt's doch wirklich genügend Informationsmöglichkeiten und dann sind da noch alle möglichen <u>Gütezeichen</u>, <u>Prüfzeichen</u> und <u>Produktinformationen</u>."

a) Welche Möglichkeiten der Verbraucherberatung meint Ingo? Zählen Sie vier Informationsmöglichkeiten für Verbraucher auf.

b) Erklären Sie die unterstrichenen Begriffe.

c) Ein Händler hat Manuela angeboten, ihr die Waschmaschine auf Raten zu verkaufen. Überlegen Sie, welche Vorteile und Nachteile der Ratenkauf für sie bringt.

d) Bei einem Ratenkauf oder einem Kreditvertrag müssen dem Kunden bestimmte Angaben gemacht werden. Nennen Sie diese.

e) Manuela hat die Waschmaschine auf Kredit gekauft. In den Vertragsbedingungen des Händlers taucht das Wort Eigentumsvorbehalt auf. Womit muss Manuela rechnen, wenn sie die Raten nicht mehr zahlen kann?

f) Aufgrund eines Produktionsengpasses der Herstellerfirma wird die Waschmaschine erst fünf Monate nach Vertragsabschluss geliefert. Da inzwischen eine Preiserhöhung erfolgte, soll sie nun 4 % mehr kosten. Beurteilen Sie den Fall anhand des nachfolgenden Auszugs aus dem BGB.

g) Erläutern Sie die Abkürzung AGB und geben Sie an, welche Aufgabe hierzu die Bestimmungen des BGB erfüllen sollen.

h) Vier Wochen nach der Lieferung der Waschmaschine erscheint der Händler bei Manuela, um ihr 20 kg Waschpulver zu bringen. Als diese die Annahme verweigert, erklärt er, dass sie aufgrund seiner Allgemeinen Geschäftsbedingungen verpflichtet sei, monatlich 20 kg Waschpulver abzunehmen. Beurteilen Sie den Fall anhand des nachfolgenden Auszugs aus dem BGB.

Vereinfachter Auszug aus dem BGB (Bürgerliches Gesetzbuch)

§ 305c Überraschende und mehrdeutige Klauseln
(1) Bestimmungen in Allgemeinen Geschäftsbedingungen, die nach den Umständen, insbesondere nach dem äußeren Erscheinungsbild des Vertrages, so ungewöhnlich sind, dass der Vertragspartner des Verwenders mit ihnen nicht zu rechnen braucht, werden nicht Vertragsbestandteil.

§ 308 Klauselverbote mit Wertungsmöglichkeit.
In Allgemeinen Geschäftsbedingungen ist insbesondere unwirksam
1. (Annahme- und Leistungsfrist)
eine Bestimmung, durch die sich der Verwender unangemessen lange oder nicht hinreichend bestimmte Fristen für die Annahme oder Ablehnung eines Angebots oder die Erbringung einer Leistung vorbehält; …

§ 309 Klauselverbote ohne Wertungsmöglichkeit.
… ist in Allgemeinen Geschäftsbedingungen unwirksam
1. (kurzfristige Preiserhöhungen)
eine Bestimmung, welche die Erhöhung des Entgelts für Waren oder Leistungen vorsieht, die innerhalb von vier Monaten nach Vertragsabschluss geliefert oder erbracht werden sollen …

Prüfungsaufgabe

Umgang mit Geld

Auszug aus dem BGB
§ 492 Schriftform Vertragsinhalt.

(1) ¹Verbraucherdarlehensverträge sind, soweit nicht eine strengere Form vorgeschrieben ist, schriftlich abzuschließen. ²Der Abschluss des Vertrags in elektronischer Form ist ausgeschlossen. ³Der Schriftform ist genügt, wenn Antrag und Annahme durch die Vertragsparteien jeweils getrennt schriftlich erklärt werden. ⁴Die Erklärung des Darlehensgebers bedarf keiner Unterzeichnung, wenn sie mithilfe einer automatischen Einrichtung erstellt wird. ⁵Die vom Darlehensnehmer zu unterzeichnende Vertragserklärung muss angeben

1. den Nettodarlehensbetrag, gegebenenfalls die Höchstgrenze des Darlehens;
2. den Gesamtbetrag aller vom Darlehensnehmer zur Tilgung des Darlehens sowie zur Zahlung der Zinsen und sonstigen Kosten zu entrichtenden Teilzahlungen;
3. die Art und Weise der Rückzahlung des Darlehens oder, wenn eine Vereinbarung hierüber nicht vorgesehen ist, die Regelung der Vertragsbeendigung;
4. den Zinssatz und alle sonstigen Kosten des Darlehens, die, soweit ihre Höhe bekannt ist, im Einzelnen zu bezeichnen, im Übrigen dem Grunde nach anzugeben sind, einschließlich etwaiger vom Darlehensnehmer zu tragender Vermittlungskosten;
5. den effektiven Jahreszins oder, wenn eine Änderung des Zinssatzes oder anderer preisbestimmender Faktoren vorbehalten ist, den anfänglichen effektiven Jahreszins; zusammen mit dem anfänglichen effektiven Jahreszins ist auch anzugeben, unter welchen Voraussetzungen preisbestimmende Faktoren geändert werden können;
6. die Kosten einer Restschuld- oder sonstigen Versicherung, die im Zusammenhang mit dem Verbraucherdarlehensvertrag abgeschlossen wird;
7. zu bestellende Sicherheiten.

Der 18-jährige Thomas hat seine Gesellenprüfung bestanden und zieht in eine eigene Wohnung. Er benötigt eine Waschmaschine und findet im Versandhauskatalog eine passende für 495,00 €.
Da Thomas knapp bei Kasse ist, überlegt er die Maschine in Raten zu bezahlen. Im Katalog findet er folgende Zahlungsmöglichkeiten (siehe untenstehende Übersicht über Zahlung in Monatsraten):

a) In wie vielen Raten kann Thomas die Waschmaschine zurückbezahlen, wenn er sich so lange wie möglich Zeit lassen will?
b) Berechnen Sie den Teilzahlungspreis und seine monatliche Belastung in €.
c) Bei Krediten können die Kreditkonditionen sehr unterschiedlich sein. Wovon hängen die Gesamtkosten eines Kredits/Darlehens ab?
d) Ein Kreditvermittler weigert sich, Ihnen den Effektivzinssatz zu nennen. Was versteht man unter Effektivzinssatz? Kann der Kreditvermittler die Auskunft verweigern? (Begründung!)
e) Das Bürgerliche Gesetzbuch (BGB) soll den Kunden vor einer Übervorteilung schützen. Untersuchen Sie anhand des neben stehenden Gesetzestextes, welche Angaben ein Kreditvertrag enthalten muss.

Thomas hat sich finanziell übernommen. Ihm droht eine Überschuldung.
f) Wo könnte Thomas Rat finden?
g) Nennen Sie fünf mögliche Auslöser einer Überschuldung.
h) Thomas baut auf das Verbraucherinsolvenzverfahren und eine Restschuldbefreiung. Erklären Sie den Ablauf des Verbraucherinsolvenzverfahrens in seinen wichtigsten Schritten.

Kaufpreis in € bis	Teilzahlungspreis in € bei Zahlung in Monatsraten							
	3	6	9	12	18	24	30	36
300	306,39	311,16	315,93	–	–	–	–	–
400	408,52	414,88	421,24	427,84	–	–	–	–
500	510,65	518,60	526,55	534,80	–	–	–	–
600	612,78	622,32	631,86	641,76	662,24	–	–	–
800	817,04	829,76	842,48	855,68	883,52	911,36	–	–
1000	1021,30	1037,20	1053,10	1069,60	1104,40	1139,20	1174,00	–
1200	1225,56	1244,64	1263,72	1283,52	1325,28	1367,04	1408,80	1450,56
Zinsaufschlag pro Monat Laufzeit	0,71 %	0,62 %	0,59 %	0,58 %	0,85 %	0,85 %	0,85 %	0,85 %
Effektiver Jahreszins	12,92 %	13,10 %	13,31 %	13,65 %	13,68 %	13,78 %	13,69 %	13,64 %

Grundlagen des Arbeitsrechts

Arbeiten, wo andere Urlaub machen

Für unsere Filiale in Lindau suchen wir für sofort oder später eine/n tüchtige/n
Fleischereiverkäufer/in
Neben einer abgeschlossenen Berufsausbildung wären Grundkenntnisse im Partyservice von Vorteil. Es handelt sich um eine gut dotierte Stellung in einem modern eingerichteten Betrieb, die teamorientiertes Arbeiten voraussetzt. Sind Sie engagiert und zielstrebig? Dann bieten sich beste Zukunftsaussichten und Aufstiegschancen.
Vorbildliche Sozialleistungen, 5-Tage-Woche usw. sind für uns selbstverständlich.
Ihre Bewerbung mit den üblichen Unterlagen senden Sie bitte an:

Schleckermann OHG, Hugo-Holzer-Str. 12, 88131 Lindau

Guiseppina Saccardi (19) hat erfolgreich ihre Ausbildung zur Fleischereiverkäuferin abgeschlossen. In einer Fachzeitschrift fällt ihr die oben stehende Anzeige auf.

a) Da die Anzeige sie sehr anspricht, möchte sie sich für die angebotene Stelle bewerben. Welche Unterlagen werden hierzu benötigt?

b) Im Verlauf des Vorstellungsgesprächs erkundigt sich Herr Schleckermann, ob sie als italienische Staatsangehörige denn auch eine Arbeitserlaubnis besitzt. Wird nach EU-Recht eine Arbeitserlaubnis benötigt?

c) Guiseppinas Bewerbung ist erfolgreich verlaufen. Sie muss nur noch ihre Arbeitspapiere abgeben und zum vereinbarten Termin zur Arbeit erscheinen. Welche Unterlagen gehören zu den Arbeitspapieren?

d) Guiseppina hat mit Herrn Schleckermann übertarifliche Leistungen vereinbart, vor allem bei der Entlohnung und beim Jahresurlaub. Erläutern Sie, was darunter zu verstehen ist. Geben Sie zusätzlich an, wo diese beiden Punkte tariflich geregelt werden.

e) Nach einigen Wochen stellt sie fest, dass eine Betriebsvereinbarung besteht, die allen Beschäftigten eine zusätzliche Fahrtkostenerstattung einräumt. Als sie Herrn Schleckermann darauf anspricht, meint dieser, dass die Betriebsvereinbarung nur gelte, wenn die Regelung auch im Arbeitsvertrag enthalten sei, und dies wäre bei ihr nicht der Fall. Hat sie ebenfalls Anspruch auf eine Fahrtkostenerstattung?

f) Guiseppina arbeitet inzwischen seit 7 Monaten in der Firma Schleckermann. Zu allen Kollegen hat sie ein sehr gutes Verhältnis. Deshalb wird sie gebeten, sich in den Betriebsrat wählen zu lassen. Kann sie bei den Betriebsratswahlen kandidieren?

Auszug aus dem Betriebsverfassungsgesetz (BetrVG)

§ 1 [Errichtung von Betriebsräten] In Betrieben mit in der Regel mindestens fünf ständigen wahlberechtigten Arbeitnehmern, von denen drei wählbar sind, werden Betriebsräte gewählt.

§ 7 [Wahlberechtigung] Wahlberechtigt sind alle Arbeitnehmer, die das 18. Lebensjahr vollendet haben.

§ 8 [Wählbarkeit] Wählbar sind alle Wahlberechtigten, die sechs Monate dem Betrieb angehören ...

---

g) Guiseppinas Freund Klaus arbeitet in einer großen Metallwarenfabrik. Dort wird gerade für eine Lohnerhöhung gestreikt. Welche Schritte müssen durchlaufen werden, bevor die Gewerkschaften einen Streik ausrufen können?

h) Klaus ist nicht in der Gewerkschaft. Er meint, dies wäre auch nicht erforderlich, da der Tarifvertrag allgemein verbindlich sei. Erläutern Sie, was man unter Allgemeinverbindlichkeit versteht. Überlegen Sie, ob es für Klaus wirklich keinen Sinn macht, einer Gewerkschaft anzugehören.

Stichwortverzeichnis

A

Abgeltungssteuer 147
Abnahmegarantie 230
Absatzmärkte 300
Absatzwerbung 302
Abschluss 11
Abschreibungen 242
Abschwung 251 f.
Akkordlohn 193 ff.
Aktien 146, 286 f.
Aktienfonds 145
Aktiengesellschaft (AG) 57, 285 ff.
Aktionäre 286
Allgemein bildende Schulen 23
Allgemeine Geschäftsbedingungen 74, 106
Allgemeinverbindlichkeit 172, 178
Altersgrenze, flexible 41
Altersvorsorge 49, 245
Anfechtbarkeit 63 f.
Angebot 66, 214 ff.
Anlagebogen 263
Annahme 66 f.
Annahmeverzug 75
Anschaffungsdarlehen 151 ff.
Antizyklisches Verhalten 252
Antrag 66
Anwartschaftszeit 41
Arbeitgeber 159 f., 161, 179, 209
Arbeitgeberverbände 28, 171 f., 177, 209 f.
Arbeitnehmer 28, 159 f., 161, 176
Arbeitnehmersparzulage 147 f.
Arbeitsbeschaffungsmaßnahmen (ABM) 43
Arbeitsbewertungsverfahren 198 ff.
Arbeitsdirektor 185
Arbeitsförderung 43
Arbeitsgericht 181, 188 ff.
Arbeitsgruppen, teilautonome 29
Arbeitskampf 175 ff.
Arbeitsleistung 25 ff., 158
Arbeitslosengeld 44
Arbeitslosengeld II 44
Arbeitslosenversicherung 43 f., 204 f., 245
Arbeitsorganisation 29
Arbeitspapiere 159
Arbeitsplatzgestaltung 26
Arbeitsproduktivität 208, 228
Arbeitsrecht 158, 248 ff.
Arbeitsschutz 31 ff., 248
Arbeitsschutzbestimmungen 236
Arbeitssicherheitsgesetz 32
Arbeitsstättenverordnung 32
Arbeitsteilung 220, 227
Arbeitsunfälle 31, 43
Arbeitsvergütung 158
Arbeitsverhältnis 163 ff.
Arbeitsvertrag 160 ff.
Arbeitszeit 27
Arbeitszeitgesetz 33
Arbeitszeugnis 162 f.
Aufgabenbereicherung 29
Aufgabenerweiterung 29
Aufgabenwechsel 29
Aufhebungsvertrag 163
Aufschwung 251 f.
Aufsichtsrat 185 f., 274, 285 f.
Aufstiegsfortbildungsförderungsgesetz (AFBG) 23
Ausbildende 15
Ausbildungsberufe 10 f.
Ausbildungsbetrieb 9
Ausbildungsordnung 9 f.
Ausbildungsstätte 15
Ausfallbürgschaften 278
Auslandsüberweisung 124
Auszubildende 44, 182
Außenbeitrag 241
Außenschutz 230
Außenwert des Geldes 137 ff.
Außenwirtschaftliches Gleichgewicht 248 f.
Aussperrung 176

B

Bandbreite 138
Bargeld 118
Barscheck 123
Barzahlung 118 ff.
Bausparen 145, 147
Bedarfsdeckungsprinzip 273
Beförderungskosten 68
Beglaubigung, öffentliche 62
Beiträge 40, 258 f.
Beitragsbemessungsgrenze 41 f.
Beitragszeiten 41
Belastung, außergewöhnliche 264
Berufliche Grundbildung 12
Berufliche Schulen 23
Berufliche Vollzeitschule 11
Berufliche Vorbereitung 12
Berufsausbildung, duale 8 ff.
Berufsausbildung, schulische 8, 11
Berufsausbildungsbeihilfe 22
Berufsausbildungsverhältnis 15
Berufsausbildungsvertrag 15 ff.
Berufsbildung 8 ff.
Berufsbildungsgesetz (BBiG) 9, 15
Berufseinstiegsjahr 12
Berufsfachschule 12 f.
Berufsfelder 10 f.
Berufsgenossenschaft 33, 36, 42, 279
Berufsgrundbildungsjahr 12
Berufshilfe 42
Berufskolleg 13
Berufskrankheiten 31, 43
Berufsschule 9
Berufsunfähigkeitsversicherung 50
Berufsvorbereitungsjahr 12
Berufung 46, 114, 188
Beschäftigungsverbot 34
Besitz 69 f.
Besitzsteuer 260
Bestellung 66
Beteiligungslohn 196
Beteiligungspapiere 147
Betriebliche Kosten 294 ff.
Betriebsgenehmigung 279
Betriebsklima 27
Betriebsordnung 180
Betriebsrat 36, 166, 179 f., 182 ff.
Betriebsvereinbarungen 179 f., 183
Betriebsverfassungsgesetz (BetrVG) 180 f., 185, 187, 190
Betriebsversammlung 183
Beurkundung, öffentliche 62
Bewerbung 158 f.
Bildungswege 11
Binnenwert des Geldes 131 ff.
Bio-Siegel 96
Boom 251 f.
Börse 144, 219
Bringschulden 68
Bruttoinlandsprodukt 176, 239 ff.
Bruttolohn 192 ff., 203 ff.
Bruttosozialprodukt 239
Bundesagentur für Arbeit (BA) 22, 44
Bundesarbeitsgericht 188
Bundesausbildungsförderungsgesetz (BAföG) 23
Bundeselterngeld- und Elternzeitgesetz 34
Bundeskartellamt 224 f., 226
Bundesministerium für Ernährung, Landwirtschaft und Verbraucherschutz 102
Bundesministerium für Wirtschaft 277
Bundessozialgericht 46
Bundessteuer 260
Bundesurlaubsgesetz 34
Bundesvereinigung der Deutschen Arbeitgeberverbände (BDA) 172
Bundesversicherungsanstalt 41
Bürgerliches Gesetzbuch (BGB) 56, 60, 65, 71, 77, 105 ff., 151 f.
Bürgschaft 152, 291
Businessplan 275

D

Darlehensvertrag 80, 277, 290
Dauerauftrag 124
Deflation 133 ff.
Depot 287
Depression 251 f.
Deutscher Mieterbund (DMB) 100
Devisen 138
Devisenbörse 137
Dienstleistungsfranchising 278
Dienstvertrag 80

Direktbanken 127
Dispositionskredit 150
Dividende 146, 286
Divisionskalkulation 297
Duales System 9

E

E-Commerce 105 f.
Ecklohn 173, 197
Effektivzins 151, 291
Eichgesetz 93
Eidesstattliche Versicherung 113
Eigenkapital 290
Eigentum 69 f.
Eigentumsübertragung 69
Eigentumsvorbehalt 70, 108
Eignung, persönlich, fachlich 15
Einfuhrzölle 229
Einkommens- und Vermögenspolitik 236
Einkommens- und Vermögensverteilung 258
Einkommensteuererklärung 261, 263 ff.
Einkommensteuerveranlagung 265
Einschreiben 106
Einschreibebrief 119
Einspruch 112
Einzelarbeitsvertrag 158 ff.
Einzelkosten 296
Einzelunternehmung 282
Electronic Cash 127
Elterngeld 34
Elternzeit 34
Entgeltfortzahlung 160, 207
Entlohnung 198, 206 ff.
Entstehungsrechnung 241
Erfüllungsort 68
Ersatzlieferung 73
EU-Agrarmarkt 230 f.
EU-Harmonisierung 247 f.
EU-Recht 159 f.
Euro 140 ff.
Europäische Union (EU) 159, 247
Europäisches Währungssystem 138
Europäische Zentralbank (EZB) 141, 253 f.
Europass 20
Euroüberweisungsformular 124
Existenzgründungshilfen 277 f., 282
Expansion 251 f.
Expressbrief 119

F

Fachstufe 11
Fachverbände 227
Familienhilfe 39
Fernabsatzverträge 105 f.
Finanzierung 257 ff., 289 ff.
Finanztest 102
Firma 282
Flächenstilllegungsprogramm 230 f.
Flächenstreik 175

Floaten 138
Fonds 145
Fördermaßnahmen 22 f.
Förderung, finanzielle 277 f.
Formfreiheit 62, 160
Formvorschriften, besondere 62
Fortbildung 22 ff.
Franchising 278 f.
Freistellungsauftrag 147
Freizeichnungsklauseln 67
Fremdkapital 290 f.
Friedenspflicht 173
Fusion 226
Fusionskontrolle 226

G

Garantieerklärung 87
Garantiekarte 87
Gebühren 258 f.
Geldkarte 126
Geldschulden 68
Geldversand 119
Geldwertschwankungen 133
Geldwertstabilität 133
Gemeindesteuer 260
Gemeinkosten 296
Generalstreik 175
Generalversammlung 274
Generationenvertrag 41
Genossenschaften 273 f.
Geräte- und Produktsicherheitsgesetz 33
gerechte Einkommens- und Vermögensverteilung 250
Gerichtsstand 68
Gesamtkosten 295
Geschäftsfähigkeit 57 f.
Geschäftsführung 283, 285
Gesellen- oder Gehilfenbrief 9
Gesellschaft des bürgerlichen Rechts (GbR) 283
Gesellschaft mit beschränkter Haftung (GmbH) 57, 285
Gesellschafterversammlung 285
Gesellschaftsvertrag 283
Gesetz der industriellen Massenfertigung 295
Gesetz gegen den unlauteren Wettbewerb (UWG) 104 f.
Gesetz gegen Wettbewerbsbeschränkungen 105, 223, 226
Gesetz über Betriebsärzte, Sicherheitsingenieure und andere Fachkräfte der Arbeitssicherheit 32
Gesetz zum Schutz der arbeitenden Jugend (GArbSchG) 35
Gesetz zur Regelung der Allgemeinen Geschäftsbedingungen (AGB-Gesetz) 106
Gesundheitskarte 39 f.
Gesundheitsreform 40
Gewerbeamt 279

Gewerbeaufsichtsämter 33, 36
Gewerbefreiheit 276
Gewerbeordnung 32
Gewerberegister 279
Gewerkschaften 171 f., 176, 209 f.
Gewinn, angemessener 273
Gewinnbeteiligung 196
Gewinnmaximierung 272
Gewinnquote 242
Gewinnverteilung 283, 285
Gewinnzuschlag 298
Girokonto 119 f.
Gleichgewichtspreis 218
GmbH & Co KG 286
Grundberufe 227
Grundgesetz 171
Grundkapital 286
Grundschuld 153, 291
Grundstufe 11
Gruppenarbeit 29
Gründungshilfen 277 f.
Gründungszuschuss 282
Güteverhandlung 114, 189
Gütezeichen 95, 304
Gutgläubigkeit 70

H

Haftpflichtversicherung 50 f., 87
Haftung 86 ff., 284 f.
Handelsklassen 95
Handelsregister 279, 282, 285
Handlung, unerlaubte 88
Handwerkskammern 277, 279
Handwerksordnung (HwO) 9, 15
Handwerksrolle 279
Hauptkostenstellen 298
Hauptversammlung 287
Hausratversicherung 51
Haustürgeschäfte 107
Hauswirtschaft 227
Heilbehandlung 42
Hemmung der Verjährung 84
Herstellergarantie 74
Hinterbliebenenrente 42
Hochkonjunktur 251 ff.
Holding-Gesellschaft 225
Holschulden 68
Homebanking 127 f.
Humanisierung der Arbeitswelt 29
Hypothek 153, 291
Hypothekendarlehen 150

I

Immobilienfonds 145
Individualversicherungen 48
Industrie- und Handelskammern (IHK) 277
Inflation 133 f.
Inkassogesellschaft 111
Innovationsförderungsprogramme 278
Insolvenzordnung (InsO) 113
Instrumente, geldpolitische 253
Interessenvertretung 181 ff.

Internet-Banking 127
Interventionspreis 230
Investmentanteile 145 f.
ISO (Internationale Organization for Standardization) 304
ISO-Normen 9000–9004 305

J

Jahreszins, effektiver 108, 151
Jugend- und Auszubildendenvertretung 184
Jugendarbeitsschutzgesetz (ArbSchG) 35
Juristische Personen 57, 285 ff.

K

Kalkulation 296 ff.
Kammer 15
Kapitalbedarf 289
Kapitalbeteiligung 196
Kapitalgesellschaften 285 ff.
Kapitalversicherung 49
Kartellaufsicht 226
Kartelle 223 f.
Kartellgesetz 105, 223, 226
Kassenbon 119
Kaufkraft 131 f.
Kaufmann 282
Kaufvertrag 66 ff.
Kirchensteuer 203, 260
Klageverfahren 114
Kommanditgesellschaft (KG) 284 f.
Kommanditist 284 f.
Komplementär 284
Konditionen 301
Konjunktur 176, 251, 258
Konjunkturpolitik 237
Konjunkturschwankungen 252
Konjunktursteuerung 253
Konjunkturzyklen 251 f.
Konkurrenz 216, 218, 220
Konsumverhalten 258
Kontokorrentkredit 290
Konvergenzkriterien 140
Konzern 225 f.
Kosten 294 ff.
Kosten, fixe 295
Kosten, variable 295
Kostenartenrechnung 296
Kostendeckung 273
Kostenstellenrechnung 296
Kostenträgerrechnung 296
Krankenkassen 279
Krankenhilfe 39
Krankenversicherung 39 f., 204 f., 245
Krankenversicherungskarte 39
Kreditarten 150 ff., 290
Kreditinstitute 277
Kreditkarten 125
Kreditsicherung 291
Kundenbetreuung 303
Kundenkarten 126 ff.
Kundenschutz 152

Kündigung 163 ff.
Kündigungsschutz 34, 164 ff.
Kündigungsschutzgesetz 166, 170
Kurswert 286
Kurzarbeitergeld 43

L

Ländersteuer 260
Landesarbeitsgericht 188
Landesinnungsverbände 172
Landessozialgericht 46
Lastschrifteinzugsverfahren 125
Leasing 292 f.
Lebenslauf 159
Lebensmittelkennzeichnungsverordnung 93
Lebensversicherung 49
Leihvertrag 79
Leistungen 39, 45, 294
Leistungsbereitschaft 26
Leistungsbilanz 249
Leistungsfähigkeit 25
Leistungslohn 193 ff.
Leistungsschwankungen 25 f.
Leitzinssatz 254
Lieferantenkredit 290
Lieferungsverzug 74 f.
Lieferzeit 68
Lohn- und Gehaltsabtretung 152
Lohn- und Gehaltsrahmentarifvertrag 173 f.
Lohn- und Gehaltstarifvertrag 173
Lohn-Preis-Spirale 209 f.
Lohnabrechnung 202 ff.
Lohnabzüge 203
Lohnformen 192 ff.
Lohngruppen 198 f.
Lohnnebenkosten 207 f.
Lohnquote 242
Lohnsteuer 203 ff., 261
Lohnsteuerkarte 261 f.
Lohnzusatzkosten 206 f.

M

Maestro-Zeichen 126
Magisches Sechseck 250
Magisches Viereck 248
Mahn- und Klageverfahren, gerichtliches 111 ff.
Mahnbescheid 111 f.
Mahnverfahren 110 ff.
Mangelhafte Lieferung 72 ff.
Mantel- oder Rahmentarifvertrag 173
Mantelbogen 263
Marketing 300 ff.
Marketinginstrumente 300
Marketingmaßnahmen 300
Markt 214 ff.
Marktarten 215 f.
Marktformen 216
Marktforschung 300
Marktkonkurrenten 300
Marktpreis 214, 230

Marktwirtschaft, freie 233 f.
Marktwirtschaft, soziale 233 ff., 244 f.
Massenentlassungen 166
Meisterbrief 21
Mieterschutzverein 100
Mietvertrag 78
Mikroelektronik 28
Minderung 73
Mindestreserven 254
Mindesturlaub 34
Minijobs 41 f., 45, 204
Minutenfaktor 194
Missbrauchsaufsicht 224, 226
Mitbestimmung 182
Mitbestimmungsgesetz 181, 185
Mitbestimmungsrechte 183 f.
Mittelstandskartelle 224
Mitwirkungsrechte 184
Mobbing 28
Monatslohnsteuertabelle 204
Monopol 217, 229
Montanmitbestimmungsgesetz 181, 185
Montage- und Transporteinrichtungen, vollautomatische 28
Muttergesellschaften 225
Mutterschaftsgeld 34
Mutterschaftshilfe 39
Mutterschutzgesetz 34

N

Nacherfüllung 73
Nachfrage 214 ff.
Nachnahme 121
Nachweisgesetz 160
Nationale Agentur Bildung für Europa 20
Natürliche Personen 57
Nennwert 286
Nettolohn 204 f.
Neubeginn der Verjährung 85
Nichtigkeit 63 f.
Niedriglohnjobs 204 f.
Nominallohn 209 f.
Normalleistung 194
Nullzone 262

O

Offene Handelsgesellschaft (OHG) 283
Offenmarktgeschäft 254
Öffentlichkeitsarbeit 302 f.
Ökomarketing 304
Oligopol 216 f., 220
Organe 57
Onlinebanking 127

P

Pachtvertrag 79
Parität 138
Personalakten 182
Personal-Service-Agenturen 44
Personalvertretungsgesetz 181
Personalzusatzkosten 207

Personengesellschaften 283 ff.
Personenversicherung 49
Pfändung 113
Pflege 45
Pflegekassen 45
Pflegeversicherung 45, 204 f., 245
Pflichtverletzungen 72, 86
Pflichtversicherungen 39
PIN 126
Polypol 216
POS 126 f.
Prämienlohn 193, 195
Preis-Lohn-Spirale 209
Preisabsprache 220
Preisangabenverordnung 94, 151
Preisbildung 218 ff.
Preisführung 220
Preisgestaltung 301
Preisindex 132
Preisnachlässe 68
Preisniveau 133
Preisstabilität 141, 248
Preissteigerungsrate 208
Preisuntergrenze 219
Prepaid-Kreditkarte 126
Private Krankenversicherung 49
Private Rentenversicherung 49
Private Unfallversicherung 49
Privateigentum 234
Privatisierung 246
Privatkonkurs 154
Privatrecht 57
Privatversicherungen 48 ff., 145
Probezeit 17, 160, 165
Produkthaftung 87, 107
Produkthaftungsgesetz 87, 107
Produktinformation 96
Produktionsaufgaberenten 231
Produktionsfranchising 278
Produktivität 208
Produktpolitik 301
Progressionszone 262
Proportionalzone 262
Prüfzeichen 96
Public Relations 302 f.

Q
Qualität 220
Qualitätsklassen 95
Qualitätssicherung 304
Qualitätsstandard 95
Quittung 119

R
Rabatt 298
Ratenkauf 107 f.
Ratenkredit 151
Rationalisierung 228
Reallohn 209 f.
Recht, öffentliches 57
Rechte des Auszubildenden 17
Rechtliche Gewalt 69
Rechtsfähigkeit 56 f.

Rechtsformen eines Unternehmens 281
Rechtsgeschäfte 61 ff.
Rechtsschutzversicherung 51, 87
Refinanzierungssatz 254
Refinanzierungsgeschäft 254
Rehabilitation 40
Regress 73
Reiseschecks 123
Rentabilität 272
Rentenalter 244
Rentenfonds 145
Rentenhöhe 42
Rentenleistungen 40
Rentenniveau 244
Rentenreform 244
Rentenversicherung 41 f., 202 f., 244
Revision 114, 188
Revisionsinstanz 46
Rezession 251 f.
Richtpreis 230
Riester-Rente 50

S
Sachen 69
Sachmangelhaftung 72 f.
Sachversicherung 51
Schadenersatz 73, 88, 104
Scheck 122 f.
Scheckkarte 126
Schickschulden 68
Schlichtung 174
Schriftform 62
Schufa 153
Schuldnerberatungsstelle 154
Schutzvorschriften 31 ff.
Schwarzarbeit 240
Schwerbehindertenschutz 35
Schwerpunktstreik 176
Schwesterngesellschaften 225
Selbsthilfeorganisation 273
Selbstkosten 297
Selbstversorgung 227
Sicherheitsbeauftragte 36
Sicherheitsstandard 96
Sicherheitszeichen 96
Sicherungsübereignung 153, 291
Single Euro Payments Area (SEPA) 124
Skonto 108, 298
Solidaritätszuschlag 203
Sonderausgaben 264
Sondergenehmigung 279
Sonderzahlungen 207
Sorten 138
Sortimentspolitik 301
Soziale Sicherungssysteme 244 f.
Sozialgeld/-hilfe 44 f., 245, 261
Sozialgerichtsbarkeit 45
Sozialgericht 46
Sozialisierung 234
Sozialpartner 171 f.
Sozialpolitik 236
Sozialprodukt 239 ff.

Sozialunion 247
Sozialversicherung 38 ff., 176, 207, 236, 247
Sozialversicherungsbeiträge 203 f., 207, 211
Sozialversicherungstabelle 204
Sparbriefe 144
Sparbuch 144
Sparförderung 147
Sparformen 143 ff.
Sperrfrist 44
Sperrzeit 164
Staatseinnahmen 257 ff.
Staatsquote 245 f.
Stabilitätsgesetz 248
Stabilitätspakt 141
Standort 275 f.
Sterbegeld 42
Steuer 225, 258 ff.
Steuerklasse 261 f.
Steuernummer 279
Steuerprogression 258
Steuertarif 262
Stiftung Warentest 101 f.
Streik 175 f.
Strukturpolitik 237
Stückgeldakkord 194
Stückzeitakkord 194
Stufenausbildung 11
Subventionen 229, 237, 245
Sympathiestreik 176
Syndikat 224

T
Tagegeld 49
TAN 127
Tarifautonomie 172
Tarifkommission 175
Tarifpartner 171 f.
Tarifverhandlungen 174
Tarifverträge 171 ff.
Tarifvertragsgesetz (TVG) 178
Tarifvertragsparteien 171
Tatsächliche Gewalt 69
Technologie 28
Teilmärkte 215
Teilrente 41
Teilzahlungsgeschäfte 107 f.
Teilzeit- und Befristungsgesetz 161
Telebanking 127 f.
Termingeldeinlagen 144
Textilkennzeichnungsgesetz 94
Tiefstand 251 f.
Trust 226

U
Überweisung 123 f.
Umschulung 22 ff.
Umweltschutz 248, 250, 304
Umweltzeichen 96
Unabdingbarkeit 173
Unfallanzeige 43
Unfallverhütung 42

315

Unfallverhütungsvorschriften 33
Unfallversicherung 42 f.
Unterlassung 104
Unternehmen 176, 272 ff.
Unternehmen, erwerbswirtschaftliche 272
Unternehmen, öffentliche 237, 273 ff.
Unternehmensgründung 275 ff.
Unternehmenskonzentration 225 ff.
Unternehmensziele 272 ff.
Urabstimmung 175
Urteil 114

V
Verbraucher 176
Verbraucherberatung 98 ff.
Verbraucherberatung in den Medien 101 ff.
Verbraucherberatungsstellen 98 f.
Verbraucherinformationsgesetz 108
Verbraucherinsolvenzverfahren 154
Verbraucherkredite 107 f., 150
Verbraucherschutzgesetze 104 ff.
Verbraucherverhalten 300
Verbraucherzentralen 98 f., 102
Verbrauchsgüterkauf 73
Verbrauchssteuer 260
Vergleich 114
Verjährung 83 ff.
Verjährungsfristen 72 f.
Verkaufspreiskalkulation 298
Verkehrssteuer 260
Verletztengeld 42
Verletztenrente 42
Verlustminimierung 273
Vermögensbildungsgesetz 147
Vermögensversicherung 50 f.
Vermögenswirksame Leistungen 147, 202, 207
Verpackungskosten 68
Verpfändung 152, 291
Verpflichtungsgeschäft 67
Verrechnungsscheck 123
Versäumnisurteil 114
Versicherungspflicht 40, 42, 44
Versicherungspflichtgrenze 40
Versicherungsträger 39, 41, 43 ff.
Versicherungssparen 145
Versicherungsverträge 87, 107
Verteilerschlüssel 296
Verteilungsrechnung 242
Vertragsfreiheit 234
Vertragspartner 67
Vertriebsfranchising 278
Verwendungsrechnung 241
Verzug 74 f., 111
Volkseinkommen 242
Volkswirtschaft 176
Vollbeschäftigung 248 f.
Vollrente 41
Vollstreckungsbescheid 112
Vorlegungsfrist 122

Vorstand 273, 286
Vorstellungsgespräch 159

W
Warenkennzeichnung 92 ff.
Warenkorb 132
Warenschulden 68
Warnstreik 176
Wechselkurse 137 f.
Wegeunfälle 31, 43
Werbung 104, 304 f.
Werbungskosten 264
Werkvertrag 79
Wertpapiere, festverzinsliche 146
Wettbewerb 104, 218, 223
Wettbewerbsfähigkeit 206
Wettbewerbspolitik 236
Widerruf 49, 105 f., 112
Widerspruch 45, 112
Willenserklärung 61
Wirtschaftsausschuss 183
Wirtschaftsinstitute 277
Wirtschaftspolitik 248 ff.
Wirtschaftsunion 247
Wirtschaftswachstum 248 f.
Wohnungsbauprämie 147

Z
Zahlschein 121
Zahlung, halbbare 118, 119, 121 f.
Zahlung, unbare 118, 122 ff.
Zahlungsarten 118
Zahlungsbedingungen 68
Zahlungsmöglichkeiten 118 ff.
Zahlungsverzug 75, 110 ff.
Zeitlohn 192 f.
Zentralverwaltungswirtschaft 233 ff.
Zertifizierung 304 f.
Zielkonflikte 250 f.
Zinsabschlagsteuer 146
Zoll 229, 258 f.
Zulieferer 176
Zusatzversicherungen 48 ff.
Zuschlagskalkulation 297 f.
Zwangsvollstreckung 112 f.

Bildnachweis

Umschlag: Corbis (Guntmar Fritz/zefa), Düsseldorf
8.1: Erich Schmidt Verlag, Berlin; 8.2: GLOBUS Infografik, Hamburg
9.1: Imago Stock & People (Rainer Unkel), Berlin; 9.2: Imago Stock & People (Rust), Berlin
10: Mauritius, Mittenwald
13: Communauté européenne, Bruxelles
15: Picture-Alliance (Bernd Wüstneck), Frankfurt
16: Arbeitsgemeinschaft der Handwerkskammer Baden-Württemberg
17: CCC, www.c5.net, Pfaffenhofen a. d. Ilm
20.1: Mauritius (Simone Fichtl), Mittenwald; 20.2: Nationale Agentur Bildung für Europa beim Bundesinstitut für Berufsbildung, Bonn; 20.3: Nationale Agentur Bildung für Europa beim Bundesinstitut für Berufsbildung, Bonn
22.1: GLOBUS Infografik, Hamburg; 22.2: Picture-Alliance (dpa/Fotoreport), Frankfurt
26: GLOBUS Infografik, Hamburg
27: GLOBUS Infografik, Hamburg
28.1: Mediacolor's (dia), Zürich; 28.2: Mauritius, Mittenwald
29: GLOBUS Infografik, Hamburg
31.1: Hauptverb. d. gewerbl. Berufsgenossenschaften, Sankt Augustin
31.2: GLOBUS Infografik, Hamburg
32.1: Keystone (Volkmar Schulz), Hamburg; 32.2: Keystone (digitalma, Rudolf), Hamburg
33.1: Hauptverb. d. gewerbl. Berufsgenossenschaften, Sankt Augustin; 33.2: Das Fotoarchiv (Markus Matzel), Essen; 33.3: CCC, www.c5.net (Bernd Eisert), Pfaffenhofen a. d. Ilm; 33.4: Picture-Alliance (dpa/Armin Weigel), Frankfurt
34.1: BW Photoagentur, München; 34.2: Avenue Images GmbH (BrandX), Hamburg
35.1: Bildagentur-online (Shout), Burgkunstadt; 35.2: fototext.de, Nürnberg
36: Hauptverb. d. gewerbl. Berufsgenossenschaften, Sankt Augustin
37 alle: Jürgen Kleine, Ammerbuch
39: Bildagentur-online (R.Adlercreutz), Burgkunstadt
40.1: Techniker Krankenkasse, Hamburg; 40.2: Das Fotoarchiv (Andreas Riedmiller), Essen
41: GLOBUS Infografik, Hamburg
42: f1 online digitale Bildagentur (Uselmann), Frankfurt
43.2: Keystone (Zick, Jochen), Hamburg
45: Picture-Alliance (dpa), Frankfurt
48: Avenue Images GmbH (BrandX), Hamburg
49: Fotosearch RF (Stock Disc), Waukesha, WI
50: Imago Stock & People (Steffen Schellhorn), Berlin
51.1: Photo Library International Ltd, Leeds;
51.2: Helga Lade, Frankfurt
52: Klett-Archiv, nach Globus Grafik 1264
53: GLOBUS Infografik, Hamburg
54: Baaske Cartoons, Müllheim
56.1: Das Fotoarchiv (John Powell), Essen;
56.2: vario images (Chromorange), Bonn
57.1: Picture-Alliance, Frankfurt; 57.2: VfB Stuttgart Marketing GmbH, Stuttgart;
57.3: Handwerkskammer, Konstanz; 57.4: Klett-Archiv (Hans-Werner Thunig), Stuttgart
58 alle: Jürgen Kleine, Ammerbuch
67: Klett-Archiv (Hans-Werner Thunig), Stuttgart
69: iStockphoto (RF/Duncan Walker), Calgary, Alberta
70: MEV, Augsburg
72: Bulls Press, Frankfurt
74.1: Mauritius, Mittenwald; 74.2: Alpha-Tecc, Völklingen
82.1: Bulls Press, Frankfurt; 82.2: Erich Rauschenbach, Berlin
83: Bulls Press, Frankfurt
88: Picture-Alliance (dpa), Frankfurt
92.1: Mauritius (Mitterer), Mittenwald;
92.2: MEV, Augsburg; 92.3: Klett-Archiv (Hans-Werner Thunig), Stuttgart; 92.4: Fotosearch RF (PhotoDisc), Waukesha, WI; 92.5: MEV, Augsburg; 92.6: PhotoDisc, Seattle, WA;
92.7: Mauritius (age), Mittenwald; 92.8: MEV, Augsburg
93.1: Presse- u. Informationsamt der Bundesregierung, Berlin; 93.2: Henry Lambertz, Aachen
94.1: Presse- u. Informationsamt der Bundesregierung, Berlin
95.2: Deutsches Institut für Gütesicherung, Sankt Augustin
96.1: Deutsches Institut für Normung e.V., Berlin; 96.2: VDE Verband der Elektrotechnik Elektronik Informationstechnik e.V., Frankfurt am Main; 96.3: Hauptverb. d. gewerbl. Berufsgenossenschaften, Sankt Augustin;
96.4: Jo Horstkotte, Baden-Baden; 96.6: Öko-Prüfzeichen GmbH, Bonn; 96.7: Bosch, Gerlingen-Schillerhöhe
98: Klett-Archiv (Hans-Werner Thunig), Stuttgart
100: Presse- u. Informationsamt der Bundesregierung, Berlin
101 alle: Stiftung Warentest, Berlin
102.1: Verbraucherzentrale NRW e.V., Düsseldorf
102.2–4: Deutscher Mieterbund e.V., Berlin;
102.5: Bundesministerium für Ernährung, Landwirtschaft und Verbraucherschutz, Berlin
103.1: ZDF (Rico Rossival), Mainz; 103.2: Verbraucherzentrale Bundesverband e.V., Berlin;
103.3: Stiftung Warentest, Berlin
104: Stiftung Warentest, Berlin
106.1: Klett-Archiv (Hans-Werner Thunig), Stuttgart;

106.2: Presse- u. Informatiosamt der Bundesregierung, Berlin
107.1: Presse- u. Informationsamt der Bundesregierung, Berlin; 107.2: plainpicture (Kuttig), Hamburg
108.1: Presse- u. Informationsamt der Bundesregierung, Berlin; 108.2: Elektro Burger, Stuttgart; 108.3: Keystone (Jochen Zick), Hamburg
112: Internet / Screenshot
116: ddp Deutscher Depeschendienst GmbH, Berlin
119.1 u. 2: Klett-Archiv, Stuttgart; 119.3: Deutsche Postbank AG, Bonn
120: Corbis (LWA-Dann Tardif), Düsseldorf
121: LBBW, Stuttgart
122: Klett-Archiv (Hans-Werner Thunig), Stuttgart
124.1: Klett-Archiv (Hans-Werner Thunig), Stuttgart; 124.2: LBBW, Stuttgart
125.1: Klett-Archiv (Hans-Werner Thunig), Stuttgart; 125.2: vario images (Ulrich Baumgarten), Bonn
126.1: MasterCard Europe, Frankfurt am Main; 126.2: LBBW, Stuttgart; 126.4: A1PIX, Taufkirchen
127.1: Baden-Württembergische Bank, Stuttgart; 127.2: Corbis (zefa/LWA-Dann Tardif), Düsseldorf
128.1: easycash GmbH, Ratingen; 128.2: EURO Kartensysteme GmbH, Frankfurt am Main; 128.4: MasterCard Europe, Frankfurt am Main; 128.5: Eufiserv; 128.6: EURO Kartensysteme GmbH, Frankfurt am Main; 128.7: Visa Europe Services Inc., Frankfurt am Main
130.1: MasterCard Europe, Frankfurt am Main; 130.3: easycash GmbH, Ratingen; 130.4: Visa Europe Services Inc., Frankfurt am Main
131: GLOBUS Infografik, Hamburg
132: GLOBUS Infografik, Hamburg
137.1: GLOBUS Infografik, Hamburg; 137.2: www.bilderbox.com, Thening
140: Klett-Archiv, nach Globus Grafik 1803
141.1: Picture-Alliance (dpa/Heinz Wieseler), Frankfurt; 141.3: MEV, Augsburg; 141.4: Europäische Zentralbank, Frankfurt
143: GLOBUS Infografik, Hamburg
144.1: ullstein bild (Bonn-Sequenz), Berlin
146: Picture-Alliance (dpa/DB), Frankfurt
147 beide: GLOBUS Infografik, Hamburg
153: SCHUFA Holding AG, Wiesbaden
158: Bulls Press, Frankfurt
159.2: Europäisches Parlament, Informationsbüro für Deutschland, Berlin
160: Superbild Bildagentur
167.1: Mauritius, Mittenwald; 167.2: Corbis, Düsseldorf; 167.3: Bildagentur-online (Begsteiger), Burgkunstadt
171.1: Picture-Alliance (dpa/Bernd Weißbrod), Frankfurt; 171.2: Picture-Alliance (dpa/Waltraud Grubitzsch), Frankfurt
172 beide: Erich Schmidt Verlag, Berlin
175.1: Werner Bachmeier, Ebersberg;
175.2: Picture-Alliance (dpa/Rainer Jensen), Frankfurt
176 beide: GLOBUS Infografik, Hamburg
183: AURA (Emanuel Ammon), Luzern
186: Erich Schmidt Verlag, Berlin
193: Keystone (Jochen Zick), Hamburg
195: Photothek.net Gbr (Ute Grabowsky), Radevormwald
196: Picture-Alliance (dpa/DB), Frankfurt
198.1: Picture-Alliance (dpa), Frankfurt;
198.2: Mauritius, Mittenwald; 198.3: ullstein bild, Berlin;
198.4: Mauritius, Mittenwald
202: fototext.de (Petra Simon), Nürnberg
204: Wirtschafts- und Betriebskunde für Arzthelferinnen und zahnmed. Fachangestellte; Holland + Josenhans Verlag, S. 310
206: GLOBUS Infografik, Hamburg
207: GLOBUS Infografik, Hamburg
208.1: Bulls Press, Frankfurt; 208.2: Picture-Alliance, Frankfurt; 208.3: Keystone (Boucherie, David Claude), Hamburg
209: GLOBUS Infografik, Hamburg
211.1: Klett-Archiv (Hans-Werner Thunig), Stuttgart; 211.2: aus: Wirtschafts- und Betriebskunde für Arzthelferinnen und zahn-med. Fachangestellte; Holland + Josenhans Verlag
212: CCC, www.c5.net (H. Horst Haitzinger), Pfaffenhofen a. d. Ilm
214.1: Mauritius, Mittenwald; 214.2: Focus, Hamburg
220 alle: Klett-Archiv (Hans-Werner Thunig), Stuttgart
222.1: BMW AG, München; 222.2: Adam Opel GmbH, Rüsselsheim; 222.3: Volkswagen AG, Wolfsburg; 222.4: Daimler AG, Stuttgart
227: Bundeskartellamt, Bonn
230: Bildagentur-online (H. Theissen), Burgkunstadt
232.1: EnBW Energie Baden-Württemberg AG, Karlsruhe; 232.2: imu-Infografik, Essen
233: AKG, Berlin
234: AKG, Berlin
235: ullstein bild (dpa), Berlin
236: GLOBUS Infografik, Hamburg
237.1: MEV, Augsburg; 237.2: Klett-Archiv (Hans-Werner Thunig), Stuttgart
238.A2 und A3: Klett-Archiv, Stuttgart; 238.B: ddp Deutscher Depeschendienst GmbH (Lohnes), Berlin; 238.C: Agentur Zenit (Paul Langrock), Berlin; 238.D: Mauritius (Ley), Mittenwald
239: Musik + Show, Hamburg
240.1: Klett-Archiv, nach Globus Grafik 1861;
240.2: Mauritius, Mittenwald; 240.3: Helga Lade, Frankfurt
241: Klett-Archiv, nach Globus Grafik 1861
242: Klett-Archiv, nach Globus Grafik 1861
243: Klett-Archiv, Stuttgart
244.1: Picture-Alliance, Frankfurt;

244.2: CCC, www.c5.net (Gerhard Mester), Pfaffenhofen a. d. Ilm; 244.3: Fotex (Uwe Widmann), Hamburg; 244.4: GLOBUS Infografik, Hamburg
245: GLOBUS Infografik, Hamburg
246: Thomas Süssmilch, Holzmaden
247: GLOBUS Infografik, Hamburg
253: Das Fotoarchiv (Toma Babovic), Essen
256.1: CCC, www.c5.net (Walter Hanel), Pfaffenhofen a. d. Ilm; 256.2: GLOBUS Infografik, Hamburg
257: GLOBUS Infografik, Hamburg;
258 beide: Klett-Archiv (Hans-Werner Thunig), Stuttgart; 259.1: Argum (Falk Heller), München
259.2: GLOBUS Infografik, Hamburg
262: Landeshauptstadt Stuttgart, Stuttgart
267: Klett-Archiv (Hans-Werner Thunig), Stuttgart
268: Bulls Press, Frankfurt
269: Erich Schmidt Verlag, Berlin
270: Index-Funk
272.1: Caro Fotoagentur (Sorge), Berlin;
272.2: Klett-Archiv (Hans-Werner Thunig), Stuttgart
273: BVR, Berlin
278: Ihr Platz GmbH + Co. KG, Osnabrück; Obi, Wermelskirchen; BabyOne, Münster; Fressnapf Tiernahrungs GmbH, Krefeld; Joey's Pizza Service GmbH, Hamburg; Villeroy & Boch AG, Merzig; Cosy-Wasch Autoservice Betriebe Gmb, Berlin; Sunpoint, Pulheim; McDonald's, München
279: Deutscher Franchise-Verband e. V., Berlin
283: Sachsen-Lotto, Leipzig
291: Bulls Press, Frankfurt
302.1: AKG, Berlin; 302.2: Cycleurope Zweirad + Sport GmbH, Overath
304.1: Picture-Alliance (dpa / Heinz Wieseler), Frankfurt; 304.2: Duales System Deutschland GmbH, Köln-Porz-Eil

Nicht in allen Fällen war es uns möglich, den Rechteinhaber der Abbildungen ausfindig zu machen.
Berechtigte Ansprüche werden selbstverständlich im Rahmen der üblichen Vereinbarungen abgegolten.